《国务院关于改革国有企业工资决定机制的意见》政策解读和实务操作

人力资源社会保障部劳动关系司　组织编写

中国劳动社会保障出版社

图书在版编目（CIP）数据

《国务院关于改革国有企业工资决定机制的意见》政策解读和实务操作/人力资源社会保障部劳动关系司组织编写. -- 北京：中国劳动社会保障出版社，2019

ISBN 978-7-5167-4129-0

Ⅰ.①国… Ⅱ.①人… Ⅲ.①国有企业-工资改革-研究-中国 Ⅳ.①F279.241

中国版本图书馆 CIP 数据核字（2019）第 206161 号

中国劳动社会保障出版社出版发行

（北京市惠新东街 1 号　邮政编码：100029）

*

北京市艺辉印刷有限公司印刷装订　新华书店经销
787 毫米×1092 毫米　16 开本　28.75 印张　363 千字
2019 年 10 月第 1 版　2020 年 11 月第 2 次印刷
定价：88.00 元

读者服务部电话：（010）64929211/84209101/64921644
营销中心电话：（010）64962347
出版社网址：http://www.class.com.cn

版权专有　　侵权必究

如有印装差错，请与本社联系调换：（010）81211666
我社将与版权执法机关配合，大力打击盗印、销售和使用盗版图书活动，敬请广大读者协助举报，经查实将给予举报者奖励。
举报电话：（010）64954652

编写说明

2018年5月13日，国务院印发《关于改革国有企业工资决定机制的意见》（国发〔2018〕16号），提出建立健全与劳动力市场基本适应、与国有企业经济效益和劳动生产率挂钩的工资决定和正常增长机制，完善国有企业工资分配监管体制。改革自2019年1月1日起开始全面实施，为指导各地区、部门和国有企业抓好贯彻落实，我们组织编写了本书，供大家在工作中参考。

本书编写人员有人力资源社会保障部劳动关系司聂生奎、李俊、韩启照、王中文、王婧、李一帆、林万里、马俊，中国劳动和社会保障科学研究院薪酬研究室刘军胜、常风林、杨飞刚。因时间紧迫，编写难免有疏漏之处，敬请各位读者批评指正。

目 录

第一部分 政策要点解读 ·········· 1

一、改革的总体情况 ·········· 1

1. 国有企业状况 ·········· 1
2. 国有企业工资分配制度改革历程 ·········· 2
3. 改革的适用范围 ·········· 3
4. 国有企业的概念 ·········· 3
5. 实际控制人的概念 ·········· 4
6. 国有企业工资决定机制改革的重大意义 ·········· 4
7. 国有企业工资决定机制改革聚焦的主要问题 ·········· 5
8. 国有企业工资决定机制改革的总体框架 ·········· 5
9. 国有企业工资决定机制改革创新点 ·········· 6
10. 坚持建立中国特色现代国有企业制度改革方向的基本原则 ·········· 8
11. 坚持效益导向与维护公平相统一的基本原则 ·········· 9
12. 坚持市场决定与政府监管相结合的基本原则 ·········· 10
13. 坚持分类分级管理的基本原则 ·········· 10

二、工资总额决定机制 ·········· 11

1. 确定工资总额的一揽子因素 ·········· 11
2. 国家工资收入分配宏观政策要求 ·········· 11
3. 工资指导线的内涵 ·········· 12
4. 经济效益增长幅度的内涵 ·········· 13

5. 工资总额增长不超经济效益增长的要求和工效联动机制确定
   工资总额增长的关系 ………………………………………… 13
6. 工资总额增减规则的对等要求……………………………… 14
7. 劳动生产率含义及对标要求 ………………………………… 14
8. 人工投入产出率含义及对标要求 …………………………… 14
9. 企业职工工资水平对标要求 ………………………………… 15
10. 政府职能部门规定的工资调控水平和增长调控目标 ……… 16
11. 国有企业的分类 ……………………………………………… 18
12. 充分竞争类国有企业工资效益的联动指标 ………………… 20
13. 功能类国有企业工资效益的联动指标 ……………………… 20
14. 公益类国有企业工资效益的联动指标 ……………………… 20
15. 金融类国有企业工资效益的联动指标 ……………………… 21
16. 文化类国有企业工资效益的联动指标 ……………………… 21

三、工资总额预算管理 …………………………………………… 22

1. 工资总额的内涵 ……………………………………………… 22
2. 工资总额预算编制 …………………………………………… 23
3. 工资总额确定中的政策调整等非经营性因素 ……………… 24
4. 国有资产保值增值与工资总额的关系 ……………………… 24
5. 增人不增资、减人不减资 …………………………………… 25
6. 工资总额预算备案制和核准制……………………………… 26
7. 工资总额预算周期制管理 …………………………………… 28
8. 工资总额预算的执行 ………………………………………… 29
9. 工资总额预算执行情况动态监控和清算 …………………… 29

四、企业内部工资分配 …………………………………………… 30

1. 完善企业内部工资总额管理制度…………………………… 30
2. 企业内部分配基本工资制度 ………………………………… 31
3. 企业内部分配集体协商制度 ………………………………… 32

4. 技术技能人才工资分配的要求 … 33
5. 企业全员绩效考核 … 34
6. 股权激励 … 35
7. 员工持股 … 36
8. 组织任命企业负责人薪酬制度 … 39
9. 职业经理人薪酬制度改革 … 42
10. 福利费等工资外收入 … 44
11. 企业职工工会福利 … 45
12. 职工工资个人所得税缴纳项目 … 45

五、国有企业工资分配管理体制 … 48
1. 人力资源社会保障部门在国有企业工资分配管理中的职能定位 … 48
2. 企业薪酬调查和信息发布制度 … 50
3. 履行出资人职责机构（或其他企业主管部门）在国有企业工资分配管理中的职能定位 … 51
4. 国有企业工资分配监管部门职责分工 … 52
5. 国有企业工资分配内部监督机制 … 53
6. 国有企业工资分配信息公开制度 … 54
7. 工资内外收入监督检查制度 … 55

第二部分 工资决定机制操作实务 … 56

一、工资效益联动机制操作实务 … 56
1. 工资效益联动机制 … 56
2. 科学确定联动指标 … 64
3. 合理确定考核目标 … 67
4. 突出不同考核重点 … 69
5. 规范考核计分办法 … 73

6. 科学构建联动办法 ··· 76

二、企业内部工资分配改革操作实务 ····························· 79

1. 岗位价值度评价的方式方法 ································· 80
2. 构建员工能力发展通道的方式方法 ··························· 83
3. 全员绩效考核方式方法 ····································· 86
4. 市场价位对标方式方法 ····································· 91
5. 岗位工资为主的基本工资制度 ······························· 92
6. 建立岗位工资制度的其他基础管理工作 ······················· 96

三、工资总额预算管理流程 ····································· 99

1. 工资总额预算工作 ··· 99
2. 工资总额预算执行情况监控 ································ 105
3. 工资总额清算 ·· 107
4. 国有企业工资内外收入监督检查 ···························· 109

第三部分 薪酬参考数据 ···································· 117

2012—2018 年城镇非私营单位就业人员平均工资（表3—1）
  ·· 117
2012—2018 年城镇私营单位就业人员平均工资（表3—2）······ 118
2018 年中国沪深 A 股上市公司经营业绩及人工成本投入产出率
  指标（表3—3~表3—21）·································· 118

第四部分 文件汇编 ·· 135

国务院关于改革国有企业工资决定机制的意见
  （2018 年 5 月 13 日 国发〔2018〕16 号）··············· 135
中共中央、国务院关于深化国有企业改革的指导意见
  （2015 年 8 月 24 日）····································· 142
中央企业工资总额管理办法

（2018年12月27日　国务院国有资产监督管理委员会令第39号） ·················· 156

北京市人民政府关于改革国有企业工资决定机制的实施意见
（2018年12月21日　京政发〔2018〕31号） ·············· 164

天津市人民政府关于改革国有企业工资决定机制的实施意见
（2019年3月2日　津政发〔2019〕7号） ················ 171

河北省人民政府关于改革国有企业工资决定机制的实施意见
（2019年3月29日　冀政字〔2019〕19号） ·············· 180

山西省人民政府关于改革国有企业工资决定机制的实施意见
（2018年12月29日　晋政发〔2018〕48号） ············· 190

内蒙古自治区人民政府关于改革国有企业工资决定机制的实施意见
（2018年12月23日　内政发〔2018〕51号） ············· 199

辽宁省人民政府关于改革国有企业工资决定机制的实施意见
（2018年12月4日　辽政发〔2018〕40号） ·············· 208

吉林省人民政府关于改革国有企业工资决定机制的实施意见
（2018年12月6日　吉政发〔2018〕30号） ·············· 216

黑龙江省人民政府关于改革国有企业工资决定机制的实施意见
（2018年11月19日　黑政发〔2018〕19号） ············· 224

上海市人民政府关于本市改革国有企业工资决定机制的实施意见
（2019年1月25日　沪府规〔2019〕7号） ··············· 232

江苏省政府关于改革国有企业工资决定机制的实施意见
（2018年12月11日　苏政发〔2018〕145号） ············ 239

浙江省人民政府关于改革国有企业工资决定机制的实施意见
（2018年12月17日　浙政发〔2018〕47号） ············· 246

安徽省人民政府关于改革国有企业工资决定机制的实施意见

（2019年3月8日　皖政〔2019〕19号）……………… 252
福建省人民政府关于改革国有企业工资决定机制的实施意见
　　（2018年10月23日　闽政〔2018〕22号）……………… 262
江西省人民政府关于改革国有企业工资决定机制的实施意见
　　（2018年8月30日　赣府发〔2018〕24号）……………… 271
山东省人民政府关于改革国有企业工资决定机制的实施意见
　　（2018年12月29日　鲁政发〔2018〕34号）……………… 282
河南省人民政府关于改革国有企业工资决定机制的实施意见
　　（2019年1月17日　豫政〔2019〕2号）……………… 290
湖北省人民政府关于改革国有企业工资决定机制的实施意见
　　（2018年11月11日　鄂政发〔2018〕46号）……………… 298
湖南省人民政府关于改革国有企业工资决定机制的实施意见
　　（2018年12月25日　湘政发〔2018〕32号）……………… 307
广东省人民政府关于改革国有企业工资决定机制的实施意见
　　（2019年1月15日　粤府〔2019〕5号）……………… 317
广西壮族自治区人民政府关于改革国有企业工资决定机制的
　　实施意见
　　（2018年9月6日　桂政发〔2018〕42号）……………… 324
海南省人民政府关于改革国有企业工资决定机制的实施意见
　　（2018年12月14日　琼府〔2018〕55号）……………… 335
重庆市人民政府关于改革国有企业工资决定机制的实施意见
　　（2018年12月7日　渝府发〔2018〕54号）……………… 344
四川省人民政府关于改革国有企业工资决定机制的实施意见
　　（2018年12月29日　川府发〔2018〕49号）……………… 355
贵州省人民政府关于改革国有企业工资决定机制的实施意见
　　（2019年1月9日　黔府发〔2019〕1号）……………… 366
云南省人民政府关于改革国有企业工资决定机制的实施意见

(2018年12月3日　云政发〔2018〕68号) ………… 376

陕西省人民政府关于改革国有企业工资决定机制的实施意见

　　(2018年10月30日　陕政发〔2018〕36号) ………… 387

甘肃省人民政府关于改革国有企业工资决定机制的实施意见

　　(2018年8月27日　甘政发〔2018〕58号) ………… 395

青海省人民政府关于改革国有企业工资决定机制的实施意见

　　(2018年11月16日　青政〔2018〕78号) ………… 406

宁夏回族自治区人民政府关于改革国有企业工资决定机制的
　实施意见

　　(2019年1月9日　宁政发〔2019〕2号) ………… 415

新疆维吾尔自治区关于改革国有企业工资决定机制的实施意见

　　(2018年11月17日　新政发〔2018〕93号) ………… 428

新疆生产建设兵团印发《兵团关于改革国有企业工资决定
　机制的实施意见》的通知

　　(2018年12月25日　新兵发〔2018〕45号) ………… 437

第一部分 政策要点解读

一、改革的总体情况

1. 国有企业状况

国有企业是中国特色社会主义的重要物质基础和政治基础，是中国共产党执政兴国的重要支柱和依靠力量。长期以来，国有企业为推动我国经济社会发展、科技进步、国防建设、民生改善做出了巨大的历史性贡献。中华人民共和国成立后，我国着手恢复国民经济，逐步确立了国营经济在国民经济的主导地位，对迅速改变我国落后的经济面貌、奠定党和国家事业发展的物质基础发挥了重要作用。改革开放以来，国有企业改革作为经济体制改革的中心环节，不断持续深入推进，走过了艰难的历程。

党的十八大以来，以习近平同志为核心的党中央深刻分析国有企业改革发展面临的形势和任务，系统谋划了中国特色国有企业改革的新蓝图。2015年8月24日，中共中央、国务院发布《关于深化国有企业改革的指导意见》，新一轮国有企业改革正式开启。以《关于深化国有企业改革的指导意见》为统领、以若干文件为配套的"1+N"政策体系，为新一轮改革指明了方向。伴随着改革顶层设计逐步完善，改革重大举措层层落实，国有经济布局结构不断优化，国有企业发展活力不断增强，国有企业改革发展取得显著成效。2018年《财富》世界500强排行榜显示，共有120家中国企业上榜，其中有83家国有企业，包括国务院国资委监管的中央企业48家、其他中央企业11家、地方国有企业24家。有关数据显示，截至2018年年底，全国国有企业超过30余万户，在岗职工年均工资超过9万余元。财政部统计数据显示，截至2018年年底，国有企业（不含国有一级金融企业）资产总额为1 787 482.9亿元。其中，中央企业资产总额为803 391.7亿元，地方国有企业资产总额为984 091.2亿元。

2. 国有企业工资分配制度改革历程

在党中央、国务院一系列方针政策的正确指引下，我国国有企业工资分配制度改革积极稳妥地向前推进。中华人民共和国成立后，在社会主义经济制度建设过程中，对社会主义计划经济体制下的按劳分配为原则的工资分配制度进行了初步探索。改革开放后，确立以经济建设为中心，迫切需要在实践中通过按劳分配激励干部和工人积极努力工作，解放和发展社会生产力，促进劳动生产率的提高。1978年5月，国务院印发《国务院关于实行奖励和计件工资制度的通知》（国发〔1978〕91号），提出在一些企业有条件、有计划地实行奖励和计件工资制度，更好地调动广大职工群众的社会主义积极性，增强团结，促进生产。1985年1月，国务院印发《关于国营企业工资改革问题的通知》（国发〔1985〕2号），提出在国营大中型企业中，实行职工工资总额同企业经济效益按比例浮动的办法。自此，我国长期对国有大中型企业实行工资总额同经济效益挂钩的办法，职工工资总额增长按经济效益增长的一定比例浮动。1993年7月，劳动部、财政部等部门印发《国有企业工资总额同经济效益挂钩规定》（劳部发〔1993〕161号），明确了工效挂钩具体办法、程序、管理等。2010年5月，国资委制定《中央企业工资总额预算管理暂行办法》（国资发分配〔2010〕72号），在国资委监管的中央企业探索实行工资总额预算管理。

党中央、国务院高度重视国有企业工资分配制度改革工作。党的十九大报告明确规定，要坚持按劳分配原则，完善按要素分配的体制机制，促进收入分配更合理、更有序。中共中央、国务院《关于深化国有企业改革的指导意见》规定，要实行与社会主义市场经济相适应的企业薪酬分配制度，对深化国有企业工资决定机制改革提出了具体要求。人力资源社会保障部牵头会同财政部、国资委积极推动国有企业工资分配制度新的改革。2018年3月28日，中央全面深化改革委员会第一次会议审议并原则通过《关于改革国有企业工资决定机制的意见》。2018年5月13日，《国务院关于改革国有企业工资决定机制的意见》（国发〔2018〕16号，以下简称《意见》）正式印发。《意见》是落实党中央有关决策部署的具体举措，目的是进一步建立健全灵活、高效的国有企业经营机制，推动国有企业全面提升发展质量和效率。继深化国有企业负责人薪酬制度改革之后，这次国有企业工资决定机制改革举措的出台，标志着与中国特色现代国有企业制度相适应的国有企业工资分配制度体系基本形成。

3. 改革的适用范围

《意见》第十八条规定，该意见适用于国家出资的国有独资及国有控股企业。中央和地方有关部门或机构作为实际控制人的企业，参照该意见执行。

适用范围所涵盖的国有企业既包括国务院和地方人民政府履行出资人职责机构负责管理的国有企业，也包括各有关部门直属企业以及各部门下属事业单位、协会等机构所属企业；既包括国有企业集团总部，也包括集团企业所属各层级全资和控股子企业。

4. 国有企业的概念

国有企业，是指国家出资的国有独资及国有控股企业，包括国有独资企业、国有独资公司和国有资本控股公司。国有企业有狭义和广义之分。狭义上的国有企业，仅指国家出资企业中的国有独资企业，即企业全部资产归国家所有，并按《企业法人登记管理条例》规定登记注册的非公司制经济组织。广义上的国有企业，不仅包括国有独资企业，也包括公司制企业中的国有独资公司和国有资本控股公司。根据《企业国有资产法》第五条规定，国家出资企业是指国家出资的国有独资企业、国有独资公司，以及国有资本控股公司、国有资本参股公司。《意见》中国有企业概念是采用广义和《企业国有资产法》中的概念。

5. 实际控制人的概念

实际控制人的概念在不同法律和政策规定中表述略有不同。根据《公司法》第二百一十七条第三款的规定，实际控制人，是指虽不是公司的股东，但通过投资关系、协议或者其他安排，能够实际支配公司行为的人。根据中国证监会《上市公司收购管理办法》第八十四条规定，有下列情形之一的，为拥有上市公司控制权：（一）投资者为上市公司持股50%以上的控股股东；（二）投资者可以实际支配上市公司股份表决权超过30%；（三）投资者通过实际支配上市公司股份表决权能够决定公司董事会半数以上成员选任；（四）投资者依其可实际支配的上市公司股份表决权足以对公司股东大会的决议产生重大影响；（五）中国证监会认定的其他情形。

6. 国有企业工资决定机制改革的重大意义

推动国有企业工资决定机制改革，加快建立健全既符合企业一般规律又体现国有企业特点的工资分配机制，具有十分重大的意义。

第一，这是完善社会主义市场经济体制的必然要求。在国有企业工资分配中更好地遵循市场经济规律和企业发展规律，创新和完善政府宏观指导调控，进一步推动形成与社会主义市场经济相适应的工资分配机制，有利于充分发挥市场在资源配置中的决定性作用，更好发挥政府作用。

第二，这是完善中国特色现代企业制度的内在要求。坚持政企分开、政资分开、所有权与经营权分离，进一步确立国有企业的市场主体地位，依法落实企业工资分配自主权，发挥公司法人治理结构的有效制衡作用，有利于激发企业内生动力和提高企业市场竞争力，促进企业持续健康发展。

第三，这是深化收入分配制度改革的重要任务。在国有企业工资分配中坚持按劳分配原则，完善按劳动要素贡献分配的体制机制，规范工资收入分配秩序，实现劳动报酬增长与劳动生产率提高同步，有利于兼顾效率和公平，促进收入分配格局合理有序，维护社会公平正义。

7. 国有企业工资决定机制改革聚焦的主要问题

随着社会主义市场经济体制逐步健全和国有企业改革不断深化，现行国有企业工资分配制度已难以适应改革发展需要，主要存在以下三方面问题：

一是企业职工工资增长只与经济效益指标挂钩，没有考虑劳动力市场等因素影响，且工效挂钩比例等每年由政府有关部门核定，工资分配市场化程度不高。

二是工资分配秩序不够规范，部分主业不属于充分竞争行业和领域的企业工资增长过快、水平过高，不同行业、企业之间工资分配不合理、差距较大。

三是监管体制尚不健全，部分企业未纳入统一监管范围，工资总额管理"政出多门"，政府职能部门的指导监督作用没有得到充分发挥。

国有企业工资分配领域的这些问题不解决，不仅会影响国有企业持续健康发展，而且会影响社会公平正义。

8. 国有企业工资决定机制改革的总体框架

这次改革重点围绕国有企业工资总额分配进行，并对工资决定机制、管理方式和监管体制机制进行了改革完善。主要包括：

一是改革工资总额决定机制。《意见》指出，确定国有企业工资总额，要综合考虑国家工资收入分配宏观政策要求、企业发展战略和薪酬策略、生产经营目标和经济效益、劳动生产率、人工成本投入产出率、职工工资水平等一揽子因素。同时，完善了工资与效益同向联动机制，明确企业经济效益增则工资增、企业经济效益降则工资降的挂钩联动原则。对科学确定企业工资效益联动指标也提出了指导性意见。

二是改革工资总额管理方式。《意见》指出，对国有企业工资总额全面实行预算管理，根据企业功能性质定位、行业特点并结合法人治理结构完善程度，对其工资总额预算方案分别实行备案制或核准制。同时，对合理确定工资总额预算周期、强化工资总额预算执行等作出了规定。

三是完善企业内部工资分配管理。《意见》在坚持落实国有企业内部薪酬分配法定权力的基础上，对完善企业内部工资总额管理制度、深化企业内部分配制度改革、规范企业工资列支渠道提出了原则性要求。

四是健全工资分配监管体制机制。《意见》进一步理顺了政府职能部门和履行出资人职责机构的监管责任，对加强和改进政府对国有企业工资分配的宏观指导调控、落实履行出资人职责机构监管职责、健全国有企业工资内外收入监督检查制度和问责机制作出明确规定。同时，对完善国有企业工资分配内部监督机制、建立国有企业工资分配信息公开制度等提出了要求。

9. 国有企业工资决定机制改革创新点

相对于改革前的国有企业工资决定机制，这次改革有许多重大突破，体现了鲜明的时代特点。

第一，突出国有企业工资分配的市场化方向。主要体现在以下几个方面：

一是在工资总额确定办法上，《意见》改变了过去国有企业工资总额增长同经济效益单一指标挂钩的办法，要求统筹考虑一揽子因素，合理确定工资总额，更加符合市场经济规律和企业发展规律。

二是在工资水平决定机制上，《意见》强调要加强人工成本投入产出率和职工工资水平的市场对标，使工资水平是否合理更多由市场决定。

三是在工资分配主体上，《意见》对政府有关部门每年核定国有企业上年度工效挂钩方案的做法进行了改革，采取更加符合市场规律的预算管理办法，工资总额预算方案由企业自主编制，并对主业处于充分竞争行业和领域的商业类国有企业原则上实行备案制。

需要特别指出的是，国有企业的企业属性，决定了国有企业特别是主业处于充分竞争行业和领域的企业，必须以创造经济效益、提升市场竞争力为主要目标，企业经济效益始终是决定工资分配的核心因素。为此，《意见》坚持效益导向，进一步完善了工资与效益联动机制，使经济效益好、劳动生产率高的企业工资可以相应多增，反之则工资相对少增或不增，真正实现工资总额与经济效益同向联动、能增能减。

第二，突出对国有企业工资分配的分类管理。主要体现在以下几个方面：

一是在工资与效益联动上，《意见》允许符合条件的企业特别是主业处于充分竞争行业和领域的企业，工资总额增长与经济效益增长同步，对主业不处于充分竞争行业和领域的企业，则继续实行工资总额和工资水平双重调控，从而有利于统筹处理好不同行业、不同企业之间的工资分配关系，解决目前国有企业工资分配中一定程度存在的职工工资该高不高、该低不低问题。

二是在工资与效益联动指标确定上，《意见》要求根据企业功能性质定位和行业特点，分类科学设置联动指标，合理确定考核目标，突出不同考核重点，使国有企业经营业绩考核更加符合企业实际，有利于鼓励企业进一步聚焦主责主业，搞好经营管理。

三是在工资总额管理方式上，《意见》明确规定，根据国有企业功能性质定位、行业特点和法人治理结构完善程度，分别实行工资总额预算备案制或核准制，市场竞争越充分、内控机制越健全的企业，拥有的工资分配自主权越充分，使工资决定机制改革更好地体现建立中国特色现代国有企业制度的要求，有利于倒逼国有企业加快改革步伐、提升公司治理水平。

第三，突出增强活力与加强监管相统一。主要体现在以下几个方面：

一是强化了政府职能部门对国有企业工资分配的宏观指导调控职责，要求人力资源社会保障部门会同有关部门，定期发布劳动力市场工资价位、行业人工成本信息、工资指导线和非竞争类国有企业工资增长调控目标，更好地引导国有企业搞好工资分配。

二是强化了履行出资人职责机构的国有企业工资分配监管职责，对做好所监管企业工资总额预算方案备案或核准工作、加强预算执行情况监控和清算等提出了明确要求。

三是强化了对国有企业工资收入分配的监督检查，明确要健全国有企业工资内外收入监督检查制度，定期开展监督检查，同时引入社会监督机制。

四是强化了对国有企业工资收入分配违规问题的责任追究，要求及时查处违规发放工资、滥发工资外收入等行为，并明确了对违规行为的处理措施。

10. 坚持建立中国特色现代国有企业制度改革方向的基本原则

《意见》第二条基本原则规定，要坚持建立中国特色现代国有企业制度改革方向。

一般意义的现代企业制度是指以市场经济为基础，以企业法人制度为主体，以公司制度为核心，以产权清晰、权责明确、政企分开、管理科学为条件的新型企业制度。2016年10月，习近平总书记在全国国有企业党的建设工作会议上指出，中国特色现代国有企业制度，"特"就特在把党的领导融入公司治理各环节，把企业党组织内嵌到公司治理结构之中，明确和落实党组织在公司法人治理结构中的法定地位，做到组织落实、干部到位、职责明确、监督严格。与此同时，国有企业作为直接参与市场竞争的主体，必须遵循市场经济规律和企业发展规律。

国有企业工资决定机制改革是完善国有企业现代企业制度的重要内容，通过建立健全与劳动力市场基本适应、与国有企业经济效益和劳动生产率挂钩的工资决定和正常增长机制，充分发挥企业党委（党组）

领导作用，依法落实董事会的工资分配管理权，形成既符合企业一般规律又体现国有企业特点的工资分配机制。坚持党对国有企业的领导，坚持所有权和经营权相分离，对法人治理结构健全、董事会运作规范、内部有效制衡的企业给予更多的分配自主权，即企业越自律越有权，引导企业真正建立以董事会为中心的运行管理体系。

11. 坚持效益导向与维护公平相统一的基本原则

《意见》第二条基本原则规定，要坚持效益导向与维护公平相统一。

效益是企业生存发展的基本前提，公平是维护企业健康发展的重要保障。效益与公平的关系，实质就是效率与公平的关系。1993年，党的十四届三中全会提出"效率优先，兼顾公平"的分配原则，党的十五大、十六大延续这一原则。党的十七大、十八大提出初次分配和再分配都要处理好效率和公平的关系，再分配更加注重公平。党的十九大强调要坚持按劳分配原则，完善按要素分配的体制机制，促进收入分配更合理、更有序，同时提出要激发全社会创造力和发展活力，努力实现更高质量、更有效率、更加公平、更可持续的发展。效率与公平二者关系论述的变化，是党根据形势的变化对效率与公平关系认识的发展。中国特色社会主义进入了新时代，即将全面建成小康社会，需要继续坚持按劳分配原则，实现权利公平、机会公平、规则公平，更好地激发劳动者积极性、主动性和创造性。

当前，部分国有企业工资分配领域不同程度上存在问题：市场竞争意识不强，缺乏对标先进的精神，看内不看外，效率相对不高；分配在一定程度上存在平均主义，该高不高、该低不低，工资能增不能减，同工不同酬等。这些问题既不符合效益导向的要求，也有违分配公平的要求。这次改革，统筹考虑了效益与公平的问题。一方面，健全国有企业职工工资与经济效益同向联动、能增能减的机制，在经济效益增长和劳动生产率提高的同时实现劳动报酬同步提高，促进广大职工合理分享企业发展成果。另一方面，又统筹处理好不同行业、不同企业和企业内部不同职工之间的工资分配关系，调节过高收入，促进形成合理收入分配关系。

12. 坚持市场决定与政府监管相结合的基本原则

《意见》第二条基本原则规定，要坚持市场决定与政府监管相结合。

党的十五大至党的十八大都提出要发挥市场在资源配置中的基础性作用。党的十八届三中全会和党的十九大提出，要使市场在资源配置中起决定性作用，更好地发挥政府作用。这个重要论述的变化，是我们党对中国特色社会主义建设规律认识的一个新突破，进一步明确和强调了市场的主导地位。改革完善企业工资分配制度，核心是要处理好市场与政府的关系，必须坚持以市场化为取向，使市场在工资分配中起决定性作用。同时，科学有效的政府宏观调控，是发挥社会主义市场经济体制优势的内在要求。

国有企业工资决定机制改革要厘清政府与市场发挥作用的边界，政府、履行出资人职责机构和国有企业需要各就其位、各负其责，避免职能错位、越位、缺位的问题。一方面，要更加注重发挥市场在国有企业工资分配中的决定性作用，坚持效益决定工资分配的市场基本规律，使职工工资水平与劳动力市场价位相适应、与增强企业市场竞争力相匹配。另一方面，也要更好地发挥政府对国有企业工资分配的宏观指导调控，加强事前引导和事后监督，规范国有企业工资分配秩序。

13. 坚持分类分级管理的基本原则

《意见》第二条基本原则规定，要坚持分类分级管理。

这次改革根据国有企业的功能性质定位、行业特点和法人治理结构完善程度，实行工资总额的分类管理，不搞一刀切，不搞大一统，着重提高政策科学性、实践性、针对性，在联动机制、指标、管理方式等各个方面按功能和行业类别、企业自律程度和发展阶段作出不同规定。按照《企业国有资产法》规定，国务院和地方人民政府依照法律、行政法规的规定，分别代表国家对国家出资企业履行出资人职责，享有出资人权益。国务院确定的关系国民经济命脉和国家安全的大型国家出资企业，重要基础设施和重要自然资源等领域的国家出资企业，由国务院代表国家履行出资人职责。其他的国家出资企业，由地方人民政府代表国家履行出资人职责。根据企业国有资产产权隶属关系，国有企业工资分配监管实行各级政府职能部门和履行出资人职责机构的分级监管，切实落实各个主体责任。

对国有企业工资分配的监管，做到既有放权又有监督，坚持有规则、有问责，加强事前引导、事中监控、事后监督，并引入社会监督，明确对违规行为追责，实现监管全覆盖。

二、工资总额决定机制

1. 确定工资总额的一揽子因素

《意见》第三条规定，按照国家工资收入分配宏观政策要求，根据企业发展战略和薪酬策略、年度生产经营目标和经济效益，综合考虑劳动生产率提高和人工成本投入产出率、职工工资水平市场对标等情况，结合政府职能部门发布的工资指导线，合理确定年度工资总额。

按照规定，确定工资总额的因素不是单一因素，既有国家工资分配宏观指导调控要求，又有企业自身经营状况要求，强化企业市场主体意识，变被动执行到主动谋划，还有市场对标要求，强化企业战略思维，立足提高企业竞争力。

2. 国家工资收入分配宏观政策要求

改革开放以来，党和政府始终高度重视收入分配制度改革，坚持按劳分配为主体，以处理好公平和效率的关系为核心，初步建立与社会主义市场经济体制相适应的收入分配制度。特别是"十二五"以来，"十二五"规划纲要、党的十八大、十八届三中全会、党的十九大，以及

《关于深化收入分配制度改革若干意见的通知》（国发〔2013〕6号）、《中共中央关于全面深化改革若干重大问题的决定》等文件，明确提出增加低收入群体收入、扩大中等收入群体比重、调节过高收入、缩小收入差距、促进收入分配更合理有序等收入分配制度改革的总体要求和政策取向。党中央、国务院陆续出台《关于实行以增加知识价值为导向分配政策的若干意见》（厅字〔2016〕35号）、《关于激发重点群体活力带动城乡居民增收的实施意见》（国发〔2016〕56号）、《关于提高技术工人待遇的意见》等文件，进一步明确了针对不同群体的收入分配制度改革的具体任务和措施。

近年来，企业工资收入分配制度改革在"提低、扩中、限高"的收入分配宏观调控总框架下积极推进。国家每年根据经济社会发展状况，会对工资增长提出或释放不同要求和信号，国有企业应当根据国家工资收入分配要求做好分配工作。

3. 工资指导线的内涵

工资指导线，是指由人力资源社会保障部门根据当年预期经济增长、物价指数、就业状况等因素，制定当年企业职工平均工资增长的指导意见。1997年，劳动部发布《关于印发〈试点地区工资指导线制度试行办法〉的通知》（劳部发〔1997〕27号），对建立企业工资指导线制度提出要求。目前，各省、自治区、直辖市都建立了工资指导线制度。工资指导线主要由省级人力资源社会保障部门根据本地区当年预期经济增长、物价指数、就业状况等因素，制定本地区当年企业职工平均工资增长的指导意见，向社会公布，企业根据企业经济效益情况、职工工资水平等因素分别适用。

目前的工资指导线制度为1997年制定的试行办法，人力资源社会保障部将会同相关部门改革完善工资指导线制度，并进一步明确国有企业适用工资指导线的办法。国有企业结合政府职能部门发布的工资指导线要求，根据自身经济效益情况、职工工资水平等因素，在确定工资总额预算时予以适用或参考。

4. 经济效益增长幅度的内涵

《意见》第四条规定,企业经济效益增长的,当年工资总额增长幅度可在不超过经济效益增长幅度范围内确定。

经济效益是衡量经济活动的最终综合指标,企业经济效益是企业的生产总值与生产成本之间的比例关系。经济效益增长幅度是指企业主要经济效益指标当年完成值剔除不可比因素后,与上年完成值相比的实际增长值。企业经济效益指标包括很多,常用的主要有利润总额(或净利润)、营业收入、经济增加值、净资产收益率、资本保值增值率等。选取的指标要体现与劳动者的劳动贡献直接相关,且挂钩指标不宜过多。因此,主要经济效益指标根据企业功能性质分类,可选取利润总额(或净利润)、营业收入等作为主要经济效益指标,原则上为1~2个。

5. 工资总额增长不超经济效益增长的要求和工效联动机制确定工资总额增长的关系

《意见》第四条和第五条对工资总额增长不超经济效益增长提出要求,同时又对具体工资效益联动机制和指标作出规定。

国有企业的企业属性,决定了其所有分配资源来自生产经营活动,来源于市场,必须以创造经济效益、提升市场竞争力为主要目标。即使是公益类国有企业,仍为提供服务产品后的经济购买关系,如采用政府购买服务或提供政策补贴等形式。经济效益始终是决定工资分配的核心因素,也是工资分配的前提条件。习近平总书记在全国国有企业党的建设工作会上提出,要坚持服务生产经营不偏离,把提高企业效益、增强企业竞争实力、实现国有资产保值增值作为国有企业党组织工作的出发点和落脚点。李克强总理在深化国有企业改革和发展座谈会上也提出,国企改革要以解放和发展社会生产力为标准,最终成效也要体现在提高发展的质量和效益上。

工资总额增长不超经济效益增长的要求和工资效益联动机制确定工

资总额增长，二者实质是工资总额增长最高线和具体能够增长多少的关系。前者是总的工资分配要求，即工资总额增长幅度的最高线；后者是具体的分配要求，在最高线下结合出资人的管理目标和其他要求，工资总额具体能够增长多少。

6. 工资总额增减规则的对等要求

《意见》第四条规定，企业经济效益下降的，除受政策调整等非经营性因素影响外，当年工资总额原则上相应下降。

工资总额相应下降，是指企业经济效益下降时，工资总额原则上也要随之下降，确保能增能减。其中，工资总额下降核定办法应与增长核定办法执行同一套规则，选取相同的指标和权重。当企业经济效益下降时，要做到工资总额相应下降，编制工资总额预算时就必须合理设计工资总额增长幅度，即在设计工资增长时必须同步考虑到工资下降，设计工资下降时必须同步考虑到工资增长。相应下降机制是倒逼国有企业统筹考虑工资增长与下降，制约其只看增长不看下降的单向行为，促使国有企业真正建立健全工资总额能增能减的机制。

7. 劳动生产率含义及对标要求

《意见》第四条提出，根据企业当年与上年劳动生产率相比较是高还是低，分别在企业经济效益增长和下降时作出不同要求。

劳动生产率是指劳动者在生产过程中生产产品的效率，一般用单位劳动投入生产的产出来反映。它体现劳动投入与生产产出之间的关系，单位劳动投入的产出越高，或者说，单位产出需要投入的劳动越少，劳动生产率就越高。单个企业的劳动生产率可以用一定时间内的产品销售收入或服务所得除以企业从业人员数量进行核算，即人均营业（销售）收入或人均利润。

8. 人工投入产出率含义及对标要求

《意见》第四条提出，根据企业人工投入产出率与行业对标的高低，分别在企业经济效益增长和下降时作出不同要求。

人工成本投入产出率是指企业在生产、经营和提供劳务活动中投入的人工成本创造经济效益的效率，一般用单位人工成本的产出来反映。它体现了人工成本消耗与经济效益产出的关系，单位人工成本消耗带来的经济效益产出越高，或者说，单位经济效益消耗的人工成本越少，人工成本投入产出率就越高。企业人工成本是指企业在生产、经营和提供劳务活动中所发生的各项直接和间接人工费用的总和，包括从业人员劳动报酬、社会保险费用、福利费用、职工教育经费、劳动保护费用、住房费用和其他人工成本。

实践中，企业人工成本投入产出率一般用人事费用率、人工成本利润率两个指标进行核算。其中，人事费用率是指人工成本占销售收入（营业收入）比重。该指标反映了人工成本的投入产出比例、从业人员报酬在企业总收入中的份额以及从业人员报酬与劳动生产率的对比关系。在同行业企业中，人事费用率越高，表明人工成本控制较差，人工水平相对较高，反之表明人工成本控制相对较好。人工成本利润率是指企业最终获得的以利润表现的经济效益与企业投入的人工成本代价之间的关系。该指标表明，在企业新创造价值当中，从业人员直接和间接得到的全部报酬与企业利润之间的关系。在同行业企业中，人工成本利润率越高，表明单位人工成本支出所取得的经济效益越好，人工成本的相对水平越低。

9. 企业职工工资水平对标要求

《意见》第四条提出，根据企业职工平均工资水平与全国城镇单位就业人员平均工资水平对标时是明显高于还是低于，分别在企业经济效益增长和下降时作出不同要求。

"全国城镇单位就业人员平均工资"，是指全国城镇私营单位和非私营单位就业人员平均工资口径。由于目前国家统计局未发布全口径的城镇单位就业人员平均工资，按照全国城镇非私营单位和全国城镇私营单位两类口径分别发布，因此在对标中暂使用城镇非私营单位就业人员平均工资数据。《意见》统一使用"全国"城镇单位就业人员平均工资作为对比参照，而不是由各地与本地区平均工资对比，主要是基于采用同一对比口径便于各地参考对比和平衡。

"明显高于"，是指企业上年度在岗职工平均工资高于同期全国城镇单位就业人员平均工资的一定倍数，一般应高于1.5倍，目前各地制定的实施意见中一般规定是全国城镇单位就业人员平均工资的2~3倍。"明显低于"，是指企业上年度在岗职工平均工资低于同期全国城镇单位就业人员平均工资的一定比例，一般应低于70%，目前各地一般规定是全国城镇单位就业人员平均工资的70%~80%。例如，山西省规定经济效益增长时，上年度在岗职工平均工资高于同期全国城镇单位就业人员平均工资2倍的，当年工资总额增幅应低于企业经济效益增幅的80%。经济效益下降时，上年度在岗职工平均工资低于同期全国城镇单位就业人员平均工资70%的，当年工资总额可适当少降。例如，内蒙古规定经济效益增长时，竞争类企业上年度职工平均工资超过同期全国城镇单位就业人员平均工资3倍及以上的，当年工资总额增长幅度应低于企业同期经济效益增长幅度。经济效益下降时，上年度职工平均工资未达到同期全国城镇单位就业人员平均工资70%的，当年工资总额可适当少降。

10. 政府职能部门规定的工资调控水平和增长调控目标

《意见》第四条规定，对主业不处于充分竞争行业和领域的企业，上年度职工平均工资达到政府职能部门规定的调控水平及以上的，当年工资总额增长幅度应低于同期经济效益增长幅度，且职工平均工资增长幅度不得超过政府职能部门规定的工资增长调控目标。

"调控水平"，是指由人力资源社会保障部门根据国家工资分配宏观调控要求，每年发布非充分竞争类国有企业的工资调控水平，即对企业上年度在岗职工平均工资高于同期全国城镇单位就业人员平均工资一定倍数的予以调控。"调控目标"，是指由人力资源社会保障部门根据国家工资分配宏观调控要求，每年发布非充分竞争类国有企业工资增长最高线，即非充分竞争类国有企业工资达到"调控水平"，其当年企业职工平均工资的最高增长幅度。

当前，企业工资分配领域还存在分配差距较大的问题，对过高收入进行适当调控既是中央的要求，实践中也是必要的。

一是工资收入分配不合理差距依然存在。从不同所有制看，2017年，国有企业职工平均工资为 7.8 万元，是城镇非私营单位就业人员的 1.06 倍、私营单位就业人员的 1.7 倍。2012 年至 2016 年，上市公司中国有企业与非国有企业职工平均工资倍数比在 1.6 倍至 1.8 倍之间。如果考虑国有企业特别是带有垄断因素行业职工的工资外收入，收入差距还要加大。从行业差距来看，2018 年，我国全国城镇非私营单位就业人员平均工资中最高行业与最低行业平均工资之比为 3.06 倍，最高行业工资与全国年均工资之比为 1.79 倍。

二是参考国际上国有企业职工工资水平与社平工资差距情况。目前，世界 33 个高收入国家行业工资极值比为 3.02 倍，多数在 3 倍以内。2010 年至 2016 年，美国联邦所属国有企业（类似中央企业）最高行业工资倍数保持在 1.1~1.24 倍之间（2016 年为 1.1 倍）。法国邮政、铁路、运输等行业国有企业中，职工平均工资水平最高的法国铁路网公司与其全国社平工资之比约为 1.6 倍。日本邮政、铁路、电信、信托等行业国有企业中，职工平均工资水平最高的三井住友信托控股公司与其全国社平工资之比约为 1.75 倍。

三是调节过高收入是党中央、国务院提出的明确要求。党的十六大、十七大、十八大报告强调缩小收入分配差距，持续扩大中等收入群体，并明确指出"规范收入分配秩序，保护合法收入，增加低收入者收入，调节过高收入，取缔非法收入"。党的十九大报告再次重申"扩大中等收入群体，增加低收入者收入，调节过高收入，取缔非法收入"。2013 年，国务院批转发展改革委等部门《关于深化收入分配制度改革的若干意见》的通知，明确要求"对部分过高收入行业的国有及国有控股企业，严格实行企业工资总额和工资水平双重调控政策，逐步缩小行业工资收入差距"。2014年，中共中央、国务院印发的《关于深化中央管理企业负责人薪酬制度改革的意见》明确提出，对部分收入过高的企业，要严格实行工资总额和工资水平双重调控。2016年，国务院印发的《关于激发重点群体活力带动城乡居民增收的实施意见》则提出"有效抑制通过非市场因素获利，不断缩小不同群体间的收入差距"和"继续遏制以权力、行政垄断等非市场因素获取收入，取缔非法收入"。

11. 国有企业的分类

《意见》第五条提出，要按照不同类别的国有企业确定工资效益联动指标。

国有企业分类主要是指结合不同国有企业在经济社会发展中的作用、现状和需要，根据主营业务和核心业务范围，划分为不同类别。在国有企业具体分类上，国家和地方都作出了规定。

（1）按照国务院国资委、财政部、发展改革委2015年印发的《关于国有企业功能界定与分类的指导意见》（国资发研究〔2015〕170号），将国有企业划分为商业类和公益类。一是商业类国有企业以增强国有经济活力、放大国有资本功能、实现国有资产保值增值为主要目标，按照市场化要求实行商业化运作，依法独立自主开展生产经营活动，实现优胜劣汰、有序进退。其中，主业处于关系国家安全、国民经济命脉的重要行业和关键领域、主要承担重大专项任务的商业类国有企业，要以保障国家安全和国民经济运行为目标，重点发展前瞻性战略性产业，实现经济效益、社会效益与安全效益的有机统一。二是公益类国有企业以保障民生、服务社会、提供公共产品和服务为主要目标，必要的产品或服务价格可以由政府调控。此外，对于金融、文化等类国有企业的分类改革，中央另有规定的依其规定执行。

（2）国务院国资委、财政部2016年印发《关于完善中央企业功能分类考核的实施方案》（国资发综合〔2016〕252号），对中央企业进行了具体分类，即主业处于充分竞争行业和领域的商业类中央企业，主业处于关系国家安全、国民经济命脉的重要行业和关键领域、主要承担重大专项任务的商业类中央企业，公益类中央企业。各地按照国有企业分类要求，结合本地区国有企业实际，也进行了国有企业分类。例如，天津、陕西、青海、宁夏等分为竞争类、功能类、公益类，黑龙江、江西、山东、河南、湖北等地区分为商业类和公益类；有的又对商业类作了细分，江西、山东将商业类分为竞争性商业类和功能性商业类，江苏、福建等将国有企业全部界定为商业类，而福建又细分为竞争一类、竞争二类、竞争三类。

(3) 中共中央、国务院2018年印发《关于完善国有金融资本管理的指导意见》，对金融机构作了有关分类表述。例如，提出对于开发性和政策性金融机构，保持国有独资或全资的性质；对于涉及国家金融安全、外溢性强的金融基础设施类机构，保持国家绝对控制力；对于在行业中具有重要影响的国有金融机构，保持国有金融资本控制力和主导作用；对于处于竞争领域的其他国有金融机构，积极引入各类资本，国有金融资本可以绝对控股、相对控股，也可以参股。

(4) 中共中央宣传部2016年印发文件对国有文化企业分类提出了意见，依据不同国有文化企业的战略定位、功能作用、改革发展现状及其主管业务和核心业务范围，将国有文化企业分为新闻信息服务类、内容创作生产类、传播渠道类、投资运营类和综合经营类。

国有企业工资决定机制改革结合国有企业分类对国有企业提出不同的工资效益联动指标，同时又专门对金融类、文化类国有企业联动指标作出明确。除了分类确定联动指标，《意见》对于充分竞争类和非充分竞争类国有企业在职工工资水平、工资总额管理方式等方面提出了不同的要求。判断企业是否属于充分竞争类企业，核心是要结合其所处的市场竞争环境、功能定位来判定其功能性质。一般处于完全竞争产品市场和完全竞争要素市场的，以参与市场竞争为主要运营方式，以经济效益最大化为主要目标的属于充分竞争类企业；一般以完成国家战略任务、政府专项重大任务为主要目标的，兼顾经济效益和社会效益的企业，或者处于公共服务行业和领域，以社会效益为导向的企业，属于非充分竞争类企业。企业功能性质的具体划分由履行出资人职责机构或其他企业主管部门确定，其功能定位应与考核指标、管理模式等对应的管理类别相一致。

12. 充分竞争类国有企业工资效益的联动指标

《意见》第五条规定，对主业处于充分竞争行业和领域的商业类国有企业，应主要选取利润总额（或净利润）、经济增加值、净资产收益率等反映经济效益、国有资本保值增值和市场竞争能力的指标。

对于充分竞争类国有企业，主要以增强国有经济活力、放大国有资本功能、实现国有资本保值增值为导向，重点考核企业经济效益、资本回报水平和市场竞争能力。其中，利润总额＝营业利润＋营业外收入－营业外支出，净利润＝利润总额－所得税费用，经济增加值＝税后净营业利润－资本成本，净资产收益率＝税后利润/所有者权益。

13. 功能类国有企业工资效益的联动指标

《意见》第五条规定，对主业处于关系国家安全、国民经济命脉的重要行业和关键领域、主要承担重大专项任务的商业类国有企业，在主要选取反映经济效益和国有资本保值增值指标的同时，可根据实际情况增加营业收入、任务完成率等体现服务国家战略、保障国家安全和国民经济运行、发展前瞻性战略性产业以及完成特殊任务等情况的指标。

营业收入是从事主营业务或其他业务所取得的收入，任务完成率是指党委政府或履行出资人职责机构、主管部门等下达给企业重大专项任务的完成情况。

14. 公益类国有企业工资效益的联动指标

《意见》第五条规定，对主业以保障民生、服务社会、提供公共产品和服务为主的公益类国有企业，应主要选取反映成本控制、产品服务质量、营运效率和保障能力等情况的指标，兼顾体现经济效益和国有资本保值增值的指标。

成本控制指标一般是指企业提供一定产品服务所消耗的综合成本或主要物资成本，如单位运营成本、单位产品耗费率等。产品服务质量指标一般是指根据客观技术指标或服务对象评价，体现企业所提供产品或服务质量的指标，如供水公司的自来水质量和客户满意度等。营运效率指标一般是指营运目标完成量与使用时间、消耗成本之比，如每日货物吞吐量等。保障能力指标一般是指提供保障服务的数量和质量，如重大课题项目完成量、重大专项任务服务保障等。

15. 金融类国有企业工资效益的联动指标

《意见》第五条规定，对金融类国有企业，属于开发性、政策性的，应主要选取体现服务国家战略和风险控制的指标，兼顾反映经济效益的指标；属于商业性的，应主要选取反映经济效益、资产质量和偿付能力的指标。

服务国家战略指标是指国家重大战略、经济政策等落实情况相关指标，如服务国家"一带一路"倡议提供金融支持的情况。风险控制指标是指反映金融机构各类风险的指标，如不良贷款余额（率）、资本净额。资产质量指标是指体现金融企业资产质量的指标，如流动性比例等。偿付能力指标是指体现金融机构偿付其到期债务能力的指标，如资本充足率、贷款损失准备充足率等。

16. 文化类国有企业工资效益的联动指标

《意见》第五条规定，对文化类国有企业，应同时选取反映社会效益和经济效益、国有资本保值增值的指标。

社会效益指标一般是指最大限度地利用有限的资源满足社会上人们日益增长的物质文化需求的相关指标。不同类型文化企业的社会效益指标又有所不同，例如，图书出版企业的社会效益指标，主要是指图书出版企业通过以图书为主的出版物和与出版相关的活动对社会产生价值和影响的指标，具体包括图书内容贯彻落实党的理论和路线方针、价值取向情况，入选国家重点工程项目情况，社会受众反映情况，国际输出影响情况等；文艺院团的社会效益指标主要考核舞台艺术的创作、演出、普及等方面；新华书店的社会效益指标主要考核经营导向、公共服务、社会影响和内部制度等方面内容。

中共中央办公厅、国务院办公厅 2018 年印发《关于推动国有文化企业把社会效益放在首位、实现社会效益和经济效益相统一的指导意见》，提出建立健全确保国有文化企业把社会效益放在首位、实现社会效益和经济效益相统一的体制机制，建立健全把社会效益放在首位、实现社会效益和经济效益相统一的考核评价标准等。2019 年 2 月，中共中央宣传部、财政部、人力资源社会保障部共同印发的《关于中央文化企业落实国务院关于改革国有企业工资决定机制的意见有关问题的通知》，对文化类国有企业考核和联动指标作出了具体规定，如明确经济效益是指利润总额和营业收入两项指标的加权值，其中营业收入占比权重不低于 50%，原则上不超过 70%。企业主管部门从社会效益和经济效益两方面对企业开展综合考核，其中社会效益考核占比权重应在 50% 以上，原则上不超过 70%。其中明确出现政治导向问题、严重违法违规违纪行为的，工资总额不得增长或予以下降。

三、工资总额预算管理

1. 工资总额的内涵

《意见》第十八条规定，该意见所称工资总额，是指由企业在一个会计年度内直接支付给与本企业建立劳动关系的全部职工的劳动报酬总额，包括工资、奖金、津贴、补贴、加班加点工资、特殊情况下支付的工资等。

《意见》规定的工资总额是传统意义的、狭义范围的工资总额，主要为货币形式，不包括实物，与统计等口径并不完全一致。如根据国家统计局《关于工资总额组成的规定》，工资总额是指本单位在报告期内（季度或年度）直接支付给本单位人员的劳动报酬总额。根据国家统计局指标解释，工资总额包括计时工资、计件工资、奖金、津贴和补贴、加班加点工资、特殊情况下支付的工资；工资总额是税前工资，包括单位从个人工资中直接为其代扣或代缴的个人所得税、社会保险金、住房公积金以及房费、水电费等个人应缴部分；工资总额不论是计入成本的还是不计入成本的，不论是以货币形式支付的还是以实物形式支付的，均应列入工资总额统计范围。

需要注意的是，工资总额中的"津贴和补贴"包含实行货币化改革纳入工资总额管理的福利性收入，包括公车补贴或交通补贴、住房补贴、通信补贴、午餐费补贴和节日补助等以货币形式支付给职工的各类津补贴，其中包括过去以福利形式支付给职工的各类工作性、生活性补贴。

此外，工资总额不包括统计或财务纳入工资总额统计范围内的其他单列工资：一是非在岗职工工资支出，如退休返聘人员、劳务派遣人员等其他从业人员的工资支出。二是临时性的或有工资支出，如现金形式支付的中长期激励额度，包括分红激励收入、虚拟股权年度分红收入、股权激励当期现金价值部分等。

2. 工资总额预算编制

《意见》第六条规定，全面实行工资总额预算管理。工资总额预算方案由国有企业自主编制，按规定履行内部决策程序后，根据企业功能性质定位、行业特点并结合法人治理结构完善程度，分别报履行出资人职责机构备案或核准后执行。

《意见》改革了工资与经济效益联动滞后机制，采取工资总额预算管理办法，预算方案由企业自主编制，与生产经营预算同步安排、与经济效益增长目标相适应。国有企业按照要求自主编制年度工资总额预算方案，报履行出资人职责机构备案或核准后执行，对年度工资总额、职工工资水平的确定、发放作出计划安排并进行有效控制和自我监督。

一般情况下，企业应以经履行出资人职责机构清算的上年度工资总额（即符合规定的工资总额，对超发部分不予认可）为基数编制当年工资总额预算。对于通过兼并重组等方式新组建的国有企业，一般以原企业符合规定的工资总额为基数编制工资总额预算。对于新设国有企业，一般根据企业所属行业，参考劳动力市场价位和同行业、同规模、同效益企业市场对标情况，结合其战略定位、经营策略、职工人数、支付能力等因素合理确定工资总额预算编制的基数。

3. 工资总额确定中的政策调整等非经营性因素

《意见》第四条规定，企业经济效益下降的，除受政策调整等非经营性因素影响外，当年工资总额原则上相应下降。

非经营性因素主要是指与企业自身经营管理无关的因素，如由于执行国家规定的政策性价格使商品的进价大于销价、进销同价导致效益大幅下降，因不可抗力导致企业经营出现问题，还有偶发性的非正常经营获取的收益，如一次性变卖重大固定资产等。确实受政策调整等非经营性因素影响导致经济效益下降的，可根据剔除非经营性因素影响后的经济效益增减情况确定工资总额增减。同样，企业经济效益增长时，也应剔除受政策调整等非经营性因素影响。

4. 国有资产保值增值与工资总额的关系

《意见》第四条规定，企业未实现国有资产保值增值的，工资总额不得增长，或者适度下降。

李克强总理在2016年11月召开的国务院常务会议上强调，国有企业的首要职责就是实现国有资产保值增值，对造成国有资产重大损失的要严厉追究责任。因此，企业未实现国有资产保值增值的，工资总额不得增长是底线。即使经济效益较上年有所增长，只要未实现国有资产保值增值，工资总额也不得增长。根据国家有关规定，国有资产保值增值情况主要由国有资本保值增值率指标确定。国有资本保值增值率的计算公式为：国有资本保值增值率=（扣除客观因素影响后的期末国家所有者权益/期初国家所有者权益）×100%，此处的期末与期初主要是指本会计年度年末与年初。

《企业国有资本保值增值结果确认暂行办法》规定："企业国有资本保值增值结果分为以下三种情况：（一）企业国有资本保值增值率大于100%，国有资本实现增值；（二）企业国有资本保值增值率等于100%，国有资本为保值；（三）企业国有资本保值增值率小于100%，国有资本为减值。"

《金融企业国有资本保值增值结果确认暂行办法》规定："金融企业国有资本保值增值率大于100%为国有资本增值；国有资本保值增值率等于100%为国有资本保值；国有资本保值增值率小于100%为国有资本减值。"

原则上，如果国有企业国有资本保值增值率小于100%（即未实现国有资产保值增值），则当年其工资总额不得增长，或应适度下降。部分省份国有企业工资决定机制改革实施意见还对适度下降进行了明确，如江苏、浙江等规定国有资产保值增值率低于90%的，当年工资总额降幅不低于3%；江西规定国有资产减值幅度超过10%的，当年工资总额降幅不低于5%。

5. 增人不增资、减人不减资

《意见》第四条规定，企业按照工资与效益联动机制确定工资总额，原则上增人不增工资总额、减人不减工资总额，但发生兼并重组、新设企业或机构等情况的，可以合理增加或者减少工资总额。

"增人不增资、减人不减资"，具体是指工资总额根据工资与效益联动机制来确定，增幅最高不超过经济效益增长幅度，不因为企业增加人员而额外增加工资总额，也不因为企业减少人员而减少工资总额，鼓励企业建立市场化用人机制，合理确定用人规模，提高效率。企业不允许额外以各种名义单独增加工资总额，包括提职晋级、新增人员、引进人才、各项奖励等所有增资，均应从新增效益工资列支。

"增人不增资、减人不减资"也有例外规定，即发生兼并重组、新设企业或机构等情况的，企业可以合理增加或者减少工资总额。其中，兼并重组是指一家或一家以上企业并入另一家企业，或者两家以上企业合并组成一家新的企业，兼并重组后，原企业的工资总额纳入兼并重组后的企业工资总额；新设企业或机构是指股东或发起人依法到市场监管部门设立登记并取得营业执照的子公司、分公司、分支机构等；合理增加工资总额是指发生新设企业或机构等情况的，参考企业职工平均工资水平、市场价位等因素合理增加相应工资；合理减少工资总额是指根据划出企业或机构上年度实发工资总额予以相应扣减。

6. 工资总额预算备案制和核准制

《意见》第六条规定，对主业处于充分竞争行业和领域的商业类国有企业，工资总额预算原则上实行备案制。其中，未建立规范董事会、法人治理结构不完善、内控机制不健全的企业，经履行出资人职责机构认定，其工资总额预算应实行核准制。对其他国有企业，工资总额预算原则上实行核准制。其中，已建立规范董事会、法人治理结构完善、内控机制健全的企业，经履行出资人职责机构同意，其工资总额预算可实行备案制。

《意见》改革了工资监管部门单一的审核制管理办法，根据企业功能性质、公司治理能力和守法诚信等因素对国有企业工资总额进行分类管理，实行核准制和备案制两种管理办法。这体现了有序放开的原则，不搞一刀切，因企制宜，同时也给予履行出资人职责机构、地方一定自主空间。总的原则是，市场竞争越充分或内控机制越健全的企业，拥有的工资分配自主权越充分，有利于倒逼国有企业加快改革步伐、提升公司治理水平。

(1) 关于实行备案制、核准制的条件。具体包括以下两种情形：

一是对主业处于充分竞争行业和领域的商业类企业，原则上实行工资总额备案制管理。但对未设董事会、董事长和总经理两职未分设、董事会及其薪酬委员会外部董事不足 2/3 等公司内控机制不健全的，近三年发生过工资发放重大违规行为的，或存在其他特殊情形的企业，经履行出资人职责机构审核认定后，实行工资总额核准制管理。

二是对其他非充分竞争行业和领域的企业，原则上实行工资总额核准制管理。但对于法人治理结构健全规范，建立市场化的劳动人事分配制度和业绩考核评价体系、科学合理的市场对标体系且近三年未发生过工资发放违规行为的企业，经履行出资人职责机构审核认定后，实行工资总额备案制管理。

(2) 关于完善的法人治理结构。中共中央、国务院《关于深化国有企业改革的指导意见》要求国有企业健全公司法人治理结构，重点是推进董事会建设，建立健全权责对等、运转协调、有效制衡的决策执行监督机制，规范董事长、总经理行权行为，充分发挥董事会的决策作用、监事会的监督作用、经理层的经营管理作用、党组织的政治核心作用，实现规范的公司治理。国务院办公厅《关于进一步完善国有企业法人治理结构的指导意见》（国办发〔2017〕36 号）进一步对此提出了要求，主要包括以下三个方面：

一是加强董事会建设，落实董事会职权。要求优化董事会组成结构、规范董事会议事规则，董事长、总经理原则上分设。规范董事会议事规则，严格实行集体审议、独立表决、个人负责的决策制度，建立规范透明的重大事项信息公开和对外披露制度，建立董事会决议跟踪落实以及事后评估制度。董事会应当设立提名委员会、薪酬与考核委员会、审计委员会等专门委员会，为董事会决策提供咨询，其中薪酬与考核委员会、审计委员会应由外部董事组成。

二是维护经营自主权，激发经理层活力。经理层依法由董事会聘任或解聘，接受董事会管理和监事会监督。总经理对董事会负责，依法行使管理生产经营、组织实施董事会决议等职权。建立规范的经理层授权管理制度，对经理层成员实行与选人方式相匹配、与企业功能性质相适应、与经营业绩相挂钩的差异化薪酬分配制度。

三是发挥监督作用，完善问责机制。依照有关法律法规和公司章程设立监事会，对董事会、经理层成员的职务行为进行监督。提高专职监事比例，增强监事会的独立性和权威性。健全以职工代表大会为基本形式的企业民主管理制度，加强职工民主管理和监督。建立与治理主体履职相适应的责任追究制度，明确各个主体的责任等。

7. 工资总额预算周期制管理

《意见》第七条规定，合理确定工资总额预算周期。国有企业工资总额预算一般按年度进行管理。对行业周期性特征明显、经济效益年度间波动较大或存在其他特殊情况的企业，工资总额预算可探索按周期进行管理，周期最长不超过三年，周期内的工资总额增长应符合工资与效益联动的要求。

（1）一般按年度管理的考虑。《意见》规定，工资总额预算一般按年度进行管理，主要考虑：一是工资总额管理周期应与同期经济效益联动，方便企业合理安排生产经营，不搞滚动式管理，体现当期管理规划性、针对性和有效性；二是强化国有企业对当期市场变动的合理应对；三是考虑到人工成本刚性增长不可逆问题。

（2）实行周期制的条件。对行业周期性特征明显、经济效益年度间波动较大或存在其他特殊情况的企业，工资总额预算可探索按周期进行管理，周期最长不超过三年。一方面，对存在上述特殊情况的企业通过周期管理的方式，平衡工资总额增长与经济效益增长的关系；另一方面，周期制时间不超过三年，避免因周期时间过长企业经济效益、管理人员、职工人数等发生较大变化，财务难以追溯核算，现实中难以操作实施。

（3）周期制管理企业工资总额要求。对于实行周期制管理的企业，周期内工资总额增长应符合工资与效益联动的要求，即周期内工资总额年均增幅不超过符合规定的同期经济效益年均增幅，同时职工平均工资年均增长幅度应符合同期政府职能部门发布的工资增长调控目标等管理要求。

8. 工资总额预算的执行

《意见》第八条规定，强化工资总额预算执行。国有企业应严格执行经备案或核准的工资总额预算方案。执行过程中，因企业外部环境或自身生产经营等编制预算时所依据的情况发生重大变化，需要调整工资总额预算方案的，应按规定程序进行调整。

企业在经履行出资人职责机构核准或备案的工资总额预算方案内，确定其总部和下属子公司、分公司的工资总额，进而再根据企业内部薪酬制度确定每个职工工资。企业在执行过程中应当把握预算执行进度，前少后多、先紧后松，预留部分工资总额，确保工资总额执行不超过预算方案。

在执行过程中，因市场环境发生重大变化引起企业效益明显波动的，或企业发生分立、合并等重大资产重组行为等重大影响因素，导致预算编制基础发生重大变化并对当期经济效益指标完成造成重大影响的，企业可按规定的程序报履行出资人职责机构或主管部门进行调整。调整次数一般每年一次，不宜过多，否则有损预算严肃性。企业必须加强预算编制能力，增强预算编制的科学性、合理性，避免预算编制脱离企业经营实际。企业工资总额预算调整方案履行企业内部决策程序后，应当在第四季度报履行出资人职责机构或主管部门再次核准或备案。

9. 工资总额预算执行情况动态监控和清算

《意见》第八条规定，履行出资人职责机构应加强对所监管企业执行工资总额预算情况的动态监控和指导，并对预算执行结果进行清算。

履行出资人职责机构或主管部门应当加强对所监管企业工资总额预

算情况的动态监控，定期调度企业预算执行情况，指导企业合理分配工资总额，把握预算执行进度，并根据实际情况及时调整工资总额预算，确保工资总额实际执行不超过预算方案。

履行出资人职责机构或主管部门依据经审计的财务决算数据，考核企业经济效益指标、人工成本投入产出率和劳动生产率等指标的实际完成情况，对企业工资总额预算执行情况、执行国家工资分配政策等情况进行综合分析评价，确定国有企业可以列支的工资总额。企业工资总额清算额度经履行出资人职责机构核准确认后按照国家有关规定据实列支。

清算时，企业经济效益实际增幅低于预算增幅的，工资总额清算增幅不得超过企业经济效益实际增幅，并根据考核情况确定具体可列支的工资总额清算额度；企业经济效益实际增幅高于预算增幅的，未经规定程序调整，工资总额清算额度也不能超过工资总额预算增幅，实际增幅超出部分属于超提超发，应当予以纠正。

对出现工资总额预算执行偏离度过大、工资增长突破调控要求、未完成经济效益预算目标值等情形的企业，履行出资人职责机构或主管部门可采取核减下一年度工资总额预算额度、扣减企业负责人薪酬等措施。

此外，履行出资人职责机构或主管部门还应将所监管企业工资总额预算执行情况报同级人力资源社会保障部门，由人力资源社会保障部门汇总报告同级人民政府。同时，履行出资人职责机构和国有企业每年应定期将企业工资总额和职工平均工资水平等相关信息在部门和企业官方网站或以其他方式向社会披露。

四、企业内部工资分配

1. 完善企业内部工资总额管理制度

《意见》第九条规定，完善企业内部工资总额管理制度。国有企业在经备案或核准的工资总额预算内,依法依规自主决定内部工资分配。企业应建立健全内部工资总额管理办法,根据所属企业功能性质定位、行业特点和生产经营等情况,指导所属企业科学编制工资总额预算方案,逐级落实预算执行责任,建立预算执行情况动态监控机制,确保实现工资总额预算目标。企业集团应合理确定总部工资总额预算,其职工平均工资增长幅度原则上应低于本企业全部职工平均工资增长幅度。

(1) 建立健全企业内部工资总额管理办法。国有企业应当按照《意见》关于改革国有企业工资决定机制的有关要求,建立健全内部工资总额管理办法,指导所属企业科学编制工资总额预算方案,逐级落实执行责任。企业可以根据本企业实际情况,制定相对灵活的内部工资总额分配机制,对于各个子企业工资总额分配可以根据企业内部分配制度和实际进行分配,如对于重点扶持或发展的子企业可以给予倾斜等。

(2) 企业集团总部工资总额确定。企业集团总部一般主要承担管理职能,不直接创造经济效益。企业在内部工资总额分配中,应体现向产生经济效益的一线企业倾斜,合理确定总部工资总额预算,其职工平均工资增长幅度原则上应低于本企业全部职工平均工资增长幅度。

2. 企业内部分配基本工资制度

《意见》第十条规定,国有企业应建立健全以岗位工资为主的基本工资制度,以岗位价值为依据,以业绩为导向,参照劳动力市场工资价位并结合企业经济效益,通过集体协商等形式合理确定不同岗位的工资水平,向关键岗位、生产一线岗位和紧缺急需的高层次、高技能人才倾斜,合理拉开工资分配差距,调整不合理过高收入。

当前国有企业内部分配方面主要存在以下问题:一是企业内部薪酬分配缺乏活力。一些企业工资分配挂上不挂下、工资能增不能减的情况突出;内部分配按职务级别定薪,行政色彩较浓,未充分体现岗位职责、承担风险和业绩贡献等差异;普惠性、福利性货币收入科目设置较多、标准较高,挤占了绩效工资分配资源,薪酬激励作用下降。二是核心岗位、关键人才薪酬激励不足。优秀人才流失率上升,领军人才、关键岗位和业务骨干成为人才流失主体。部分企业薪酬分配体系较为封闭,内部工资决定机制更多考虑内部公平性,与市场价位相比,一些通用性岗位薪酬水平普遍偏高,一些核心岗位关键人才的薪酬反而低于市场平均水平,缺乏市场竞争力,导致优秀人才流失率上升。如果企业内部分配问题不解决,工资总额预算编制得再好、再多也难以满足需求。

针对这些问题,企业需要着重从以下几个方面提升内部分配管理:

(1) 国有企业应当按照建立现代企业工资收入分配制度的要求并根据人力资源管理的特点,建立推行各种形式的岗位工资制,进行科学的岗位设置、定员定额和岗位测评,做到以岗定薪,如岗位绩效工资制、岗位薪点工资制、岗位等级工资制等。

(2) 建立薪酬市场对标管理办法,按照行业分类可比、业务地域可比、业务规模可比等原则与市场对标,优化资源配置,确保核心人才薪酬市场竞争力,合理确定市场替代率高的通用岗位工资水平。同时,理顺内部分配关系,以业绩为导向,根据岗位价值、员工能力、个人业绩,科学评价不同岗位员工的贡献,合理拉开收入分配差距,收入分配向企业技术含量高、劳动强度大、个人贡献突出的关键岗位和一线岗位倾斜。

(3) 在推进国有企业工资总额管理制度改革的同时,可以依法依规统筹用好员工持股、上市公司持股计划、科技型企业股权分红等中长期激励措施,充分调动企业内部各层级干部职工积极性。

(4) 进一步深化企业内部三项制度改革,建立完善市场化的企业用工制度,实现企业职工由身份管理向合同和岗位管理转变,合理控制人员总量,优化用工结构。

3. 企业内部分配集体协商制度

工资集体协商是市场经济国家确定工资增长的主要方式,具体是指职工代表与企业代表依法就企业内部工资分配制度、工资分配形式、工资收入水平等事项进行平等协商，在协商一致的基础上签订工资协议的行为。开展工资集体协商，最直接的目的是促进企业内部分配更加科学，合理提高职工收入水平，共享企业发展成果，但更深层次的意义在于鼓励职工参与民主管理，强化主人翁意识，促进现代企业制度的建立。

我国通过《劳动法》《劳动合同法》等法律法规确立了集体协商的法律地位。人力资源社会保障部门会同工会、企业组织等积极采取措施，以工资集体协商作为重点内容，不断推进集体协商制度实施。2000年，劳动保障部发布《工资集体协商实行办法》（劳社部令9号），对工资集体协商的内容、代表、程序、工资协议审查进行了明确规定。2010年，人力资源社会保障部会同全国总工会、中国企业联合会、全国工商联印发《关于深入推进集体合同制度实施彩虹计划的通知》（人社部发〔2010〕32号），明确以工资集体协商为重点内容，进一步增强集体协商的针对性和实效性。同时，提出重点对实行经营者年薪制的国有和国有控股企业、集体企业等五类企业开展集体协商要约。2014年，人力资源社会保障部会同全国总工会、中国企业联合会、全国工商联印发《关于推进实施集体合同制度攻坚计划的通知》（人社部发〔2014〕30号），提出对实行工资总额管理的国有企业，重点就企业内部分配制度、分配形式和分配差距进行协商，发挥好职工的民主参与作用。

国有企业不同于非国有企业，工资集体协商的内容和方式也会有所不同。国有企业工资集体协商重点应当放在内部如何分好工资总额这块蛋糕，如何更加科学合理确定不同层级和岗位工资分配，确保工资分配向关键岗位、一线岗位倾斜，使内部收入差距更加合理，更好地激发职工积极性、主动性和创造性。

4. 技术技能人才工资分配的要求

技术技能人才是人才强国战略、创新驱动发展战略的核心要素。党和政府高度重视技术技能人才队伍建设，不断推进人才制度改革，完善技术技能人才工资分配政策，提高技术技能人才收入水平和社会地位，激发人才创新创业创造活力。

近年来，党中央、国务院多次对技术技能人才工资分配工作提出要求。根据党中央、国务院印发的《国家中长期人才发展规划纲要（2010—2020年）》有关规定，人才主要包括党政人才、企业经营管理人才、专业技术人才、高技能人才、农村实用人才，同时提出要完善各类人才薪酬制度，健全国有企业人才激励机制，探索高层次人才、高技能人才协议工资制和项目工资制等多种分配方式。中共中央办公厅、国务院办公厅印发的《关于提高技术工人待遇的意见》明确提出，要完善符合技术工人特点的企业工资分配制度，指导企业强化工资收入分配的技能价值激励导向，鼓励企业在工资结构中设置体现技术技能价值的工资单元。建立企业技术工人工资正常增长机制，引导企业科学确定技术工人工资水平并实现合理增长。探索技术工人长效激励机制，制定企业技术工人技能要素和创新成果按贡献参与分配的办法。

这次改革明确提出国有企业工资分配要向紧缺急需的高层次、高技能人才倾斜。需要注意的是，工资分配向技术技能人才倾斜，不是"唯证书""唯文凭"，不是简单与技术技能证书挂钩，而是技术技能人才在所在岗位利用所掌握的技术技能切实发挥作用，取得业绩贡献。

5. 企业全员绩效考核

《意见》第十条规定，加强全员绩效考核，使职工工资收入与其工作业绩和实际贡献紧密挂钩，切实做到能增能减。

绩效考核通常也称为业绩考评，主要是针对企业中每个职工所承担的工作，应用各种科学的定性和定量的方法，对职工行为的实际效果及其对企业的贡献或价值进行考核和评价。绩效考核的目的是通过考核提高每个个体的效率，最终实现企业的目标。它是企业人力资源管理的重要内容，更是企业管理强有力的手段之一。

中共中央、国务院《关于深化国有企业改革的指导意见》也提出，要推进全员绩效考核，以业绩为导向，科学评价不同岗位员工的贡献，合理拉开收入分配差距，切实做到收入能增能减和奖惩分明，充分调动广大职工积极性。因此，企业经济效益增长时职工充分共享企业发展成果，企业经济效益下降时职工与企业共渡难关，切实做到工资能增能减。同时，企业要根据职工岗位性质科学设置不同考核指标，合理确定岗位工资和绩效工资比例，通过加强全员绩效考核，让职工工资收入与其工作业绩和实际贡献紧密挂钩，与企业整体经济效益增减同向联动，避免出现平均主义大锅饭的问题。

6. 股权激励

股权激励是一种通过员工获得公司股权形式给予员工一定的经济权利，使其能够以股东的身份参与企业决策、分享利润、承担风险，从而更加尽责地为企业经营发展服务的一种激励方法。股权激励主要是通过附加条件给予员工部分股东权益，使其具有主人翁意识，从而与企业形成利益共同体，促进企业与员工共同成长，从而帮助企业实现稳定发展的长期目标。

股权激励的形式主要有业绩股票、股票期权、虚拟股票、股票增值权、限制性股票、员工持股等。目前，国家对上市公司和国有科技型企业股权激励都作出了相关规定。

（1）上市公司股权激励。证监会于2018年8月修订印发的《上市公司股权激励管理办法》规定，本办法所称股权激励是指上市公司以本公司股票为标的，对其董事、高级管理人员及其他员工进行的长期性激励。激励对象可以包括上市公司的董事、高级管理人员、核心技术人员或者核心业务人员，以及公司认为应当激励的对公司经营业绩和未来发展有直接影响的其他员工，但不应当包括独立董事和监事。在境内工作的外籍员工任职上市公司董事、高级管理人员、核心技术人员或者核心业务人员的，可以成为激励对象。上市公司全部在有效期内的股权激励计划所涉及的标的股票总数累计不得超过公司股本总额的10%。非经股东大会特别决议批准,任何一名激励对象通过全部在有效期内的股权激励计划获授的本公司股票,累计不得超过公司股本总额的1%。

(2)国有科技型企业股权和分红权激励。财政部、科技部、国资委于2016年2月印发的《国有科技型企业股权和分红激励暂行办法》(财资〔2016〕4号)规定,本办法所称股权激励,是指国有科技型企业以本企业股权为标的,采取股权出售、股权奖励、股权期权等方式,对企业重要技术人员和经营管理人员实施激励的行为。分红激励,是指国有科技型企业以科技成果转化收益为标的,采取项目收益分红方式,或者以企业经营收益为标的,采取岗位分红方式,对企业重要技术人员和经营管理人员实施激励的行为。

实施股权和分红激励的国有科技型企业应当产权明晰、发展战略明确、管理规范、内部治理结构健全并有效运转,同时具备以下条件:一是企业建立了规范的内部财务管理制度和员工绩效考核评价制度;二是近3年研发费用占当年企业营业收入均在3%以上,激励方案制定的上一年度企业研发人员占职工总数10%以上;三是近3年科技服务性收入不低于当年企业营业收入的60%。企业成立不满3年的,不得采取股权奖励和岗位分红的激励方式。

激励对象为与本企业签订劳动合同的重要技术人员和经营管理人员,具体包括:一是关键职务科技成果的主要完成人,重大开发项目的负责人,对主导产品或者核心技术、工艺流程做出重大创新或者改进的主要技术人员;二是主持企业全面生产经营工作的高级管理人员,负责企业主要产品(服务)生产经营的中、高级经营管理人员;三是通过省、部级及以上人才计划引进的重要技术人才和经营管理人才。企业不得面向全体员工实施股权或者分红激励。企业监事、独立董事不得参与企业股权或者分红激励。

7. 员工持股

员工持股属于一种特殊的报酬方式,是指为了吸引、保留和激励企业职工，通过让职工持有股票，使职工享有企业利益的分享机制和拥有经营决策权的参与机制，从而激发职工内生动力，也属于股权激励的一种方式。实行员工持股，使职工不仅有按劳分配获取劳动报酬的权利，还能获得资本增值所带来的利益。对于加强职工的主人翁意识，留住企业骨干人才也具有十分重要的意义。员工持股制度作为完善公司治理结构、增强员工工作积极性和企业凝聚力的一种手段，近年来越来越受到企业的关注和支持。

中共中央《关于全面深化改革若干重大问题的决定》中要求"允许混合所有制经济实行企业员工持股，形成资本所有者和劳动者利益共同体"。国务院国资委、财政部、证监会《关于国有控股混合所有制企业开展员工持股试点的意见》（国资发改革〔2016〕133号）对国有控股混合所有制企业开展员工持股试点提出了以下明确要求：

一是试点企业条件。主业处于充分竞争行业和领域的商业类企业；股权结构合理，非公有资本股东所持股份应达到一定比例，公司董事会中有非公有资本股东推荐的董事；公司治理结构健全，建立市场化的劳动人事分配制度和业绩考核评价体系，形成管理人员能上能下、员工能进能出、收入能增能减的市场化机制；营业收入和利润90%以上来源于所在企业集团外部市场。

二是参与持股人员条件。参与持股人员应为在关键岗位工作并对公司经营业绩和持续发展有直接或较大影响的科研人员、经营管理人员和业务骨干，且与本公司签订了劳动合同。党中央、国务院和地方党委、政府及其部门、机构任命的国有企业领导人员不得持股。外部董事、监事（含职工代表监事）不参与员工持股。如直系亲属多人在同一企业时，只能一人持股。

三是员工出资方式。员工入股应主要以货币出资，并按约定及时足额缴纳。按照国家有关法律法规，员工以科技成果出资入股的，应提供所有权属证明并依法评估作价，及时办理财产权转移手续。上市公司回购本公司股票实施员工持股,须执行有关规定。试点企业、国有股东不得向员工无偿赠与股份,不得向持股员工提供垫资、担保、借贷等财务资助。持股员工不得接受与试点企业有生产经营业务往来的其他企业的借款或融资帮助。

四是入股价格。在员工入股前,应按照有关规定对试点企业进行财务审计和资产评估。员工入股价格不得低于经核准或备案的每股净资产评估值。国有控股上市公司员工入股价格按证券监管有关规定确定。

五是持股比例。员工持股比例应结合企业规模、行业特点、企业发展阶段等因素确定。员工持股总量原则上不高于公司总股本的30%,单一员工持股比例原则上不高于公司总股本的1%。企业可采取适当方式预留部分股权,用于新引进人才。国有控股上市公司员工持股比例按证券监管有关规定确定。

此外,证监会《关于上市公司实施员工持股计划试点的指导意见》(证监会公告〔2014〕33号)也对员工持股进行了明确:上市公司根据员工意愿,通过合法方式使员工获得本公司股票并长期持有,股份权益按约定分配给员工。具体内容包括:

一是员工持股计划的参加对象为公司员工,包括管理层人员。员工持股计划可以通过员工的合法薪酬以及法律、行政法规允许的其他方式解决所需资金;通过上市公司回购本公司股票、二级市场购买、认购非公开发行股票、股东自愿赠与以及法律、行政法规允许的其他方式解决股票来源。

二是每期员工持股计划的持股期限不得低于12个月,以非公开发行方式实施员工持股计划的,持股期限不得低于36个月,自上市公司公告标的股票过户至本期持股计划名下时起算;上市公司应当在员工持股计划届满前6个月公告到期计划持有的股票数量。

三是上市公司全部有效的员工持股计划所持有的股票总数累计不得超过公司股本总额的10%,单个员工所获股份权益对应的股票总数累计不得超过公司股本总额的 1%。员工持股计划持有的股票总数不包括员工在公司首次公开发行股票上市前获得的股份、通过二级市场自行购买的股份及通过股权激励获得的股份。

8. 组织任命企业负责人薪酬制度

组织任命企业负责人主要是指由党委、政府以及有关部门或机构选拔任用和管理的企业领导人员，主要包括国有企业董事长、党委（党组）书记、总经理（总裁、行长等）、监事长（监事会主席）以及其他副职负责人。组织任命企业负责人的薪酬是工资总额的重要组成部分，需要纳入工资总额预算统一管理。

改革开放以来，国家对国有企业负责人薪酬制度进行了多次改革，初步形成了以年薪制为主的薪酬制度，建立了薪酬与经营业务挂钩的机制，基本扭转了国有企业负责人激励和约束不足的状况。2009 年，经国务院同意，人力资源社会保障部会同中共中央组织部、监察部、财政部、审计署、国资委联合印发了《关于进一步规范中央企业负责人薪酬管理的指导意见》，主要从适用范围、薪酬结构和水平、薪酬支付、补充保险和职务消费、监督管理、组织实施方面，对中央企业负责人薪酬管理作出了规定。这对推动中央企业负责人薪酬制度改革具有积极意义，企业负责人薪酬增长过快的势头得到控制，与职工收入差距扩大趋势得到扭转，初步形成了业绩导向的企业负责人薪酬激励与约束机制和统一监管、分配审核的管理体制，对促进企业改革发展发挥了重要作用。

党的十八大以来，党中央、国务院高度重视规范国有企业特别是中央企业负责人薪酬管理。2014 年，中共中央、国务院印发《关于深化中央管理企业负责人薪酬制度改革的意见》，提出深化中央管理企业负责人薪酬制度改革要从我国社会主义初级阶段基本国情出发，适应国有资产管理体制和国有企业改革进程，按照企业负责人分类管理要求，综合考虑企业负责人的经营业绩和承担的政治责任、社会责任，建立符合中央管理企业负责人特点的薪酬制度，逐步规范企业收入分配秩序，实现薪酬水平适当、结构合理、管理规范、监督有效，对不合理的偏高、过高收入进行调整。这次深化中央管理企业负责人薪酬制度改革突出了以下四个方面的重点任务：

一是完善薪酬确定机制。第一，科学设定薪酬结构。将中央管理企业负责人的薪酬由基本年薪和绩效年薪两部分构成，调整为由基本年薪、绩效年薪、任期激励收入三部分构成。增加任期激励收入的目的是引导企业负责人更加重视企业长远发展，防止经营管理中的短期行为。第二，健全薪酬确定办法。基本年薪是中央管理企业负责人的年度基本收入，根据上年度中央企业在岗职工年平均工资的一定倍数确定。考虑到在不同企业任职的中央管理企业负责人都是由中央任命的，为体现薪酬分配的公平性，对他们原则上确定相同的基本年薪。绩效年薪与中央管理企业负责人年度考核评价结果相联系，根据年度考核评价结果的不同等次，结合绩效年薪调节系数确定。设置绩效年薪调节系数，目的是考虑不同功能性质、不同行业以及不同经营规模企业的区别，体现这些企业的经营难度及其负责人承担的经营责任、经营风险等方面的差异。任期激励收入与中央管理企业负责人任期考核评价结果相联系，根据任期考核评价结果的不同等次确定。年度或任期考核评价不合格的，不得领取绩效年薪和任期激励收入。第三，完善考核评价办法。将目前薪酬管理中对中央管理企业负责人重点考核生产经营业绩，调整为对履职情况进行全面综合考核评价。一方面，加强和改进生产经营业绩考核，对不同功能性质的企业突出不同考核重点；另一方面，加强履行政治责任、社会责任等反应综合素质和能力情况的考核评价。

二是合理确定薪酬水平。确定中央管理企业负责人的薪酬水平，既要考虑他们在企业改革发展中的重要作用，又要考虑他们所承担的责任、风险，还要考虑其他社会群体的工资水平，做到薪酬水平同责任、风险和贡献相适应。在综合考虑企业职工、中央国家机关和事业单位相关人员、城镇单位负责人等工资水平的基础上，参考一些国家国有企业高管薪酬相对水平，提出了确定薪酬水平的方案，即中央管理企业主要负责人基本年薪根据上年度中央企业在岗职工平均工资的一定倍数确定（其他中央管理企业负责人的基本年薪依据其岗位责任和承担风险等因素，按本企业主要负责人基本年薪的合理比例确定），绩效年薪根据年度考核评价结果在不超过负责人基本年薪的一定倍数内确定，任期激励收入根据任期考核评价结果在不超过负责人任期内年薪总水平的一定比例内确定。

三是规范福利性待遇。针对目前不同中央企业的福利项目和待遇水平存在较大差异的情况，改革要求中央管理企业负责人应按照国家有关规定参加基本养老保险和基本医疗保险，并建立补充养老保险（年金）、补充医疗保险和缴存住房公积金等，纳入统一薪酬体系筹管理。同时，规定中央管理企业负责人不得在企业领取国家规定之外的任何其他福利性货币收入。

四是健全薪酬监督管理机制。一要健全部门分工负责、密切配合的管理体制。人力资源社会保障部负责指导、监督中央管理企业负责人薪酬分配，拟订完善薪酬管理政策，对政策实施过程和实施结果进行监督检查。监管部门负责中央管理企业负责人的考核评价和薪酬水平审核工作。二要健全企业内外部监督制度。将中央管理企业负责人薪酬制度、薪酬水平、考核评价结果、补充保险等纳入厂务（司务）公开范围，接受职工民主监督。发挥公司制企业股东大会、董事会、监事会等的监督作用。同时，进一步改进和加强政府有关部门、社会对中央管理企业负责人薪酬分配的监督。

总的来看，国有企业负责人薪酬制度改革政策实施以来，各地区和中央有关部门以及国有企业较好地落实了改革举措，统一规范的国有企业负责人薪酬制度基本建立，不合理的偏高、过高收入得到调整，薪酬分配监管体制进一步健全，薪酬分配秩序得到有效规范。

9. 职业经理人薪酬制度改革

职业经理人薪酬也是工资总额的组成部分。职业经理人制度是市场经济发展到一定阶段的产物，最早起源于美国，是在优胜劣汰、适者生存的市场竞争法则下应运而生的。职业经理人作为一种社会分工，是在传统企业向现代化企业发展的过程中确立的。在西方市场经济国家，公司都会为职业经理人建立较强的激励约束报酬机制，鼓励他们为公司做出有助于实现企业价值最大化的贡献。职业经理人的报酬除货币性报酬外，还包括非货币性报酬。货币性报酬一般分为三部分，即基本年薪、奖金、长期报酬激励。其中，基本年薪相对固定，奖金和长期激励报酬浮动变化，分别与短期和长期经营业绩挂钩。从欧美主要国家来看，固定收入相对于浮动收入在总收入中的占比较低一些。这种薪酬设计充分体现了薪酬与绩效挂钩、风险与收益相称、长期激励与短期激励相结合的原则，对优秀企业高管有足够激励强度，薪酬水平足以吸引、留住市场化的职业经理人。

20世纪90年代，我国提出建设社会主义市场经济制度的目标后，逐步开始出现职业经理人。2001年，中共中央组织部、原国家经贸委印发《"十五"期间全国企业经营管理人员培训纲要》，提出"要制定职业经理人员的素质标准"。这是在国家正式文件中，第一次提到"职业经理人员"。2013年，中共中央《关于全面深化改革若干重大问题的决定》提出"健全协调运转、有效制衡的公司法人治理结构。建立职业经理人制度，更好发挥企业家作用"。这个文件第一次提出了我国要"建立职业经理人制度"的任务。党中央、国务院2014年印发的《关于深化中央管理企业负责人薪酬制度改革的意见》和2015年印发的《关于深化国有企业改革的指导意见》都对推行职业经理人制度、市场化选聘的职业经理人实行市场化薪酬分配机制提出明确要求。2018年9月，全国国有企业改革座谈会上再次提出，要按照"市场化选聘、契约化管理、差异化薪酬、市场化退出"原则建立职业经理人制度。2019

年，国务院政府工作报告将建立职业经理人制度列入重点工作任务。国有企业职业经理人薪酬制度的建立基于职业经理人制度的建立，职业经理人制度的建立基于中国特色现代国有企业制度的建立。因此，实行国有企业职业经理人薪酬制度的企业，需要满足以下条件：

（1）企业法人治理结构健全，董事会、监事会、经理层等主体权责界定明确、相互制衡，董事会运作规范，对经理层选聘和薪酬确定的职权落实到位。

（2）企业市场化程度较高，核心主业处于充分竞争行业和领域，无论是企业的生产要素还是生产产品都高度市场化。

（3）企业薪酬管理制度科学健全，绩效考核评价制度规范，符合现代企业制度的人力资源管理要求。

（4）职业经理人必须按照市场机制要求建立责权利对等的契约关系，明确岗位职责、任期期限、绩效任务、奖惩条件等内容，严格任期管理和任期考核，按照契约规定的权利义务进行选用、考核、奖惩、退出，即"市场化选聘、契约化管理、差异化薪酬、市场化退出"的原则。

市场化选聘就是落实公司董事会选人用人权，坚持市场化、专业化、职业化的原则，突破在本企业选人、在少数人中选少数人的模式，面向社会公开选聘职业经理人。契约化管理就是实行任期目标责任制，签订业绩目标责任书，明确年度任务与任期目标，严格任期管理和任期考核。差异化薪酬就是实行有别于组织任命负责人薪酬制度，建立市场化薪酬分配机制，可探索中长期激励机制，体现职业经理人市场价值。市场化退出就是实行严格的退出机制，考核不合格要解除聘任合同并依法退出企业，不仅要实行能上能下，更要实行能进能出。

国有企业中职业经理人的薪酬设计应不同于组织任命负责人，要充分体现差异化激励导向，两者不能简单对比、平衡，应坚持激励有效、约束有力，使职业经理人薪酬水平与企业战略目标和发展阶段相适应、与职业风险相匹配、与量化经营业绩相挂钩，建立薪酬能增能减的激励和约束机制。同时，也要看到国有企业职业经理人和其他企业职业经理人的不同。相对于其他企业职业经理人，国有企业职业经理人获得的社会地位、职业声誉和发展空间等一般情况下要优于其他企业职业经理人，所以在确定薪酬时应综合考核各项因素：

（1）在薪酬结构上，可参照市场普遍做法，由基本年薪、绩效年薪、中长期激励三部分构成，且绩效年薪和中长期激励占总薪酬的比重相对较高，以体现业绩导向。

（2）在薪酬水平上，可参照境内市场同行业、同规模、同业绩、同区域劳动力市场的可比人员薪酬价位确定，该高则高，该低则低，必须与劳动力市场相适应。

（3）在考核上，职业经理人考核以经营业绩考核指标为主，兼顾社会责任考核。董事会根据业绩考核结果确定职业经理人薪酬，做到"业绩升、薪酬升，业绩降、薪酬降"。

10. 福利费等工资外收入

《意见》第十一条规定，规范企业工资列支渠道。国有企业应调整优化工资收入结构，逐步实现职工收入工资化、工资货币化、发放透明化。严格清理规范工资外收入，将所有工资性收入一律纳入工资总额管理，不得在工资总额之外以其他形式列支任何工资性支出。

《意见》要求严格清理规范工资外收入，主要是针对目前国有企业工资外收入发放特别是福利性货币收入缺乏规范的问题。目前有关部门主要从规范列支渠道考虑，对福利费标准未作规定，出资人机构也缺乏规范依据，因此，此次改革对福利作了原则要求，也为今后规范工资外收入发放行为提供了检查依据。作为国有企业，应积极推进职工收入工资化、工资货币化、发放透明化，除国家另有规定外，将货币化发放的福利性收入一律纳入工资总额管理。福利发放标准国家无明确规定的，企业应参照当地物价水平、市场价格、职工收入情况等从严确定，一般不超过市场平均水平。经济效益下降时，福利性项目不得增加、水平不得增长；出现亏损的，应缩减福利性项目。

11. 企业职工工会福利

企业职工工会福利不纳入工资总额管理，但不得以工会福利名义发放工会福利项目之外的各类津补贴或福利。中华全国总工会办公厅印发的《基层工会经费收支管理办法》（总工办发〔2017〕32号）规定，工会经费可用于职工集体福利支出，用于基层工会逢年过节和会员生日、婚丧嫁娶、退休离岗的慰问支出等。基层工会逢年过节可以向全体会员发放节日慰问品。逢年过节的年节是指国家规定的法定节日（即新年、春节、清明节、劳动节、端午节、中秋节和国庆节）和经自治区以上人民政府批准设立的少数民族节日。节日慰问品原则上为符合中国传统节日习惯的用品和职工群众必需的生活用品等，基层工会可结合实际采取便捷灵活的发放方式。工会会员生日慰问可以发放生日蛋糕等实物慰问品，也可以发放指定蛋糕店的蛋糕券。工会会员结婚生育时，可以给予一定金额的慰问品。工会会员生病住院、工会会员或其直系亲属去世时，可以给予一定金额的慰问金。工会会员退休离岗，可以发放一定金额的纪念品。

基层工会应严格执行以下规定：不准使用工会经费请客送礼；不准违反工会经费使用规定，滥发奖金、津贴、补贴；不准使用工会经费从事高消费性娱乐和健身活动；不准单位行政利用工会账户，违规设立"小金库"；不准将工会账户并入单位行政账户，使工会经费开支失去控制；不准截留、挪用工会经费；不准用工会经费参与非法集资活动，或为非法集资活动提供经济担保；不准用工会经费报销与工会活动无关的费用。

12. 职工工资个人所得税缴纳项目

职工的工资性收入和部分工资外收入应当依法缴纳个人所得税。2018年修订的《个人所得税法》第二条规定，职工的工资、薪金所得应当依法缴纳个人所得税。2018年修订的《个人所得税法实施条例》第六条第一项对工资、薪金所得作了具体明确，工资、薪金所得是指个人因任职或者受雇取得的工资、薪金、奖金、年终加薪、劳动分红、津贴、补贴以及与任职或者受雇有关的其他所得。《意见》中明确的工资总额项目属于应当缴纳个人所得税范围，除此之外，一些工资外的福利性收入也应当缴纳个人所得税。实践中，有以下三个项目需要特别注意：

一是关于津贴补贴。企业发放的一般性津贴补贴都属于工资范畴，应当依法缴纳个人所得税，但《个人所得税法》第四条第三项规定，按照国家统一规定发给的补贴、津贴免征个人所得税。《个人所得税法实施条例》第十条对免征的津补贴作了具体明确，按照国家统一规定发给的补贴、津贴是指按照国务院规定发给的政府特殊津贴、院士津贴，以及国务院规定免予缴纳个人所得税的其他补贴、津贴。

二是关于福利费。企业发放的一般性福利收入应当缴纳个人所得税，但《个人所得税法》第四条第一款第四项规定，福利费、抚恤金、救济金免征个人所得税。《个人所得税法实施条例》第十一条对此作了具体规定，所称福利费，是指根据国家有关规定，从企业、事业单位、国家机关、社会组织提留的福利费或者工会经费中支付给个人的生活补助费；所称救济金，是指各级人民政府民政部门支付给个人的生活困难补助费。对于生活补助费，国家税务总局在1998年印发的《关于生活补助费范围确定问题的通知》（国税发〔1998〕155号）中作了进一步解释：

（1）上述所称生活补助费，是指由于某些特定事件或原因而给纳税人本人或其家庭的正常生活造成一定困难，其任职单位按国家规定从提留的福利费或者工会经费中向其支付的临时性生活困难补助。

（2）下列收入不属于免税的福利费范围，应当并入纳税人的工资、薪金收入计征个人所得税：

①从超出国家规定的比例或基数计提的福利费、工会经费中支付给个人的各种补贴、补助。

②从福利费和工会经费中支付给本单位职工的人人有份的补贴、补助。

③单位为个人购买汽车、住房、电子计算机等不属于临时性生活困难补助性质的支出。

三是关于社会保险。《个人所得税法》第六条对应纳所得税额的计算作了规定，其中第四款规定，按照国家规定的范围和标准缴纳的基本养老保险、基本医疗保险、失业保险等社会保险费和住房公积金等可以作为专项扣除。同时《个人所得税法实施条例》第十三条规定，个人缴付符合国家规定的企业年金、职业年金，个人购买符合国家规定的商业健康保险、税收递延型商业养老保险的支出可以作为其他扣除项目。基本社会保险、职业年金、企业年金、住房公积金等作为扣除项目比较明确，但是对于其他保险项目作为抵扣项目，实践中需要根据有关具体政策文件予以把握。

（1）2017年4月，财政部、国家税务总局、保监会印发《关于将商业健康保险个人所得税试点政策推广到全国范围实施的通知》（财税〔2017〕39号），对商业健康保险抵扣问题作出了具体规定。2017年5月，国家税务总局印发《关于推广实施商业健康保险个人所得税政策有关征管问题的公告》（国家税务总局公告2017年第17号），对商业健康保险个人所得税问题作了进一步明确，其中规定：保险公司销售符合规定的商业健康保险产品，及时为购买保险的个人开具发票和保单凭证，并在保单凭证上注明税优识别码。个人购买商业健康保险未获得税优识别码的，其支出金额不得税前扣除。

（2）2018年4月，财政部、国家税务总局、人力资源社会保障部、中国银行保险监督管理委员会、证监会印发的《关于开展个人税收递延型商业养老保险试点的通知》（财税〔2018〕22号）指出，在上海市、福建省和苏州工业园区实施个人税收递延型商业养老保险试点。国家税务总局随后印发的《关于开展个人税收递延型商业养老保险试点有关征管问题的公告》（国家税务总局公告2018年第21号）指出，试点地区内可享受税延养老保险税前扣除优惠的个人，凭中国保险信息技术管理有限责任公司相关信息平台出具的《个人税收递延型商业养老保险扣除凭证》，办理税前扣除。

（3）目前很多企业建立了补充医疗保险，但国家法律法规和政策对此规定较少。国务院于1998年印发的《关于建立城镇职工基本医疗保险制度的决定》（国发〔1998〕44号）以及财政部、劳动保障部于2002年印发的《关于企业补充医疗保险有关问题的通知》（财社〔2002〕18号）对补充医疗保险作出了规定。对于补充医疗保险，目前没有法律法规和政策文件要求将其作为个人所得税扣除项目。

综上所述，对于未能纳入抵扣项目的保险，企业缴纳部分应当分别计入职工个人工资薪金依法缴纳个人所得税，个人缴纳部分不能作为扣除项目。

五、国有企业工资分配管理体制

1. 人力资源社会保障部门在国有企业工资分配管理中的职能定位

《意见》第十二条规定，加强和改进政府对国有企业工资分配的宏观指导和调控。人力资源社会保障部门负责建立企业薪酬调查和信息发布制度，定期发布不同职业的劳动力市场工资价位和行业人工成本信息；会同财政、国资监管等部门完善工资指导线制度，定期制定和发布工资指导线、非竞争类国有企业职工平均工资调控水平和工资增长调控目标。

根据2018年党和国家机构改革明确的人力资源社会保障部职能配置、内设机构和人员编制规定，人力资源社会保障部负责建立企事业单位人员工资决定、正常增长和支付保障机制，拟定企业事业单位人员福利和离退休政策。其中，明确劳动关系司负责拟定企业职工工资收入分配的宏观调控和支付保障政策，指导和监督国有企业工资总额管理和企业负责人工资收入分配。2018年6月修订印发的《国务院工作规则》，提出政府要深化简政放权、放管结合、优化服务改革，履行宏观调控、市场监管、社会管理和公共服务等职能。

（1）完善宏观调控体系，加强经济发展趋势研判，科学确定调控目标和政策取向，加强预期引导，有效实施区间调控、定向调控、相机调控、精准调控，主要运用经济、法律手段并辅之以必要的行政手段引导和调控经济运行，促进国民经济持续健康发展。

（2）依法严格市场监管，推进公平准入，加强信用体系建设，强化事中事后监管，健全综合执法体系，规范市场执法，规范行政裁量权，维护全国市场的统一开放、公平诚信、竞争有序，促进大众创业、万众创新，激发市场活力和社会创造力。

（3）加强社会管理制度和能力建设，健全公共安全体系、社会治安防控体系、应急管理体系、社区治理体系，打造共建共治共享的社会治理格局，维护社会公平正义与和谐稳定，维护国家安全。

（4）更加注重公共服务，完善公共政策，健全政府主导、社会参与、全民覆盖、普惠共享、城乡一体、可持续的基本公共服务体系，增强基本公共服务能力，加快推进基本公共服务均等化。

按照国有企业工资决定机制改革明确的管理体制，结合国务院转变政府职能有关要求，人力资源社会保障部门重点加强国有企业工资总额管理的事前引导、事后监督检查，会同有关部门承担对国有企业工资分配的宏观调控、信息服务、监督检查等公共管理服务职责，包括建立企业薪酬调查和信息发布制度并开展调查，定期发布劳动力市场工资价位、行业人工成本信息、工资指导线和非竞争类国有企业工资增长调控目标，引导国有企业更科学、更合理地确定职工工资水平。

2. 企业薪酬调查和信息发布制度

企业薪酬调查和信息发布制度是企业工资分配宏观调控体系的重要组成部分，为国有企业合理编制工资总额预算、确定职工工资水平提供重要依据。劳动保障部于1999年印发了《关于建立劳动力市场工资指导价位制度的通知》（劳社部发〔1999〕34号），于2004年印发了《关于建立行业人工成本信息指导制度的通知》（劳社部发〔2004〕30号），建立了定期调查发布企业各类职业（工种）工资价位、行业人工成本信息的机制，对引导企业合理确定职工工资水平发挥了积极作用。2009年起，人力资源社会保障部开始探索开展企业薪酬试点调查并逐步扩大调查范围。2018年，人力资源社会保障部会同财政部印发《关于建立企业薪酬调查和信息发布制度的通知》（人社部发〔2018〕29号），正式建立企业薪酬调查和信息发布制度，提出到2020年建成国家、省、市统一规范的企业薪酬调查和信息发布体系。主要内容包括：

（1）调查目的。建立企业薪酬调查和信息发布制度，主要目的是通过开展企业薪酬调查并发布不同职业劳动者的工资报酬信息、不同行业企业人工成本信息，指导企业合理确定职工工资水平，发挥市场在工资分配中的决定性作用，引导劳动力有序流动，促进人力资源合理配置。

（2）调查内容。调查企业从业人员的工资报酬和企业人工成本情况，包括不同行业从业人员的工资报酬水平、构成等相关数据，以及不同行业、不同规模企业人工成本水平、构成及主要经济数据。

（3）调查范围。国家层面调查覆盖18个国民经济行业门类（不含公共管理、社会保障和社会组织以及国际组织行业门类）各类登记注册类型的企业、各类职业从业人员（不含军人和不便分类的其他从业人员）。省、市层面调查范围根据本地区产业结构特点和市场需要确定，可细化调查行业和职业分类。

（4）调查方法。国家、省、市调查采用统一的抽样方法，原则上以国家基本单位名录库或者人力资源社会保障部用人单位基础信息库为抽样框,根据规定的抽样参数要求抽取企业样本进行调查。调查的样本企业应保持相对稳定,并按要求进行轮换。调查采取由被调查企业直接填报、人力资源社会保障部门逐级审核汇总的方式开展。

(5) 调查频率。企业薪酬调查原则上每年开展一次,条件成熟时适当增加调查频率。根据工作需要,对部分行业企业按季度实施定点监测。

(6) 信息发布。国家、省、市人力资源社会保障部门通过部门门户网站、人力资源市场或出版物等公开渠道向社会发布企业薪酬调查信息。

一类是企业从业人员工资报酬信息。主要包括分职业中类、职业小类企业从业人员工资报酬分位值(分位值为高位数、上四分位数、中位数、下四分位数、低位数),分管理岗位等级/专业技术职称/职业技能等级企业从业人员工资报酬分位值。

另一类是企业人工成本信息。主要包括企业人工成本水平分位值、分行业门类分规模企业人工成本水平分位值、分行业门类分规模企业人工成本效益指标平均值(人工成本效益指标主要包括人事费用率、人工成本利润率、人工成本占总成本比重等)。

企业薪酬调查和信息发布制度,将为国有企业合理确定工资水平、进行经济效益和人工成本市场对标等提供重要的信息支撑。

3. 履行出资人职责机构(或其他企业主管部门)在国有企业工资分配管理中的职能定位

《意见》第十三条规定,落实履行出资人职责机构的国有企业工资分配监管职责。履行出资人职责机构负责做好所监管企业工资总额预算方案的备案或核准工作,加强对所监管企业工资总额预算执行情况的动态监控和执行结果的清算,并按年度将所监管企业工资总额预算执行情况报同级人力资源社会保障部门,由人力资源社会保障部门汇总报告同级人民政府。

国务院《关于改革和完善国有资产管理体制的若干意见》（国发〔2015〕63号）要求，国有资产监管机构作为政府直属特设机构，根据授权代表本级人民政府对监管企业依法履行出资人职责，科学界定国有资产出资人监管的边界，专司国有资产监管，不行使政府公共管理职能，不干预企业自主经营权。国务院办公厅《关于转发国务院国资委以管资本为主推进职能转变方案的通知》（国办发〔2017〕38号）按照上述规定对转变国务院国资委职责作了进一步明确，还提出履行出资人职责机构要实现业绩考核与薪酬分配协同联动，进一步发挥考核分配对企业发展的导向作用，实现"业绩升、薪酬升，业绩降、薪酬降"。改进考核体系和办法，突出质量效益与推动转型升级相结合，强化目标管理、对标考核、分类考核，对不同功能定位、不同行业领域、不同发展阶段的企业实行差异化考核。严格贯彻落实国有企业负责人薪酬制度改革相关政策，建立与选任方式相匹配、与企业功能性质相适应、与经营业绩相挂钩的差异化薪酬分配办法。

具体到工资总额管理方面，各级履行出资人职责机构（或其他企业主管部门）承担直接监管责任，拟定工资总额管理、经营业绩考核、发放清算等监管办法并负责组织实施，负责对所监管国有企业工资收入分配的日常监管并将实施情况按年度向同级人力资源社会保障部门备案。

4. 国有企业工资分配监管部门职责分工

《意见》第二条确立的第四项基本原则规定，要落实各级政府职能部门和履行出资人职责机构（或其他企业主管部门）的分级监管责任。

人力资源社会保障部门作为政府职能部门主要履行宏观指导和调控职责，履行出资人职责机构（或其他企业主管部门）要做好所监管企业工资决定机制改革贯彻落实工作，制定所监管企业的改革实施办法并负责具体监管。

需要说明的是，国有企业工资分配的具体监管与企业任务目标确定、考核、干部人事等紧密相关，工资分配管理职责宜与这些工作统一由一个部门负责，否则容易导致工资分配与考核等管理工作脱节。根据《意见》的精神，已明确履行出资人职责机构的企业，原则上由履行出资人职责机构制定所监管企业的改革实施办法，并负责企业工资总额的具体监管。未明确履行出资人职责机构的企业，由已经承担企业主管主办等管理职责的部门或机构制定所监管企业的改革实施办法，并负责企业工资总额的具体监管。虽已明确履行出资人职责机构但根据党中央、国务院有关规定需要维持现行管理体制不变的企业，由现主管主办部门或机构制定所监管企业的改革实施办法，并负责企业工资总额的具体监管。

5. 国有企业工资分配内部监督机制

《意见》第十四条规定，完善国有企业工资分配内部监督机制。国有企业董事会应依照法定程序决定工资分配事项，加强对工资分配决议执行情况的监督。落实企业监事会对工资分配的监督责任。将企业职工工资收入分配情况作为厂务公开的重要内容，定期向职工公开，接受职工监督。

国有企业内部监督形式主要包括董事会对经理层的监督、监事会对董事和经理层的监督、职工民主监督、党组织保证监督等。对于工资分配监督，主要有以下几个方面：

（1）强化董事会的监督。董事会是公司的决策机构，要对股东负责，执行股东大会决定，依照法定程序和公司章程授权决定公司重大事项，接受股东大会、监事会监督，认真履行决策把关、内部管理、防范风险、深化改革等职责。要依法落实和维护董事会行使重大决策、选人用人、薪酬分配等权利，增强董事会的独立性和权威性，落实董事会年度工作报告制度。同时，董事会也要加强对经理层落实董事会包括薪酬等方面决议情况的监督。

（2）加强监事会的监督。监事会是公司的监督机构，依照有关法律法规和公司章程设立，对董事会、经理层成员的职务行为进行监督。负责检查企业财务，监督企业工资分配等重大决策和关键环节以及董事会、经理层履职情况，不参与、不干预企业经营管理活动。

（3）落实厂务公开要求。厂务公开是将企业重大决策、生产经营管理的重要问题、涉及职工切身利益等方面的问题，根据有关法律法规和政策要求，通过职工代表大会、厂务公开栏等多种形式，向企业广大职工公开，使职工及时了解厂情，更好地参与企业决策、管理和监督。工资信息公开是厂务公开的一项重要内容。厂务公开的主要载体是职工代表大会，日常形式还应包括厂务公开栏、厂情发布会、党政工联席会和企业内部信息网络、广播、电视、厂报、墙报等，并可根据实际情况不断创新。同时，在公开后应通过意见箱、接待日、职工座谈会、举报电话等形式，了解职工的意见，不断改进工作。

6. 国有企业工资分配信息公开制度

《意见》第十五条规定，建立国有企业工资分配信息公开制度。履行出资人职责机构、国有企业每年定期将企业工资总额和职工平均工资水平等相关信息向社会披露，接受社会公众监督。

相对于国有企业内部监督机制，工资分配信息公开属于一种外部监督形式。国有企业的资产属于全体人民，正如公司董事会需向全体股东汇报一样，社会公众有权了解工资分配等国有企业利益分配情况。同时，公开也是一种社会监督，有利于管理好人民的共同财富，保障国有资产安全。《公司法》《证券法》《企业信息公示暂行条例》和证监会《上市公司治理准则》等法律法规和政策文件对包括薪酬在内的企业信息特别是上市公司信息披露作出了明确规定和要求。非上市国有企业应在不涉及国家安全和企业商业秘密的前提下，参考上市公司做法，充分透明、及时持续地公开披露有关信息。

工资分配信息公开的内容主要包括工资总额和职工平均工资水平，公布的载体是部门和企业官网双公开，且公布的时间应当是长期有效。

人力资源社会保障部将制定具体的国有企业工资分配信息公开办法,明确公开的内容、范围、程序等,以指导履行出资人职责机构和国有企业更规范地实现工资分配信息公开。

7. 工资内外收入监督检查制度

《意见》第十六条规定,健全国有企业工资内外收入监督检查制度。人力资源社会保障部门会同财政、国资监管等部门,定期对国有企业执行国家工资收入分配政策情况开展监督检查,及时查处违规发放工资、滥发工资外收入等行为。加强与出资人监管和审计、税务、纪检监察、巡视等监督的协同,建立工作会商和资源共享机制,提高监督效能,形成监督合力。对企业存在超提、超发工资总额及其他违规行为的,扣回违规发放的工资总额,并视违规情形对企业负责人和相关责任人员依照有关规定给予经济处罚和纪律处分;构成犯罪的,由司法机关依法追究刑事责任。

1995年4月,劳动部、财政部、审计署印发《国有企业工资内外收入监督检查实施办法》(劳部发〔1995〕218号),明确了国有企业工资内外收入监督检查的检查内容、检查方法以及罚则等。2012年11月,人力资源社会保障部、财政部等四部门印发《关于做好国有企业工资内外收入监督检查工作的通知》(人社部函〔2012〕360号),进一步明确了监督检查的主要任务、对象、内容和方法,并提出有关工作要求。2014年11月,党中央、国务院印发《关于深化中央管理企业负责人薪酬制度改革的意见》,明确提出人力资源社会保障部会同中共中央组织部、财政部、审计署、国务院国资委等部门对中央管理企业负责人薪酬制度实施过程和结果进行监督检查。《意见》再次明确了加强监督检查的要求。目前,人力资源社会保障部正在研究制定国有企业工资内外收入监督检查办法,进一步实现监督检查工作制度化、规范化和常态化,推动国家工资收入分配政策落实,规范国有企业收入分配秩序,维护国有资产权益。

第二部分 工资决定机制操作实务

一、工资效益联动机制操作实务

工资效益联动机制是国有企业工资决定机制改革的核心内容，建立健全工资效益联动机制是确保工资决定机制改革落实到位的关键环节。工资效益联动机制是有关工资总额与经济效益联动的制度安排，构建好工资效益联动机制，要在深入认识和理解工资总额确定机制的基础上，切实把握工资效益联动机制的结构及每一个构成部分的操作细则，深入掌握其具体操作步骤。只有这样，工资效益联动机制才能切实有效搭建起来。

1. 工资效益联动机制

（1）工资总额确定机制

《意见》明确提出，要按照国家工资收入分配宏观政策要求，根据企业发展战略和薪酬策略、年度生产经营目标和经济效益，综合考虑劳动生产率和人工成本投入产出率、职工工资水平市场对标等情况，结合政府职能部门发布的工资指导线，合理确定年度工资总额。与以往的工效挂钩制度和工资总额预算管理制度相比，具有以下四个方面的突出特征：

一是明确了国家对企业工资收入分配的宏观调控和指导功能。《意见》提出了合理确定年度工资总额路线图，该路线图明示了国家工资收入分配宏观政策和政府职能部门发布的工资指导线是合理确定企业年度工资总额的重要依据，坚持了国家宏观指导和调控的原则。改革前的工效挂钩政策和有关出资人的工资总额预算管理制度都没有涉及国家工资收入分配宏观政策的指导和调控功能，《意见》首次明确规定了国家工资收入分配宏观政策对国有企业工资总额确定的影响和调控功能，是国有企业工资总额确定机制的重大变革。

二是肯定了市场对企业工资收入分配的决定性作用。《意见》既规定职工工资水平市场对标情况是合理确定年度工资总额的综合考虑因素，又规定企业工资总额最终要通过工资效益联动机制来实现。明确企业经济效益增长的，工资总额增长，经济效益下降的，工资总额相应下降，这就引导企业要适应市场经济的要求，突出了市场在企业工资总额确定中的决定性作用。

三是将现代绩效管理理念引入企业工资总额确定机制。《意见》提出，要根据企业的功能性质定位和行业特点分类确定考核指标，合理确定考核目标，突出不同考核重点，并将由此确定的考核结果与企业年度工资总额实现联动。《意见》还对如何分类确定考核指标提出了一系列要求，既体现了现代国有企业分类管理的思想，又反映了现代绩效管理体系注重针对性、科学性的要求，是现代绩效管理与工资总额确定机制的有机结合。《意见》首次将现代绩效管理的基本特征进行了概括，并将由此得到的考核结果与企业工资总额挂钩联动，突出了现代绩效管理与企业工资总额确定的有机联系。

四是既全面吸收了改革前工效挂钩、绩效工资和工资总额预算管理三种制度的合理内核，又抛弃了三种制度的不合理成分。如改革充分吸收了工效挂钩制度工资总额和效益联动的思想但抛弃了其预先设定强制性的具体挂钩比例的计划经济思路，给企业工资总额更多的与其经济效益联动的自主权。《意见》明确提出对国有企业工资总额全面实行预算管理，预算管理方案由企业自主编制，实行一揽子因素综合考虑，抛却了改革前对企业管得过多过死、指标单一等绩效工资管理、工资总额预算管理制度，既体现了改革的连续性，又注入了改革的创新性。

《意见》提出的工资总额确定机制如图2-1所示。

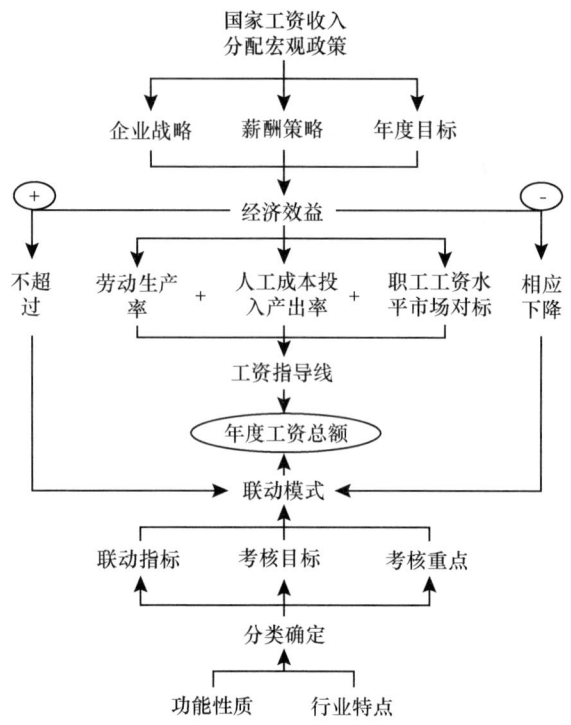

图 2-1　工资总额确定机制示意图

（2）工资总额调整的依据是工资效益联动机制

《意见》提出，企业经济效益增长的，当年工资总额增长幅度可在不超过经济效益增长幅度范围内确定；经济效益下降的，当年工资总额相应下降。这就说明经济效益增长和下降的幅度分别是工资总额增长的上线和下降的下线，这实际上就是构建了工资总额调整和经济效益变动之间的第一个层级的联动机制。在工资总额增降上下线范围内，工资总额到底应该如何调整，涉及以下两种情况：

第一种情况是，经济效益增长，但当年劳动生产率未提高、上年人工成本投入产出率低于行业平均水平或上年职工平均工资明显高于全国城镇单位就业人员平均工资等三种情况企业均不存在的，当年工资总额增长幅度可以按经济效益增长幅度来确定；如果存在上述三种情况之一的，则当年工资总额增长幅度必须低于经济效益增长幅度，而不能等于经济效益增长幅度。对于主业不处于充分竞争行业或者领域内的企业，上年职工平均工资达到政府职能部门规定的调控水平及以上的，当年工资总额增长幅度要低于同期经济效益增长幅度，且职工平均工资增长幅度不得超过政府职能部门规定的工资增长调控目标。

第二种情况是，经济效益下降，但当年劳动生产率未下降、上年人工成本投入产出率明显优于行业平均水平或上年职工平均工资明显低于全国城镇单位就业人员平均工资等三种情况企业均不存在的，当年工资总额下降幅度应该按照经济效益下降幅度安排；如果存在上述三种情况之一的，则当年工资总额下降幅度可以小于经济效益下降幅度。

以上两种情况实际上都只是明确了工资总额调整的范围及适用条件，具体调整幅度仍有待进一步明确，那么应该如何确定具体调整幅度？这就要通过构建严格规范的多联动指标考核体系并将工资总额与多联动指标考核所得到的综合经济效益联动来确定，这是工资总额调整和经济效益变动之间的第二个层级的联动机制。由此可见，确定企业工资总额增长上下线的经济效益是单项经济效益，而确定工资总额增长具体幅度的是由多指标考核所体现出来的综合效益指标。总之，经济效益是确定工资最大增幅的唯一依据。两个层级的工资效益联动机制及其相互关系见表2-1。

（3）工资总额确定机制的改革性和保障性

《意见》提出，企业按照工资效益联动机制确定工资总额，原则上增人不增工资总额、减人不减工资总额，但发生兼并重组、新设企业或机构等情况的，可以合理增加或者减少工资总额。这是工资总额确定机制改革性和保障性的集中体现。由于工资总额确定机制强调市场的决定作用，强调企业经济效益对工资总额调整的本源性功能，这就在一定程度上倒逼企业不断深化改革，提高企业经济效益，以增加工资总额和提

表 2-1 两个层级工资效益联动机制及其相互关系

第一层级的工资效益联动机制		第二层级的工资效益联动机制			
条件	调整范围	条件		调整范围	调整幅度
企业经济效益增长	当年工资总额增长幅度≤经济效益增长幅度	①当年劳动生产率未提高 ②上年人工成本投入产出率低于行业平均水平 ③上年职工平均工资明显高于全国城镇单位就业人员平均工资	三个条件都不存在	当年工资总额增长幅度≤经济效益增长幅度	根据综合联动指标和联动机制具体确定
			存在之一的	当年工资总额增长幅度<经济效益增长幅度	
		①对主业不处于充分竞争行业或者领域内的企业 ②上年职工平均工资达到政府职能部门规定的调控水平及以上	两个条件均满足	当年工资总额增长幅度<同期经济效益增长幅度,且职工平均工资增长幅度≤政府职能部门规定的工资增长调控目标	
企业经济效益下降	除受政策调整等非经营性因素影响外,当年工资总额原则上相应下降	①当年劳动生产率未下降 ②上年人工成本投入产出率明显优于行业平均水平 ③上年职工平均工资明显低于全国城镇单位就业人员平均工资	三个条件都不存在	当年工资总额增长幅度≤经济效益下降幅度	
			存在之一的	当年工资总额下降幅度<经济效益下降幅度	

高职工工资水平。首先,促使企业推进内部改革,不断优化业务流程,优化组织机构和岗位体系,减少冗员,降低人工成本支出,以达到节流、提高经济效益的目的;其次,促使企业进行外部改革,当企业通过内部改革不能达到或者不能满足提高经济效益的目的时,企业就要想办法推进着眼于整个供应链的外部改革,进行兼并重组或者新设机构,其目的是优化外部营销或者供应流程,以达到开源节流提高经济效益的目

的。这是工资总额确定机制改革性的一面，当然改革必然带来人员的增减，那么工资总额是否会随之调整呢？工资总额确定机制规定增人不增工资总额、减人不减工资总额，也就是说在一个工资总额预算周期内，工资总额是不会因为人员增减而进行调整的。《意见》同时规定，发生兼并重组、新设企业或机构等情况，成建制划入划出、增加或者减少人员，工资总额可以合理增加或者减少。这又在一定程度上为工资总额确定机制倒推企业深化改革提供了保障。

（4）工资效益联动机制的结构

按照《意见》精神，建立健全工资效益联动机制主要涉及以下五个方面的工作内容，同时也构成了工资效益联动机制的结构。

①科学设置联动指标。联动指标设置的科学性主要体现在：一方面要根据企业的功能性质和行业特点分类设置；另一方面要根据联动机制构建的层次性分层设置。第一个层次的工资效益联动机制是由单项经济效益增降幅度决定工资总额增降上下线所形成的联动机制，该层级联动机制所应考核的经济效益指标通常是利润总额、净利润或者营业收入等指标，一般不超过两个；第二个层次的工资效益联动机制是多指标综合考核所得到的综合经济效益增降幅度和工资总额具体增降幅度联动所形成的联动机制，该层级联动机制所应考核的综合经济效益指标应当具备以下四个特征。

一是体现企业的基本职能和功能性质定位。即体现企业的基本使命，也就是要反映企业向社会提供的主要产品和服务的性质，如图书出版公司是从事图书出版的，它向社会所提供的产品应是图书的出版发行量；煤矿公司是从事煤炭开采的，它向社会提供的产品就是产煤量。

二是体现企业的整体战略要求。体现企业业绩的指标分部门分层级，横向到边、纵向到底，不胜枚举，一些体现企业职能战略的指标不宜作为与企业工资总额进行联动的考核指标，如人员招聘计划完成率显然是体现人力资源战略的指标，不宜作为企业工资总额的考核指标。

三是体现劳动量。工资是劳动的对价，工资总额是一个企业全体员工所付出的全部劳动量的对价。直接体现劳动量的指标是实物量指标，如货运公司的吨公里、客运公司的人公里等都是实物量指标。因此实物量指标应是考核企业工资总额的最直接指标。间接体现劳动量的指标是价值量指标，价值量指标是实物量指标在价值上的体现。

四是体现企业的利益相关方对企业的整体要求和全体职工共同努力的程度。对企业内部某个部门甚至某个员工工作的要求不宜作为与企业工资总额进行联动的考核指标，企业内部某个部门甚至某个员工就能完成的指标不作为与企业工资总额进行联动的考核指标。如董事会工作报告的质量，是董事长向董事会汇报工作时十分关注的一项指标，是董事长对董秘办的要求，一般由董秘办来组织完成，通过董秘办工作人员的努力就能实现，可以作为考核董秘办的指标，但不宜作为考核工资总额的指标。同时，作为第二个层次的工效联动机制所应考核的指标尽管为多指标，但指标也不宜过多，要集中体现关键业绩，选取2~4个考核指标为宜。

②合理确定考核目标。指标和目标是一个事物的两个方面，考核指标解决考核什么的问题，考核目标解决所要考核的内容应该达到什么程度的问题。因此，考核目标一定要明确，目标不明确无法建立与之相对应的工资效益联动机制；同时考核目标要具有一定的挑战性，轻易就能实现的目标无法发挥激励导向功能；另外，考核目标也要具有现实可行性，考核目标过低不行，过高也不行，被考核者无法达到的目标也是不合理的。前面提到联动指标分为两个层级。第一个层级的联动指标是确定工资总额增长或者下降幅度的经济效益指标，主要是指利润总额或者净利润指标，因为是考核增降幅度，即考核指标相对于上年度的增长或者下降幅度，所以考核目标自然是上年度相关指标实现值。第二个层级的联动指标是多指标综合考核效益，这个综合考核效益不见得是针对上年度，所以要根据构成多指标综合考核效益的联动指标的实际情况合理

确定考核目标。因此，合理确定考核目标的重点是反映多指标综合考核效益的联动指标。

③突出不同考核重点。突出不同考核重点可以有两种实现方式。第一种方式是通过设置或者增设指标来实现，工资效益联动指标涉及的领域肯定是重点领域，没有设置工资效益联动指标的领域肯定谈不上是重点领域，如果某个领域设置了多个工资效益联动指标，毫无疑问，这个领域肯定是企业的重点领域。第二种方式通过考核指标的权重设计来体现，指标的重要度取决于指标与企业战略的接近程度，越接近企业战略的指标重要度越高，越远离企业战略的指标重要度越低。对于重要度相对较高的指标，赋予相对较高的权重；对于重要度相对较低的指标，赋予相对较低的权重。通过第二种方式突出不同考核重点是企业较为普遍采用的方法。

④规范考核计分办法。工资效益联动机制本质上就是一个现代绩效管理机制，包括指标选取和目标确定、指标和目标实施、指标和目标考核、考核结果运用于工资总额确定四个环节，考核计分是其中一个中心环节。这个环节在《意见》中没有明确提及，但作为工资效益联动机制的当然组成隐含于其中。在实际工作中，如果工资效益联动机制难以被人接受，则考核计分环节存在问题是主要原因，首先需要修订的可能是考核计分环节；工资效益联动机制发生争议时，最先受人质疑的也是考核计分环节。因此，要实现工资效益联动机制的公平公正性，考核计分的公平公正更是重中之重。

⑤科学构建联动办法。工资效益联动办法实际上就是将联动指标的综合考核结果与企业工资总额有机结合实现联动的方式方法，《意见》对构建联动办法没有提出特别要求，但联动办法也是工资效益联动机制的必然组成部分，构建联动办法也是构建工资效益联动机制的关键环节，是全面贯彻落实好《意见》必不可少的重要工作。构建联动办法的核心是要公平公正，就是要将联动指标所体现出来的综合经济效益客

观、准确地反映到企业工资总额增减幅度的确定上，要让被考核者感觉到企业的努力在工资收入分配上得以体现，要让综合经济效益较好或者综合经济效益较差的企业都感觉到公平，只有这样才能确保工效联动机制健康稳定持续发挥作用。

2. 科学确定联动指标

《意见》明确了六种类型国有企业工资效益联动指标的选取内容，在此举例说明每一种类型国有企业工资效益联动指标的选取问题。

（1）对主业处于充分竞争行业和领域的商业类国有企业，《意见》明确提出主要选取利润总额（或净利润）、经济增加值、净资产收益率等反映经济效益、国有资本保值增值和市场竞争能力的指标。利润总额和净利润是两个近似指标，净利润是税后利润总额，两者大部分是重合的。对于主业处于充分竞争行业和领域的商业类国有企业即商业一类国有企业来说，主要以营利为目标，为投资者或者股东创造净利润是首要目标，因此选择净利润最能体现投资者或者股东诉求。经济增加值和净资产收益率实际上也具有很大的相似性，经济增加值是考虑了资本成本的新增价值，而净资产收益率是考虑了股东投资的回报水平，两者的重合部分是都考虑了投资者的投资收益，但两者有着很大区别。经济增加值是一个引进概念，要适用于国有企业还牵涉当前会计科目和会计报表的重大调整，绝大多数企业还难以做到，而净资产收益率则是当前会计体系下经常采用的指标，因此就经济增加值和净资产收益率两个指标相比，当前具有更为广泛可操作性的选择是净资产收益率指标。在净资产收益率和净利润之间，选取净利润指标则更为客观真实。对于国有资本保值增值指标，前文已经分析到，国有企业只要有净利润，国有资本必然保值增值；而净利润为负，则国有资本必然不能保值增值。因此，选取了净利润指标，国有企业保值增值指标就可以考虑不用再纳入工资效益联动指标来考核了。

（2）对主业处于关系国家安全、国民经济命脉的重要行业和关键领域、主要承担重大专项任务的商业类国有企业，《意见》明确提出在主要选取反映经济效益和国有资本保值增值指标的同时，可根据实际情况增加营业收入、任务完成率等体现服务国家战略、保障国家安全和国民经济运行、发展前瞻性战略性产业以及完成特殊任务等情况的指标。主业处于关系国家安全、国民经济命脉的重要行业和关键领域、主要承担重大专项任务的商业类国有企业按照中央企业分类，属于商业二类国有企业，对于这类国有企业，营利不是其唯一目标，甚至有的不是主要目标，但毕竟属于商业类国有企业，因此也需要充分考虑经济效益和国有资本保值增值问题。考核商业二类国有企业的经济效益指标，在净利润和利润总额两个指标之间，就可以考虑选择利润总额指标。同时选取了考核利润总额指标，国有资本保值增值指标就不再纳入工资效益联动指标。如航天类的工业公司，国家投资设立这类国有企业的主要目的是研发和生产军品、航空器等，但其同时也开展市场化业务，属于典型的商业二类国有企业，对这类国有企业，就可以按照《意见》要求，选取利润总额、营业收入、任务完成率等指标作为工资效益联动指标。

（3）对主业以保障民生、服务社会、提供公共产品和服务为主的公益类国有企业，《意见》明确提出主要选取反映成本控制、产品服务质量、营运效率和保障能力等情况的指标，兼顾体现经济效益和国有资本保值增值的指标。公益类国有企业是以提供公共产品和服务获取国家财政补贴的国有企业，其主要任务是确保为国民提供所需要的公共产品和服务，对其提供公共产品和服务的要求是投入低、质量好、效率高、保障能力强。满足投入低的要求，就要强化成本控制，每年要对其下达成本控制目标并确保其达成目标；满足质量好的要求，就要对其进行产品服务满意度的考核，但产品服务满意度指标的考核成本较高，且随意性较强，因此适宜针对产品服务的不同公益性质有针对性地选取反映产品服务满意度的构成性指标；满足营运效率和保障能力的要求，可以根据公益类国有企业功能性质定位特点适当选取相应指标。如公交公司，是典型的公益类国有企业，其收入和运营费用主要来自地方财政补贴，其所提供的公共产品服务是满足居民出行要求，因此可以考虑选取营业收入、成本控制额、运营里程等指标，其中成本控制是基于满足投入低的要求，运营里程是基于满足效率高和保障能力强的要求。

（4）对开发性、政策性金融类国有企业，《意见》明确提出主要选取体现服务国家战略和风险控制的指标，兼顾反映经济效益的指标。当前我国开发性、政策性金融机构主要是指政策性银行，包括国家开发银行、中国进出口银行和中国农业发展银行；此外，还有一些承担特殊任务或专项任务的投资开发公司。政策性金融类国有企业，显然不是以营利为目的，而是服务于国家战略，如西部大开发、振兴东北老工业基地等都属于国家战略，作为政策性金融类国有企业就必须围绕国家战略进行投资和开发工作，而此类机构的主要劳动量就体现在发放贷款及垫款上，同时为了确保发放贷款及垫款的质量，就必须进行风险控制，确保国家资产安全风险降至最低限度。也应该看到，政策性金融机构毕竟也属于企业，尽管不以营利为主要目标，但如果能在完成国家战略任务的基础上，做好风险防范工作，再实现一些经济效益目标，也是应予鼓励的，毕竟这类金融机构占据了国家巨大的金融资产。从政策性金融类国有企业的职能性质定位来看，选取利润总额指标相对更加符合《意见》精神，因此，对于国家开发银行等政策性金融机构，完全可以选取发放贷款和垫款、不良贷款率、利润总额等指标作为工资效益联动指标。

（5）对商业性金融类国有企业，《意见》明确提出主要选取反映经济效益、资产质量和偿付能力的指标。商业性金融类国有企业是以营利为目的的企业，因此选取反映经济效益的指标为工资效益联动指标是无可厚非的，并且还应该强化经济效益指标的考核，在选取反映经济效益指标时，应主要选取净利润指标而不是利润总额指标。营业收入作为价值量指标，应该是商业性金融类国有企业总劳动量的反映。此外，与政策性金融机构相似，商业性金融类国有企业也应加强风险控制，因此不良贷款率作为风险控制的重要代表性指标可以被选取纳入工资效益联动机制。因此，诸如商业银行等商业性金融类国有企业，可以选取净利润、营业收入、不良资产贷款率等指标作为工资效益联动指标。

（6）对文化类国有企业，《意见》明确提出应同时选取反映社会效益和经济效益、国有资本保值增值的指标。选取社会效益指标是针对文化类国有企业在选取工资效益联动指标时提出的独特要求，体现了文化类国有企业社会效益放首位、社会效益和经济效益相统一的经营属性定位。文化行业主管部门分类对文化类国有企业社会效益考核进行了明确，如中共中央宣传部印发的《图书出版单位社会效益评价考核试行办法》，对图书出版类单位社会效益考核作出了具体规定，考核内容主要包括出版质量、文化和社会影响、产品结构和专业特色等方面内容。

3. 合理确定考核目标

考核目标的确定要做到合理，重点要解决三个问题。

（1）考核目标的确定要有依据。通常来讲考核目标的确定依据主要来自以下五个方面：

①企业战略规划。包括书面战略规划和企业负责人口头规划，书面战略规划又包括年度战略规划和中长期战略规划，企业负责人口头规划是指虽未形成书面规划但因为出自企业负责人口中，常常也更接近企业实施中的战略和发展要求。

②标准。标准也包括两类。一类是法定标准或者制度标准，就是已经通过法律或者某种制度规定的确定的标准，这类标准具有规范性、统一性、稳定性、广泛适应性。这类标准根据效力层级分为企业标准、地方标准、行业标准、国家标准等不同层级，效力层级不同则权威性不同，从企业标准到国家标准一般是逐步提高，国家标准是最高层级的标准，具有最高的效力。另一类是非法定标准或者非制度标准，这类标准通常具有非规范性、不统一性、变动性、非广泛适应性。标杆法是确定

这类标准的非常常见的方法。这种方法的实施步骤是：首先确定标杆企业，其次研究本企业的内部情况及外部环境与标杆企业的相似性和不同性，最后确定以标杆企业相应指标实现值在排除各种干扰因素影响的基础上作为本企业相关工资效益联动指标考核目标。使用标杆法确定考核目标时，通常存在标杆企业数据难以获取的问题，因此，在企业内部树立标杆或者将企业某个年份的实现值作为标杆，也通常被很多企业采用。

③潜能。这是指企业的生产潜能，企业具有人性化的一面，超出其能力范围，该目标也是不可能实现的。

④历史。根据被考核者的历史业绩确定目标。以历史数据确定目标也是很多企业确定考核目标通常采用的方法，采用这种方法确定考核目标通常要分析企业历史上完成相应实现值的外部环境和内部条件，跟眼前可能面临的外部环境和内部条件进行比较，然后根据比较结果确定考核目标。当前环境和条件次于历史时，以历史实现值为准按比例扣减一定预测值作为目标值；当前环境和条件与历史相当时，以历史实现值作为目标值；当前环境和条件优于历史时，以历史实现值为准按比例增加一定预测值作为目标值。根据历史业绩确定目标，常常会导致"鞭打快牛"的情况出现，主要原因在于：一方面当企业历史业绩较好时，也就是基数较高时，要继续增长，难度大为提高；另一方面当企业历史业绩较好时，人们倾向于寄予相对较高的期望，因而容易订立较高的目标。因此，要具体问题具体分析，辅之以标杆法等其他方法共同确定目标值，避免订立不切实际的过高目标。

实践中，一般情况下会按照不低于前三年实际完成值的平均值确定目标值，既尊重企业历史发展状况，又防止"鞭打快牛"。当然，若当年市场经营环境等与过去三年相比发生巨大变化，在目标值确定时也应具体问题具体分析。

⑤经验。根据考核者与被考核者双方的经验来确定目标。考核目标

值直接关系到工资总额增减多少，考核者和被考核者往往要经过充分的交流沟通和协商才能最终达成共识。订立目标也不是采用单一依据，而是多种依据并用，以提高所订立目标的实际可操作性。

（2）考核目标的确定要注重方法。确定考核目标通常有两种方法。第一种是一步式，就是将要求企业达到的期望目标设定为"一站式"目标来考核被考核者。这种方法的好处是直达目标，干脆利落，不拖泥带水，体现管理者的果断和决心，但不足之处是通常会面临被考核者的博弈，有时甚至是强烈抵触，因此，采取此种方法时要充分考虑各种因素，确保目标的科学合理。第二种是分步式，分步式又有两种方式，一种是分几个年份，每个年份设立一个更高目标直至最终达到预期目标，还有一种就是在一个年份内达到预期目标但分几个阶梯，每一个阶梯设立一个更高目标直至最终达到预期目标。采用分步式方法确定目标通常比较容易使被考核者接受，特别是将激励机制与分步式设立目标相结合，效果会更为明显。缺点是对考核的连续性和政策的一贯性提出了要求，如果考核操作人员中途面临轮换而考核目标又处于中间阶段，考核目标的追踪和接续常常面临困难。

（3）考核目标的确定要注重方式。采取自上而下和自下而上相结合的方式来确定考核目标，被考核者参与了考核目标的整个确定过程，会大大提高考核目标的接受程度，而只有被考核者能接受的考核目标才谈得上合理。

4. 突出不同考核重点

通过设计工资效益联动指标的不同权重来突出考核重点是企业普遍采用的方法，那么如何设计指标权重呢？通常可以有以下三种方法。

（1）经验赋权法。通过考核者的经验或者通过考核者对企业战略的把握来设计工资效益联动指标的权重。这种方法相对简单，操作比较方便，实践中也使用得最多，但权重设计好后考核者和被考核者双方初次交流时被考核者会提出很多自己的看法，双方通过多次沟通交流而互相妥协，最终双方意见趋近相同，从而达成一致。采用这种方法，对权重设计者的权威性要求较高，或者作为上级主管部门通过行政指令使被考核者接受，否则双方的博弈成本会比较高。

在此采取经验赋权法针对各类国有企业选取的指标赋予不同权重举例，见表2-2。

表2-2　采取经验赋权法赋予各类国有企业工资效益联动指标权重举例

考核对象	举例	《意见》明确的指标选项	选取的指标	权重/%
商业一类国有企业	建材公司	利润总额（或净利润）	净利润	100
		经济增加值		
		净资产收益率		
		国有资本保值增值		
		市场竞争能力		
商业二类国有企业	航天工业公司	利润总额（或净利润）	利润总额	40
		经济增加值		
		净资产收益率		
		国有资本保值增值		
		营业收入	营业收入	30
		任务完成率	国家专项产品任务	30
公益类国有企业	公交公司	成本控制	成本控制额	20
		产品服务质量		
		营运效率	运营里程	50
		保障能力		
		经济效益	营业收入	30
		国有资本保值增值		
开发性、政策性金融类国有企业	政策性银行	服务国家战略的指标	发放贷款及垫款	30
		风险控制的指标	不良贷款率	50
		经济效益	利润总额	20
商业性金融类国有企业	商业银行	经济效益	净利润	50
		资产质量	营业收入	30
		偿付能力	不良贷款率	20

续表

考核对象	举例	《意见》明确的指标选项	选取的指标	权重/%
文化类国有企业	出版公司	社会效益	政治导向	20
			社会受众反映	40
			入选重点出版项目	
		经济效益	营业收入	25
			利润总额	15

（2）专家评分法。通过专家共同评分的方式设计工资效益联动指标的权重。采用专家评分法设计指标权重的主要步骤如下：

第一步，先从熟悉公司战略的专家中挑选5~7名专家组成专家评分小组，当然专家人数可以更多，但为了控制进度和成本应尽量将专家数量控制在7名之内。

第二步，设计好指标权重设计表格，指标权重设计表格要对指标的具体含义、考核重点及考核办法进行详尽描述，以便使专家评分小组明晰权重设计组织单位的评分意图。

第三步，专家评分小组进行评分，每一名专家应当独立评分。

第四步，进行评分统计，根据专家评分计算每一个工资效益联动指标的评分可以有不同的方法。例如，可以计算评分小组评分的平均分；还可以去掉一个最高分，去掉一个最低分，再计算指标的平均分；还可以对不同专家赋予不同的评分系数，使权威性更高的专家评分系数更高；等等。

第五步，对评分进行校正，每一个指标的权重分统计计算出来后，返回给每一名评分专家，由专家对评分统计结果发表意见，对多数专家表示不太认可的评分根据需要可以进行二次评分，直至多数专家在指标权重安排上达成基本一致的意见。

根据上述步骤可以发现，采用专家评分法确定指标权重，尽管可以提高指标权重设计的权威性、增加可接受度，但要花费的人力、物力、财力较多，工作效率较低、成本较高，难以使被考核者接受，因此不具有普遍适用性。

（3）层次分析法。层次分析法是美国学者于20世纪70年代提出的一种定性与定量相结合的多目标的决策分析方法。运用层次分析法设计指标权重，就是在建立分层次的指标体系的基础上，通过比较同一层次各指标的相对重要性来确定指标的权重。其基本步骤如下：

第一步，构建判断矩阵。同一层次 n 个指标的相对重要性的判断由若干专家评价完成。层次分析法引入九分位的比例标度（见表2-3），对指标的相对重要性进行评判。判断矩阵 A 中各元素 a_{ij} 为 i 行指标相对 j 列指标进行重要性两两比较的值。

表2-3　相对重要性比较计分法则

分值 a_{ij}	定义
1	元素 i 和元素 j 同等重要
3	元素 i 比元素 j 稍微重要
5	元素 i 比元素 j 明显重要
7	元素 i 比元素 j 强烈重要
9	元素 i 比元素 j 极端重要
2，4，6，8	元素 i 和元素 j 比较结果处于以上结果的中间
倒数	元素 j 和元素 i 的比较结果是元素 i 和元素 j 比较结果的倒数，即 $a_{ji}=1/a_{ij}$

依据上述计分法则，在判断矩阵 A 中，$a_{ij}>0$，$a_{ii}=1$，$a_{ij}=1/a_{ji}$（其中 $i,j=1,2,\cdots,n$）。因此判断矩阵 A 是一个正交矩阵，左上到右下对角线位置各元素均为1，两侧对称位置各元素互为倒数。

第二步，计算权重向量。将判断矩阵 A 的各行向量进行几何平均，然后归一化，得到的列向量就是权重向量。

第三步，进行一致性检验。假设 A 的最大特征根为 λ_{max}，其相应的特征向量为 W，则有 $AW=\lambda_{max}W$。其计算过程如下。

1) $\lambda_{\max W}$ 和 W 的方根法计算步骤

①判断矩阵每一行元素的乘积 $M_i = \prod_{j=1}^{n} b_{ij}$, $i = 1, 2, \cdots, n$。

②测算 M_i 的 n 次方根 $\overline{W_i} = \sqrt[n]{M_i}$。

③将向量 $W = [\overline{W_1}, \overline{W_2}, \cdots, \overline{W_n}]T$ 归一化，$W_i = \overline{W_i} / \sum_{i=1}^{n} \overline{W_i}$，W 即为指标权重。

④测算判断矩阵的最大特征根 $\lambda_{\max} = \frac{1}{n} \sum_{n=1}^{n} \frac{(AW)_i}{W_i}$。

2) 判断矩阵的一致性检验

一致性指标 $CI = \frac{\lambda_{\max} - n}{n - 1}$。

基于检验不同阶数判断矩阵是否具有满意的一致性的需要，引入判断矩阵的平均随机一致性指标 RI 值。1~9 阶判断矩阵的 RI 值见表 2-4。当阶数大于 2，判断矩阵的一致性比率 CR = CI/RI<0.1 时，即认定判断矩阵具有满意的一致性，否则需要调整判断矩阵，以使之具有满意的一致性。

表 2-4　平均随机一致性指标 RI 值

阶数	1	2	3	4	5	6	7	8	9
RI	0	0	0.52	0.89	1.12	1.26	1.36	1.41	1.46

5. 规范考核计分办法

规范考核计分办法实际上也是一个系统工程，包括制定一个切实可行的考核计分细则、规范考核计分流程、严格执行考核计分结果等多个环节的工作。

(1) 制定切实可行的考核计分细则

考核计分细则是进行工资效益联动指标评分的主要依据，缺少了考核计分细则或者考核计分细则制定得不好，就无法真正客观公正实施考核，因此制定考核计分细则是确保工资效益联动机制正常运行的基础性工作。制定考核计分细则最基本的要求是明确具体,抽象的、模棱两可的考核计分细则无法达到考核目标。制定考核计分细则有多种方法:

①扣分法。为指标设立基本分及对应的目标值,考核期末被考核者实现考核期初设立的目标值得本指标基本分,超过目标不加分,实现值低于设定目标按比例扣分。扣分法本质上讲就是只罚不奖,属于负向激励的范畴。

②奖分法。为指标设立基本分,但不设立相应的目标值,而是设定一些奖励行为或业绩标准及对应的分值,当被考核者做出某些符合奖励行为要求或者业绩标准的行为或业绩时,按对应的分值计分,考核期内被考核者在被考核指标上的全部计分不得超过本指标设立的基本分。奖分法本质上讲是只奖不罚,属于正向激励的范畴。

③奖惩法。为指标设立基本分及对应的目标值,并设一定限度的奖励分值,一般不超过本指标分值的20%,完成目标值得基本分,每超过目标值的2%加1分,最多加本指标分值的20%;同时也设立惩罚机制,完成值每低于目标值的2%扣1分,最多扣本指标基本分值的20%或者直至本指标不得分。表2-5为奖惩法在某公司净利润指标考核计分办法的应用实例。

表2-5 某公司净利润指标考核计分办法

被考核指标	权重	目标值 (万元)	考核办法	实际完成值 (万元)	考核得分
净利润	50%	2 000	• 实际完成值达到目标值,得本指标分值 • 实际完成值每超过目标值的2%,加1分,最多加本指标分值的20%	2 500	60
			• 实际完成值每低于目标值的2%,扣1分,最多扣本指标分值的20%	1 500	40

上述三种考核计分细则没有优劣之分，但不同的考核计分方法在适用对象、适用考核事项、适用被考核者不同时期方面有一些不同，需要具体问题具体分析，针对不同情况选择不同的考核计分方法。

(2) 规范考核计分流程

考核一般采取的考核计分流程如下：首先，由被考核者根据考核办法进行自我考核评分，一般是书面评分，然后提交主管部门书面核查核对。其次，由主管部门对照经审计确认的各类财务会计报表，对被考核者提供的自评结果进行核查核对，如果没有发现不一致的情况，就按照被考核者的自我评分对被考核者作出评分；如果发现有一些出入，就对被考核者的自我评分进行一些修正修改后作出评分。最后，由考核者向被考核者反馈评分结果，如果被考核者没有不同意见，就在一定范围内公布被考核者的考核评分结果；如果被考核者有一些异议，可以进行复查，查实后根据复查结果作出更正后再予公布。这样的考核计分流程应该说相对比较简单，方便操作，考核成本比较低，这是其优点；不足之处体现在考核计分都在案头进行，缺乏相关人员的监督，考核容易失真。作为工资效益联动机制的重要环节，应该让更广泛的相关人员参与到考核中来，因此，有必要补充一些考核环节和流程。

第一，被考核者的自我评分环节应该增加被考核者汇报考核程序，如考核者到被考核者所在地，由被考核者主要负责人进行工资效益联动指标完成情况的汇报，被考核者部分职工代表参加，考核者现场主持，这样就可以避免被考核者因缺乏监督而进行虚假自评的情况出现。

第二，考核者书面核查核对被考核者自我评分结果环节应该增加第三方或者专家参与程序，让第三方或者行业内专家参与对被考核者提交自评结果的评价，既可以避免考核者凭主观印象给予被考核者不客观的审查评分，也可以增加多视角评价提高考核评价的权威性。

第三，考核评分结果公布阶段应该增加考核者当面反馈沟通环节。考核结果反馈是一个十分重要的环节，考核者应该抓住这个机会，将考核者在考核过程中发现的被考核者存在的问题如实反馈给被考核者，既有利于让被考核者发现自身存在的问题，更有利于被考核者针对自身不足提出有针对性的改革举措，改正存在的问题，改善业绩。

（3）严格执行考核计分结果

在对待工资效益联动指标的考核结果方面，当前也存在一些考核风险，主要体现在三个方面：第一是提供虚假考核信息提高评分或者评价等级。假设一些单位工资效益联动指标完成得不太理想，如果严格按照实际完成情况进行评分，评分就会比较低，会影响到职工工资总额提取和职工工资调增，因此通过提供虚假考核信息提高评分结果。第二是掩盖惩罚事项或者直接请求考核者高抬贵手免予扣分。在考核过程中被考核者本来存在一些应该扣分的事项却故意隐瞒不报不予扣分，或者对一些应该罚分的指标请求考核者不要罚分，或者请求考核者不要严格执行考核办法减轻罚分，从而给予虚假考核评分。第三是对被考核者在工资效益联动指标的业绩表现持怀疑态度甚至抵触态度，认为被考核者有如此高的业绩评分完全是考核计分办法的设计存在问题，不愿意给予被考核者高分认可甚至采取各种手段抹杀被考核者的突出业绩表现，以达到平衡企业之间工资分配关系的目的，更多注重公平而忽视效率效益。上述三个方面的风险，前两个比较突出，后一个相对较少。但不管怎样，三个方面的风险都应该防范，都要加以克服、避免。考核结果一旦形成，就要严格执行，既不能抹稀泥，考核完了就不了了之，不重视考核结果的应用，更不能抹杀业绩，这既是维护工资效益联动指标考核公平公正性的基础，是确保工资效益联动指标考核工作能够持续健康进行下去的前提和保障，也是充分发挥工资决定机制应有权威和作用的关键。

6. 科学构建联动办法

总结以往企业实际工作经验，构建工资效益联动办法大概可以有以下三种方法。

（1）单项直接联动

这是指与工资总额联动的经济效益变动率与每一项指标变动率的联动系数直接挂钩并按权重联动。准确理解此联动办法的含义，需要深入把握以下两点：

①经济效益变动率决定了企业工资总额变动的上下线。根据《意见》规定，企业工资总额增长的上线是经济效益增长的幅度，下线是经济效益下降的幅度，经济效益变动率包含了经济效益增长的幅度和下降的幅度两个方面，这是工资总额与经济效益之间第一层面的联动。这个层面的联动基本是确定的，是由《意见》明确规定的。

②企业工资总额变动的具体幅度由经济效益变动率和工资效益联动指标中的每一项指标变动率及其联动系数加权后的联动系数联动确定。工资效益联动指标选取以后，每一项工资效益联动指标每年都会有一个变动率，该变动率每变动1%对与工资总额联动的经济效益变动率所产生的影响力为单项指标联动系数，该联动系数根据《意见》精神设定为0到1%之间，最高不能超过1%，最低不低于0，到底取多少，《意见》并没有作出明确规定，而是由建立联动办法的部门自主确定。工资效益联动指标中的每项指标变动对企业工资总额变动产生的影响是不一样的，这种不一样的影响力要通过权重设计来体现，每一项指标的影响力权重安排也由建立联动办法的部门自主确定。可见，企业工资总额变动的具体幅度是通过建立第二个层面的联动办法来确定的，采用单项直接联动很好地体现了《意见》的这一精神。

（2）总体统一联动

这是指与工资总额联动的经济效益变动率与所有联动指标总体考核结果统一挂钩联动。准确理解此联动办法的含义，需要深入把握以下两点：

①经济效益变动率决定了企业工资总额变动的上下线。这是采用单项直接联动办法确定单位工资总额应当遵循的基本准则，采用总体统一

联动办法确定单位工资总额也是要遵循这一基本准则的。

②企业工资总额变动的具体幅度由经济效益变动率和工资效益联动指标总体考核结果统一挂钩确定。这是与单项直接联动办法不同的，单项直接联动办法不对工资效益联动指标进行总体考核得出总体考核结果，而是每项指标变动率的联动系数与工资总额直接按权重联动。总体统一联动要对工资效益联动指标进行总体考核，并得出总体统一考核结果，至于工资效益联动指标每项指标如何选取、如何进行考核、总体考核结果如何得到，由建立联动办法的部门自主确定。与采用单项直接联动办法确定工资总额还有一个非常重要的不同之处，单项直接联动办法中单项指标与工资总额联动的联结纽带使用的是变动率，也就是单项指标当年指标值与上年度实现值相比，而总体统一联动对每项指标的考核由有关部门建立考核办法确定，这就破除了与上年度实现值进行环比的考核模式所带来的"鞭打快牛"的弊端，有关部门在建立考核办法时可以按照目标管理原理通过工资效益联动机制更好地实现组织目标。

采用总体统一联动办法确定工资总额可用公式描述如下：

本年度工资总额=工资总额基数×［1+经济效益变动率×（1+联动指标1考核得分系数×权重+联动指标2考核得分系数×权重+…+联动指标N考核得分系数×权重）×对标调节系数］

其中，变动率=（本年度指标预测值或者实现值–目标值）/目标值。

（3）总体分级联动

这是指与工资总额联动的经济效益变动率与所有联动指标总体考核结果分级挂钩联动。准确理解此联动办法的含义，需要深入把握以下两点：

①与前两个联动办法确定企业工资总额相同，总体分级联动也遵循《意见》确定的经济效益变动率决定企业工资总额变动上下线的基本原则。

②企业工资总额变动的具体幅度由经济效益变动率和工资效益联动指标总体考核结果分级联动。与总体统一联动相同，总体分级联动办法也要对工资效益联动指标每一项指标进行考核并得出总体统一的考核得分；但与总体统一联动不同，总体分级联动不仅要得出总体考核得分，还要对总体考核得分进行分级，赋予每一个考核等级一个联动系数，并通过这个联动系数对经济效益变动率产生影响，共同确定企业工资总额变动的具体幅度。这里需要注意的是，当经济效益变动率大于0时，考核等级联动系数的大小设定要与考核等级高低保持一致；而当经济效益变动率小于0时，考核等级联动系数的大小要按照与考核等级高低相反的方向设定。总体分级联动与总体统一联动相比，分级更明确，规范性更高，但也存在同一个考核等级下不同得分的被考核者被赋予同一工资效益联动系数，得分相对较高者的一部分努力在工资总额兑现上没有得到体现，不利于调动考核等级相同情况下得分相对较高的被考核者争取更高得分的积极性。

采用总体分级联动办法确定工资总额可用公式描述如下：

本年度工资总额＝工资总额基数×（1+经济效益变动率×考核等级系数×对标调节系数）

其中，变动率＝（本年度指标预测值或者实现值−目标值）/目标值，考核等级系数根据考核得分划分的考核等级高低并与变动率方向联动确定。

二、企业内部工资分配改革操作实务

按照《意见》要求，国有企业应建立健全以岗位工资为主的基本工资制度。企业内部岗位工资制度设计应贯彻落实"3P1M"设计理念：一是体现岗位价值度（Position）高低，向关键岗位、生产一线岗位倾斜，高岗高薪，低岗低薪，岗变薪变。二是体现员工能力（Potency）高低，向紧缺急需的高层次、高技能人才倾斜，高能力高薪，低能力低薪。三是体现员工业绩（Performance）高低，加强全员绩效考核，以业绩为导向，使员工工资收入与其工作业绩和实际贡献紧密挂钩，高业绩高薪，低业绩低薪，切实做到能增能减。四是体现岗位市场薪酬价位（Market）高低，参照劳动力市场工资价位并结合企业经济效益，通过集体协商等形式合理确定不同岗位的工资水平，合理拉开工资分配差距，调整不合理过高收入。

1. 岗位价值度评价的方式方法

岗位价值度评价是指在工作分析的基础上，采取一定的方式方法，对岗位责任的大小、技能要求的高低、工作强度的大小、工作环境的好差等要素进行评价，以确定岗位在组织中的相对价值，并据此建立岗位价值序列的过程。岗位价值度评价一方面可以在企业集团内部建立合理的岗位价值度导向，引导人员合理流动；另一方面可以为薪酬分配提供必要依据，具有非常重要的意义。

（1）分类选择岗位价值度评价要素

岗位价值度评价要素选择重点需要体现四个方面的要求：一是体现国家关于经济社会政策导向以及全面深化国有企业改革相关政策法规的要求，如对创建世界一流企业、国内一流企业及对标先进的要求，对大众创业、万众创新及建立创新型企业的要求，对向一线岗位倾斜、向高技能岗位倾斜的要求等。二是体现行业特点，不同行业岗位情况千差万别，如金融类企业岗位价值度要重点关注风险控制情况，而文化类企业岗位价值度要重点关注社会效益情况等。三是体现企业发展战略要求，包括经济效益责任、社会效益责任、劳动生产率提升要求、新业务发展要求、企业转型升级发展要求等。四是体现不同岗位类别的要求，管理岗位、工程技术岗位、技能操作岗位、营销岗位等在岗位价值度方面要求各有侧重，需要科学划分岗位类别，分类选择并确定岗位价值度评价要素。例如，某文化企业工程技术类岗位价值度评价要素包括社会效益责任、经济效益责任、指导监督责任、风险控制责任、创新性要求、一二三线情况、学历要求、专业技术工作经验要求、技术水平要求、市场稀缺程度等。

（2）量化制定岗位价值度评价标准

在分类选择岗位价值度评价要素基础上，从三个方面量化制定岗位价值度评价标准：一是根据评价要素在企业集团组织发展战略中的重要程度，合理确定权重。二是根据评价要素在本企业覆盖范围进行必要分级，并量化制定分级标准。三是根据分级标准的重要程度予以赋分，做好综合平衡，确保岗位价值度评价的相对公平性。例如，某企业工程技术岗位的"经济效益责任"评价要素，权重标准分为40分（权重标准分满分为100分），细化为八个等级，分别量化等级标准并赋分：年直接创造经济效益在1 000万元（含）以上的，赋分40分；年直接创造经济效益在500万（含）~1 000万元的，赋分35分；年直接创造经济效益在200万（含）~500万元的，赋分30分；年直接创造经济效益在200万元以下的，赋分25分；与创造经济效益强直接相关的，赋分20分；与创造经济效益弱直接相关的，赋分15分；与创造经济效益强间接相关的，赋分10分；与创造经济效益弱间接相关的，赋分5分。

（3）"自我评价+标杆岗位评价"的上下结合评价方式

企业集团进行岗位价值度评价需要分级落实岗位评价责任，全面调动各方积极性，原则上不要"一竿子插到底"。为此，企业集团可以选择"各单位岗位价值度自我评价+企业集团标杆岗位价值度评价"的方式方法。"各单位岗位价值度自我评价"是指企业集团所属各单位内部岗位价值度由各单位自行组织评价，企业集团只需做好自评结果的综合平衡工作，保证不同单位同一岗位的价值度在集团层面保持同一顺序。"企业集团标杆岗位价值度评价"是指企业集团所属不同行业、不同单位之间岗位价值度由企业集团统一组织评价，即企业集团在各单位自评岗位价值度不同层级中分别选择标杆岗位并组织开展价值度评价，实现理顺并评价不同行业、不同单位之间岗位价值度关系的目的。

岗位价值度评价还需要结合管控模式、企业实际需要等综合采取多种方式方法。企业集团对所属企业管控相对严格的，可以采取上述"自我评价+标杆岗位评价"的方法；企业集团对所属企业管控相对宽松的，可以下放岗位价值度评价权力到各单位，由各单位自行组织开展，不再统一组织；企业集团可以制定岗位价值度等级对应标准，根据岗位对应标准情况确定岗位价值度等级；企业集团可以下达岗位价值度等级比例至各单位，由各单位自主上报确定岗位价值度等级。

(4) 科学划分岗位价值度等级

企业集团在标杆岗位评价基础上，根据岗位评价分数高低，合理划分岗位价值度等级，然后根据所属各单位岗位价值度自评结果，把非标杆岗位插入标杆岗位价值度等级，形成企业集团全部岗位价值度等级表。

当前，国有企业在岗位价值度等级划分方面主要的发展趋势是宜粗不宜细。例如，有些国企职能部门中层管理岗位简单划分为中层正职、中层副职，内部价值度不再区分（机构改革后的国企职能部门大都实行大部制，部门和部门之间价值度差异变小），分、子公司中层管理岗位价值度主要根据企业规模、经济效益、社会效益、人员规模等因素进行评价划分。原则上，中层正职、中层副职岗位价值度一般控制在不超过3级，专业管理、工程技术岗位价值度一般控制在不超过4级，技能操作岗位价值度一般控制在不超过5级。

(5) 做好岗位价值度评价的组织工作

①做好岗位价值度评价专家组的选择。专家组成员必须熟悉岗位的基本情况，具有一定的权威性，并保证公正性。为此，可以选择成立企业外部评价专家组、企业内部评价专家组或在企业内外选择专家共同成立评价专家组。企业集团需要按照岗位类别不同分别成立"标杆岗位价值度评价专家组"；企业集团所属各单位需要按照岗位类别不同分别成立"岗位价值度自评专家组"。

②做好岗位价值度评价培训工作。需要对标杆岗位评价专家组和岗位价值度自评专家组分别展开培训，主要培训岗位评价方式方法、操作技巧及注意事项，对岗位价值度评价工作提出明确的工作要求和纪律要求，确保评价专家组成员掌握评价方法，做到公正评价。

③做好岗位价值度评价组织和检查监督工作。一是要做好岗位价值度评价的组织工作，尽量安排在固定地点、固定时间开展，保证专家组成员独立开展岗位评价工作。二是组织专家组成员在全面阅读岗位说明书基础上开展岗位价值度评价。三是建立评估标准，对专家组成员的评价结果进行筛选检查，对不符合要求的重新进行评价或取消其评价资格。四是开展民主监督，对岗位价值度评价结果予以公示，充分征求广大职工意见，对经过评估认定后的合理化建议予以必要调整等。

岗位价值度评价需要把握的注意事项：一是对岗不对人，岗位价值度评价的是岗位不是岗位任职人，要避免出现用岗位任职人的情况评价岗位价值度的现象。二是岗位价值度评价的是岗位相对价值，不是绝对价值，不要把岗位价值度分数绝对化，主要应根据岗位价值度分数高低顺序合理划分岗位价值度等级。三是岗位价值度既要保持阶段稳定性，又要根据岗位工作内容和情况的变化及时进行动态调整，不能一成不变。

2. 构建员工能力发展通道的方式方法

构建员工能力发展通道是指在员工工作业绩、工作能力的基础上，采取一定的方式方法，对员工能力发展通道进行细化设计及管理使用的过程。

（1）构建员工能力发展通道的必要性

当前，我国经济发展已经从高速发展转变为高质量发展，国家和企业要实现高质量发展，必须依赖创新，而创新依赖人才。所以，企业集团应建立激励机制鼓励员工的全面成长，构建企业和员工共同成长的"双赢"学习型组织。人才虽然可以通过外部招聘获取，但更重要的是来自企业的内部培养。因此，一方面，构建员工能力发展通道是满足员工晋升发展、避免员工发展遭遇"天花板"、调动员工工作积极性的需要。当前，很多企业员工发展通道主要还是行政发展通道，但由于职数限制，员工发展出现"千军万马走独木桥"现象，优秀员工在发展过程中容易遭遇职业发展"天花板"，导致优秀员工流失或失去工作积极性，这既是企业的重大损失，也是员工的重大损失，必然影响企业和员工的长远发展。另一方面，构建员工能力发展通道也是企业培育员工专业能力，从而培育企业核心专业能力的需要。员工能力培养需要循序渐进，不可能一蹴而就。因此，企业应细化员工的能力发展通道，并建立激励机制，鼓励员工按照能力发展通道一步一步提高专业能力，从而实现企业人才培养的基本目标。

企业集团在构建员工能力发展通道基础上，通过建立职业生涯发展路线图、制定人才规划和员工职业生涯发展规划，综合实现企业集团人才规划目标和员工成长目标，全面支持企业集团战略目标的实现。

（2）构建员工能力发展通道的基本要求

通过构建员工能力发展通道，改变单一行政的小"h"（员工发展到一定阶段要继续发展必须走行政通道）发展通道为大"H"（员工发展到一定阶段要继续发展既可以走行政通道也可以走专业通道）发展通道的行政、专业双通道发展，改变人才"千军万马走独木桥"为"万马千军齐头并进"，全方位、多维度培养人才，实现企业人才竞相迸发、百花齐放、百家争鸣的局面。

构建员工能力发展通道需要满足以下几个基本条件：一是员工能力发展通道要足够长，满足员工全职业生涯发展需要，不要让员工轻易触碰发展瓶颈或"天花板"，调动员工全职业生涯工作积极性。二是员工能力发展通道要足够宽，各通道等级不设职数限制，只要员工能力、业绩满足相应条件即可实现晋升。三是员工能力发展通道要足够高，要与员工能力、业绩相匹配，通过能力发展通道等级充分体现员工在企业的地位。四是员工能力发展通道纵向要能上能下，实现能者上、平者让、庸者下。五是员工能力发展通道横向要可自由转换，并实行开放式管理。行政管理人员和各类专业人员可以根据岗位要求结合员工个人能力、兴趣爱好等进行跨通道自由发展。通过转换给予行政管理岗位以巨大的竞争压力，让最优秀的管理人才到行政管理岗位工作，真正实现管理创造效益；同时，对于喜欢从事专业工作或长期在行政管理岗位得不到晋升的行政管理岗位人员，也可根据岗位要求自由转换到专业岗位，实现职业生涯的可持续发展。

（3）员工能力发展通道的基本框架

一般来说，员工能力发展通道主要包括职位序列、职位层级、职位等级、职位名称等。职位序列根据人员类别一般分为行政管理、专业管理、工程技术（研发、工艺、编辑、记者、通用技术等）、技能操作服务（基本生产、辅助生产、后勤服务）、营销发行等。职位层级一般分为特级层、高级层、中级层和基础层等。职位等级一般控制在每层3~6级，总等级不低于12级、不高于30级的范围内。职位名称可以根据企业需要设置一些符合职位序列特点、叫法朗朗上口且比较响亮的名称，也可以简单保留等级作为名称。

（4）员工能力发展通道聘任管理办法

员工能力发展通道聘任管理办法一般包括员工定职、晋升、续聘、降级、解聘等动态管理办法。

①员工定职。新招聘毕业生员工主要根据学历、毕业院校、所学专业、个人水平等的不同情况进行定职；新招聘社会成熟人才主要根据招聘岗位要求、人才水平高低、工作经验情况、能力素质情况等综合定职；企业现有员工主要是按照一定价值标准（如工龄、任职年限、学历、专业技术职务、技能等级、职业证书、业绩贡献、职业经历等）建立定职办法，相应确定员工职位等级。

②晋升。晋升有三种途径。一是可以根据员工量化的能力水平高低

晋升，能力主要根据员工专业技术职务（技能等级）、职业资格情况、任职年限、任职资历、专业工作经验情况、专业技术水平、业绩贡献等因素的量化积分确定。二是可以根据员工量化的业绩高低晋升，如根据员工年度绩效考核等级相应确定绩效积分，根据累计绩效积分高低安排晋升。三是可以根据员工能力和业绩双维度积分加权情况安排晋升。实践中，第三种途径相对最为科学、合理，更有利于激发员工活力。

③续聘、降级、解聘等。建立职位能上能下标准，满足保级标准且不具备晋升条件的予以续聘，不满足保级标准且不具备晋升条件的予以解聘或降级。

此外，企业集团还需要构建顶级优秀人才脱颖而出机制，解决对优秀人才来说发展通道长度可能存在不足等问题，也可在能力发展通道基础上构建专家通道（需要规定专家的任期、职数、任职资格条件和职责等，并建立相应考核办法，符合聘任和考核要求的人员享受专家津贴），持续保证对优秀人才的强激励，促使优秀人才做出更多贡献。

3. 全员绩效考核方式方法

全员绩效考核是指企业集团对企业各级组织、各级岗位、各级人员制定关键绩效指标和目标，并实施全面考核评价、绩效改进的过程。

（1）全员绩效考核指标体系

全员绩效考核指标体系要满足从上往下层层分解、从下往上层层覆盖、横向相互嵌套的基本要求，从而实现"千斤重担人人挑、人人身上有指标"，达到分解企业集团发展战略目标，确保企业集团发展战略落地的目的。

①企业整体的关键绩效指标。根据企业集团发展战略和履行出资人职责的监管机构的考核要求综合确定。

②企业负责人关键绩效指标。企业集团主要负责人的关键绩效指标为企业核心的社会效益指标、经济效益指标，同时要体现履行出资人职

责的监管机构的考核要求；企业集团其他负责人的关键绩效指标要分解企业集团主要负责人的关键绩效指标，同时体现重点分管工作的要求。

当前，企业集团其他负责人关键绩效指标缺失和考核不足是国有企业全员绩效考核不到位、绩效考核流于形式的主要原因之一。企业集团其他负责人管理层级高、调动资源能力强、个人能力出众，如果对其没有关键绩效指标和目标，企业集团全员绩效考核指标传递环节就会发生中断，其积极性也得不到充分发挥，最终影响企业集团战略目标的有效落地。通过加强对企业集团负责人的考核，设置关键绩效指标和目标，调动其积极性，实现企业集团负责人驱动各部门、各单位，各部门、各单位协同企业集团负责人完成工作的良好格局。

③职能部门关键绩效指标。当前企业集团职能部门在业绩方面的主要问题是管理水平不高、改革创新意识不强、工作积极性不高等，职能部门主要完成事务性工作和领导交办的工作。为此，需要建立激励机制调动职能部门在保证完成日常工作的基础上，积极开展重要的改革创新工作，从而不断拓宽专业领域，提高管理水平，形成"允许改革有失误，但不允许不改革"的鲜明导向。

为此，对职能部门考核要从日常重点工作、重点改革创新性工作及工作配合三个维度进行综合考核。日常重点工作是职能部门必须要完成的工作，由职能部门提出并提供考核数据，分管领导审核，绩效管理委员会组织审核并进行考核，同时加强抽查和监督，以扣分为主。对日常非重点工作，根据关键事件予以加扣分。对重点改革创新性工作，为激励各部门主动开展改革创新，以加分为主，根据所得分值给予相应奖励。工作配合情况由公司领导、各部门及基层单位分别考核，强化工作支持、协同和服务。

职能部门考核要注意三个方面：一是职能部门不仅仅要通过指标考核，更重要的是考核重点工作完成情况，有些重点工作可以转换为关键绩效指标。二是职能部门要避免互相考核，因为职能部门工作情况只有本部门和分管领导最清楚,其他部门和人员并不了解,部门之间互相考核只会加剧矛盾,不利于部门协同。三是职能部门考核要有前瞻性,特别要加强改革创新和管理改进方面的考核,从而不断拓宽职能部门专业领域和提升其管理水平,日常工作完成情况考核只能作为职能部门考核的基本要求和补充。

④业务部门关键绩效指标。业务部门主要包括营销部门、研发部门、采供部门、投资部门、工程自动化部门、计量检测标准化部门等从事具体操作性业务的部门,需要根据集团战略要求及其工作内容相应设置量化的关键绩效指标,并通过一定的考核加分鼓励其推动内部的改革创新工作。

⑤分、子公司关键绩效指标。当前国有企业对分、子公司考核过程中,主要存在对分、子公司考核针对性不强、考核激励力度不够、分、子公司劳动生产率提升积极性不高、分、子公司成本控制意识不强和改革创新意识不足等问题。因此,企业集团需要根据企业功能属性和行业特点(充分竞争类、功能类、公益类、金融类、文化类等)、母子公司管控模式(运营管控、战略管控、财务管控等)、责任程度(利润中心、成本中心、费用中心等)、发展阶段(筹建期、发展期、快速扩张期、成熟期、战略调整期、衰退期等)、盈利情况(巨额盈利、微利、微亏、巨亏等)等的不同,结合各家分、子公司特点,在对标先进(先内部对标,再对标国内一流,再对标国际一流,根据企业集团对分、子公司的战略定位确定)基础上,分类并个性化"一企一策"确定分、子公司的关键绩效指标。对分、子公司考核的关键绩效指标要重点关注分、子公司效益效率及改革创新情况,体现其个性特点。

⑥职能部门、分、子公司主要负责人关键绩效指标。当前存在企业集团所属各部门、各单位经营业绩经常与主要负责人个人努力程度脱节的情况。因此,在对各部门和分、子公司主要负责人考核过程中,一方面要强调其业绩与所在单位整体业绩完成情况进行挂钩,更主要的是要

与所在单位增量业绩挂钩；另一方面要加强对其个人业绩情况的考核，且此部分要逐步加大比重。

⑦职能部门与分、子公司其他负责人和员工关键绩效指标。职能部门与分、子公司其他负责人和员工既可由上级单位考核，也可由各单位主要负责人组织考核。对各单位其他负责人和员工主要从工作量、工作难度、工作计划完成及时性和工作质量四个维度进行考核。不同类人员上述指标考核方式方法要有所区别，要体现岗位的工作内容和个性特征。具体可由企业集团发布二次考核指导意见，明确二次考核的规定动作和自选动作，企业集团所属各单位按照意见要求，量化制定其他负责人和各类人员的关键绩效指标，制定相关考核细则，经绩效管理委员会审核或备案后执行。对于所属各单位内部先进的做法，企业集团可以在集团公司层面予以推广应用。

（2）指标目标值和权重

指标目标值一般可分为基本目标、卓越指标，也可分为基本目标、力争目标和卓越目标，一级比一级高，一级比一级难，但必须是通过努力可以实现的。企业集团制定指标目标后，向所属二级单位和三级单位层层分解，二级单位的基本指标目标为集团的力争目标，三级单位的基本指标目标为集团的卓越目标。

卓越目标为各单位跨越式增长目标，需要能力强的负责人带领团队通过开展卓有成效的创新性、革命性工作才能完成的指标目标。实现卓越目标的，一方面要全面加大薪酬激励力度，按劳分配，劳有所得；另一方面可以采取"一票肯定"的做法，完成卓越目标的单位及主要负责人只要其他考核中不出原则性的问题，其年度考核可以直接定为"优秀"。

基本目标、力争目标和卓越目标的确定有四种方法：一是按照履行出资人职责的监管机构对年度指标目标要求情况，结合集团上年度或前三年度指标完成情况、行业周期情况和企业内外部经营环境变化情况，由集团公司和分、子公司综合协商确定。二是按照战略规划要求确定年度指标目标值并逐年滚动调整。三是按照对标（先内部对标，再对标国内一流，再对标国际一流）企业目标值或行业目标分位值（高、较高、平均）作为本企业目标值。四是采用分档申请法，企业集团制定指标目标值区间，建立激励机制鼓励分、子公司申报潜在的目标值并保证完成，为了防控虚报或低报，只有完成值和申报值匹配的情况下，负责人的薪酬和工资总额才最高。

指标的权重根据企业集团战略导向和指标重要性统筹安排。对于分、子公司和相关人员，重点关注经济效益指标、社会效益指标、新兴业务发展指标、市场类指标和劳动生产率指标等；对于职能部门和相关人员，重点关注改革创新指标，并对此类指标相应加大权重。

（3）指标考核细则

指标考核细则主要包括指标核定细则和指标评价细则。指标核定细则特别是经济效益指标、社会效益指标的核定细则必须具体到各部门各单位，企业集团逐步完善基本管理资料并保证指标核定逐步准确到位；指标评价细则是指标的加扣分办法，指标完成难度和激励约束力度要保持横向一致性，确保考核公平有效。

（4）全员绩效考核责任

全员绩效考核不是某个部门或某个岗位的责任，企业集团各级组织、各个岗位都应承担相应的绩效考核责任。一般来说，董事会是企业集团全员绩效考核最高决策机构。绩效管理委员会负责牵头开展企业集团全员绩效考核工作；绩效管理委员会下设绩效管理办公室，负责全员绩效考核日常管理工作。其中，高管考核由绩效管理办公室组织有关部门统计数据并提出初步考核意见，经绩效管理委员会审核、董事会审定后确定；原则上，职能部门，分、子公司，各单位主要负责人的考核由企业集团统一组织开展；各单位其他负责人和员工的考核由企业集团所属各单位按照集团指导意见要求，自行组织开展。

(5) 全员绩效考核管理流程

全员绩效考核管理流程一般包括绩效计划、绩效实施、绩效考核、绩效反馈、绩效改进及结果应用等环节。绩效计划环节要制定绩效指标，明确绩效目标；绩效实施环节要加强沟通和反馈，把绩效问题解决在过程之中；绩效考核环节在考核周期结束后开展，根据完成情况，比照绩效目标，找出绩效问题，量化考核结果；绩效反馈环节为考核民主监督环节，确保考核结果获得各级组织和各类员工的充分认可，因此，考核结果可在一定范围内公开，充分征求意见；绩效改进环节主要是根据考核中发现的绩效问题，有针对性地制订绩效改进计划，在下一个考核周期中予以改进提升，从而逐步提高组织和员工的绩效水平；绩效考核结果要充分应用到员工职业生涯晋升、岗位调整、薪酬福利兑现、培训等多个方面，保证考核结果得到应有重视并落到实处。

4. 市场价位对标方式方法

当前，国有企业员工薪酬水平与外部劳动力市场价位相比，经常出现关键岗位和核心人才薪酬水平该高不高、一般岗位和一般人才薪酬水平该低不低的现象，薪酬使用效率总体较低，薪酬分配有效性没有得到充分发挥，不利于国有企业吸引、稳定和留住优秀人才。因此，企业需要加强员工薪酬水平特别是关键岗位员工薪酬水平的对标工作。

(1) 合理确定企业薪酬策略

企业整体薪酬策略主要根据企业管理水平、支付能力、当前薪酬水平、员工现有素质、劳动力市场供求情况等因素综合确定，主要分为领先型、赶超型、跟随型和维持型四类。领先型是指企业集团在薪酬制度、薪酬水平等方面在行业中均处于领先地位，一般适用于管理先进、企业支付能力强、员工当前薪酬水平高、员工现有素质高的企业。赶超型是指企业集团选择同行业中比本企业更先进的对标企业，逐步实现在薪酬制度、薪酬水平方面赶超，一般适用于企业管理水平、支付能力、员工素质不断提升的企业。跟随型是指企业集团选择同行业中比本企业略胜一筹的对标企业,在薪酬制度、薪酬水平等方面跟随不放,一般适用于处于苦练内功、夯实管理基础、打造技术根基阶段的企业。维持型主要是指处于行业发展周期下行阶段、战略调整期、衰退期的企业集团,在薪酬制度、薪酬水平等方面重点维持关键岗位员工的薪酬稳定性,确保实现平稳过渡。

企业在薪酬策略确定过程中,要通过企业的不断发展成长逐步实现从维持型向跟随型转变,从跟随型向赶超型转变,从赶超型向领先型转变,逐步提升本企业发展水平和薪酬竞争力。

在企业集团整体薪酬策略基础上,企业集团要根据分子公司行业特点、发展阶段、盈利情况、支付能力、管理水平、当前薪酬水平、员工现有素质、劳动力市场供求情况等因素综合确定分子公司薪酬策略及各岗位薪酬策略。

(2) 合理确定岗位薪酬水平

岗位薪酬水平的确定要综合考虑三个因素:一是在履行出资人职责的监管机构核定或备案的工资总额范围内统筹安排岗位薪酬水平。二是要根据企业整体薪酬策略、分子公司薪酬策略结合各岗位薪酬策略,参考岗位劳动力市场价位科学确定岗位目标薪酬水平,特别是关键岗位薪酬水平,要逐步与劳动力市场价位实现对接,确保公司关键岗位人员的稳定性,能够吸引和留住核心人才。三是企业需要综合上述两个因素,通过工资集体协商等多种形式,合理确定员工薪酬水平。

改革元年,企业集团职能部门及分子公司工资总额预算数,可按编制范围内各岗位对接市场价位后确定的市场化工资标准之和确定(在履行出资人职责的监管机构核定的工资总额范围内核定,超过则同比下降,低于则同比增加,确保工资总额不变),次年及后续年份在此基础上根据业绩完成及考核情况动态调整。

5. 岗位工资为主的基本工资制度

国有企业需要建立岗位工资为主的基本工资制度,在此基础上,根据人员类别、岗位工作特点和激励需要，可以综合采取年薪制、协议工资制、项目工资制、提成工资制、市场价位工资制以及符合国家规定的各种员工福利、中长期激励等多种工资制度和分配形式。

岗位工资制的工资结构应尽量简化，要通俗易懂，最好能让员工可以自行算出自己的工资水平。岗位工资制结构一般包括岗位基本工资、绩效工资和必要的津补贴等工资单元。其中，相对固定工资（岗位基本工资、津补贴等）比重一般控制在30%~50%，绩效工资比重一般控制在50%~70%。

（1）岗位工资、能力工资

岗位工资和能力工资既可以单独设置，也可以合并设置。岗位工资和能力工资的比重，在不同企业、不同类人员之间是不同的，原则上，人才密集度越高的企业，能力工资所占比重越高，反之则越低。当前，由于国有企业发展主要依赖人才和创新，因此在各类不同的企业中，能力工资所占比重一般都高于岗位工资。至于到底高多少，需要企业集团根据岗位价值度导向要求、员工能力培养需要和激励力度等因素综合测算确定。一般来说，中层管理人员、专业管理人员、技术管理人员、技能生产工人的岗位和能力同等重要，其岗位工资和能力工资配比度一般在1∶1左右；研发人员、工艺人员、营销发行人员等技术类、营销类人员的能力更加重要，其岗位工资和能力工资配比度一般在1∶2左右；非技能生产人员、后勤服务人员等的岗位更加重要，其岗位工资和能力工资配比度一般在2∶1左右。

①岗位工资、能力工资分开确定。岗位工资由岗位价值度确定，可以实行一岗多薪制；能力工资由员工能力发展通道确定，可以实行一职多薪制。一岗多薪、一职多薪的薪档可以主要根据员工的任职年限和考核情况调整确定。

②岗位工资、能力工资合并确定。这时候可以称为岗位能力工资或岗能工资，工作表可以采取横纵两维度（横向岗位价值、纵向能力发

展通道等级）确定，可以实行一级一薪制，也可以实现一级多薪制，薪档主要根据任职年限和考核情况调整确定。

（2）绩效工资

绩效工资采取二次分配的方式，先由集团公司分配到各部门、各单位，再由各部门、各单位实行二次分配。

①工资总额分配到各部门、各单位。对于职能部门，主要激励各部门在保证日常工作完成的前提下，加强改革创新，从而不断拓宽专业领域，提升管理水平；对于分公司，主要激励其完成更高产量或任务、不断提高劳动生产率、严格控制成本并加强改革创新；对于子公司，主要激励其完成更高利润或营业收入、不断提高劳动生产率并加强改革创新。在工资总额分配过程中，要充分利用工资总额这个抓手，从而改变"要他做"的计划经济考核分配模式为"他要做"的市场经济考核分配模式，充分调动各部门、各单位积极性。同时，实行"增人不增资、减人不减资"的办法，鼓励各部门、各单位不断提高劳动生产率。

②绩效工资分配到员工。企业集团要制定绩效工资分配指导意见，指导各部门、各单位制定二次分配办法。二次分配办法核心是要打破绩效工资基础固化的传统做法，根据考核期内员工工作量、工作难度等综合核定员工绩效工资基数，解决"干多干少一个样"的问题；根据考核期内员工工作完成及时性和完成质量综合核定员工绩效考核分数，解决"干好干坏一个样"的问题。改变员工"往外推工作"为"往内抢工作"，打破绩效工资平均发放的格局，形成"挣"绩效工资的市场化竞争思路，真正实现按劳分配、多劳多得、奖勤罚懒，充分调动员工主动性和积极性。

例如，某个部门5个员工（不含部门正职）考核周期分配到绩效工资总额5万元，根据工作量和工作难度核定，5个员工绩效调节系数分别为3.0、2.0、2.0、1.5和1.0；根据工作完成及时性和完成质量核定，5个员工绩效考核分数分别为110分、105分、100分、95分和90

分。则第一个员工绩效工资=绩效工资总额÷$\sum$（绩效调节系数×绩效考核分数÷100）×（本人绩效调节系数×本人绩效考核分数÷100）=1.70万元，其他4个人分别为1.08万元、1.03万元、0.73万元和0.46万元，合理拉开了分配差距。

此外，绩效工资可以分为日常绩效工资和年终奖，二者合理划分比重。日常绩效工资主要根据日常考核结果确定，年终奖主要根据年终考核及清算结果确定。原则上，当年考核，当年兑现日常绩效工资和年终奖。

（3）津补贴

按照全员绩效考核要求，原则上仅保留国家、地方规定的和行业特殊的津补贴，不宜设置过多尤其是普惠性的津补贴。学历津贴、专业技术职务和技能等级津贴、工龄津贴等应当予以取消，打破津补贴大锅饭现象，实现同岗同酬。

①取消学历津贴。员工学历在初次工资定级中使用；企业吸引高学历人才加盟主要采用支付一次性安家费的方式；员工学历在员工入职后不再使用。

②取消专业技术职务津贴和技能等级津贴。在实际工作中，员工的专业技术职务和技能等级与实际能力并不匹配，同时还存在能上不能下等问题。因此，在实行新的能力发展通道后，员工专业技术职务和技能等级仅仅作为员工晋升能力发展通道的必要条件而不是充分条件。

③取消工龄津贴。构建员工能力发展通道后，员工工龄因素在能力积分、绩效积分或能力绩效双维度积分过程中已经体现，无须重复。对于没有建立能力发展通道的企业，工龄津贴可以保留，但也需打破大锅饭分配方式，根据年度考核情况动态核定。

企业实施的各种单项奖也需要逐渐予以取消。因为单项奖打破了内部考核分配的统一平台，单项奖管理部门既是裁判员又是运动员，容易形成部门特权，应当予以取消。单项奖有关内容可在整体考核分配中予以体现。

(4) 福利和中长期激励

①企业集团在福利项目上应主要保留保障性福利，具备条件的，可以建立企业年金或补充医疗保险等补充性福利；激励性福利因存在大锅饭分配现象，应尽量予以取消，在岗位工资或绩效工资中体现。

②上市公司可以参照《上市公司股权激励管理办法》建立中长期激励机制；国有科技型企业可以参照《国有科技型企业股权和分红激励暂行办法》建立中长期激励机制；其他国有企业可以按照国家工资分配主管部门和履行出资人职责监管机构有关规定探索实行股权激励、分红激励、员工持股等中长期激励办法。

国有企业在试行股权激励和分红激励过程中，为了避免国有股份稀释或国有资产流失，防止持股比例过高人员离职损害企业发展等情况的出现，同时保证中长期激励的可持续性，中长期激励可实行虚拟股权办法，激励对象仅享有股票分红权和增值权，不享有所有权。员工离开公司，需要以约定价格把股权转回企业。

6. 建立岗位工资制度的其他基础管理工作

国有企业做好内部分配工作，除了要做好上述有关工作外，还需要做好发展战略优化、业务流程优化、管控模式优化、组织机构优化、定岗定编、工作分析、招聘培训体系优化、劳动关系管理优化等基础管理工作。

(1) 发展战略优化

当前，我国经济发展从粗放式增长转向集约式增长，从高速增长转向高质量增长，存量市场已经饱和，增量市场尚待开发，宏微观层面都在进行战略调整、结构升级、新旧动能转换及全面深化改革工作，企业发展战略亟须根据国家政策、企业内外部环境变化及未来发展需要等进行调整。企业发展战略优化可分为四个层面：第一个层面是以现在的观点思考现在，即立足本企业现状规划当前发展。第二个层面是以现在的观点思考未来，即立足本企业现状，诊断问题，规划未来。第三个层面是以未来的观点思考现在，即站在用户角度，根据未来用户的需求规划企业当前发展。第四个层面是以未来思考未来，即站在未来用户角度，根据未来用户的需求规划企业未来发展。当前，企业集团必须综合上述四个方面重整并滚动优化企业发展战略，当前的重点是要对标国际、国内一流，创建世界一流企业、国内一流企业；全面推动大众创业、万众创新，创建创新性企业；全面推动产业和资本融合，产业和技术融合，加强兼并重组，不断开发新业态、新渠道，提供新产品、新服务；实现国际化运营，全面做强、做优、做大国有企业和国有资产。

（2）业务流程优化

企业集团未来需要按照企业发展战略要求建立科学规划的业务流程体系，当前重点需要优化的业务流程包括审批流程、创造价值流程和核心跨部门业务流程。通过流程再造和优化，聚焦创造价值，强化部门协同，减少流程运行中的不必要环节，提升流程运行速度，降低流程运行成本，加快对市场和客户的反应程度，全面提升企业管理和运行效率。

（3）管控模式优化

国有企业在发展壮大过程中，需要不断优化母子公司管控模式，抓大放小、简政放权，逐步把子公司打造成为市场独立运行主体，全面调动子公司主动性和积极性；理顺母子公司之间关系，科学界定集团职能部门的管理职能和对分子公司的管控边界。原则上，企业集团对分子公司管不到的地方不要管，管理成本太高的地方不要管，可管可不管的不要管，必须要管的需要界定母子管控边界，逐步把集团职能部门打造成为资本管理、风险管控及综合服务中心，强化分子公司独立的市场主体地位，全面提升集团管控效率、公司运行效率和管理水平。

（4）组织机构优化

企业集团应根据发展战略要求，贯彻落实扁平化、大部制、精干高效的原则,在保持必要专业分工基础上,按照有利于协同开展工作和保证必要监督制约的需要优化职能部门设置;按照规模经济、市场分工、资源配置、协同发展、改革创新等方面的需要优化分子公司设置,从而把企业集团逐步打造成为一个机构精干高效、分工清晰明确、协同高效有序、监督精准有力的高效运行机构。

(5)定岗定编

定岗方面,企业集团应按照因事设岗、精干高效的原则对标同行业先进企业做法优化岗位设置。为了强化岗位人员协同与交流、培养一专多能等复合型人才、减少管理工作量并适当向各部门、各单位放权,原则上岗位设置数量越少越好。具备条件的单位可探索对岗位实行大类管控,同岗位不同工作人员具体工作由各单位自行安排。定编方面,企业集团应通过内部对标、外部对标等多种方式方法优化企业集团总编制和各类人员比例,根据岗位工作量、工作难度等把总编制和各类人员编制比例落实到各具体岗位,对发展性业务可实现开放式定编;并通过工资总额与用工人数脱钩的机制引导鼓励各单位主动优化人员编制,提高劳动生产率。同时,企业集团需要制定人员编制实施方案,确保定编方案平稳实施。

企业集团需要结合岗位工作情况变化和人员素质变化情况持续优化岗位设置和人员编制。同时,具备条件的企业可成立工程自动化中心,通过研究机器替代人工和持续完善生产流程等进一步优化人员编制,全面提升人员素质,逐步把员工从重复性、事务性劳动中解放出来,未来主要从事创新创造性工作。

(6)工作分析

企业集团应在定岗定编基础上开展工作分析,编制责权利明确的岗位说明书,明确岗位职责、岗位工作关系、岗位工作条件、岗位工作权限、岗位任职资格条件等有关内容。国有企业要根据对标国际、国内一流企业的战略需要,全面提高各类人员的入职和任职资格条件,严明禁止不符合条件人员和超编人员违规进入企业,全面提升企业集团人员素质水平,实现高质量发展。

(7)招聘培训体系优化

招聘方面,企业集团应把大中专技校毕业生招聘和市场化成熟人才招聘结合起来,加强市场化成熟人才招聘特别是职业经理人的招聘力度,拓宽招聘渠道,提高招聘效率。培训方面,企业集团应建立全面有效的培训体系,科学制定年度培训计划,提高培训的针对性,培训内容需要覆盖入职培训、文化培训、专业培训、领导力培训、考核培训、自我培训等多个方面,把企业培训和员工自我学习结合起来,特别是要通过机制引导员工加强自我学习,全面提升公司和员工的专业能力和水平。

(8)劳动关系管理优化

企业集团要按照《劳动合同法》有关规定优化完善劳动关系管理办法。建立管理人员能上能下量化标准,能上能下的必要条件是业绩;建立员工能进能出量化标准,能进的标准是岗位任职资格条件及相关编制,能出的标准是按照《劳动合同法》有关规定量化建立;建立中高层领导岗位和关键岗位轮岗交流办法,强化创新意识、廉政意识,培养复合型人才。

三、工资总额预算管理流程

1. 工资总额预算工作

以企业集团为例,国有企业工资总额预算的内部决策程序一般自下而上,从企业集团总部职能部门到企业总经理办公会,再到企业董事会。按照规定由党组织进行前置审议、研究讨论的,应履行相应程序。集团公司工资总额管理办法、工资总额预算方案首先应由党委会研究讨论通过。

集团公司董事会是工资总额预算管理的决策主体,主要履行以下职责：一是审议并决定本企业工资总额管理办法；二是审议并决定本企业年度工资总额预算方案。

集团公司经理层是工资总额预算管理的执行（组织实施）主体，主要履行以下职责：一是拟订本企业工资总额管理办法；二是拟订本企业年度工资总额预算方案；三是根据所属子企业功能性质定位、行业特点和生产经营等情况，指导所属企业科学编制工资总额预算方案。

（1）集团公司所属各单位（包括所属子企业、分支机构等）编制年度工资总额预算报告

对于无下属单位的公司，工资总额预算编制程序相对简单，自行编制即可。对于集团公司模式的企业，工资总额一般采取自下而上和自上而下相结合的编制方式，由各单位逐级编制汇总，集团公司总部根据国有企业工资决定机制改革工资总额预算管理的要求和各层级子企业汇总编制的工资总额，统筹编制整个集团公司的工资总额预算。工资总额预算编制的主要内容一般包括以下方面：

①企业本年度经营计划实施目标。工资总额预算编制中涉及的企业人力资源总量（职工人数，管理、专业技术、生产一线人员比例结构，以及学历、职称、技能水平、专业结构等）、人力资本投入（工资总额、人工成本以及中长期激励投入等）、人力资本产出（人均营业收入、人均利润等劳动生产率指标，以及人工成本利润率、人事费用率等人工成本投入产出效率指标）应当与按照企业中长期发展战略确定的年度生产经营计划目标相适应，并与企业薪酬水平策略（即通常所称的薪酬水平领先策略、薪酬水平跟随策略、薪酬水平滞后策略等）相匹配。

②企业本年度生产经营和经济效益、社会效益、劳动生产率等情况预测。根据企业本年度生产经营计划实施目标，在国家及地方收入分配政策范围内，根据行业效率及企业竞争力对标，确定企业本年度营业收入、营业成本、利润总额、资本回报等指标预测。

其中，企业生产经营核心经济效益指标目标值的确定，应当坚持"跑赢市场、优于同行"的强业绩、强激励导向，确定工资总额预算与经济效益指标目标值的先进程度挂钩。

③企业本年度工资总额与效益的具体联动测算办法。工资效益联动指标应当结合企业特征、行业属性、发展阶段等情况科学确定，企业应当创造条件、自加压力，主动选取突出国有资本投资回报等价值创造能力指标，包括利润总额、净利润、归属于母公司（或归属于母公司且扣除非经常性损益后）净利润、净资产收益率、总资产报酬率、经济增加值等指标，建立与投资回报提升紧密挂钩的工资总额与效益联动机制，不断提升国有资本保值增值水平。

对人力资源管理水平较高、职工工资水平合理、人工成本投入产出效率处于行业领先水平的企业，鼓励实施与国有资本投资回报挂钩的人工成本对标调控方式，建立经济效益、人工成本市场"双对标"机制以及经济效益、劳动生产率、人工成本市场等"多重对标"机制，依据对标结果，在不超过核心经济效益指标增长幅度和增量的前提下，探索实施高度市场化的工资总额管理方式。

依据分级管理原则，集团各单位自主建立工资效益联动机制，但各单位编制工资总额预算一般应坚持体现以下工资效益联动机制：一是各单位经济效益指标选取应优先选择集团上报履行出资人职责机构的核心经济效益指标，并结合各单位实际情况（发展阶段、功能性质等）合理确定指标权重，并可增加其他联动指标；二是经济效益预算目标值的确定应具有挑战性，以确保集团战略目标和年度预算目标实现；三是各单位工资增长与经济效益具体联动挂钩办法一般应严于集团工资效益联动机制，确保各单位确定的工资总额预算增幅原则上不高于依据集团工资效益联动机制确定的工资总额预算增幅，使集团在工资总额"总盘子"下划分给各单位时，能够有部分工资总额向新成立单位、亏损单位、集团重点支持单位等实施必要的倾斜保护政策。

企业操作实践中，部分企业通常采用"二上二下"法编制集团公司及各子公司工资总额预算方案。具体做法是：

"一上"，即集团公司所属各分子公司根据集团公司绩效考核、薪酬分配制度，结合自身发展阶段、经济效益目标、经营策略等因素，原则上以上年度实发工资总额为基数，遵循集团公司工资总额管理基本要求，向集团公司提出本单位工资总额预算。

"一下"，即集团公司对"一上"工资总额指标进行汇总分析，按集团公司工资总额决定机制初步测算集团公司工资总额预算额，结合集团公司所属各分子公司"一上"申请，根据集团公司战略目标、生产经营目标以及各分子公司行业特点、功能定位、发展阶段、经营环境、集团公司政策倾斜等因素，分解测算各分子公司工资总额预算额理论值，下达各分子公司并向各分子公司征求意见。

"二上"，即各分子公司根据上述集团公司拟订的"一下"工资总额预算指标，结合自身发展情况，再次进行测算分解，对集团公司"一下"方案提出具体调整意见。

"二下"，即在"二上"基础上，经与履行出资人职责机构沟通，集团公司以可获得履行出资人职责机构备案或核准的工资总额预算为上限，进一步与各分子公司通过电话沟通、书面征求意见、集体沟通协商等方式，最终确定各分子公司年度工资总额预算指标。

④企业上年度工资总额预算执行情况、本年度工资总额预算增减及职工工资水平变动情况。根据企业上年度工资总额预算执行情况，在符合国家及地方政府职能部门工资增长指导线的范围内，对本年度工资总额预算增减及职工工资变动情况作出合理安排。其中，上年度职工平均工资水平已经处于行业较高水平，本年度工资总额预算增长幅度又相对较高的，需要重点进行说明。

同时，企业应当规范细化工资列支渠道。企业应细化提供经审计的上年度合并财务报表中的"应付职工薪酬"列表；影响工资总额基数增减的因素、依据和具体数额等情况，逐项以具体数据予以说明。

⑤企业上年度人工成本投入产出率、行业对标结果、年度人工成本项目构成及增减计划。建立企业上年度人工成本投入产出率、企业价值创造能力行业对标体系，企业工资总额预算编制中年度人工成本项目构成及增减计划的确定，要以确保企业人工成本投入产出效率和价值创造能力持续向好、力争处于行业先进水平为前提。

⑥集团公司所属各单位年度工资总额预算表等相关报表数据，以及其他需要说明的内容和相关材料。集团公司规定的工资总额预算报表口径，以及各单位年度特殊情况，如年度预计将发生重大资产重组、纳入实施混合所有制改革等专项试点企业，根据改革推进情况，提供相应的工资总额预算管理改革试点内容及相关材料。

一般预算报告主送部门为集团公司人力资源部。集团公司人力资源部等职能部门是工资总额预算管理的实施主体，承担拟订企业内部工资总额管理办法、年度工资总额预算方案、组织实施工资总额预算方案执行等职责。

（2）集团公司编制年度工资总额预算方案

结合集团所属各单位自下而上报送的经济效益目标和工资总额预算方案，科学确定集团公司整体经济效益目标值，在此基础上，依据集团公司工资效益联动机制，按照效益导向原则和适用的工资增长调控线范围和调控目标等，参考集团各单位编制的工资总额预算汇总数据，合理确定集团整体工资总额预算增长目标。

（3）集团公司审核各单位预算报告

在集团公司年度工资总额预算目标范围内，集团公司自主分配，审核确定各单位工资总额预算报告，将上级履行出资人职责机构核准或备案的集团公司工资总额划分至各单位。

①审核依据。集团公司整体经济效益预算目标及年度整体工资总额预算；各单位上年度工资总额清算结果，各单位报送的本年度工资总额

预算报告及经审计的上年度合并财务报表、本年度财务预算等。

②审核部门。集团公司人力资源部会同财务部。

③审核方法。集团公司遵循以下原则对各单位工资总额预算编制报告进行审核,确保各单位工资总额预算编制体现工资效益联动机制:一是严格遵循集团公司工资总额预算管理的基本要求,服从和服务于集团公司战略目标。二是各单位可自主建立工资效益联动机制,但其工资效益联动机制一般应严于集团公司整体工资效益联动机制,即各单位依据工资效益联动机制合理确定的工资总额预算增幅原则上应不高于依据集团公司工资效益联动机制确定的工资总额预算增幅,以便为集团公司统筹平衡各单位之间工资总额增长以及向集团新成立单位、亏损单位、集团重点支持单位等实施工资总额增长倾斜政策留下足够空间。

其中,对上年度新设机构或企业等因素据实审核,对有关单位因工资总额科目不规范等原因出现的特殊问题进行甄别,按照集团公司工资总额管理办法相关规定提出审核意见。

(4) 履行出资人职责机构备案或核准集团公司工资总额预算方案

集团公司工资总额管理办法、年度工资总额预算方案报出资人备案或核准,一般包括以下两方面工作。

①集团公司工资总额管理办法的审核批准。假如集团公司为首次申请实施备案制管理,集团公司应首先将董事会审议通过的集团公司工资总额管理办法报履行出资人职责机构审核批准,履行出资人职责机构审核批准同意该办法,并出具授权集团公司开展工资总额备案制管理的批复文件。

假如集团公司为首次实施核准制管理,集团公司也应首先将董事会审议通过的集团公司工资总额管理办法报履行出资人职责机构审核批准,由履行出资人职责机构(如上级国资委)审核批准同意该办法。

②集团公司年度工资总额预算方案的备案。集团公司应将其董事会审议通过的年度工资总额预算方案及董事会决议结果以书面形式报履行出资人职责机构备案或核准。

（5）集团公司核准及下达各单位工资总额预算报告

①集团公司各单位工资总额预算经集团公司党委会研究讨论、总经理办公会讨论通过、董事会审议批准后，以正式文件形式下发。

②各单位在预算范围内，根据生产经营特点与内部绩效考核制度、薪酬分配制度，自主决定本单位薪酬分配及发放，并将有关情况报备集团人力资源部等职能管理部门。

（6）特殊情况下的工资总额调整办法

在工资总额预算执行过程中，如因市场环境发生重大变化引起企业效益明显波动，企业发生分立、合并等重大资产重组行为，生产经营规模发生重大调整等导致人员、工资等发生重大变化的，由相关单位提出申请，经集团公司研究后，根据实际情况调整工资总额并下达通知书，按调整后的文件执行。

2. 工资总额预算执行情况监控

（1）出资人对企业工资总额预算的动态监控

出资人职责机构建立对企业的工资总额预算动态监控制度，对企业工资总额月度发放情况、同期经济效益指标实现情况（营业收入、利润总额指标）、人工成本投入产出情况（人均利润、人工成本利润率）等主要指标执行情况进行月度跟踪监测，督促企业加强工资总额预算执行情况的监督和控制。

（2）企业建立各单位工资总额预算执行动态监控机制

企业坚持分级管理，对所属各单位工资总额预算执行建立动态监控机制，主要措施通常包括：

一是要求所属各单位将年度工资总额预算分解到12个月，并按最高不超过月度工资总额预算的一定比例（100%或80%，具体比例结合企业实际情况确定）进行发放。

二是第一季度结束，对经济效益指标远未达到年初预算目标的单位，暂按单位全体职工固定工资所占工资总额比重进行发放。

三是每年7月月度工资总额发放之前，对上半年工资总额已发放情况和同期经济效益指标实现情况进行匹配评估，已发放工资总额超过同期经济效益指标增幅以上的，7月及以后各月度工资总额在核减超出工资总额预算额度部分后进行发放。

四是对经济效益指标实现情况远好于预算目标的，允许按最高不超过月度工资总额预算的一定比例进行发放。

（3）企业工资总额预算方案调整

企业工资总额预算在执行过程中遇到国家宏观政策发生重大调整、市场环境发生重大变化等不可控因素等影响，导致预算编制基础发生重大变化的，应及时申请对集团公司工资总额预算进行调整。

假如企业利润总额、营业收入、人均营业收入等经济效益指标增速远超出年初预算水平，为有效执行工资效益联动机制，充分调动集团公司及各单位职工的创效积极性，企业应适时对年初工资总额预算方案进行向上调整。同样，假如企业利润总额、营业收入、人均营业收入等经济效益指标增速远低于年初预算水平甚至可能出现亏损，为有效执行工资效益联动机制，避免出现超提、超发工资总额情况，企业应适时对年初工资总额预算方案进行向下调整。

企业工资总额预算调整情况经集团公司董事会审议后，应及时报履行出资人职责机构重新备案或核准。

（4）年度工资总额预结算

实施年度工资总额预结算是部分企业工资总额预算管理中的经验做法。其具体做法是：每年12月，集团公司统一组织财务预结算。由各单位根据预结算的净利润水平提出调整工资总额和清算后发放工资额的报告，报集团公司同意后在本年度财务报表中足额计提，且至少预留预结算工资总额的一定比例（如15%或企业根据自身实际情况确定合理比例），待工资总额清算后，按照集团公司核定的工资总额实数兑现分配，以避免超发。

3. 工资总额清算

国有企业工资总额清算的内部决策程序一般自下而上为企业各单位编制上报、集团总部职能部门统一汇总、企业总经理办公会及企业董事会审核批准。

（1）各单位编制年度工资总额清算报告

①各单位年度工资总额清算报告的主要内容

a. 集团公司所属各单位年度工资总额清算表，各单位经审计的合并财务报表中的"应付职工薪酬"列表需单列提供备查。

b. 各单位工资总额决定机制执行情况。企业工资总额预算增减应与经营业绩指标增减保持一致，并与反映企业市场竞争力的劳动生产率、人工成本投入产出率、工资水平对标等情况相适应，确保本企业年度工资总额预算管理与建立健全劳动力市场基本适应、与企业经济效益和劳动生产率挂钩的工资决定和正常增长机制的政策要求相匹配。

c. 本年度工资总额使用情况，分别列出每个月数据和汇总数据，其中企业领导班子成员的工资数据单列。企业应当统筹做好年度预算与月度工资发放的关系，确保年度工资总额预算目标的实现。

企业应当对年度工资总额发放情况、人工成本投入产出等主要指标实现情况等进行清算评估，确保有效执行工效联动机制。

d. 其他需要说明的内容和相关材料。

②各单位报送集团公司人力资源部。集团公司人力资源部等职能部门是年度工资总额预算管理的实施主体，具体承担年度工资总额预算执行情况的清算评价等职责。

（2）集团公司开展年度工资总额预算执行情况清算评价

依据经审计的集团公司财务决算数据，集团公司经理层组织集团公司人力资源部、财务部等开展年度工资总额预算执行的内部清算评价。

①根据经审计的财务决算主要数据，集团公司经理层讨论确定集团公司年度工资总额实际增长幅度。

②董事会审议决定集团公司工资总额预算执行报告。根据集团公司经理层对集团工资总额预算执行情况的内部清算评价报告，经与出资人沟通后，集团公司董事会审议并决定年度工资总额预算执行情况和清算评价结果，书面决议确认集团公司年度主要业绩完成情况及工资总额实际增速。

（3）出资人清算评价

履行出资人职责机构对集团公司年度工资总额预算执行情况、执行国家及地方有关收入分配政策等情况进行清算评价。

①出资人清算评价依据。履行出资人职责机构根据集团公司董事会审议通过、以书面形式提交的年度工资总额预算执行情况报告，依据经审计的集团公司财务决算报表数据，参考集团公司经营业绩考核目标完成情况，对集团公司年度工资总额预算执行情况、执行国家及地方有关收入分配政策等情况进行清算评价。

②出资人出具清算评价意见。履行出资人职责机构以书面形式出具集团公司年度工资总额预算执行情况、执行国家及地方有关收入分配政策等情况的清算评价意见，其中，出资人确定的集团公司年度工资总额清算额为其下一年度工资总额预算基数。

（4）集团公司审核各单位年度工资总额执行情况报告

①审核依据。各单位报送的年度工资总额预算执行情况报告（清算报告），经过中介机构审计的本年度合并财务报表，集团公司批准该单位本年度工资总额预算的文件等。

②审核部门。集团公司人力资源部会同财务部。

（5）集团公司批准及下达各单位年度工资总额清算额

本年度合并财务报表审计和业绩考核完成后，集团公司正式核定各单位本年度新增工资总额，纳入当年工资总额管理，以集团公司文件形式正式下达。

（6）集团公司各单位年度工资总额的核定和支付

各单位年度工资总额原则上以清算后集团公司核定的工资总额实数为准。实践中，清算额不得超出预算额度，预算并实发额超出清算额属于超提超发，次年应予以扣减。

（7）集团公司工资分配信息公开披露

依据国家国有企业工资决定机制改革政策，集团公司工资分配信息公开披露实行"双公开"。

①履行出资人职责机构公开披露。在规定的时间节点，出资人负责将集团公司年度工资总额和职工平均工资水平等相关信息通过出资人官方网站向社会公开披露。

②集团公司公开披露。在规定的时间节点，集团公司将其年度工资总额和职工平均工资水平等相关信息通过企业官方网站向社会公开披露。

具备条件的企业，可主动披露本公司核心经济效益指标增长率、劳动生产率、人工成本投入产出率市场对标结果等相关信息，主动接受社会监督，同时促进社会公众对本企业工资总额预算管理、职工工资增长等的理解和认可。

4. 国有企业工资内外收入监督检查

国有企业工资内外收入监督检查是确保国家工资收入分配宏观调控政策贯彻执行、规范工资收入分配秩序和防止国有资产流失的重要手段。按照党中央、国务院有关政策规定，人力资源社会保障部门会同有关部门建立国有企业工资内外收入监督检查机制，定期对国有企业工资内外收入分配情况开展监督检查。通过国有企业工资内外收入监督检查，能够有效督促中央企业认真执行国家关于国有企业工资总额和负责人薪酬管理的有关政策，及时纠正企业在工资总额和企业负责人薪酬分配中存在的问题，进一步规范工资收入分配秩序，促进工资分配更合理、更有序。

（1）监督检查内容

主要是监督检查国有企业执行国家关于国有企业工资决定机制改革政策和负责人薪酬管理有关政策情况，及时查处违规超提超发工资、滥发工资外收入等行为，规范国有企业收入分配秩序，维护国有资产所有者权益。监督检查内容具体有以下几个方面。

①企业执行国家工资总额调控政策的情况。包括工资总额增长与经济效益和考核匹配、工资指导线适用、工资调控水平和调控目标执行等情况。

②企业工资内外收入的列支和发放情况。包括年度工资总额提取、使用、结余情况；工资列支渠道、发放情况和实际水平等；工资外收入组成部分（如福利性收入，以及补充养老保险、补充医疗保险、住房公积金、各类商业保险等由企业缴纳的部分）及其列支渠道和实际水平等；企业试行股权、分红权等中长期激励措施及实施情况等。

③企业执行国有企业负责人收入分配政策情况。包括企业负责人收入确定办法及程序、薪酬构成及水平、业绩考核等情况。

④国有企业工资分配信息披露及厂务公开情况。

⑤企业执行工资薪金税收管理规定的相关情况，以及企业代扣代缴个人所得税情况。

⑥其他工资内外收入情况。

（2）监督检查方式

监督检查主要采取企业自查、委托会计师事务所专项审计、组织有关部门行政抽查等方式。其中，委托会计师事务所开展专项审计属于工作中比较常用的方法，能够较好地保证监督检查工作的专业性、中立性、科学性。专项审计程序和要求主要包括以下内容。

①审计工作程序

a. 开展审前调查。充分了解被审计单位的基本情况及薪酬内部控制情况,为确定审计重点领域、制订审计计划打好基础。

b. 制订审计计划。初步确认被审计单位审计范围、审计顺序和审计重点,制定相应的审计方法和工作程序,分配各级次所需的审计资源等。

c. 要求企业做好审计前准备工作。要求被审计单位填写自查报告,准备审计所需的有关资料;通知被审计单位做好审计项目的宣讲,张贴审计告示,设立审计意见箱;实施正式审计前,审计组应取得企业保证所提供资料真实、完整的书面承诺。

d. 开展现场审计。根据企业提供的自查报告、相关业务资料和财务人事资料,结合从资料中获取的信息及时与企业相关人员展开谈话、检查财务账目、核对相关报表,反映相关情况,收集审计证据,编制审计工作底稿。

e. 加强与被审计单位的沟通。审计过程中,审计组应保持与被审计单位的良好沟通和工作衔接。在重要事项的核查方面,审计组应及时与被审计单位相关部门领导进行沟通。

f. 定期汇报审计进展情况。审计过程中,审计组应定期向委托主管部门汇报审计进展情况、审计遇到的问题及其他有关事项。

g. 形成审计结论。审计组应对审计证据进行分类、筛选和汇总,以保证审计证据的充分性、相关性和可靠性,并将审计程序和获得审计证据的过程及结果完整、清晰地记录于审计工作底稿中,形成初步审计结论。

h. 征求意见。现场审计结束前,审计组应将审计中发现的问题、审计结论及有关事项以书面形式征求企业意见,要求企业一定时间内返回书面意见。

j. 起草审计报告。审计人员应根据现场审计阶段取得的数据、资料进行整理、汇总并起草审计报告草稿。审计报告中应体现审计组与企业沟通的情况。

k. 提交审计意见。在审计报告送审稿经过认真复核后，提交委托主管部门审核，根据委托主管部门的审核和指导意见形成审计报告。

②审计质量保证

a. 确保审计独立和专业胜任能力。审计组人员组成要充分体现独立性，与被审计单位或被审计人有利害关系的人员，不得选入审计组。要安排充足的审计力量，应安排专业知识结构与审计项目相匹配的专业人员参加，注册会计师至少应占审计组全员比例的一半以上。

b. 明确审计责任。审计组应安排业务过硬、经验丰富且责任心强的注册会计师担任审计组负责人，实行审计项目负责制，明确总协调人、审计组负责人、各小组组长、小组成员等不同级次的工作责任。

c. 对审计程序严格把关。制定科学的审计业务执业规程，严格按照《中国注册会计师执业准则》和相关执业规程实施审计，确保审计工作的独立、客观、公正。

d. 建立现场复核制度。由审计组相关负责人对审计底稿进行复核，加强对审计组成员的指导、监督。

e. 落实请示报告制度。审计组对于重大问题或者难以把握的专业问题，应请教相关专家。对于发现的重大问题，应立即向领导小组汇报。

f. 充分保证审计时间。审计组应保证工作时间，提高审计工作效率，保证在承诺时间内高质量地完成审计工作。

（3）工资分配常见违规问题

从监督检查情况看，国有企业在工资内外收入管理方面主要存在超提超发工资总额、工资总额外提取工资性支出、超标发放福利费、从其他渠道套取资金滥发福利费、企业负责人违规兼职取酬和领取津补贴、工资性收入和福利费未代扣代缴税费、企业年金和住房公积金缴纳不规范、违规使用工资结余等问题。

①工资总额管理项目问题

a. 工资总额超发。如企业实际发放的工资总额超过主管部门或上级单位核定的工资总额；工资总额增减与经济效益增减不匹配，不符合政策或制度明确的工资效益联动机制。

b. 在工资总额外列支工资性支出。如采取现金发放或报销形式发放的住房补贴、交通补贴或车改补贴、通讯补贴、节日补助、午餐补贴、房租补贴、提租补贴、液化气补贴、煤水电费补贴、燃气补贴、门诊补贴、异地流动综合补贴、差旅补助等补贴，未纳入工资总额管理。

c. 中长期激励不规范。如股权激励、分红权激励未报有关部门审核或者备案；擅自以本企业及所出资控股企业的股票或者其他衍生权益为标的，通过中介机构等渠道，变相实施股权激励、现金奖励等中长期激励。

②工资外收入管理项目问题

a. 违规为职工承担应由个人承担的费用。如企业为职工发放健身卡、超市福利卡、子女入学赞助费、住房物业费等，为职工承担个人所得税。

b. 福利费发放不规范。如企业未建立统一的工资福利制度，或实际发放福利费用没有明确制度依据，或发放的福利费没有按照相应制度规定的标准执行。

c. 符合政策规定的福利费项目列支渠道不规范。如企业发放的女职工费、劳保用品费用、医药费、异地流动补贴等福利费项目，未通过应付职工薪酬科目核算，直接在管理费用的职工福利费或其他科目列支；企业发放的福利费未设置具体项目明细。

d. 住房公积金缴费比例或基数超过国家标准。如住房公积金缴费比例超过12%或者缴费基数超过当地上一年度职工月平均工资3倍。

e. 企业年金管理不规范。如未经有关部门批准，建立类似年金的补充养老保险；未及时清理原有的补充养老保险；年金缴费比例超过主管部门要求；未经备案擅自改变企业年金计划等。

③企业负责人薪酬管理问题

a. 负责人在核定薪酬外领取其他货币性收入。如企业负责人在上级核定的薪酬方案外违规领取津补贴、奖金、福利等货币性收入。

b. 负责人绩效奖金预支绩效年薪、任期激励。如企业负责人按照一定标准，在考核完成之前提前支取绩效年薪、任期激励。

c. 负责人离任、调任时工资关系转移不及时。如负责人在离任、调任后仍在原单位领取薪酬，或同时领取多份薪酬；离任保留工资关系负责人超标准发放薪酬。

d. 负责人薪酬未单独核算。如企业负责人薪酬未在财务统计中单列科目、单独核算并设置明细账目，未在工资统计中单列。

④纳税问题

a. 工资性收入未缴纳个人所得税。如企业将应纳入工资总额的奖金、补贴项目未纳入应税总额。

b. 工资外收入未缴纳个人所得税。如企业将应当纳入应付职工薪酬的本单位发放的防暑降温费、取暖费等工资外收入，以及补充医疗保险等项目，未计入个人收入缴纳个税。

⑤其他问题

a. 工资结余管理不规范。如企业当期实际发生金额小于预计金额的，没有冲回多提的应付职工薪酬。

b. 其他从业人员工资管理不规范。如违反政策和制度规定超标准发放内退人员生活费等。

c. 社保缴纳不规范。如部分企业未按法定基数为职工缴纳社会保险费，未缴纳职工工伤保险费、失业保险费等。

d. 统计报表数填报对有误。如从业人员及工资总额统计表核对数据不准确，劳动统计表与财务决算数据差额大。

（4）违规处罚

对违反国家法律规定或收入分配政策、违反企业自身工资总额管理制度规定，超提或超发工资、工资增长与效益严重不匹配、未完成经济效益预算目标值或者未有效执行工资效益联动机制、内部收入分配明显不合理以及在工资总额预算编制、执行、内部清算评价、市场或行业对标等工资总额预算管理过程中弄虚作假的企业，对其工资总额预算从严调控。对违规发放工资总额、滥发工资外收入等行为，视情况对企业采取警示、通报批评、扣回工资总额等处罚措施，并根据有关规定对相关责任人进行处理。

根据《意见》规定，对企业存在超提、超发工资总额及其他违规行为的，扣回违规发放的工资总额，并视违规情形对企业负责人和相关责任人员依照有关规定给予经济处罚和纪律处分；构成犯罪的，由司法机关依法追究刑事责任。如根据《中国共产党纪律处分条例》第104条规定，违反有关规定自定薪酬或者滥发津贴、补贴、奖金等，对直接责任者和领导责任者，情节较轻的，给予警告或者严重警告处分；情节较重的，给予撤销党内职务或者留党察看处分；情节严重的，给予开除党籍处分。

根据深化中央管理企业负责人薪酬制度改革政策文件规定，对企业负责人存在违反规定自定薪酬、兼职取酬、享受福利性待遇等行为的，依照有关规定给予纪律处分、组织处理和经济处罚，并追回违规所得收入。企业负责人因违纪违规受到处理的，减发或者全部扣发绩效年薪和任期激励收入。

地方根据本地实际对监督检查处罚措施进行细化。如江苏省规定，企业超发额在应发工资总额10%以内的，扣罚企业领导班子绩效年薪的10%；超发额超过应发工资总额10%以上的，按超发额实际比例扣罚企业领导班子绩效年薪。又如四川省规定，企业超提、超发及违规列支金额超过清算可发工资总额5%（含）以上10%以内的，扣罚企业主要负责人和分管负责人10%的绩效年薪；企业超提超发及违规列支金额在10%（含）以上的，同比例扣罚企业主要负责人和分管负责人的绩效年薪。

第三部分 薪酬参考数据

表 3-1　2012—2018 年城镇非私营单位就业人员平均工资　　　单位：元

行业 \ 年份	2012 年	2013 年	2014 年	2015 年	2016 年	2017 年	2018 年
农、林、牧、渔业	22 687	25 820	28 356	31 947	33 612	36 504	36 466
采矿业	56 946	60 138	61 677	59 404	60 544	69 500	81 429
制造业	41 650	46 431	51 369	55 324	59 470	64 452	72 088
电力、热力、燃气及水生产和供应业	58 202	67 085	73 339	78 886	83 863	90 348	100 162
建筑业	36 483	42 072	45 804	48 886	52 082	55 568	60 501
批发和零售业	46 340	50 308	55 838	60 328	65 061	71 201	80 551
交通运输、仓储和邮政业	53 391	57 993	63 416	68 822	73 650	80 225	89 380
住宿和餐饮业	31 267	34 044	37 264	40 806	43 382	45 751	48 260
信息传输、软件和信息技术服务业	80 510	90 915	100 845	112 042	122 478	133 150	147 678
金融业	89 743	99 653	108 273	114 777	117 418	122 851	129 837
房地产业	46 764	51 048	55 568	60 244	65 497	69 277	75 281
租赁和商务服务业	53 162	62 538	67 131	72 489	76 782	81 393	85 147
科学研究和技术服务业	69 254	76 602	82 259	89 410	96 638	107 815	123 343
水利环境和公共设施管理业	32 343	36 123	39 198	43 528	47 750	52 229	56 670
居民服务、修理和其他服务业	35 135	38 429	41 882	44 802	47 577	50 552	55 343
教育	47 734	51 950	56 580	66 592	74 498	83 412	92 383
卫生和社会工作	52 564	57 979	63 267	71 624	80 026	89 648	98 118
文化、体育和娱乐业	53 558	59 336	64 375	72 764	79 875	87 803	98 621
公共管理、社会保障和社会组织	46 074	49 259	53 110	62 323	70 959	80 372	87 932
全行业	46 769	51 483	56 360	62 029	67 569	74 318	82 461

表 3-2　　2012—2018 年城镇私营单位就业人员平均工资　　单位：元

行业 \ 年份	2012 年	2013 年	2014 年	2015 年	2016 年	2017 年	2018 年
农、林、牧、渔业	21 973	24 645	26 862	28 869	31 301	34 272	36 375
采矿业	29 684	33 081	35 819	38 192	39 600	41 236	44 096
制造业	28 215	32 035	35 653	38 948	42 115	44 991	49 275
电力、热力、燃气及水生产和供应业	25 478	29 597	33 184	34 631	38 605	41 510	44 239
建筑业	30 911	34 882	38 838	41 710	44 803	46 944	50 879
批发和零售业	27 233	30 604	33 894	36 635	39 589	42 359	45 177
交通运输、仓储和邮政业	28 159	33 141	38 891	40 495	42 705	45 852	50 547
住宿和餐饮业	23 933	27 352	29 483	31 889	34 712	36 886	39 632
信息传输、软件和信息技术服务业	39 518	44 060	51 044	57 719	63 578	70 415	76 326
金融业	32 696	37 253	41 553	44 898	50 366	52 289	62 943
房地产业	30 778	35 038	37 826	41 767	46 063	48 025	51 393
租赁和商务服务业	31 796	36 243	39 414	43 770	47 836	51 394	53 382
科学研究和技术服务业	36 598	42 854	47 462	50 441	54 764	58 102	61 876
水利环境和公共设施管理业	26 402	31 241	33 847	37 222	40 099	41 061	42 409
居民服务、修理和其他服务业	24 068	27 483	30 580	33 203	35 824	38 417	41 058
教育	26 625	31 521	33 678	37 040	39 508	43 263	46 228
卫生和社会工作	29 173	33 862	37 205	40 558	43 993	47 296	52 343
文化、体育和娱乐业	26 177	30 402	32 024	34 974	38 228	41 201	44 592
公共管理、社会保障和社会组织	—	—	—	—	—	—	—
全行业	28 752	32 706	36 390	39 589	42 833	45 761	49 575

表 3-3　2018 年中国沪深 A 股上市公司经营业绩及人工成本投入产出率指标

指标 \ 分位值	P10	P25	P50	P75	P90	平均值
员工人数（人）	454	878	1 973	4 617	11 206	6 505
总资产（亿元）	9.91	18.5	41.3	107.0	333.0	677.3
营业收入（亿元）	4.16	8.62	20.4	57.0	173.0	125.1

续表

指标 \ 分位值	P10	P25	P50	P75	P90	平均值
利润总额（亿元）	-0.979	0.455	1.57	5.12	15.4	13.1
净利润（亿元）	-1.09	0.366	1.3	4.23	12.2	10.3
净资产收益率（%）	-6.9	2.65	6.9	11.69	17.6	9.29
营业收入增长率（%）	-17.3	-0.69	10.82	25.48	45.83	12.59
利润总额增长率（%）	-162.9	-39.45	2.88	29.56	78.17	10.1
净利润增长率（%）	-194.6	-40.16	5.55	36.9	113	0.19
成本费用利润率（%）	-8.52	3.09	8.94	17.76	34.54	11.37
营业利润率（%）	-9.17	2.93	8.28	15.53	27.29	10.5
人均营业收入（万元/人）	41.0	62.1	98.8	179.9	336.5	192.4
人均利润总额（万元/人）	-6.49	3.01	8.47	18.47	41.51	20.2
人均净利润（万元/人）	-7.09	2.41	7.11	15.34	34.32	15.8
人均人工成本（万元/人）	7.65	9.29	11.95	16.89	24.64	16.9
人工成本占总成本比重（%）	4.51	7.63	13.03	20	29.16	9.5
人事费用率（%）	4.37	7.52	12.51	19.19	27.79	8.8
人工成本利润率（%）	-62.0	26.0	70.0	143.0	273.0	119.5

注：2018年合计3 558家上市公司，表3-3~表3-21的数据可作为企业编制工资总额预算时参考，但因部分行业企业数量较少，可能不具代表性。最终市场对标数据也可采用人力资源社会保障部门等权威部门发布的相关数据。

1. 成本费用利润率＝利润总额/营业总成本。
2. 营业利润率＝利润总额/营业总收入。
3. 人工成本占总成本比重＝人工成本/营业总成本。
4. 上市公司人工成本使用的指标主要包括：本期实际支付给职工的工资、奖金、各种津贴和补贴等，为职工支付的社会保险费用、补充养老保险、商业保险金、住房公积金、住房困难补助，以及企业支付给职工的福利费用等。

表3-4　2018年中国沪深A股上市公司经营业绩及人工成本投入产出率指标
（国有控股）

指标 \ 分位值	P10	P25	P50	P75	P90	平均值
员工人数（人）	653	1 510	3 599	8 178	21 630	12 169
总资产（亿元）	18.1	37.5	95	289.0	935.0	1 818.6

续表

指标 \ 分位值	P10	P25	P50	P75	P90	平均值
营业收入（亿元）	7.55	16.2	45.6	131.0	444.0	283.7
利润总额（亿元）	0.13	0.94	3.4	11.4	38.5	33.4
净利润（亿元）	0.056	0.718	2.74	9.1	31.6	26.7
净资产收益率（%）	0.36	2.97	6.83	11.32	17.58	4.65
营业收入增长率（%）	-15.73	-1.42	8.42	20.36	37.57	12.6
利润总额增长率（%）	-75.1	-22.41	7.27	31.94	94.78	6.6
净利润增长率（%）	-77.68	-22.86	9.18	45.25	136.5	6.28
成本费用利润率（%）	0.45	3.07	7.37	17.25	37.51	12.92
营业利润率（%）	0.002	2.95	7.27	16.07	31.72	11.77
人均营业收入（万元/人）	47.5	74.7	127.7	245.2	433.1	233.1
人均利润总额（万元/人）	0.52	3.86	9.86	24.73	64.88	27.45
人均净利润（万元/人）	0.29	2.92	8.15	20.11	53.08	21.9
人均人工成本（万元/人）	8.74	10.88	14.47	20.07	29.74	19.8
人工成本占总成本比重（%）	4.51	7.02	12.42	19.78	31.26	9.3
人事费用率（%）	4.21	6.8	11.7	18.3	27.9	8.5
人工成本利润率（%）	5.0	30.0	67.0	143.5	312.0	138.8

注：2018年合计1 092家国有控股上市公司。

表3-5　2018年中国沪深A股上市公司经营业绩及人工成本投入产出率指标（非国有控股）

指标 \ 分位值	P10	P25	P50	P75	P90	平均值
员工人数（人）	422	761	1 618	3 460	7 605	3 997
总资产（亿元）	8.86	14.9	30.7	67.7	160.0	172.0
营业收入（亿元）	3.69	7.06	15.2	36.1	96.4	54.9
利润总额（亿元）	-1.75	0.348	1.23	3.43	9.35	4.17
净利润（亿元）	-1.73	0.289	1.04	2.84	7.95	3.11
净资产收益率（%）	-11.29	2.42	6.93	11.97	17.63	3.06
营业收入增长率（%）	-18.02	-0.28	12.29	27.8	48.77	7.32

续表

指标\分位值	P10	P25	P50	P75	P90	平均值
利润总额增长率（%）	-233.5	-47.72	-0.19	28.66	72.4	11.2
净利润增长率（%）	-274	-48.51	2.82	34.69	104.8	11.07
成本费用利润率（%）	-15.01	3.12	9.83	17.96	33.63	7.98
营业利润率（%）	-15.39	2.92	8.72	15.29	26.11	7.59
人均营业收入（万元/人）	39.81	58.28	89.52	156.5	291.6	137.4
人均利润总额（万元/人）	-12.97	2.71	8.05	16.73	33.43	10.43
人均净利润（万元/人）	-13.83	2.2	6.79	14.19	27.83	7.79
人均人工成本（万元/人）	7.34	8.84	11.12	15.16	21.47	13.05
人工成本占总成本比重（%）	4.51	8.08	13.44	20.04	28.37	10.0
人事费用率（%）	4.41	7.96	12.99	19.47	27.76	9.5
人工成本利润率（%）	-118.0	25.0	70.0	143.0	252.0	79.92

注：2018年合计2 466家非国有控股（民营、外资、其他等）上市公司。

表3-6 2018年中国沪深A股上市公司经营业绩及人工成本投入产出率指标（农林牧渔业）

指标\分位值	P10	P25	P50	P75	P90	平均值
员工人数（人）	331	852	1 692	3 984	22 442	5 773
总资产（亿元）	10.9	19.1	33.3	61.4	151.0	65.2
营业收入（亿元）	2.18	7.6	14.6	32.0	60.5	37.4
利润总额（亿元）	-2.15	0.195	0.764	2.48	7.3	1.59
净利润（亿元）	-2.24	0.146	0.609	2.26	7.16	1.48
净资产收益率（%）	-25.98	1.44	5.22	10.61	18.96	4.22
营业收入增长率（%）	-36.21	-6.15	8.24	23.29	48.5	4.32
利润总额增长率（%）	-181.1	-38.57	5.09	65.46	301.56	-55.9
净利润增长率（%）	-205.3	-18.61	17.88	116.19	303.3	-57.14
成本费用利润率（%）	-25.06	2.33	6.24	14.68	31.41	4.31
营业利润率（%）	-22.53	1.1	5.97	13.13	28.08	4.22
人均营业收入（万元/人）	30.29	45.13	87.35	118.07	167.23	64.73

续表

指标＼分位值	P10	P25	P50	P75	P90	平均值
人均利润总额（万元/人）	-22.95	1.49	4.68	8.56	15.54	2.75
人均净利润（万元/人）	-22.79	1.32	4.19	8.53	14.66	2.56
人均人工成本（万元/人）	5.29	6.31	9.46	12.27	14.58	7.55
人工成本占总成本比重（%）	6.04	9.49	12.39	17.51	21.41	11.8
人事费用率（%）	6.16	9.44	12.46	17.55	22.72	11.7
人工成本利润率（%）	-234.5	25.5	53.5	98.0	170.0	36.48

注：2018年合计40家农林牧渔业上市公司。

表3-7　2018年中国沪深A股上市公司经营业绩及人工成本投入产出率指标（采矿业）

指标＼分位值	P10	P25	P50	P75	P90	平均值
员工人数（人）	682	1 376	5 940	18 697	48 039	25 662
总资产（亿元）	18.8	37.5	131.0	458.0	1 070.0	899.0
营业收入（亿元）	5.0	15.9	58.1	223.0	584.0	892.0
利润总额（亿元）	-1.57	0.646	5.16	14.5	61.3	51.2
净利润（亿元）	-1.97	0.459	2.89	9.44	46.8	37.0
净资产收益率（%）	-7.88	1.23	5.71	9.62	17.48	7.74
营业收入增长率（%）	-21.59	-4.05	8.13	22.57	55.64	18.6
利润总额增长率（%）	-232.2	-45.08	0.847	39.01	112.45	28.73
净利润增长率（%）	-326.2	-54.34	9.09	51.42	153.52	21.91
成本费用利润率（%）	-12.56	2.46	7.83	19.96	38.79	6.06
营业利润率（%）	-12.59	2.19	7.26	16.44	27.69	5.74
人均营业收入（万元/人）	32.27	53.64	107.53	215.93	345.41	347.56
人均利润总额（万元/人）	-15.2	1.89	6.98	24.19	51.69	19.94
人均净利润（万元/人）	-18.14	1.02	4.52	18.95	45.33	14.43
人均人工成本（万元/人）	7.38	9.94	13.49	16.77	25.47	20.02
人工成本占总成本比重（%）	4.57	7.27	14.44	23.22	32.93	6.08
人事费用率（%）	3.58	6.49	13.63	23.99	32.27	5.76
人工成本利润率（%）	-131.0	14.0	52.0	140.0	382.0	99.59

注：2018年合计75家采矿业上市公司。

表3-8 2018年中国沪深A股上市公司经营业绩及人工成本投入产出率指标

（制造业）

指标 \ 分位值	P10	P25	P50	P75	P90	平均值
员工人数（人）	517	950	1 949	4 419	9 490	4 801
总资产（亿元）	9.35	15.9	33.4	73.4	191.0	98.0
营业收入（亿元）	4.2	7.9	17.9	44.5	136.0	69.5
利润总额（亿元）	-0.86	0.409	1.34	3.82	10.6	4.93
净利润（亿元）	-0.921	0.341	1.12	3.22	9.08	3.93
净资产收益率（%）	-6.0	2.7	6.9	12.1	18.6	8.6
营业收入增长率（%）	-14.0	1.0	11.7	25.8	46.6	12.0
利润总额增长率（%）	-157.5	-40.6	3.7	31.3	81.4	-6.8
净利润增长率（%）	-186.4	-40.0	6.0	38.6	114.4	-12.3
成本费用利润率（%）	-7.0	3.1	8.9	16.7	30.3	7.5
营业利润率（%）	-7.4	2.9	8.0	14.3	23.2	7.1
人均营业收入（万元/人）	43.1	61.6	89.3	143.5	247.8	144.8
人均利润总额（万元/人）	-5.6	2.8	7.5	15.4	27.9	10.3
人均净利润（万元/人）	-5.7	2.3	6.5	13.0	23.8	8.2
人均人工成本（万元/人）	7.4	8.8	10.7	13.8	18.4	12.7
人工成本占总成本比重（%）	5.1	8.5	13.2	18.8	25.1	9.2
人事费用率（%）	4.9	8.2	12.6	18.1	24.0	8.8
人工成本利润率（%）	-50.0	25.0	68.0	131.0	230.0	81.0

注：2018年合计2 247家制造业上市公司。

表3-9 2018年中国沪深A股上市公司经营业绩及人工成本投入产出率指标

（电热燃水业）

指标 \ 分位值	P10	P25	P50	P75	P90	平均值
员工人数（人）	550	878	2 436	4 120	7 366	4 178
总资产（亿元）	24	50.4	110.0	289.0	851.0	370.9
营业收入（亿元）	6.3	14.7	31.2	95.1	262.0	105.9
利润总额（亿元）	-1.7	1.0	3.1	11.1	33.5	10.9

续表

指标＼分位值	P10	P25	P50	P75	P90	平均值
净利润（亿元）	-1.9	0.7	2.5	8.2	24.1	8.7
净资产收益率（%）	-10.3	2.5	6.0	8.9	14.0	6.7
营业收入增长率（%）	-7.6	4.0	10.6	20.1	32.6	13.8
利润总额增长率（%）	-211.4	-20.9	5.7	40.0	138.9	7.1
净利润增长率（%）	-77.7	-20.0	8.3	58.5	171.5	7.2
成本费用利润率（%）	-8.5	4.7	10.1	27.8	42.6	11.0
营业利润率（%）	-9.1	4.4	9.8	20.5	31.7	10.3
人均营业收入（万元/人）	65.8	94.0	161.3	288.3	433.1	253.5
人均利润总额（万元/人）	-8.2	5.9	15.2	40.0	81.1	26.0
人均净利润（万元/人）	-8.0	4.3	12.7	30.6	68.2	20.9
人均人工成本（万元/人）	8.9	12.1	16.8	21.0	26.8	18.3
人工成本占总成本比重（%）	4.3	6.6	10.4	14.3	21.8	7.7
人事费用率（%）	4.2	6.4	9.9	13.9	19.4	7.2
人工成本利润率（%）	-63.0	44.0	96.0	232.0	392.0	142.5

注：2018年合计109家电热燃水业上市公司。

表3-10 2018年中国沪深A股上市公司经营业绩及人工成本投入产出率指标（建筑业）

指标＼分位值	P10	P25	P50	P75	P90	平均值
员工人数（人）	433	695	1 875	5 845	31 066	17 357
总资产（亿元）	16.5	34.8	91.1	233.0	945.0	795.3
营业收入（亿元）	7.6	15.8	40.9	119.0	515.0	498.4
利润总额（亿元）	-0.522	0.629	2.53	7.75	25.7	22.29
净利润（亿元）	-0.524	0.542	2.01	6.43	20.8	17.33
净资产收益率（%）	-2.1	4.2	7.8	11.2	15.8	9.1
营业收入增长率（%）	-21.2	2.6	13.5	27.0	45.2	10.1
利润总额增长率（%）	-114.0	-25.6	7.4	18.6	52.0	8.7
净利润增长率（%）	-84.0	-24.5	9.0	25.1	94.6	8.9

续表

指标\分位值	P10	P25	P50	P75	P90	平均值
成本费用利润率（%）	-3.7	2.5	5.7	9.4	15.8	4.7
营业利润率（%）	-3.5	2.2	5.4	8.4	13.2	4.5
人均营业收入（万元/人）	101.4	143.2	225.2	343.6	450.9	287.2
人均利润总额（万元/人）	-3.7	5.1	10.2	22.8	33.7	12.9
人均净利润（万元/人）	-4.0	3.6	8.1	18.0	28.4	10.0
人均人工成本（万元/人）	9.5	11.5	14.3	21.2	31.9	21.1
人工成本占总成本比重（%）	3.9	5.6	7.2	10.3	15.8	7.7
人事费用率（%）	3.9	5.2	7.3	11.0	17.8	7.4
人工成本利润率（%）	-22.0	30.5	62.5	138.0	233.0	60.8

注：2018年合计96家建筑业上市公司。

表3-11 2018年中国沪深A股上市公司经营业绩及人工成本投入产出率指标
（批发和零售业）

指标\分位值	P10	P25	P50	P75	P90	平均值
员工人数（人）	332	1 068	2 713	9 118	19 817	7 106
总资产（亿元）	13.1	27.3	69.5	177.0	358.0	168.4
营业收入（亿元）	9.9	21.6	77.6	192.0	489.0	240.4
利润总额（亿元）	-0.5	0.7	2.6	7.2	17.6	6.4
净利润（亿元）	-0.6	0.5	1.9	5.7	12.8	4.6
净资产收益率（%）	-4.30	3.48	7.44	12.02	15.95	7.5
营业收入增长率（%）	-20.4	-4.0	5.9	20.1	37.7	10.4
利润总额增长率（%）	-168.9	-28.9	3.7	23.6	55.8	3.6
净利润增长率（%）	-194.6	-34.1	6.4	31.0	110.0	-3.4
成本费用利润率（%）	-1.7	1.5	4.0	7.9	15.1	2.7
营业利润率（%）	-1.5	1.4	3.9	7.5	13.3	2.7
人均营业收入（万元/人）	63.0	111.5	227.1	619.4	1 440.0	338.3
人均利润总额（万元/人）	-2.8	2.8	9.0	26.3	55.8	9.0
人均净利润（万元/人）	-4.3	2.1	6.2	19.8	45.8	6.5

续表

指标 \ 分位值	P10	P25	P50	P75	P90	平均值
人均人工成本（万元/人）	6.4	8.5	12.5	17.7	26.2	11.8
人工成本占总成本比重（%）	1.3	2.6	5.5	9.8	17.3	3.5
人事费用率（%）	1.2	2.6	5.4	9.6	17.0	3.5
人工成本利润率（%）	-41.0	36.0	84.0	163.0	294.0	76.9

注：2018年合计163家批发和零售业上市公司。

表3-12 2018年中国沪深A股上市公司经营业绩及人工成本投入产出率指标（交通运输、仓储和邮政业）

指标 \ 分位值	P10	P25	P50	P75	P90	平均值
员工人数（人）	619	1 120	3 635	7 605	22 524	11 137
总资产（亿元）	16.7	45.1	105.0	266.0	736.0	310.8
营业收入（亿元）	7.3	14.3	44.0	109.0	275.0	137.2
利润总额（亿元）	0.6	1.6	5.6	13.9	43.1	14.3
净利润（亿元）	0.4	1.1	4.3	10.9	34.6	11.1
净资产收益率（%）	2.1	4.7	6.9	10.6	17.6	7.9
营业收入增长率（%）	-12.6	0.8	10.4	25.9	39.1	16.9
利润总额增长率（%）	-55.1	-24.6	2.5	22.3	57.5	-11.8
净利润增长率（%）	-63.6	-27.4	1.2	20.7	60.9	-13.0
成本费用利润率（%）	2.7	5.3	13.4	35.6	101.3	11.0
营业利润率（%）	2.4	4.8	10.9	27.0	56.8	10.4
人均营业收入（万元/人）	36.6	79.0	132.3	204.8	423.7	123.2
人均利润总额（万元/人）	2.2	7.6	16.0	33.6	79.9	12.8
人均净利润（万元/人）	1.5	5.3	12.8	28.3	66.1	10.0
人均人工成本（万元/人）	8.5	11.6	15.2	20.2	27.0	19.1
人工成本占总成本比重（%）	4.5	9.2	15.7	27.1	34.4	16.5
人事费用率（%）	4.5	7.8	12.4	20.9	29.1	15.5
人工成本利润率（%）	14.0	50.0	108.0	222.0	493.0	66.9

注：2018年合计98家交通运输、仓储和邮政业上市公司。

表3-13　2018年中国沪深A股上市公司经营业绩及人工成本投入产出率指标
（信息传输、软件和信息技术服务业）

指标 \ 分位值	P10	P25	P50	P75	P90	平均值
员工人数（人）	371	692	1 513	3 202	6 426	3 583
总资产（亿元）	8.3	13.4	27.1	62.1	111.0	69.1
营业收入（亿元）	2.9	5.5	12.0	27.3	59.3	36.7
利润总额（亿元）	-6.3	0.2	1.0	2.7	6.7	0.6
净利润（亿元）	-6.4	0.2	0.9	2.4	6.2	0.2
净资产收益率（%）	-34.8	2.1	6.3	10.1	14.4	0.48
营业收入增长率（%）	-18.0	-1.8	10.7	25.2	42.5	11.1
利润总额增长率（%）	-450.3	-64.4	-3.1	27.6	71.0	-75.1
净利润增长率（%）	-582.9	-66.9	-2.6	31.9	96.6	-92.8
成本费用利润率（%）	-68.3	2.5	11.0	19.2	34.6	1.6
营业利润率（%）	-64.8	1.8	9.6	15.9	27.2	1.6
人均营业收入（万元/人）	30.2	43.4	72.6	134.7	256.1	102.6
人均利润总额（万元/人）	-53.5	1.6	6.2	13.6	26.2	1.6
人均净利润（万元/人）	-52.4	1.6	5.6	11.8	23.4	0.6
人均人工成本（万元/人）	10.0	12.6	16.3	20.8	28.0	17.2
人工成本占总成本比重（%）	5.9	12.5	21.0	37.2	50.4	16.7
人事费用率（%）	8.1	13.2	22.6	34.1	47.1	16.8
人工成本利润率（%）	-371.0	12.0	38.0	80.0	133.0	9.6

注：2018年合计263家信息传输、软件和信息技术服务业上市公司。

表3-14　2018年中国沪深A股上市公司经营业绩及人工成本投入产出率指标
（金融业）

指标 \ 分位值	P10	P25	P50	P75	P90	平均值
员工人数（人）	425	2 337	4 711	14 760	74 590	36 209
总资产（亿元）	199	468	1 550	9 210	60 700	19 818
营业收入（亿元）	9.0	15.1	67.3	253	1 950.0	728.2
利润总额（亿元）	0.9	3.1	15.8	125.0	588.0	238

续表

指标＼分位值	P10	P25	P50	P75	P90	平均值
净利润（亿元）	0.7	2.4	12.5	112.0	503.0	194.0
净资产收益率（%）	0.8	2.2	6.5	11.3	13.7	11.1
营业收入增长率（%）	-36.6	-17.5	1.8	11.8	27.0	9.2
利润总额增长率（%）	-87.3	-60.1	-13.8	5.8	19.2	0.5
净利润增长率（%）	-85.3	-51.8	-9.7	9.0	20.5	1.9
成本费用利润率（%）	4.4	10.0	49.5	69.1	78.4	42.7
营业利润率（%）	4.9	17.2	42.4	48.4	70.2	32.7
人均营业收入（万元/人）	39.9	72.6	168.1	234.3	365.1	201.1
人均利润总额（万元/人）	3.4	13.7	43.3	89.2	118.2	65.8
人均净利润（万元/人）	3.4	11.6	38.0	75.6	104.4	53.6
人均人工成本（万元/人）	22.4	28.4	39.8	45.2	57.1	29.1
人工成本占总成本比重（%）	10.8	21.9	32.2	54.6	63.0	18.9
人事费用率（%）	8.7	15.7	24.3	56.4	79.0	14.5
人工成本利润率（%）	11.0	39.0	114.0	245.0	319.0	226.1

注：2018年合计91家金融业上市公司。

表3-15 2018年中国沪深A股上市公司经营业绩及人工成本投入产出率指标（房地产业）

指标＼分位值	P10	P25	P50	P75	P90	平均值
员工人数（人）	147	377	1 253	4 340	19 886	5 774
总资产（亿元）	28.2	72.6	186.0	750.0	2 310.0	819.4
营业收入（亿元）	2.9	14.8	35.3	129	397.0	167.7
利润总额（亿元）	0.1	1.5	8.2	17.8	55.4	29.2
净利润（亿元）	0.1	1.0	5.9	13.0	40.2	20.9
净资产收益率（%）	0.4	4.0	8.5	15.5	19.6	12.8
营业收入增长率（%）	-43.2	-11.0	14.2	34.1	69.0	20.9
利润总额增长率（%）	-81.7	-29.0	10.7	63.6	231.2	21.9
净利润增长率（%）	-82.6	-35.0	12.7	73.9	285.4	19.4

续表

指标 \ 分位值	P10	P25	P50	P75	P90	平均值
成本费用利润率（%）	2.7	11.0	20.1	39.4	71.8	20.2
营业利润率（%）	-2.0	8.9	15.7	25.4	43.0	17.4
人均营业收入（万元/人）	67.5	153.5	276.9	589.0	1 000.0	290.5
人均利润总额（万元/人）	1.9	16.5	45.3	134.6	211.1	50.6
人均净利润（万元/人）	1.3	11.2	34.9	93.1	164.4	36.2
人均人工成本（万元/人）	10.3	13.4	20.3	28.6	39.8	18.1
人工成本占总成本比重（%）	3.1	5.0	7.2	12.0	19.6	7.2
人事费用率（%）	2.7	4.2	6.3	12.4	19.2	6.2
人工成本利润率（%）	23.0	112.5	243.5	506.5	803.5	280.0

注：2018年合计124家房地产业上市公司。

表3-16　2018年中国沪深A股上市公司经营业绩及人工成本投入产出率指标（商务服务业）

指标 \ 分位值	P10	P25	P50	P75	P90	平均值
员工人数（人）	227	445	1 182	3 576	6 859	3 162
总资产（亿元）	10.6	20.6	60.8	146.0	269.0	168.6
营业收入（亿元）	4.2	10.5	31.5	122	231.0	130.6
利润总额（亿元）	-17.7	0.075	1.6	5.1	14.2	3.45
净利润（亿元）	-18.1	0.043	1.1	4.1	10.4	1.94
净资产收益率（%）	-82.3	0.9	4.8	10.0	16.9	3.3
营业收入增长率（%）	-33.1	-9.0	7.3	27.1	51.7	8.9
利润总额增长率（%）	-100.6	-75.2	-14.4	14.1	50.7	-51.0
净利润增长率（%）	-864.9	-91.0	-15.6	32.8	65.7	-68.0
成本费用利润率（%）	-74.5	0.3	5.4	13.1	50.4	2.7
营业利润率（%）	-69.0	2.9	6.0	14.3	33.7	2.6
人均营业收入（万元/人）	58.5	106.0	211.9	491.1	1 300.0	413.1
人均利润总额（万元/人）	-190.8	1.2	13.2	29.6	65.1	10.9
人均净利润（万元/人）	-196.3	1.0	8.5	21.8	51.1	6.1

续表

指标 \ 分位值	P10	P25	P50	P75	P90	平均值
人均人工成本（万元/人）	9.4	11.6	15.0	23.0	36.2	15.9
人工成本占总成本比重（%）	1.2	3.3	7.0	15.5	26.1	3.9
人事费用率（%）	1.9	3.3	7.7	17.7	24.7	3.8
人工成本利润率（%）	-1 239.0	10.0	53.0	202.0	595.0	68.8

注：2018年合计51家商务服务业上市公司。

表3-17　2018年中国沪深A股上市公司经营业绩及人工成本投入产出率指标（科研和专业技术服务业）

指标 \ 分位值	P10	P25	P50	P75	P90	平均值
员工人数（人）	340	659	1 322	2 572	5 405	2 258
总资产（亿元）	5.3	11.4	25.5	36.9	80.7	36.6
营业收入（亿元）	2.2	5.0	9.5	18.7	58.4	17.5
利润总额（亿元）	0.2	0.6	1.3	2.5	4.7	1.63
净利润（亿元）	0.1	0.584	1.2	2.1	4.1	1.33
净资产收益率（%）	1.6	7.0	8.8	14.6	17.2	6.7
营业收入增长率（%）	-4.6	11.3	24.4	44.0	111.3	13.0
利润总额增长率（%）	-21.1	-0.2	20.3	37.7	68.0	-16.2
净利润增长率（%）	-42.1	0.1	26.4	48.2	109.5	-11.4
成本费用利润率（%）	1.3	10.7	18.4	25.9	37.2	10.0
营业利润率（%）	1.3	9.7	13.8	20.9	28.2	9.3
人均营业收入（万元/人）	27.9	51.5	80.5	104.1	211.8	77.5
人均利润总额（万元/人）	2.5	5.2	10.6	15.7	28.5	7.2
人均净利润（万元/人）	1.8	4.4	9.3	13.2	24.3	5.9
人均人工成本（万元/人）	10.7	12.4	16.2	22.3	28.1	17.8
人工成本占总成本比重（%）	9.3	15.4	28.6	35.5	45.7	24.5
人事费用率（%）	10.7	14.8	24.0	31.6	40.1	22.9
人工成本利润率（%）	16.0	34.0	66.0	96.0	140.0	40.7

注：2018年合计49家科研和专业技术服务业上市公司。

表 3-18 2018 年中国沪深 A 股上市公司经营业绩及人工成本投入产出率指标
(水利、环境和公共设施管理业)

指标 \ 分位值	P10	P25	P50	P75	P90	平均值
员工人数（人）	502	826	1 519	2 350	3 887	3 601
总资产（亿元）	13.1	22.1	47.0	88.1	150.0	75.5
营业收入（亿元）	4.1	5.3	10.7	27.2	77.5	23.0
利润总额（亿元）	0.2	0.9	2.1	3.7	8.2	2.7
净利润（亿元）	0.2	0.8	1.6	3.1	6.7	2.13
净资产收益率（%）	2.4	5.5	8.6	11.5	15.4	6.8
营业收入增长率（%）	-22.6	-4.9	16.0	38.4	67.8	13.7
利润总额增长率（%）	-65.8	-23.5	10.6	49.2	66.2	-20.8
净利润增长率（%）	-66.4	-12.4	14.6	52.0	126.7	-23.2
成本费用利润率（%）	4.5	10.1	16.9	35.1	49.9	12.8
营业利润率（%）	4.3	9.2	15.5	28.5	37.7	11.8
人均营业收入（万元/人）	31.8	50.1	95.3	163.3	236.8	63.8
人均利润总额（万元/人）	1.5	8.1	14.7	23.9	47.4	7.5
人均净利润（万元/人）	1.3	6.3	11.9	18.0	39.9	5.9
人均人工成本（万元/人）	7.2	9.6	11.0	16.9	21.2	7.8
人工成本占总成本比重（%）	6.7	9.0	14.4	25.7	37.7	13.2
人事费用率（%）	5.9	9.6	12.2	22.2	27.7	12.2
人工成本利润率（%）	27.0	53.0	136.0	214.0	350.0	96.7

注：2018 年合计 49 家水利、环境和公共设施管理业上市公司。

表 3-19 2018 年中国沪深 A 股上市公司经营业绩及人工成本投入产出率指标
(卫生业)

指标 \ 分位值	P10	P25	P50	P75	P90	平均值
	P10	P25	P50	P75	P90	平均值
员工人数（人）	1 499	2 967	6 077	13 668	39 296	10 036
总资产（亿元）	22.2	39.6	57.9	96.3	135.0	69.2
营业收入（亿元）	5.6	15.5	22.5	69.7	82.3	37.2

续表

分位值\指标	P10	P25	P50	P75	P90	平均值
利润总额（亿元）	1.1	2.0	5.2	12.8	22.1	8.23
净利润（亿元）	0.7	2.0	4.3	9.7	16.5	6.34
净资产收益率（%）	3.5	8.2	14.6	18.6	38.0	16.6
营业收入增长率（%）	-22.8	17.0	25.7	34.6	37.8	19.8
利润总额增长率（%）	-53.6	16.6	34.4	52.6	1 048.8	49.7
净利润增长率（%）	-34.9	22.7	43.5	58.5	578.5	96.1
成本费用利润率（%）	8.7	11.6	19.7	39.0	102.3	25.1
营业利润率（%）	7.2	10.4	17.4	28.4	187.9	22.1
人均营业收入（万元/人）	18.8	28.8	49.0	59.0	78.3	37.0
人均利润总额（万元/人）	2.0	3.3	8.7	15.6	89.5	8.2
人均净利润（万元/人）	1.1	2.5	6.8	13.0	74.1	6.3
人均人工成本（万元/人）	7.0	9.0	12.3	19.1	33.0	10.3
人工成本占总成本比重（%）	17.2	26.1	32.9	43.7	47.2	31.6
人事费用率（%）	16.4	24.5	33.1	36.6	92.4	27.8
人工成本利润率（%）	27.5	29.0	70.5	78.0	484.5	79.6

注：2018年合计10家卫生业上市公司。

表 3-20 2018 年中国沪深 A 股上市公司经营业绩及人工成本投入产出率指标（文化、体育和娱乐业）

分位值\指标	P10	P25	P50	P75	P90	平均值
员工人数（人）	314	527	1 385	4 441	7 724	3 026
总资产（亿元）	15.8	29.2	45.1	117.0	163.0	75.4
营业收入（亿元）	5.6	8.1	17.3	53.3	96.6	34.9
利润总额（亿元）	-12.9	-2.2	2.1	6.5	14.8	0.67
净利润（亿元）	-12.9	-2.4	1.7	6.4	13.7	0.13
净资产收益率（%）	-62.1	-7.0	7.5	11.6	14.9	0.3
营业收入增长率（%）	-20.2	-8.4	4.2	11.4	21.1	4.9
利润总额增长率（%）	-801.7	-174.4	-13.2	9.1	18.9	-86.4

续表

指标 \ 分位值	P10	P25	P50	P75	P90	平均值
净利润增长率（%）	-890.8	-192.1	-14.9	8.6	19.5	-97.1
成本费用利润率（%）	-144.1	-21.6	9.3	17.6	42.0	1.9
营业利润率（%）	-170.6	-22.1	8.4	14.8	27.6	1.9
人均营业收入（万元/人）	56.5	81.7	123.9	206.5	396.7	115.3
人均利润总额（万元/人）	-246.6	-16.1	10.1	19.9	62.1	2.2
人均净利润（万元/人）	-245.8	-17.3	9.8	17.8	48.3	0.4
人均人工成本（万元/人）	9.2	11.1	17.6	22.7	28.7	15.5
人工成本占总成本比重（%）	3.9	6.6	13.2	17.6	21.3	13.2
人事费用率（%）	5.5	8.7	14.1	17.0	22.9	13.5
人工成本利润率（%）	-1163.0	-174.0	75.5	111.0	311.0	14.4

注：2018年合计58家文化、体育和娱乐业上市公司。

表3-21 2018年中国沪深A股上市公司经营业绩及人工成本投入产出率指标（综合业）

指标 \ 分位值	P10	P25	P50	P75	P90	平均值
员工人数（人）	170	418	676	1 791	3 808	1 795
总资产（亿元）	7.0	28.6	43.0	107.0	197.0	77.0
营业收入（亿元）	0.7	2.5	13.4	20.9	47.8	19.8
利润总额（亿元）	-2.2	0.1	0.7	1.8	7.5	1.02
净利润（亿元）	-2.8	0.04	0.6	1.6	5.6	0.16
净资产收益率（%）	-11.8	0.6	4.1	5.7	7.3	0.4
营业收入增长率（%）	-42.3	-8.4	12.9	43.3	89.1	23.7
利润总额增长率（%）	-994.3	-139.4	10.3	28.6	172.7	-38.0
净利润增长率（%）	-1131.3	-79.2	5.1	63.9	133.3	-86.6
成本费用利润率（%）	-47.4	2.0	6.5	20.6	71.1	4.9
营业利润率（%）	-65.2	0.8	6.1	18.8	55.2	5.2
人均营业收入（万元/人）	31.9	41.7	85.0	290.6	675.5	110.3
人均利润总额（万元/人）	-27.9	1.6	6.5	17.6	104.2	5.7

续表

指标 \ 分位值	P10	P25	P50	P75	P90	平均值
人均净利润（万元/人）	-27.9	0.9	4.4	15.6	77.9	0.9
人均人工成本（万元/人）	7.4	8.6	11.5	16.2	22.2	11.4
人工成本占总成本比重（%）	3.5	5.7	12.2	20.7	29.9	9.9
人事费用率（%）	3.5	5.7	12.3	26.6	37.3	10.4
人工成本利润率（%）	-265.0	15.0	66.0	147.0	397.0	49.7

注：2018年合计22家综合业上市公司，综合业上市公司主要是指行业归属不明确的企业。

第四部分 文件汇编

国务院关于改革国有企业工资决定机制的意见

（2018年5月13日　国发〔2018〕16号）

各省、自治区、直辖市人民政府，国务院各部委、各直属机构：

国有企业工资决定机制改革是完善国有企业现代企业制度的重要内容，是深化收入分配制度改革的重要任务，事关国有企业健康发展，事关国有企业职工切身利益，事关收入分配合理有序。改革开放以来，国家对国有大中型企业实行工资总额同经济效益挂钩办法，对促进国有企业提高经济效益、调动广大职工积极性发挥了重要作用。随着社会主义市场经济体制逐步健全和国有企业改革不断深化，现行国有企业工资决定机制还存在市场化分配程度不高、分配秩序不够规范、监管体制尚不健全等问题，已难以适应改革发展需要。为改革国有企业工资决定机制，现提出以下意见。

一、总体要求

（一）指导思想。

全面贯彻党的十九大精神，以习近平新时代中国特色社会主义思想为指导，认真落实党中央、国务院决策部署，统筹推进"五位一体"总体布局和协调推进"四个全面"战略布局，坚持以人民为中心的发展思想，牢固树立和贯彻落实新发展理念，按照深化国有企业改革、完善国有资产管理体制和坚持按劳分配原则、完善按要素分配体制机制的要求，以增强国有企业活力、提升国有企业效率为中心，建立健全与劳动力市场基本适应、与国有企业经济效益和劳动生产率挂钩的工资决定和正常增长机制，完善国有企业工资分配监管体制，充分调动国有企业职工的积极性、主动性、创造性，进一步激发国有企业创造力和提高市场竞争力，推动国有资本做强做优做大，促进收入分配更合理、更有序。

（二）基本原则。

——坚持建立中国特色现代国有企业制度改革方向。坚持所有权和经营权相分离，进一步确立国有企业的市场主体地位，发挥企业党委（党组）领导作用，依法落实董事会的工资分配管理权，完善既符合企业一般规律又体现国有企业特点的工资分配机制，促进国有企业持续健康发展。

——坚持效益导向与维护公平相统一。国有企业工资分配要切实做到既有激励又有约束、既讲效率又讲公平。坚持按劳分配原则，健全国有企业职工工资与经济效益同向联动、能增能减的机制，在经济效益增长和劳动生产率提高的同时实现劳动报酬同步提高。统筹处理好不同行业、不同企业和企业内部不同职工之间的工资分配关系，调节过高收入。

——坚持市场决定与政府监管相结合。充分发挥市场在国有企业工资分配中的决定性作用，实现职工工资水平与劳动力市场价位相适应、与增强企业市场竞争力相匹配。更好发挥政府对国有企业工资分配的宏观指导和调控作用，改进和加强事前引导和事后监督，规范工资分配秩序。

——坚持分类分级管理。根据不同国有企业功能性质定位、行业特点和法人治理结构完善程度，实行工资总额分类管理。按照企业国有资产产权隶属关系，健全工资分配分级监管体制，落实各级政府职能部门和履行出资人职责机构（或其他企业主管部门，下同）的分级监管责任。

二、改革工资总额决定机制

（三）改革工资总额确定办法。按照国家工资收入分配宏观政策要求，根据企业发展战略和薪酬策略、年度生产经营目标和经济效益，综合考虑劳动生产率提高和人工成本投入产出率、职工工资水平市场对标等情况，结合政府职能部门发布的工资指导线，合理确定年度工资总额。

（四）完善工资与效益联动机制。企业经济效益增长的，当年工资总额增长幅度可在不超过经济效益增长幅度范围内确定。其中，当年劳动生产率未提高、上年人工成本投入产出率低于行业平均水平或者上年职工平均工资明显高于全国城镇单位就业人员平均工资的，当年工资总额增长幅度应低于同期经济效益增长幅度；对主业不处于充分竞争行业和领域的企业，上年职工平均工资达到政府职能部门规定的调控水平及以上的，当年工资总额增长幅度应低于同期经济效益增长幅度，且职工平均工资增长幅度不得超过政府职能部门规定的工资增长调控目标。

企业经济效益下降的，除受政策调整等非经营性因素影响外，当年工资总额原则上相应下降。其中，当年劳动生产率未下降、上年人工成本投入产出率明显优于行业平均水平或者上年职工平均工资明显低于全国城镇单位就业人员平均工资的，当年工资总额可适当少降。

企业未实现国有资产保值增值的，工资总额不得增长，或者适度下降。

企业按照工资与效益联动机制确定工资总额，原则上增人不增工资总额、减人不减工资总额，但发生兼并重组、新设企业或机构等情况的，可以合理增加或者减少工资总额。

（五）分类确定工资效益联动指标。根据企业功能性质定位、行业特点，科学设置联动指标，合理确定考核目标，突出不同考核重点。

对主业处于充分竞争行业和领域的商业类国有企业，应主要选取利润总额（或净利润）、经济增加值、净资产收益率等反映经济效益、国有资本保值增值和市场竞争能力的指标。对主业处于关系国家安全、国民经济命脉的重要行业和关键领域、主要承担重大专项任务的商业类国有企业，在主要选取反映经济效益和国有资本保值增值指标的同时，可根据实际情况增加营业收入、任务完成率等体现服务国家战略、保障国家安全和国民经济运行、发展前瞻性战略性产业以及完成特殊任务等情况的指标。对主业以保障民生、服务社会、提供公共产品和服务为主的公益类国有企业，应主要选取反映成本控制、产品服务质量、营运效率和保障能力等情况的指标，兼顾体现经济效益和国有资本保值增值的指标。对金融类国有企业，属于开发性、政策性的，应主要选取体现服务国家战略和风险控制的指标，兼顾反映经济效益的指标；属于商业性的，应主要选取反映经济效益、资产质量和偿付能力的指标。对文化类国有企业，应同时选取反映社会效益和经济效益、国有资本保值增值的指标。劳动生产率指标一般以人均增加值、人均利润为主，根据企业实际情况，可选取人均营业收入、人均工作量等指标。

三、改革工资总额管理方式

（六）全面实行工资总额预算管理。工资总额预算方案由国有企业自主编制，按规定履行内部决策程序后，根据企业功能性质定位、行业特点并结合法人治理结构完善程度，分别报履行出资人职责机构备案或核准后执行。

对主业处于充分竞争行业和领域的商业类国有企业，工资总额预算原则上实行备案制。其中，未建立规范董事会、法人治理结构不完善、内控机制不健全的企业，经履行出资人职责机构认定，其工资总额预算应实行核准制。

对其他国有企业，工资总额预算原则上实行核准制。其中，已建立规范董事会、法人治理结构完善、内控机制健全的企业，经履行出资人职责机构同意，其工资总额预算可实行备案制。

（七）合理确定工资总额预算周期。国有企业工资总额预算一般按年度进行管理。对行业周期性特征明显、经济效益年度间波动较大或存在其他特殊情况的企业，工资总额预算可探索按周期进行管理，周期最长不超过三年，周期内的工资总额增长应符合工资与效益联动的要求。

（八）强化工资总额预算执行。国有企业应严格执行经备案或核准的工资总额预算方案。执行过程中，因企业外部环境或自身生产经营等编制预算时所依据的情况发生重大变化，需要调整工资总额预算方案的，应按规定程序进行调整。

履行出资人职责机构应加强对所监管企业执行工资总额预算情况的动态监控和指导，并对预算执行结果进行清算。

四、完善企业内部工资分配管理

（九）完善企业内部工资总额管理制度。国有企业在经备案或核准的工资总额预算内，依法依规自主决定内部工资分配。企业应建立健全内部工资总额管理办法，根据所属企业功能性质定位、行业特点和生产经营等情况，指导所属企业科学编制工资总额预算方案，逐级落实预算执行责任，建立预算执行情况动态监控机制，确保实现工资总额预算目标。企业集团应合理确定总部工资总额预算，其职工平均工资增长幅度原则上应低于本企业全部职工平均工资增长幅度。

（十）深化企业内部分配制度改革。国有企业应建立健全以岗位工资为主的基本工资制度，以岗位价值为依据，以业绩为导向，参照劳动力市场工资价位并结合企业经济效益，通过集体协商等形式合理确定不同岗位的工资水平，向关键岗位、生产一线岗位和紧缺急需的高层次、高技能人才倾斜，合理拉开工资分配差距，调整不合理过高收入。加强全员绩效考核，使职工工资收入与其工作业绩和实际贡献紧密挂钩，切实做到能增能减。

（十一）规范企业工资列支渠道。国有企业应调整优化工资收入结构，逐步实现职工收入工资化、工资货币化、发放透明化。严格清理规范工资外收入，将所有工资性收入一律纳入工资总额管理，不得在工资总额之外以其他形式列支任何工资性支出。

五、健全工资分配监管体制机制

（十二）加强和改进政府对国有企业工资分配的宏观指导和调控。人力资源社会保障部门负责建立企业薪酬调查和信息发布制度，定期发布不同职业的劳动力市场工资价位和行业人工成本信息；会同财政、国资监管等部门完善工资指导线制度，定期制定和发布工资指导线、非竞争类国有企业职工平均工资调控水平和工资增长调控目标。

（十三）落实履行出资人职责机构的国有企业工资分配监管职责。履行出资人职责机构负责做好所监管企业工资总额预算方案的备案或核准工作，加强对所监管企业工资总额预算执行情况的动态监控和执行结果的清算，并按年度将所监管企业工资总额预算执行情况报同级人力资源社会保障部门，由人力资源社会保障部门汇总报告同级人民政府。同时，履行出资人职责机构可按规定将有关情况直接报告同级人民政府。

（十四）完善国有企业工资分配内部监督机制。国有企业董事会应依照法定程序决定工资分配事项，加强对工资分配决议执行情况的监督。落实企业监事会对工资分配的监督责任。将企业职工工资收入分配情况作为厂务公开的重要内容，定期向职工公开，接受职工监督。

（十五）建立国有企业工资分配信息公开制度。履行出资人职责机构、国有企业每年定期将企业工资总额和职工平均工资水平等相关信息向社会披露，接受社会公众监督。

（十六）健全国有企业工资内外收入监督检查制度。人力资源社会保障部门会同财政、国资监管等部门，定期对国有企业执行国家工资收入分配政策情况开展监督检查，及时查处违规发放工资、滥发工资外收入等行为。加强与出资人监管和审计、税务、纪检监察、巡视等监督的协同，建立工作会商和资源共享机制，提高监督效能，形成监督合力。

对企业存在超提、超发工资总额及其他违规行为的，扣回违规发放的工资总额，并视违规情形对企业负责人和相关责任人员依照有关规定给予经济处罚和纪律处分；构成犯罪的，由司法机关依法追究刑事责任。

六、做好组织实施工作

（十七）国有企业工资决定机制改革是一项涉及面广、政策性强的工作，各地区、各有关部门要统一思想认识，以高度的政治责任感和历史使命感，切实加强对改革工作的领导，做好统筹协调，细化目标任务，明确责任分工，强化督促检查，及时研究解决改革中出现的问题，推动改革顺利进行。各省（自治区、直辖市）要根据本意见，结合当地实际抓紧制定改革国有企业工资决定机制的实施意见，认真抓好贯彻落实。各级履行出资人职责机构要抓紧制定所监管企业的具体改革实施办法，由同级人力资源社会保障部门会同财政部门审核后实施。各级人力资源社会保障、财政、国资监管等部门和工会要各司其职，密切配合，共同做好改革工作，形成推进改革的合力。广大国有企业要自觉树立大局观念，认真执行国家有关改革规定，确保改革政策得到落实。要加强舆论宣传和政策解读，引导全社会正确理解和支持改革，营造良好社会环境。

（十八）本意见适用于国家出资的国有独资及国有控股企业。中央和地方有关部门或机构作为实际控制人的企业，参照本意见执行。

本意见所称工资总额，是指由企业在一个会计年度内直接支付给与本企业建立劳动关系的全部职工的劳动报酬总额，包括工资、奖金、津贴、补贴、加班加点工资、特殊情况下支付的工资等。

中共中央、国务院关于深化
国有企业改革的指导意见

（2015年8月24日）

国有企业属于全民所有，是推进国家现代化、保障人民共同利益的重要力量，是我们党和国家事业发展的重要物质基础和政治基础。改革开放以来，国有企业改革发展不断取得重大进展，总体上已经同市场经济相融合，运行质量和效益明显提升，在国际国内市场竞争中涌现出一批具有核心竞争力的骨干企业，为推动经济社会发展、保障和改善民生、开拓国际市场、增强我国综合实力作出了重大贡献，国有企业经营管理者队伍总体上是好的，广大职工付出了不懈努力，成就是突出的。但也要看到，国有企业仍然存在一些亟待解决的突出矛盾和问题，一些企业市场主体地位尚未真正确立，现代企业制度还不健全，国有资产监管体制有待完善，国有资本运行效率需进一步提高；一些企业管理混乱，内部人控制、利益输送、国有资产流失等问题突出，企业办社会职能和历史遗留问题还未完全解决；一些企业党组织管党治党责任不落实、作用被弱化。面向未来，国有企业面临日益激烈的国际竞争和转型升级的巨大挑战。在推动我国经济保持中高速增长和迈向中高端水平、完善和发展中国特色社会主义制度、实现中华民族伟大复兴中国梦的进程中，国有企业肩负着重大历史使命和责任。要认真贯彻落实党中央、国务院战略决策，按照"四个全面"战略布局的要求，以经济建设为中心，坚持问题导向，继续推进国有企业改革，切实破除体制机制障碍，坚定不移做强做优做大国有企业。为此，提出以下意见。

一、总体要求

（一）指导思想

高举中国特色社会主义伟大旗帜，认真贯彻落实党的十八大和十八届三中、四中全会精神，深入学习贯彻习近平总书记系列重要讲话精神，坚持和完善基本经济制度，坚持社会主义市场经济改革方向，适应市场化、现代化、国际化新形势，以解放和发展社会生产力为标准，以提高国有资本效率、增强国有企业活力为中心，完善产权清晰、权责明确、政企分开、管理科学的现代企业制度，完善国有资产监管体制，防止国有资产流失，全面推进依法治企，加强和改进党对国有企业的领导，做强做优做大国有企业，不断增强国有经济活力、控制力、影响力、抗风险能力，主动适应和引领经济发展新常态，为促进经济社会持续健康发展、实现中华民族伟大复兴中国梦作出积极贡献。

（二）基本原则

——坚持和完善基本经济制度。这是深化国有企业改革必须把握的根本要求。必须毫不动摇巩固和发展公有制经济，毫不动摇鼓励、支持、引导非公有制经济发展。坚持公有制主体地位，发挥国有经济主导作用，积极促进国有资本、集体资本、非公有资本等交叉持股、相互融合，推动各种所有制资本取长补短、相互促进、共同发展。

——坚持社会主义市场经济改革方向。这是深化国有企业改革必须遵循的基本规律。国有企业改革要遵循市场经济规律和企业发展规律，坚持政企分开、政资分开、所有权与经营权分离，坚持权利、义务、责任相统一，坚持激励机制和约束机制相结合，促使国有企业真正成为依法自主经营、自负盈亏、自担风险、自我约束、自我发展的独立市场主体。社会主义市场经济条件下的国有企业，要成为自觉履行社会责任的表率。

——坚持增强活力和强化监管相结合。这是深化国有企业改革必须把握的重要关系。增强活力是搞好国有企业的本质要求，加强监管是搞好国有企业的重要保障，要切实做到两者的有机统一。继续推进简政放权，依法落实企业法人财产权和经营自主权，进一步激发企业活力、创造力和市场竞争力。进一步完善国有企业监管制度，切实防止国有资产流失，确保国有资产保值增值。

——坚持党对国有企业的领导。这是深化国有企业改革必须坚守的政治方向、政治原则。要贯彻全面从严治党方针，充分发挥企业党组织政治核心作用，加强企业领导班子建设，创新基层党建工作，深入开展党风廉政建设，坚持全心全意依靠工人阶级，维护职工合法权益，为国有企业改革发展提供坚强有力的政治保证、组织保证和人才支撑。

——坚持积极稳妥统筹推进。这是深化国有企业改革必须采用的科学方法。要正确处理推进改革和坚持法治的关系，正确处理改革发展稳定关系，正确处理搞好顶层设计和尊重基层首创精神的关系，突出问题导向，坚持分类推进，把握好改革的次序、节奏、力度，确保改革扎实推进、务求实效。

（三）主要目标

到 2020 年，在国有企业改革重要领域和关键环节取得决定性成果，形成更加符合我国基本经济制度和社会主义市场经济发展要求的国有资产管理体制、现代企业制度、市场化经营机制，国有资本布局结构更趋合理，造就一大批德才兼备、善于经营、充满活力的优秀企业家，培育一大批具有创新能力和国际竞争力的国有骨干企业，国有经济活力、控制力、影响力、抗风险能力明显增强。

——国有企业公司制改革基本完成，发展混合所有制经济取得积极进展，法人治理结构更加健全，优胜劣汰、经营自主灵活、内部管理人员能上能下、员工能进能出、收入能增能减的市场化机制更加完善。

——国有资产监管制度更加成熟，相关法律法规更加健全，监管手段和方式不断优化，监管的科学性、针对性、有效性进一步提高，经营性国有资产实现集中统一监管，国有资产保值增值责任全面落实。

——国有资本配置效率显著提高,国有经济布局结构不断优化、主导作用有效发挥,国有企业在提升自主创新能力、保护资源环境、加快转型升级、履行社会责任中的引领和表率作用充分发挥。

——企业党的建设全面加强,反腐倡廉制度体系、工作体系更加完善,国有企业党组织在公司治理中的法定地位更加巩固,政治核心作用充分发挥。

二、分类推进国有企业改革

(四)划分国有企业不同类别。根据国有资本的战略定位和发展目标,结合不同国有企业在经济社会发展中的作用、现状和发展需要,将国有企业分为商业类和公益类。通过界定功能、划分类别,实行分类改革、分类发展、分类监管、分类定责、分类考核,提高改革的针对性、监管的有效性、考核评价的科学性,推动国有企业同市场经济深入融合,促进国有企业经济效益和社会效益有机统一。按照谁出资谁分类的原则,由履行出资人职责的机构负责制定所出资企业的功能界定和分类方案,报本级政府批准。各地区可结合实际,划分并动态调整本地区国有企业功能类别。

(五)推进商业类国有企业改革。商业类国有企业按照市场化要求实行商业化运作,以增强国有经济活力、放大国有资本功能、实现国有资产保值增值为主要目标,依法独立自主开展生产经营活动,实现优胜劣汰、有序进退。

主业处于充分竞争行业和领域的商业类国有企业,原则上都要实行公司制股份制改革,积极引入其他国有资本或各类非国有资本实现股权多元化,国有资本可以绝对控股、相对控股,也可以参股,并着力推进整体上市。对这些国有企业,重点考核经营业绩指标、国有资产保值增值和市场竞争能力。

主业处于关系国家安全、国民经济命脉的重要行业和关键领域、主要承担重大专项任务的商业类国有企业,要保持国有资本控股地位,支持非国有资本参股。对自然垄断行业，实行以政企分开、政资分开、特许经营、政府监管为主要内容的改革，根据不同行业特点实行网运分开、放开竞争性业务，促进公共资源配置市场化；对需要实行国有全资的企业，也要积极引入其他国有资本实行股权多元化；对特殊业务和竞争性业务实行业务板块有效分离，独立运作、独立核算。对这些国有企业，在考核经营业绩指标和国有资产保值增值情况的同时，加强对服务国家战略、保障国家安全和国民经济运行、发展前瞻性战略性产业以及完成特殊任务的考核。

（六）推进公益类国有企业改革。公益类国有企业以保障民生、服务社会、提供公共产品和服务为主要目标，引入市场机制，提高公共服务效率和能力。这类企业可以采取国有独资形式，具备条件的也可以推行投资主体多元化，还可以通过购买服务、特许经营、委托代理等方式，鼓励非国有企业参与经营。对公益类国有企业，重点考核成本控制、产品服务质量、营运效率和保障能力，根据企业不同特点有区别地考核经营业绩指标和国有资产保值增值情况，考核中要引入社会评价。

三、完善现代企业制度

（七）推进公司制股份制改革。加大集团层面公司制改革力度，积极引入各类投资者实现股权多元化，大力推动国有企业改制上市，创造条件实现集团公司整体上市。根据不同企业的功能定位，逐步调整国有股权比例，形成股权结构多元、股东行为规范、内部约束有效、运行高效灵活的经营机制。允许将部分国有资本转化为优先股，在少数特定领域探索建立国家特殊管理股制度。

（八）健全公司法人治理结构。重点是推进董事会建设，建立健全权责对等、运转协调、有效制衡的决策执行监督机制，规范董事长、总经理行权行为，充分发挥董事会的决策作用、监事会的监督作用、经理层的经营管理作用、党组织的政治核心作用，切实解决一些企业董事会形同虚设、"一把手"说了算的问题，实现规范的公司治理。要切实落实和维护董事会依法行使重大决策、选人用人、薪酬分配等权利，保障经理层经营自主权，法无授权任何政府部门和机构不得干预。加强董事会内部的制衡约束，国有独资、全资公司的董事会和监事会均应有职工代表，董事会外部董事应占多数，落实一人一票表决制度，董事对董事会决议承担责任。改进董事会和董事评价办法，强化对董事的考核评价和管理，对重大决策失误负有直接责任的要及时调整或解聘，并依法追究责任。进一步加强外部董事队伍建设，拓宽来源渠道。

（九）建立国有企业领导人员分类分层管理制度。坚持党管干部原则与董事会依法产生、董事会依法选择经营管理者、经营管理者依法行使用人权相结合，不断创新有效实现形式。上级党组织和国有资产监管机构按照管理权限加强对国有企业领导人员的管理，广开推荐渠道，依规考察提名，严格履行选用程序。根据不同企业类别和层级，实行选任制、委任制、聘任制等不同选人用人方式。推行职业经理人制度，实行内部培养和外部引进相结合，畅通现有经营管理者与职业经理人身份转换通道，董事会按市场化方式选聘和管理职业经理人，合理增加市场化选聘比例，加快建立退出机制。推行企业经理层成员任期制和契约化管理，明确责任、权利、义务，严格任期管理和目标考核。

（十）实行与社会主义市场经济相适应的企业薪酬分配制度。企业内部的薪酬分配权是企业的法定权利，由企业依法依规自主决定，完善既有激励又有约束、既讲效率又讲公平、既符合企业一般规律又体现国有企业特点的分配机制。建立健全与劳动力市场基本适应、与企业经济效益和劳动生产率挂钩的工资决定和正常增长机制。推进全员绩效考核，以业绩为导向，科学评价不同岗位员工的贡献，合理拉开收入分配差距，切实做到收入能增能减和奖惩分明，充分调动广大职工积极性。对国有企业领导人员实行与选任方式相匹配、与企业功能性质相适应、与经营业绩相挂钩的差异化薪酬分配办法。对党中央、国务院和地方党委、政府及其部门任命的国有企业领导人员，合理确定基本年薪、绩效年薪和任期激励收入。对市场化选聘的职业经理人实行市场化薪酬分配机制，可以采取多种方式探索完善中长期激励机制。健全与激励机制相对称的经济责任审计、信息披露、延期支付、追索扣回等约束机制。严格规范履职待遇、业务支出，严禁将公款用于个人支出。

（十一）深化企业内部用人制度改革。建立健全企业各类管理人员公开招聘、竞争上岗等制度，对特殊管理人员可以通过委托人才中介机构推荐等方式，拓宽选人用人视野和渠道。建立分级分类的企业员工市场化公开招聘制度，切实做到信息公开、过程公开、结果公开。构建和谐劳动关系，依法规范企业各类用工管理，建立健全以合同管理为核心、以岗位管理为基础的市场化用工制度，真正形成企业各类管理人员能上能下、员工能进能出的合理流动机制。

四、完善国有资产管理体制

（十二）以管资本为主推进国有资产监管机构职能转变。国有资产监管机构要准确把握依法履行出资人职责的定位，科学界定国有资产出资人监管的边界，建立监管权力清单和责任清单，实现以管企业为主向以管资本为主的转变。该管的要科学管理、决不缺位，重点管好国有资本布局、规范资本运作、提高资本回报、维护资本安全；不该管的要依法放权、决不越位，将依法应由企业自主经营决策的事项归位于企业，将延伸到子企业的管理事项原则上归位于一级企业，将配合承担的公共管理职能归位于相关政府部门和单位。大力推进依法监管，着力创新监管方式和手段，改变行政化管理方式，改进考核体系和办法，提高监管的科学性、有效性。

（十三）以管资本为主改革国有资本授权经营体制。改组组建国有资本投资、运营公司，探索有效的运营模式，通过开展投资融资、产业培育、资本整合，推动产业集聚和转型升级，优化国有资本布局结构；通过股权运作、价值管理、有序进退，促进国有资本合理流动，实现保值增值。科学界定国有资本所有权和经营权的边界，国有资产监管机构依法对国有资本投资、运营公司和其他直接监管的企业履行出资人职责,并授权国有资本投资、运营公司对授权范围内的国有资本履行出资人职责。国有资本投资、运营公司作为国有资本市场化运作的专业平台,依法自主开展国有资本运作,对所出资企业行使股东职责,按照责权对应原则切实承担起国有资产保值增值责任。开展政府直接授权国有资本投资、运营公司履行出资人职责的试点。

(十四)以管资本为主推动国有资本合理流动优化配置。坚持以市场为导向、以企业为主体,有进有退、有所为有所不为,优化国有资本布局结构,增强国有经济整体功能和效率。紧紧围绕服务国家战略,落实国家产业政策和重点产业布局调整总体要求,优化国有资本重点投资方向和领域,推动国有资本向关系国家安全、国民经济命脉和国计民生的重要行业和关键领域、重点基础设施集中,向前瞻性战略性产业集中,向具有核心竞争力的优势企业集中。发挥国有资本投资、运营公司的作用,清理退出一批、重组整合一批、创新发展一批国有企业。建立健全优胜劣汰市场化退出机制,充分发挥失业救济和再就业培训等的作用,解决好职工安置问题,切实保障退出企业依法实现关闭或破产,加快处置低效无效资产,淘汰落后产能。支持企业依法合规通过证券交易、产权交易等资本市场,以市场公允价格处置企业资产,实现国有资本形态转换,变现的国有资本用于更需要的领域和行业。推动国有企业加快管理创新、商业模式创新,合理限定法人层级,有效压缩管理层级。发挥国有企业在实施创新驱动发展战略和制造强国战略中的骨干和表率作用,强化企业在技术创新中的主体地位,重视培养科研人才和高技能人才。支持国有企业开展国际化经营,鼓励国有企业之间以及与其他所有制企业以资本为纽带,强强联合、优势互补,加快培育一批具有世界一流水平的跨国公司。

(十五)以管资本为主推进经营性国有资产集中统一监管。稳步将党政机关、事业单位所属企业的国有资本纳入经营性国有资产集中统一监管体系，具备条件的进入国有资本投资、运营公司。加强国有资产基础管理，按照统一制度规范、统一工作体系的原则，抓紧制定企业国有资产基础管理条例。建立覆盖全部国有企业、分级管理的国有资本经营预算管理制度，提高国有资本收益上缴公共财政比例，2020年提高到30%，更多用于保障和改善民生。划转部分国有资本充实社会保障基金。

五、发展混合所有制经济

（十六）推进国有企业混合所有制改革。以促进国有企业转换经营机制，放大国有资本功能，提高国有资本配置和运行效率，实现各种所有制资本取长补短、相互促进、共同发展为目标，稳妥推动国有企业发展混合所有制经济。对通过实行股份制、上市等途径已经实行混合所有制的国有企业，要着力在完善现代企业制度、提高资本运行效率上下功夫；对于适宜继续推进混合所有制改革的国有企业，要充分发挥市场机制作用，坚持因地施策、因业施策、因企施策，宜独则独、宜控则控、宜参则参，不搞拉郎配，不搞全覆盖，不设时间表，成熟一个推进一个。改革要依法依规、严格程序、公开公正，切实保护混合所有制企业各类出资人的产权权益，杜绝国有资产流失。

（十七）引入非国有资本参与国有企业改革。鼓励非国有资本投资主体通过出资入股、收购股权、认购可转债、股权置换等多种方式，参与国有企业改制重组或国有控股上市公司增资扩股以及企业经营管理。实行同股同权，切实维护各类股东合法权益。在石油、天然气、电力、铁路、电信、资源开发、公用事业等领域，向非国有资本推出符合产业政策、有利于转型升级的项目。依照外商投资产业指导目录和相关安全审查规定，完善外资安全审查工作机制。开展多类型政府和社会资本合作试点，逐步推广政府和社会资本合作模式。

（十八）鼓励国有资本以多种方式入股非国有企业。充分发挥国有资本投资、运营公司的资本运作平台作用，通过市场化方式，以公共服务、高新技术、生态环保、战略性产业为重点领域，对发展潜力大、成长性强的非国有企业进行股权投资。鼓励国有企业通过投资入股、联合投资、重组等多种方式，与非国有企业进行股权融合、战略合作、资源整合。

（十九）探索实行混合所有制企业员工持股。坚持试点先行，在取得经验基础上稳妥有序推进，通过实行员工持股建立激励约束长效机制。优先支持人才资本和技术要素贡献占比较高的转制科研院所、高新技术企业、科技服务型企业开展员工持股试点，支持对企业经营业绩和持续发展有直接或较大影响的科研人员、经营管理人员和业务骨干等持股。员工持股主要采取增资扩股、出资新设等方式。完善相关政策，健全审核程序，规范操作流程，严格资产评估，建立健全股权流转和退出机制，确保员工持股公开透明，严禁暗箱操作，防止利益输送。

六、强化监督防止国有资产流失

（二十）强化企业内部监督。完善企业内部监督体系，明确监事会、审计、纪检监察、巡视以及法律、财务等部门的监督职责，完善监督制度，增强制度执行力。强化对权力集中、资金密集、资源富集、资产聚集的部门和岗位的监督，实行分事行权、分岗设权、分级授权，定期轮岗，强化内部流程控制，防止权力滥用。建立审计部门向董事会负责的工作机制。落实企业内部监事会对董事、经理和其他高级管理人员的监督。进一步发挥企业总法律顾问在经营管理中的法律审核把关作用，推进企业依法经营、合规管理。集团公司要依法依规、尽职尽责加强对子企业的管理和监督。大力推进厂务公开，健全以职工代表大会为基本形式的企业民主管理制度，加强企业职工民主监督。

（二十一）建立健全高效协同的外部监督机制。强化出资人监督，加快国有企业行为规范法律法规制度建设，加强对企业关键业务、改革重点领域、国有资本运营重要环节以及境外国有资产的监督，规范操作流程，强化专业检查，开展总会计师由履行出资人职责机构委派的试点。加强和改进外派监事会制度,明确职责定位,强化与有关专业监督机构的协作,加强当期和事中监督,强化监督成果运用,建立健全核查、移交和整改机制。健全国有资本审计监督体系和制度,实行企业国有资产审计监督全覆盖,建立对企业国有资本的经常性审计制度。加强纪检监察监督和巡视工作,强化对企业领导人员廉洁从业、行使权力等的监督,加大大案要案查处力度,狠抓对存在问题的整改落实。整合出资人监管、外派监事会监督和审计、纪检监察、巡视等监督力量,建立监督工作会商机制,加强统筹,创新方式,共享资源,减少重复检查,提高监督效能。建立健全监督意见反馈整改机制,形成监督工作的闭环。

(二十二)实施信息公开加强社会监督。完善国有资产和国有企业信息公开制度,设立统一的信息公开网络平台,依法依规、及时准确披露国有资本整体运营和监管、国有企业公司治理以及管理架构、经营情况、财务状况、关联交易、企业负责人薪酬等信息,建设阳光国企。认真处理人民群众关于国有资产流失等问题的来信、来访和检举,及时回应社会关切。充分发挥媒体舆论监督作用,有效保障社会公众对企业国有资产运营的知情权和监督权。

(二十三)严格责任追究。建立健全国有企业重大决策失误和失职、渎职责任追究倒查机制,建立和完善重大决策评估、决策事项履职记录、决策过错认定标准等配套制度,严厉查处侵吞、贪污、输送、挥霍国有资产和逃废金融债务的行为。建立健全企业国有资产的监督问责机制,对企业重大违法违纪问题敷衍不追、隐匿不报、查处不力的,严格追究有关人员失职渎职责任,视不同情形给予纪律处分或行政处分,构成犯罪的,由司法机关依法追究刑事责任。

七、加强和改进党对国有企业的领导

(二十四)充分发挥国有企业党组织政治核心作用。把加强党的领导和完善公司治理统一起来,将党建工作总体要求纳入国有企业章程,

明确国有企业党组织在公司法人治理结构中的法定地位,创新国有企业党组织发挥政治核心作用的途径和方式。在国有企业改革中坚持党的建设同步谋划、党的组织及工作机构同步设置、党组织负责人及党务工作人员同步配备、党的工作同步开展,保证党组织工作机构健全、党务工作者队伍稳定、党组织和党员作用得到有效发挥。坚持和完善双向进入、交叉任职的领导体制,符合条件的党组织领导班子成员可以通过法定程序进入董事会、监事会、经理层,董事会、监事会、经理层成员中符合条件的党员可以依照有关规定和程序进入党组织领导班子;经理层成员与党组织领导班子成员适度交叉任职;董事长、总经理原则上分设,党组织书记、董事长一般由一人担任。

国有企业党组织要切实承担好、落实好从严管党治党责任。坚持从严治党、思想建党、制度治党,增强管党治党意识,建立健全党建工作责任制,聚精会神抓好党建工作,做到守土有责、守土负责、守土尽责。党组织书记要切实履行党建工作第一责任人职责,党组织班子其他成员要切实履行"一岗双责",结合业务分工抓好党建工作。中央企业党组织书记同时担任企业其他主要领导职务的,应当设立1名专职抓企业党建工作的副书记。加强国有企业基层党组织建设和党员队伍建设,强化国有企业基层党建工作的基础保障,充分发挥基层党组织战斗堡垒作用、共产党员先锋模范作用。加强企业党组织对群众工作的领导,发挥好工会、共青团等群团组织的作用,深入细致做好职工群众的思想政治工作。把建立党的组织、开展党的工作,作为国有企业推进混合所有制改革的必要前提,根据不同类型混合所有制企业特点,科学确定党组织的设置方式、职责定位、管理模式。

(二十五)进一步加强国有企业领导班子建设和人才队伍建设。根据企业改革发展需要,明确选人用人标准和程序,创新选人用人方式。强化党组织在企业领导人员选拔任用、培养教育、管理监督中的责任,支持董事会依法选择经营管理者、经营管理者依法行使用人权,坚决防止和整治选人用人中的不正之风。加强对国有企业领导人员尤其是主要领导人员的日常监督管理和综合考核评价，及时调整不胜任、不称职的领导人员，切实解决企业领导人员能上不能下的问题。以强化忠诚意识、拓展世界眼光、提高战略思维、增强创新精神、锻造优秀品行为重点，加强企业家队伍建设，充分发挥企业家作用。大力实施人才强企战略，加快建立健全国有企业集聚人才的体制机制。

（二十六）切实落实国有企业反腐倡廉"两个责任"。国有企业党组织要切实履行好主体责任，纪检机构要履行好监督责任。加强党性教育、法治教育、警示教育，引导国有企业领导人员坚定理想信念，自觉践行"三严三实"要求，正确履职行权。建立切实可行的责任追究制度，与企业考核等挂钩，实行"一案双查"。推动国有企业纪律检查工作双重领导体制具体化、程序化、制度化，强化上级纪委对下级纪委的领导。加强和改进国有企业巡视工作，强化对权力运行的监督和制约。坚持运用法治思维和法治方式反腐败，完善反腐倡廉制度体系，严格落实反"四风"规定，努力构筑企业领导人员不敢腐、不能腐、不想腐的有效机制。

八、为国有企业改革创造良好环境条件

（二十七）完善相关法律法规和配套政策。加强国有企业相关法律法规立改废释工作，确保重大改革于法有据。切实转变政府职能，减少审批、优化制度、简化手续、提高效率。完善公共服务体系，推进政府购买服务，加快建立稳定可靠、补偿合理、公开透明的企业公共服务支出补偿机制。完善和落实国有企业重组整合涉及的资产评估增值、土地变更登记和国有资产无偿划转等方面税收优惠政策。完善国有企业退出的相关政策，依法妥善处理劳动关系调整、社会保险关系接续等问题。

（二十八）加快剥离企业办社会职能和解决历史遗留问题。完善相关政策，建立政府和国有企业合理分担成本的机制，多渠道筹措资金，采取分离移交、重组改制、关闭撤销等方式，剥离国有企业职工家属区

"三供一业"和所办医院、学校、社区等公共服务机构，继续推进厂办大集体改革，对国有企业退休人员实施社会化管理，妥善解决国有企业历史遗留问题，为国有企业公平参与市场竞争创造条件。

（二十九）形成鼓励改革创新的氛围。坚持解放思想、实事求是，鼓励探索、实践、创新。全面准确评价国有企业，大力宣传中央关于全面深化国有企业改革的方针政策，宣传改革的典型案例和经验，营造有利于国有企业改革的良好舆论环境。

（三十）加强对国有企业改革的组织领导。各级党委和政府要统一思想，以高度的政治责任感和历史使命感，切实履行对深化国有企业改革的领导责任。要根据本指导意见，结合实际制定实施意见，加强统筹协调、明确责任分工、细化目标任务、强化督促落实，确保深化国有企业改革顺利推进，取得实效。金融、文化等国有企业的改革，中央另有规定的依其规定执行。

中央企业工资总额管理办法

(2018年12月27日 国务院国有资产监督管理委员会令第39号)

第一章 总 则

第一条 为建立健全与劳动力市场基本适应、与企业经济效益和劳动生产率挂钩的工资决定和正常增长机制，增强企业活力和竞争力，促进企业实现高质量发展，推动国有资本做强做优做大，根据《中华人民共和国企业国有资产法》、《企业国有资产监督管理暂行条例》、《中共中央 国务院关于深化国有企业改革的指导意见》、《国务院关于改革国有企业工资决定机制的意见》和国家有关收入分配政策规定，制定本办法。

第二条 本办法所称中央企业是指国务院国有资产监督管理委员会(以下简称国资委)履行出资人职责的企业。

第三条 本办法所称工资总额，是指由企业在一个会计年度内直接支付给与本企业建立劳动关系的全部职工的劳动报酬总额，包括工资、奖金、津贴、补贴、加班加点工资、特殊情况下支付的工资等。

第四条 中央企业工资总额实行预算管理。企业每年度围绕发展战略，按照国家工资收入分配宏观政策要求，依据生产经营目标、经济效益情况和人力资源管理要求，对工资总额的确定、发放和职工工资水平的调整，作出预算安排，并且进行有效控制和监督。

第五条 工资总额管理应当遵循以下原则：

(一) 坚持市场化改革方向。实行与社会主义市场经济相适应的企业工资分配制度，发挥市场在资源配置中的决定性作用，逐步实现中央企业职工工资水平与劳动力市场价位相适应。

（二）坚持效益导向原则。按照质量第一、效益优先的要求，职工工资水平的确定以及增长应当与企业经济效益和劳动生产率的提高相联系，切实实现职工工资能增能减，充分调动职工创效主动性和积极性，不断优化人工成本投入产出效率，持续增强企业活力。

（三）坚持分级管理。完善出资人依法调控与企业自主分配相结合的中央企业工资总额分级管理体制，国资委以管资本为主调控中央企业工资分配总体水平，企业依法依规自主决定内部薪酬分配。

（四）坚持分类管理。根据中央企业功能定位、行业特点，分类实行差异化的工资总额管理方式和决定机制，引导中央企业落实国有资产保值增值责任，发挥在国民经济和社会发展中的骨干作用。

第二章　工资总额分级管理

第六条　国资委依据有关法律法规履行出资人职责，制定中央企业工资总额管理制度，根据企业功能定位、公司治理、人力资源管理市场化程度等情况，对企业工资总额预算实行备案制或者核准制管理。

第七条　实行工资总额预算备案制管理的中央企业，根据国资委管理制度和调控要求，结合实际制定本企业工资总额管理办法，报经国资委同意后，依照办法科学编制职工年度工资总额预算方案并组织实施，国资委对其年度工资总额预算进行备案管理。

第八条　实行工资总额预算核准制管理的中央企业，根据国资委有关制度要求，科学编制职工年度工资总额预算方案，报国资委核准后实施。

第九条　工资总额预算经国资委备案或者核准后，由中央企业根据所属企业功能定位、行业特点和经营性质，按照内部绩效考核和薪酬分配制度要求，完善本企业工资总额预算管理体系，并且组织开展预算编制、执行以及内部监督、评价工作。

第十条 中央企业工资总额预算一般按照单一会计年度进行管理。对行业周期性特征明显、经济效益年度间波动较大或者存在其他特殊情况的企业，工资总额预算可以探索按周期进行管理，周期最长不超过三年，周期内的工资总额增长应当符合工资与效益联动的要求。

第三章 工资总额分类管理

第十一条 主业处于充分竞争行业和领域的商业类中央企业原则上实行工资总额预算备案制管理。职工工资总额主要与企业利润总额、净利润、经济增加值、净资产增长率、净资产收益率等反映经济效益、国有资本保值增值和市场竞争能力的指标挂钩。职工工资水平根据企业经济效益和市场竞争力，结合市场或者行业对标科学合理确定。

第十二条 主业处于关系国家安全、国民经济命脉的重要行业和关键领域、主要承担重大专项任务的商业类中央企业原则上实行工资总额预算核准制管理。职工工资总额在主要与反映经济效益和国有资本保值增值指标挂钩的同时，可以根据实际增加营业收入、任务完成率等体现服务国家战略、保障国家安全和国民经济运行、发展前瞻性战略性产业以及完成特殊任务等情况的指标。职工工资水平根据企业在国民经济中的作用、贡献和经济效益，结合所处行业职工平均工资水平等因素合理确定。

上述企业中，法人治理结构健全、三项制度改革到位、收入分配管理规范的，经国资委同意后，工资总额预算可以探索实行备案制管理。

第十三条 公益类中央企业实行工资总额预算核准制管理。职工工资总额主要与反映成本控制、产品服务质量、营运效率和保障能力等情况的指标挂钩，兼顾体现经济效益和国有资本保值增值情况的指标。职工工资水平根据公益性业务的质量和企业经济效益状况，结合收入分配现状、所处行业平均工资等因素合理确定。

第十四条 开展国有资本投资、运营公司或者混合所有制改革等试点的中央企业，按照国家收入分配政策要求，根据改革推进情况，经国资委同意，可以探索实行更加灵活高效的工资总额管理方式。

第四章　工资总额决定机制

第十五条 中央企业以上年度工资总额清算额为基础，根据企业功能定位以及当年经济效益和劳动生产率的预算情况，参考劳动力市场价位，分类确定决定机制，合理编制年度工资总额预算。

第十六条 工资总额预算与利润总额等经济效益指标的业绩考核目标值挂钩，并且根据目标值的先进程度（一般设置为三档）确定不同的预算水平。

（一）企业经济效益增长，目标值为第一档的，工资总额增长可以与经济效益增幅保持同步；目标值为第二档的，工资总额增长应当低于经济效益增幅。

（二）企业经济效益下降，目标值为第二档的，工资总额可以适度少降；目标值为第三档的，工资总额应当下降。

（三）企业受政策调整、不可抗力等非经营性因素影响的，可以合理调整工资总额预算。

（四）企业未实现国有资产保值增值的，工资总额不得增长或者适度下降。

第十七条 工资总额预算在按照经济效益决定的基础上，还应当根据劳动生产率、人工成本投入产出效率的对标情况合理调整。企业当年经济效益增长但劳动生产率未提高的，工资总额应当适当少增。企业劳动生产率以及其他人工成本投入产出指标与同行业水平对标差距较大的，应当合理控制工资总额预算。

第十八条 主业处于关系国家安全、国民经济命脉的重要行业和关键领域、主要承担重大专项任务的商业类中央企业和公益类中央企业可以探索将工资总额划分为保障性和效益性工资总额两部分，国资委根据企业功能定位、行业特点等情况，合理确定其保障性和效益性工资总额比重，比重原则上三年内保持不变。

（一）保障性工资总额的增长主要根据企业所承担的重大专项任务、公益性业务、营业收入等指标完成情况，结合居民消费价格指数以及企业职工工资水平对标情况综合确定，原则上不超过挂钩指标增长幅度。

（二）效益性工资总额增长原则上参照本办法第十六、十七条确定。

第十九条 工资总额在预算范围不发生变化的情况下，原则上增人不增工资总额、减人不减工资总额，但发生兼并重组、新设企业或者机构等情况的，可以合理增加或者减少工资总额。

第二十条 国资委按照国家有关部门发布的工资指导线、非竞争类国有企业职工平均工资调控水平和工资增长调控目标，根据中央企业职工工资分配现状，适度调控部分企业工资总额增幅。

对中央企业承担重大专项任务、重大科技创新项目等特殊事项的，国资委合理认定后，予以适度支持。

第二十一条 中央企业应当制定完善集团总部职工工资总额管理制度，根据人员结构及工资水平的对标情况，总部职工平均工资增幅原则上在低于当年集团职工平均工资增幅的范围内合理确定。

第五章 工资总额管理程序

第二十二条 中央企业应当按照国家收入分配政策规定和国资委有

关要求编制工资总额预算。工资总额预算方案履行企业内部决策程序后，于每年一季度报国资委备案或者核准。

第二十三条　国资委建立中央企业工资总额预算动态监控制度，对中央企业工资总额发放情况、人工成本投入产出等主要指标执行情况进行跟踪监测，定期发布监测结果，督促中央企业加强预算执行情况的监督和控制。

第二十四条　中央企业应当严格执行经国资委备案或者核准的工资总额预算方案，在执行过程中出现以下情形之一，导致预算编制基础发生重大变化的，可以申请对工资总额预算进行调整：

（一）国家宏观经济政策发生重大调整。

（二）市场环境发生重大变化。

（三）企业发生分立、合并等重大资产重组行为。

（四）其他特殊情况。

第二十五条　中央企业工资总额预算调整情况经履行企业内部决策程序后，于每年10月报国资委复核或者重新备案。

第二十六条　中央企业应当于每年4月向国资委提交上年工资总额预算执行情况报告，国资委依据经审计的财务决算数据，参考企业经营业绩考核目标完成情况，对中央企业工资总额预算执行情况、执行国家有关收入分配政策等情况进行清算评价，并且出具清算评价意见。

第六章　企业内部分配管理

第二十七条　中央企业应当按照国家有关政策要求以及本办法规定，持续深化企业内部收入分配制度改革，不断完善职工工资能增能减机制。

第二十八条　中央企业应当建立健全职工薪酬市场对标体系，构建以岗位价值为基础、以绩效贡献为依据的薪酬管理制度，坚持按岗定薪、岗变薪变，强化全员业绩考核，合理确定各类人员薪酬水平，逐步提高关键岗位的薪酬市场竞争力，调整不合理收入分配差距。

第二十九条　坚持短期与中长期激励相结合，按照国家有关政策，对符合条件的核心骨干人才实行股权激励和分红激励等中长期激励措施。

第三十条　严格清理规范工资外收入，企业所有工资性支出应当按照有关财务会计制度规定，全部纳入工资总额核算，不得在工资总额之外列支任何工资性支出。

第三十一条　规范职工福利保障管理，严格执行国家关于社会保险、住房公积金、企业年金、福利费等政策规定，不得超标准、超范围列支。企业效益下降的，应当严格控制职工福利费支出。

第三十二条　加强企业人工成本监测预警，建立全口径人工成本预算管理制度，严格控制人工成本不合理增长，不断提高人工成本投入产出效率。

第三十三条　健全完善企业内部监督机制，企业内部收入分配制度、中长期激励计划以及实施方案等关系职工切身利益的重大分配事项应当履行必要的决策程序和民主程序。中央企业集团总部要将所属企业薪酬福利管理作为财务管理和年度审计的重要内容。

第七章　工资总额监督检查

第三十四条　中央企业不得违反规定超提、超发工资总额。出现超提、超发行为的企业，应当清退并且进行相关账务处理，国资委相应核减企业下一年度工资总额基数，并且根据有关规定对相关责任人进行处理。

第三十五条　国资委对中央企业工资总额管理情况进行监督检查，对于履行主体责任不到位、工资增长与经济效益严重不匹配、内部收入分配管理不规范、收入分配关系明显不合理的企业，国资委将对其工资总额预算从严调控。

第三十六条 实行工资总额预算备案制管理的中央企业，出现违反国家工资总额管理有关规定的，国资委将责成企业进行整改，情节严重的，除按规定进行处理外，将其工资总额预算由备案制管理调整为核准制管理。

第三十七条 国资委将中央企业工资总额管理情况纳入出资人监管以及纪检监察、巡视等监督检查工作范围，必要时委托专门机构进行检查。对工资总额管理过程中弄虚作假以及其他严重违反收入分配政策规定的企业，国资委将视情况对企业采取相应处罚措施，并且根据有关规定对相关责任人进行处理。

第三十八条 中央企业应当依照法定程序决定工资分配事项，加强对工资分配决议执行情况的监督。职工工资收入分配情况应当作为厂务公开的重要内容，定期向职工公开，接受职工监督。

第三十九条 国资委、中央企业每年定期将企业工资总额和职工平均工资水平等相关信息向社会披露，接受社会公众监督。

第八章 附 则

第四十条 本办法由国资委负责解释，具体实施方案另行制定。

第四十一条 本办法自2019年1月1日起施行。《关于印发〈中央企业工资总额预算管理暂行办法〉的通知》（国资发分配〔2010〕72号）、《关于印发〈中央企业工资总额预算管理暂行办法实施细则〉的通知》（国资发分配〔2012〕146号）同时废止。

北京市人民政府关于改革国有企业工资决定机制的实施意见

(2018年12月21日 京政发〔2018〕31号)

各区人民政府，市政府各委、办、局，各市属机构：

为进一步完善本市国有企业工资总额管理，维护国有企业职工权益，促进国有企业健康发展，根据《国务院关于改革国有企业工资决定机制的意见》（国发〔2018〕16号），结合本市实际，现提出以下实施意见。

一、指导思想

以习近平新时代中国特色社会主义思想为指导，全面贯彻党的十九大精神，牢固树立和贯彻落实新发展理念，按照深化国有企业改革、完善国有资产管理体制和坚持按劳分配原则、完善按要素分配体制机制的要求，以增强国有企业活力、提升国有企业效率为中心，建立健全与劳动力市场基本适应、与国有企业经济效益和劳动生产率挂钩的工资决定和正常增长机制，完善国有企业工资分配监管体制，充分调动国有企业职工的积极性、主动性、创造性，进一步激发国有企业创造力，提高市场竞争力，推动国有资本做强做优做大，促进收入分配更合理、更有序。

二、改革工资总额决定机制

（一）改革工资总额确定办法。按照国家及本市工资收入分配政策要求，根据企业发展战略和薪酬策略、年度生产经营目标和经济效益，综合考虑企业劳动生产率、人工成本投入产出率，以及不同职级、岗位职工工资水平市场对标情况、职工增减计划，合理确定年度工资总额。

（二）完善工资与效益联动机制。按照"效益增工资增、效益降工资降"的原则，根据企业年度经济效益情况，合理确定企业年度工资总额增长或下降幅度。

企业经济效益增长的，当年工资总额增长幅度可在不超过经济效益增长幅度范围内确定。对于当年劳动生产率未提高，上年人工成本投入产出率低于行业平均水平，或者竞争类、特殊功能类企业上年职工平均工资达到全国城镇单位就业人员平均工资3倍以上，城市公共服务类企业达到2.5倍以上的，当年工资总额增幅应不超过同期经济效益增幅的70%；其中，特殊功能类和城市公共服务类企业当年职工平均工资增幅不得超过本市工资增长调控目标。

企业经济效益下降的，除受政策调整等非经营性因素影响外，当年工资总额原则上相应下降。对于当年劳动生产率未下降，上年人工成本投入产出率明显优于行业平均水平，或者上年企业职工平均工资未达到全国城镇单位就业人员平均工资的，当年工资总额降幅在同期经济效益降幅的40%范围内确定。

企业未实现国有资产保值增值的，工资总额不得增长，或者适度下降，具体降幅由履行出资人职责的机构确定。

企业按照工资与效益联动机制确定工资总额，原则上增人不增工资总额、减人不减工资总额，但发生兼并重组、关闭退出、新设企业或机构等情况的，可以合理增加或者减少工资总额。

（三）分类确定工资效益联动指标。根据企业功能性质定位和行业特点，科学设置经济效益、劳动生产率和人工成本投入产出率的联动指标，每类联动指标原则上选取2~3个。

1. 经济效益联动指标。对于竞争类企业，主要选取利润总额（或净利润）、经济增加值、净资产收益率等反映经济效益、国有资本保值增值和市场竞争能力的指标。对于特殊功能类企业，在主要选取利润总额、营业收入等反映经济效益和国有资本保值增值指标的同时，可根据实际情况增加任务完成率、融资成本节约率等指标。对于城市公共服务类企业，主要选取反映成本控制、产品服务质量、营运效率、保障能力和生产安全等情况的指标，兼顾体现经济效益和国有资本保值增值的指标。

2. 劳动生产率联动指标。一般以人均增加值、人均利润为主，根据企业实际情况，可选取人均营业收入、人均工作量等指标。

3. 人工成本投入产出率联动指标。根据企业性质和经营实际，可选取人工成本利润率、人事费用率、劳动分配率等指标。

（四）科学调整联动指标。对于承担疏解非首都功能、筹办冬奥会和冬残奥会、防范化解重大风险、精准脱贫、污染防治、发展高精尖产业等方面重点任务的企业，经履行出资人职责机构和人力资源社会保障部门批准后，可将相关指标作为经济效益联动指标。

三、改革工资总额管理方式

（五）全面实行工资总额预算管理。工资总额预算方案由国有企业自主编制，按规定履行内部决策程序后，根据企业功能性质定位、行业特点并结合法人治理结构完善程度，报履行出资人职责机构备案或核准后执行。企业应依据国有资产产权隶属关系，按照分级编制、逐级汇总的原则，做好工资总额预算方案编制工作。

对竞争类国有企业，工资总额预算原则上实行备案制，但未建立规范董事会、法人治理结构不完善、内控机制不健全的企业，经履行出资人职责机构认定，其工资总额预算应实行核准制。对其他国有企业，工资总额预算原则上实行核准制，但已建立规范董事会、法人治理结构完善、内控机制健全的企业，经履行出资人职责机构同意，其工资总额预算可实行备案制。

（六）合理确定工资总额预算周期。国有企业工资总额预算一般按年度进行管理。人力资源社会保障部门和履行出资人职责机构对行业周期性特征明显、经济效益年度间波动较大或存在其他特殊情况的企业，探索工资总额预算按周期进行管理，周期最长不超过三年。国有企业要统筹安排周期内各年度工资总额支出，周期内的工资总额增长应符合工资与效益联动的要求。

（七）强化工资总额预算执行。国有企业应严格执行经备案或核准的工资总额预算方案。执行过程中，因企业外部环境或自身生产经营等情况发生重大变化，需要调整工资总额预算方案的，应按规定程序及时进行调整。

履行出资人职责机构应加强对所监管企业执行工资总额预算情况的动态监控和指导，并对预算执行结果进行清算。

四、完善企业内部工资分配管理

（八）完善企业内部工资总额管理制度。国有企业在经备案或核准的工资总额预算内，依法依规自主决定内部工资分配。企业应建立健全内部工资总额预算管理办法，根据所属企业功能性质定位、行业特点和生产经营等情况，指导所属企业科学编制工资总额预算方案，逐级落实预算执行责任，建立预算执行情况的动态监控和预警机制，确保实现工资总额预算目标。国有企业集团应合理确定总部工资总额预算，其职工平均工资增长幅度原则上应低于本企业全部职工平均工资增长幅度。

（九）深化企业内部分配制度改革。国有企业要统筹考虑吸引和留住人才、提高劳动生产率和人工成本投入产出率、提升职工满意度等因素，科学制定与企业发展战略相适应的薪酬策略。

国有企业应建立健全以岗位工资为主的基本工资制度，以岗位价值为依据，以业绩为导向，参照劳动力市场工资价位并结合企业经济效益、发展战略和薪酬策略，通过集体协商等形式合理确定不同职级、岗位的工资水平，向科技创新人才、高技能人才倾斜，合理拉开工资分配差距，调整不合理过高收入。国有企业可对关键技术岗位的优秀人才实行年薪制并设立企业年金。加强全员绩效考核，使职工工资收入与其工作业绩和实际贡献紧密挂钩，切实做到考核科学合理、分配公平公正、工资收入能增能减。

（十）规范企业工资列支渠道。国有企业应调整优化工资收入结构，逐步实现职工收入工资化、工资货币化、发放透明化。严格清理规范工资外收入，将所有工资性收入一律纳入工资总额管理，不得在工资总额之外以其他形式列支任何工资性支出，不得违规设立福利性项目。

五、健全工资分配监管体制机制

（十一）加强和改进政府对国有企业工资分配的指导和调控。人力资源社会保障部门负责建立企业薪酬调查和信息发布制度，定期发布不同职业的劳动力市场工资价位和行业人工成本信息；会同相关部门指导和监督国有企业工资收入分配，制定和发布工资指导线以及特殊功能类、城市公共服务类企业职工平均工资调控水平和工资增长调控目标，及时认定国有企业工资效益联动指标和工资总额预算周期。

（十二）落实履行出资人职责机构的国有企业工资分配监管职责。履行出资人职责机构负责分类指导所监管企业编制工资总额预算方案，做好所监管企业工资总额预算方案的备案或核准工作，加强对所监管企业工资总额预算执行情况的动态监控和执行结果的清算，并按年度将所监管企业工资总额预算执行情况报同级人力资源社会保障部门，由其汇总报告同级人民政府。

（十三）完善国有企业工资分配内部监督机制。国有企业董事会应依照法定程序决定工资分配事项，加强对工资分配决议执行情况的监督。落实企业监事会对工资分配的监督责任。将企业职工工资收入分配情况作为厂务公开的重要内容，定期向职工公开，接受监督。

（十四）建立国有企业工资分配信息公开制度。履行出资人职责机构、国有企业每年定期将企业工资总额和职工平均工资水平等相关信息向社会披露，接受公众监督。

（十五）健全国有企业工资内外收入监督检查制度。人力资源社会保障部门会同财政、国资监管等部门，定期对国有企业执行国家和本市工资收入分配政策情况开展监督检查，及时查处违规发放工资、滥发工资外收入等行为。加强与出资人监管和审计、税务、纪检监察、巡视等监督协同，建立工作会商和资源共享机制，提高监督效能，形成监督合力。

对企业存在超提、超发工资总额及其他违规行为的，扣回违规发放的工资总额，并视违规情形对企业负责人和相关责任人员依照有关规定给予经济处罚和纪律、政务处分；涉嫌违法犯罪的，依法移送监察机关或司法机关处理。

六、做好组织实施工作

（十六）国有企业工资决定机制改革是一项涉及面广、政策性强的工作，各区、市有关部门要统一思想认识，以高度的政治责任感和历史使命感，切实加强对改革工作的领导，做好统筹协调，细化目标任务，明确责任分工，强化指导检查，及时研究解决改革中出现的问题，推动改革顺利进行。

履行出资人职责机构要根据本意见，抓紧制定所监管企业的具体改革实施办法，由同级人力资源社会保障部门会同财政部门审核后实施。各级人力资源社会保障、财政、国资监管等部门和工会要各司其职，密切配合，形成合力，做好改革工作。国有企业要树立大局观念，认真执行国家及本市有关改革规定，确保改革政策落实到位。要加强舆论宣传和政策解读，引导社会各界正确理解、积极支持改革，营造良好社会环境。

（十七）本意见适用于由本市各级政府及有关部门履行出资人职责的国有独资及国有控股企业。集体企业参照执行。

对金融企业按照本意见中关于竞争类企业的要求执行。文化企业根据功能定位，分别按照本意见中关于竞争类、特殊功能类和城市公共服务类企业的要求执行。未分类企业按照竞争类企业的要求执行。

本意见所称工资总额，是指由企业在一个会计年度内直接支付给与本企业建立劳动关系的全部职工的劳动报酬总额,包括工资、奖金、津贴、补贴、加班加点工资、特殊情况下支付的工资等。

(十八)本意见自 2019 年 1 月 1 日起实施。本市现行国有企业工资总额管理规定,与本意见不一致的,按本意见执行。

天津市人民政府关于改革国有企业工资决定机制的实施意见

(2019年3月2日 津政发〔2019〕7号)

各区人民政府,各委、局,各直属单位:

为进一步完善国有企业工资决定机制,强化国有企业工资分配监管,促进职工工资与经济效益协调增长,根据《国务院关于改革国有企业工资决定机制的意见》(国发〔2018〕16号)和国家工资分配政策,结合本市实际,提出如下实施意见。

一、总体要求

(一)指导思想

以习近平新时代中国特色社会主义思想为指导,全面贯彻党的十九大和十九届二中、三中全会精神,以习近平总书记对天津工作提出的"三个着力"重要要求为元为纲,贯彻落实习近平总书记视察天津作出的重要指示,按照市第十一次党代会和市委十一届二次、三次、四次、五次、六次全会部署,坚持以人民为中心的发展思想,坚持新发展理念,坚持建立中国特色现代国有企业制度改革方向,建立健全与劳动力市场基本适应、与国有企业经济效益和劳动生产率挂钩的工资决定和正常增长机制,完善国有企业工资分配监管体制,充分调动国有企业职工的积极性、创造性,进一步提升国有企业效率和市场竞争水平,更好地服务"五个现代化天津"建设。

(二)基本原则

——坚持党对国有企业领导与建立现代企业制度相统一。充分发挥企业党委(党组)的作用,进一步确立国有企业的市场主体地位,坚持所有权与经营权分离,依法落实企业董事会工资分配管理权,在建立现代企业制度的基础上,健全符合国有企业特点的工资分配机制。

——坚持效率优先与维护公平相统一。坚持按劳分配原则,健全国有企业工资与经济效益同向增减、能增能减的联动机制,在经济效益增长和劳动生产率提高的基础上,实现职工工资同向同步提高。统筹不同行业、不同企业和企业内部不同职工之间的工资分配关系,调节过高收入,清理违规收入,形成合理有序的工资分配秩序。积极推行工资集体协商制度,促进企业与职工共享发展成果,充分发挥国有企业在工资分配领域的示范引领作用。

——坚持市场决定与政府调控相统一。充分发挥市场在国有企业工资分配中的决定性作用,实现职工工资水平与人力资源市场价位相适应,与增强企业市场竞争力相匹配,与企业经营发展方向相一致。完善政府对国有企业工资分配的宏观指导和调控,改进和加强事前引导和事后监督,建立科学规范、公平公正的工资分配监管体制。

——坚持分类管理与分级监管相统一。根据国有企业功能性质、行业特点、法人治理结构完善程度和工资分配管理规范程度,分类实施工资总额管理,推进管理方式方法创新。按照企业国有资产产权隶属关系,完善工资分配分级监管体制,落实各级政府职能部门、履行出资人职责机构(或企业主管部门,下同)和企业集团的监管责任。

二、改革工资总额决定机制

(三)完善工资总额确定办法。按照国家及本市工资收入分配政策要求,根据企业发展规划、发展阶段、薪酬策略、重点任务、年度生产经营目标和经济效益情况,综合考虑劳动生产率提高以及人工成本投入产出率、职工工资水平市场对标情况等一揽子因素,结合企业工资指导线合理确定年度工资总额。

(四)分类确定工资效益联动指标。根据企业功能性质,结合企业发展阶段和行业特点,科学设置经济效益指标和工资效益联动指标,合理确定考核目标,突出不同考核重点。

经济效益指标主要从经济增加值、利润总额、净利润、主营业务利润、主营业务收入等反映企业经营成果的指标中选取,原则上不超过2个,一经设定应保持相对稳定;经济效益指标为2个的,应合理确定权重。确定指标口径时,应剔除资产处置等非经营性或非主营业务因素。劳动生产率指标主要从人均增加值、人均利润、人均营业收入、人均工作量等反映职工人均产出和绩效的指标中选取,原则上为1个。人工成本投入产出率指标主要从人工成本利润率、人事费用率等指标中选取,原则上为1个。

工资效益联动指标主要从经济效益、劳动生产率和人工成本投入产出率等指标中选取,并根据企业功能性质、行业特点和发展阶段,增加反映盈利能力、工作绩效、社会效益、风险控制和保障能力的指标,其中:竞争类国有企业,可增加净资产收益率等反映国有资本保值增值和市场竞争能力的指标;功能类国有企业,可增加任务完成率等体现保障经济运行、发展前瞻性战略产业以及完成重大任务的指标;公共服务类国有企业,可增加成本控制率、任务完成率、投资计划完成率等反映成本控制、产品服务质量、营运效率和保障能力的指标;金融类国有企业,可增加净资产收益率、资本充足率、拨备覆盖率、不良贷款率、杠杆率等体现资产质量、偿付能力和风险控制的指标;文化类国有企业,可增加任务完成率、再版率等反映社会效益的指标;科技类国有企业,可增加专利申请数、专利授权数等反映科研能力和成果转化的指标。工资效益联动指标原则上为2~4个。

上述各项指标以上年度完成值为基数。企业功能性质应与考核目标、管理模式等确定的类别相一致,由履行出资人职责机构确定。

(五)完善工资与效益联动机制。按照工资总额与经济效益同向协调增减的原则,根据经济效益、劳动生产率和人工成本投入产出率确定工资总额增幅区间,根据当年度工资效益联动指标预期完成情况确定工资总额具体调整幅度。

企业经济效益增长的，本年度工资总额增幅可在不超过经济效益增幅范围内确定。其中，本年度劳动生产率未提高、上年度人工成本投入产出率低于行业平均水平，或者上年度职工平均工资相当于同期全国城镇单位就业人员平均工资3倍及以上的，本年度工资总额增幅应低于同期经济效益增幅；对主业不处于充分竞争行业和领域的企业，上年度职工平均工资达到政府职能部门规定的调控水平及以上的，本年度工资总额增幅应低于同期经济效益增幅，且职工平均工资增幅不得超过政府职能部门规定的工资增长调控目标。

企业经济效益下降的，除受政策调整等非经营性因素影响外，本年度工资总额原则上相应下降。其中，本年度劳动生产率未下降、上年度人工成本投入产出率明显优于行业平均水平，或者上年度职工平均工资相当于同期全国城镇单位就业人员平均工资70%及以下的，本年度工资总额可适当少降，具体降幅由履行出资人职责机构根据企业实际情况合理确定。

企业未实现国有资产保值增值或出现重大风险的，工资总额不得增长，或者适度下降，具体降幅由履行出资人职责机构确定。

企业按照工资与效益联动机制确定工资总额，原则上增人不增工资总额、减人不减工资总额，但发生兼并重组、新设立机构或企业等情况的，可以综合参考全市或本行业城镇单位就业人员平均工资、本企业职工平均工资等因素，合理增减工资总额。

三、完善工资总额管理方式

（六）全面实行工资总额预算管理。工资总额预算实行分级管理，预算方案由各级独立核算的国有企业按照工资总额确定办法和工资效益联动要求自主编制，履行内部决策程序并逐级审核汇总后，报履行出资人职责机构进行备案或核准。

主业处于充分竞争行业和领域的国有企业原则上实行备案制，但未建立规范董事会、法人治理结构不完善、内控机制不健全、近3年工资分配发生过重大违规的企业，经履行出资人职责机构认定，应实行核准制。

其他国有企业原则上实行核准制，但已建立规范董事会、法人治理结构完善、内控机制健全、工资分配管理规范的企业，经履行出资人职责机构同意，可以实行备案制。

实行核准制的企业，达到备案制管理要求的，经履行出资人职责机构同意，可转为实行备案制。

（七）合理确定工资总额预算周期。国有企业工资总额预算一般按年度进行管理，对行业周期性特征明显、经济效益年度间波动较大或存在转型重组调整时间较长、处于特定发展阶段、承担重大战略任务等特殊情况的企业，工资总额预算可按最长不超过3年的周期进行管理，周期内工资总额增幅不得超过同期经济效益增幅，并符合工资与效益联动机制和国家宏观调控要求。实行预算周期管理的具体企业范围、预算周期、工资与效益联动办法等，由履行出资人职责机构确定并适时调整。

（八）严格执行工资总额预算方案。工资总额预算方案经备案或核准后，企业应严格执行。执行过程中，因企业外部环境、自身生产经营等情况与编制预算时所依据的情况发生重大变化，需要调整工资总额预算方案的，应按程序报履行出资人职责机构核准后执行。履行出资人职责机构应按照工资总额预算分级管理要求，建立工资总额预算方案执行情况动态监管机制，对预算执行结果进行清算。

（九）探索试行负面清单管理。对市场竞争力强、工资分配自律性强的企业，未出现天津市国有企业工资分配负面清单中所列情形的，经履行出资人职责机构商同级人社部门同意后，可在一定范围内探索工资总额预算负面清单管理模式，由企业依法依规自主制定工资总额预算方案，自主进行工资总额清算。履行出资人职责机构应按照"放管服"改革要求，创新改进工资总额监管方式，提高监管效能。

四、完善内部工资分配管理

（十）完善企业内部工资总额管理制度。国有企业在经备案或核准的工资总额预算内，依法依规自主决定内部工资分配。企业应建立健全内部工资总额管理办法，指导所属企业科学编制工资总额预算方案，逐级落实预算执行责任，建立预算执行情况动态监控和预警机制，确保实现工资总额预算目标。企业集团应合理确定总部工资总额预算，总部职工平均工资增幅原则上应低于本企业全部职工平均工资增幅。

（十一）深化企业工资分配制度改革。国有企业应按照"效率优先、兼顾公平"的原则，优化完善工资分配机制，建立健全以岗位工资为主的薪酬制度，科学设置职位、岗位体系，合理确定不同职位、岗位的薪酬标准，以岗定薪、岗变薪变。薪酬制度应有利于本企业战略目标实施、核心竞争力提升及吸引人才，在工资分配中要向关键岗位、生产一线岗位和企业生产经营紧缺急需的高层次管理人才、研发人才以及高技能人才倾斜，探索实行协议工资和年薪制等薪酬制度。为更好地吸引和激励关键岗位职工，企业应定期开展薪酬标准市场对标，与国际、国内和京冀及周边同行业、同规模、同效益的各类企业中的同职位人员进行比对。将企业工资集体协商作为调整企业内部工资分配关系的重要形式，合理拉开工资差距，调整不合理过高收入，充分体现效率优先原则，提升职工获得感和满意度。完善国有企业中、高层管理人员薪酬与企业效益、分管部门贡献、个人业绩紧密挂钩的机制，坚持激励与约束并重，做到业绩升、薪酬升，业绩降、薪酬降，企业效益未增长的，薪酬不得增长，部门业绩未完成或个人考核不达标的，薪酬相应下降。加强全员绩效考核，合理确定业绩指标，实现职工个人工资与业绩贡献同向同步增减。

（十二）规范企业工资列支渠道。国有企业应不断优化职工工资收入结构，实现职工收入工资化、工资发放货币化、发放办法透明化。实行工资总额全口径管理，将职工工资性收入全部纳入工资总额进行管理,不得在工资总额之外以其他形式列支任何工资性支出。全面实行银行机构代发工资、职工工资台账和职工工资支付清单等工资支付制度,保障职工工资权益。

五、健全工资分配监管机制

(十三)加强政府对国有企业工资分配的宏观指导和调控。市人社部门应进一步完善企业薪酬调查和信息发布制度,定期发布不同职业的人力资源市场工资指导价位和行业人工成本信息;发布并适时调整天津市国有企业工资分配负面清单;会同市财政、国资监管等部门完善企业工资指导线制度,定期制定和发布全市企业工资指导线、非竞争类国有企业职工平均工资调控水平和工资增长调控目标。

(十四)落实履行出资人职责机构的国有企业工资分配监管职责。履行出资人职责机构应按规定对所监管企业工资总额预算方案进行备案或核准,加强预算执行情况监管,强化经济效益等指标完成情况核定,加大审计力度,剔除不实部分,防止虚增收入、少计成本、虚盈实亏等调节利润行为。按年度开展执行结果清算,并将预算执行情况报同级人社部门,由人社部门汇总后报同级人民政府。

(十五)完善国有企业工资分配内部监督机制。国有企业应不断完善法人治理结构,健全内控机制,加强自律管理。董事会应依照相关法律法规规定,按程序决定工资分配事项,监督工资分配决议执行情况。监事会和工会对工资分配应发挥监督作用。依法依规做好厂务公开,定期向职工公布工资收入分配情况,接受职工监督。

(十六)建立国有企业工资分配信息公开制度。工资总额预算执行结果完成清算后,履行出资人职责机构和国有企业应通过机构、企业网站,每年9月底前向社会披露企业工资总额、职工平均工资水平等信息,主动接受社会监督。

(十七)健全国有企业工资内外收入监督制度。市、区两级人社部门应会同同级财政、国资监管等部门,强化对国有企业工资内外收入的监督，严肃查处违规超提超发或列支工资总额、滥发工资外收入等行为。要加强与出资人监管以及审计、税务、纪检监察、巡视等监督的协同，加强工作会商和信息共享，形成监督合力。借助第三方专业机构力量，提高监管效能。对企业存在超提、超发工资总额及其他违规行为的，除扣回违规发放的工资总额外，依照有关规定对企业负责人和相关责任人员给予经济处罚和党纪政务处分；构成犯罪的，由司法机关依法追究刑事责任。

六、做好改革任务组织实施

（十八）加强组织领导。国有企业工资决定机制改革涉及面广、政策性强，各区、各有关部门要统一思想、提高认识，加强对改革工作的领导，做好统筹协调，细化目标任务，层层压实责任，加强督促推动，及时研究解决改革中出现的问题，确保改革顺利推进。国有企业要自觉强化大局意识，认真落实改革政策措施，确保改革前后的工资决定机制有效衔接。在改革过程中，凡有落实不力、推诿塞责、虚报瞒报、失管失察等行为的，一经发现将通报批评并追究相关人员责任。

（十九）统筹推进改革。各级履行出资人职责机构要根据本实施意见，增强针对性和操作性，抓紧制定所监管国有企业的具体改革实施办法。其中：市国资监管部门负责制定所属竞争类、功能类、公共服务类、科技类国有企业改革实施办法；市金融国资监管部门负责制定所属金融类国有企业改革实施办法；市文化国资监管部门负责制定所属文化类国有企业改革实施办法；其他各级履行出资人职责机构可根据企业功能性质，参照上述实施办法执行，或结合实际制定本单位的改革实施办法。履行出资人职责机构实行垂直管理的，制定本系统统一的改革实施办法。改革实施办法由同级人社部门会同财政部门审核后实施。

（二十）本实施意见适用于本市各级国有独资及国有控股企业，包括国有企业集团总部及国有企业所出资的各级独资、控股的企业。有关部门或机构作为实际控制人的企业，参照本实施意见执行。

本实施意见所称履行出资人职责机构，是指经各级人民政府授权，代表本级人民政府对国有企业履行出资人职责的部门或机构；企业主管部门，是指实际承担国有企业主管主办职责，或虽未出资设立企业，但作为实际控制人的部门或机构。

本实施意见所称工资总额，是指在一个会计年度内，企业直接支付给与本企业建立劳动关系的全部职工的劳动报酬总额，包括工资、奖金、津贴、补贴、加班加点工资、特殊情况下支付的工资等。已实行工资总额预算管理的企业，改革第一年的工资总额预算基数，以上年度履行出资人职责机构核定的工资总额为准；未实行工资总额预算管理的企业，改革第一年的工资总额预算基数，以上年度符合国家规定实际发放的工资总额为准；年度间工资总额波动较大的，经履行出资人职责机构同意，以前三个年度的工资总额平均值为准。

本实施意见自印发之日起实施。现行国有企业工资总额管理与本实施意见不一致的，按本实施意见执行。

河北省人民政府关于改革国有企业工资决定机制的实施意见

(2019年3月29日　冀政字〔2019〕19号)

各市(含定州、辛集市)人民政府,各县(市、区)人民政府,雄安新区管委会,省政府有关部门:

为贯彻落实《国务院关于改革国有企业工资决定机制的意见》(国发〔2018〕16号)精神,做好我省改革国有企业工资决定机制工作,结合我省实际,提出如下实施意见。

一、总体要求

以习近平新时代中国特色社会主义思想为指导,全面贯彻党的十九大和十九届二中、三中全会精神,认真落实党中央、国务院决策部署和省委、省政府工作要求,统筹推进"五位一体"总体布局和协调推进"四个全面"战略布局,坚持以人民为中心的发展思想,牢固树立和贯彻落实新发展理念,提高国有资本配置和运行效率,优化国有经济布局,增强国有经济抗风险能力,按照深化国有企业改革、完善国有资产管理体制和坚持按劳分配原则、完善按要素分配体制机制的要求,以增强国有企业活力、提升国有企业效率为中心,建立健全与劳动力市场基本适应、与国有企业经济效益和劳动生产率挂钩的工资决定和正常增长机制,完善国有企业工资分配监管体制,充分调动职工的积极性、主动性、创造性,进一步激发国有企业创造力,提高市场竞争力,推动国有资本做强做优做大,促进收入分配更合理、更有序,保障和推动全省国有企业高质量发展。

二、基本原则

（一）坚持建立中国特色现代国有企业制度改革方向。坚持所有权和经营权相分离，把引进战略投资与促进国有企业转换经营机制结合起来，把产权多元化与完善企业法人治理结构结合起来，进一步确立国有企业的市场主体地位。健全法人治理结构，发挥企业党委（党组）领导作用，依法落实董事会的工资分配管理权，完善既符合企业一般规律又体现国有企业特点的工资分配机制，促进国有企业持续健康发展。

（二）坚持效益导向与维护公平相统一。国有企业工资分配要切实做到既有激励又有约束、既讲效率又讲公平。坚持按劳分配原则，健全国有企业职工工资与经济效益同向联动、能增能减的机制，在经济效益增长和劳动生产率提高的同时实现劳动报酬同步提高。统筹处理好不同行业、不同企业和企业内部不同职工之间的工资分配关系，调节过高收入，向创新能力、绿色发展能力、效益大幅提升的企业倾斜。

（三）坚持市场决定与政府监管相结合。充分发挥市场在国有企业工资分配中的决定性作用，实现职工工资水平与劳动力市场价位相适应、与增强企业市场竞争力相匹配。更好发挥政府对国有企业工资分配的宏观指导和调控作用，促进国有企业在提升自主创新能力、保护资源环境、加快转型升级、履行社会责任中的引领和表率作用充分发挥，改进和加强事前引导和事后监督，规范工资分配秩序。

（四）坚持分类分级管理。根据不同国有企业功能性质定位、行业特点和法人治理结构完善程度，实行工资总额分类管理。按照企业国有资产产权隶属关系，健全工资分配分级监管体制，落实各级政府职能部门和履行出资人职责机构（或其他企业主管部门，下同）的分级监管责任。

三、适用范围

本实施意见适用于本省各级党委、政府代表国家履行出资人职责的国有独资及国有控股企业，包括企业本部及其所出资的各级独资、控股的子企业。履行出资人职责机构包括代表国家履行出资人职责的国资监管机构和党委、政府授权履行出资人职责的部门（机构）。

由各级党委、政府有关部门或机构作为实际控制人的企业，以及有关部门或机构直属事业单位管理的国有企业，参照本实施意见执行。

本实施意见所称工资总额，是指由国有企业在一个会计年度内直接支付给与本企业建立劳动关系的全部职工的劳动报酬总额，包括工资、奖金、津贴、补贴、加班加点工资、特殊情况下支付的工资等。

四、改革工资总额决定机制

（一）改革工资总额确定办法。按照国家和我省工资收入分配宏观政策要求，根据企业发展战略和薪酬策略、年度生产经营目标和经济效益，综合考虑劳动生产率提高和人工成本投入产出率、职工工资水平市场对标等情况，结合政府职能部门发布的工资指导线，综合分析测算后合理确定年度工资总额。（牵头单位：履行出资人职责机构；责任单位：省人力资源社会保障厅）

（二）完善工资与效益联动机制。按照"效益增工资增、效益降工资降"的原则，合理确定企业年度工资总额增长或下降幅度。

企业经济效益增长的，当年工资总额增长幅度可在不超过经济效益增长幅度范围内确定。其中，当年劳动生产率未提高、上年人工成本投入产出率低于行业平均水平或者上年职工平均工资高于全国城镇单位就业人员平均工资2倍以上的，当年工资总额增长幅度要低于同期经济效益增长幅度；对主业不处于充分竞争行业和领域的企业，上年职工平均工资达到政府职能部门规定的调控水平及以上的，继续实行工资总额和工资水平双重调控，当年工资总额增长幅度应低于同期经济效益增长幅度，且职工平均工资增长幅度不得超过政府职能部门规定的工资增长调控目标。

企业经济效益下降的，除受政策调整等非经营性因素影响外，当年工资总额原则上相应下降。其中，当年劳动生产率未下降、上年人工成本投入产出率明显优于行业平均水平或者上年职工平均工资低于全国城镇单位就业人员平均工资70%的，当年工资总额可适当少降。

企业未实现国有资产保值增值的，工资总额不得增长，或者适度下降。其中，国有资产减值幅度超过10%的，当年工资总额降幅不低于5%。

企业按照工资与效益联动机制确定工资总额，原则上增人不增工资总额、减人不减工资总额，但发生兼并重组、新设企业或机构等情况，可参照本企业在岗职工平均工资水平合理增加或者减少工资总额。（牵头单位：履行出资人职责机构）

（三）分类确定工资效益联动指标。根据企业自身功能性质定位、行业特点，科学设置效益联动指标。履行出资人职责机构要合理确定考核目标，突出不同考核重点，按年度进行考核。工资效益联动指标原则上为2~3个，最多不超过4个。

对主业处于充分竞争行业和领域的商业类国有企业，主要选取利润总额（或净利润）、经济增加值、营业收入、净资产收益率等反映经济效益、国有资本保值增值和市场竞争能力的指标。

对主业处于关系国家安全、国民经济命脉的重要行业和关键领域、主要承担重大专项任务的商业类国有企业，在主要选取反映经济效益和国有资本保值增值指标的同时，可根据实际需要，增加营业收入、任务完成率、劳动生产率、人事费用率等体现服务国家战略、保障国家安全和国民经济运行、发展前瞻性战略性产业以及完成特殊任务等情况的指标。

对主业以保障民生、服务社会、提供公共产品和服务为主的公益类国有企业，主要选取营业收入、任务完成率、劳动生产率、人事费用率、成本控制率等反映成本控制、产品服务质量、营运效率和保障能力等情况的指标，兼顾体现经济效益和国有资本保值增值的指标。

对金融类国有企业，属于开发性、政策性的，主要选取利润总额、净资产收益率、劳动生产率、人工成本利润率、不良贷款率等体现服务国家战略和风险控制的指标，兼顾反映经济效益的指标；属于商业性的，主要选取反映经济效益、资产质量和偿付能力的指标。

对文化类国有企业，应同时选取反映社会效益和经济效益、国有资本保值增值的指标。

劳动生产率指标一般以人均增加值、人均利润为主，根据企业实际情况，可选取人均营业收入、人均工作量等指标。（牵头单位：履行出资人职责机构）

五、改革工资总额管理方式

（一）全面实行工资总额预算管理。工资总额预算方案由国有企业根据工资收入分配政策和本企业实际自主编制，履行内部决策程序后，报履行出资人职责机构备案或核准后执行。（牵头单位：履行出资人职责机构）

（二）规范工资总额预算方案编制程序和范围。国有企业按照"由下而上、分级编制、上下结合、逐级汇总"的程序，依据国有资产产权隶属关系，以企业法人为单位，层层组织做好工资总额预算方案编制工作。国有企业年度工资总额预算方案编制范围应与上年度财务决算报表范围相一致，包括企业（集团）的工资总额预算方案编制和所属各级独资、控股子企业的工资总额预算方案合并报表编制。（牵头单位：履行出资人职责机构）

（三）合理确定工资总额预算指标基数。工资总额预算基数以履行出资人职责机构清算确定的上年度工资总额为基数。未实行工资总额预算管理的国有企业，工资总额预算基数以上年度企业实发工资总额为基数，对上年度实发工资总额高于前三年工资总额平均数的，以前三年实发工资总额的平均数为基数，以后年度的工资总额预算基数以履行出资人职责机构清算确定的工资总额为基数。对新组建的国有企业，可按照同级同类国有企业在岗职工平均工资和市场因素，合理确定工资总额预

算基数。效益联动指标预算基数以上年度财务决算表中的效益指标完成值为基数。(牵头单位：履行出资人职责机构)

(四) 履行出资人职责机构要严格把关。发现预算不合理的，要及时指导、监督、纠正。工资总额增长与经济效益增长脱节，或与国有资产增值保值相冲突，需要重新调整预算方案，问题严重的要整体纠偏。(牵头单位：履行出资人职责机构)

(五) 完善工资总额监管方式。根据企业功能性质定位、行业特点和法人治理结构完善程度，由履行出资人职责机构对所监管企业工资总额预算分别实行备案制或核准制管理。

对主业处于充分竞争行业和领域的商业类国有企业，工资总额预算原则上实行备案制。其中，未建立规范董事会、法人治理结构不完善、内控机制不健全、近三年企业工资分配出现重大违纪违规行为的国有企业，经履行出资人职责机构认定，其工资总额预算应实行核准制。

对其他国有企业，工资总额预算原则上实行核准制。其中，已建立规范董事会、法人治理结构完善、内控机制健全、被国家或省评为模范劳动关系和谐企业的、近三年企业工资分配未发生重大违纪违规行为的国有企业，经履行出资人职责机构同意，其工资总额预算可实行备案制。(牵头单位：履行出资人职责机构)

(六) 合理确定工资总额预算周期。国有企业工资总额预算一般按年度进行管理。对行业周期性特征明显、经济效益年度间波动较大、处于筹建期、战略调整期、或存在其他特殊情况的企业，经履行出资人职责机构同意，工资总额预算可探索按周期进行管理，周期最长不超过三年，周期内的年均工资总额增长幅度不超过同期经济效益增长幅度。(牵头单位：履行出资人职责机构)

(七) 强化工资总额预算执行。国有企业应严格执行经备案或核准的工资总额预算方案。执行过程中，因企业外部环境或自身生产经营等编制预算时所依据的情况发生重大变化，需要调整工资总额预算方案的，应按规定程序进行调整，调整后的工资总额增长幅度不得高于调整前的工资总额增长幅度。

履行出资人职责机构要加强对所监管企业执行工资总额预算情况的动态监控和指导，并对预算执行结果进行清算。（牵头单位：履行出资人职责机构）

六、完善企业工资内部分配管理

（一）健全企业内部工资总额管理制度。国有企业在经备案或核准的工资总额预算内，依法依规自主决定内部工资分配。

企业应建立健全内部工资总额管理办法，根据所属企业功能性质定位、行业特点和生产经营等情况，指导所属国有企业科学编制工资总额预算方案，逐级落实预算执行责任，建立预算执行情况动态监控机制，确保实现工资总额预算目标。

企业集团应合理确定总部工资总额预算，其职工平均工资增长幅度原则上应低于本企业全部职工平均工资增长幅度。

国有企业应积极对标行业先进经验做法，探索工资总额创新管理机制，充分调动不同行业、不同发展阶段子企业的工资分配积极性，理顺企业内部收入分配关系。（牵头单位：履行出资人职责机构）

（二）深化企业内部分配制度改革。统筹考虑具有竞争力的薪酬水平吸引和留住人才、提高劳动生产率、提升员工满意度、控制成本等因素，科学制定企业内部分配办法。

国有企业应建立健全以岗位工资为主的基本工资制度，以岗位价值为依据，以业绩为导向，参照劳动力市场工资价位并结合企业经济效益，通过集体协商等形式合理确定不同岗位的工资水平，向关键岗位、生产一线岗位和紧缺急需的高层次、高技能人才倾斜，确保能够吸引、激励、留住关键人才。企业非核心岗位的工资应逐步向劳动力市场价位接轨。

加强全员绩效考核，合理评价劳动、技术、管理等要素的价值贡献,强化职工工资收入与其工作业绩和实际贡献紧密挂钩,合理拉开工资分配差距,调整不合理过高收入,切实做到内部管理人员能上能下、收入能增能减、员工能进能出。

国有企业应健全以工资总额管理为核心的人工成本调控管理体系,严格控制人工成本不合理增长,增加企业发展的持续性。企业经济效益下降时,福利性项目不得增加、水平不得增长;出现亏损的,缩减福利性项目。(牵头单位:履行出资人职责机构)

(三)规范企业工资列支渠道。国有企业应调整优化工资收入结构,逐步实现职工收入工资化、工资货币化、发放透明化。工资提取及支出应严格按照企业财务管理规定执行,按照企业会计制度进行核算。严格清理规范工资外收入,将所有工资性收入一律纳入工资总额管理,不得在工资总额之外以其他形式列支任何工资性支出。(牵头单位:履行出资人职责机构)

七、健全工资分配监管体制机制

(一)加强和改进政府对国有企业工资分配的宏观指导和调控。各级人力资源社会保障部门负责对同级国有企业工资收入分配工作的宏观指导和调控,建立企业薪酬调查和信息发布制度,定期发布不同职业的劳动力市场工资指导价位和行业人工成本信息;会同财政、国资监管等部门完善工资指导线制度,定期制定和发布工资指导线、非竞争类国有企业职工平均工资调控水平和工资增长调控目标。(牵头单位:省人力资源社会保障厅;责任单位:省财政厅、履行出资人职责机构)

(二)落实履行出资人职责机构的国有企业工资分配监管职责。履行出资人职责机构负责指导所监管企业编制工资总额预算方案,做好所监管企业工资总额预算方案的备案或核准工作,加强对所监管企业工资总额预算执行情况的动态监控、过程管控和执行结果的清算,并按年度将所监管企业工资总额预算执行情况报同级人力资源社会保障部门,由人力资源社会保障部门汇总报告同级人民政府。(牵头单位:履行出资

人职责机构；责任单位：省人力资源社会保障厅）

（三）完善国有企业工资分配内部监督机制。国有企业应完善法人治理结构，健全内部管理机制，规范董事会、监事会的运行。董事会应依照法定程序决定工资分配事项，加强对工资分配决议执行情况的监督。落实企业监事会对工资分配的监督责任，加强对企业工资内部分配的监督。国有企业要将企业职工工资收入分配情况作为厂务公开的重要内容，定期向职工公开，接受职工监督。（牵头单位：履行出资人职责机构）

（四）建立国有企业工资分配信息公开制度。履行出资人职责机构、国有企业每年定期在部门和企业网站上，将企业上年度工资总额和职工平均工资水平等相关信息向社会披露，接受社会公众监督。（牵头单位：履行出资人职责机构）

（五）健全国有企业工资内外收入监督检查制度。人力资源社会保障部门会同财政、审计等部门，定期对国有企业落实工资收入分配政策情况开展监督检查，及时查处违规发放工资、滥发工资外收入等行为。加强与出资人监管和审计、税务、纪检监察、巡视等监督的协同，建立工作会商和资源共享机制，提高监督效能，形成监督合力。（牵头单位：省人力资源社会保障厅；责任单位：省财政厅、省审计厅、省税务局、履行出资人职责机构）

（六）强化责任追究。国有企业应依法依规合理确定年度工资总额增长，不得违规超提、超发工资总额。

对企业存在超提、超发工资总额及其他违规行为的，扣回违规发放的工资总额，并视违规情形对国有企业负责人和相关责任人依照有关规定给予经济处罚和纪律处分；构成犯罪的，由司法机关依法追究刑事责任。（牵头单位：履行出资人职责机构）

八、保障措施

（一）提高思想认识。国有企业工资决定机制改革涉及面广、政策性强。各地各有关部门要统一思想,充分认识做好改革工作的重要意义,以高度的政治责任感和历史使命感,切实加强对改革工作的领导,做好统筹协调,细化目标任务,明确责任分工,强化督促检查,及时研究改革中出现的问题,推动改革顺利进行。

(二)严密组织实施。各级履行出资人职责机构要根据本实施意见,结合所监管企业实际,抓紧制定所监管企业的具体改革实施办法,报同级人力资源社会保障部门、财政部门审核后实施。国有企业应根据本实施意见和履行出资人职责机构要求,结合企业实际,抓紧制定企业工资总额预算管理制度,科学设定工资总额预算要素,量化工资分配指标,完善体制机制建设,报履行出资人职责机构审核。各级人力资源社会保障、财政、国资监管等部门和工会要各司其职,密切协同,形成推进改革的合力,共同做好改革工作。

(三)加强政策宣传。各地各有关部门要采取多种形式,加强舆论宣传和政策解读,引导全社会正确理解和支持国有企业工资决定机制改革,营造良好社会环境。全省国有企业要自觉树立大局观念,认真执行改革规定,确保改革政策落实。

本实施意见自2019年1月1日起实施。我省现行国有企业工资管理规定,凡与本实施意见不一致的,按本实施意见执行。

山西省人民政府关于改革国有企业
工资决定机制的实施意见

(2018年12月29日　晋政发〔2018〕48号)

各市、县人民政府，省人民政府各委、办、厅、局：

为进一步增强国有企业活力，提升国有企业效率，根据国务院《关于改革国有企业工资决定机制的意见》（国发〔2018〕16号）精神，结合我省实际，提出如下实施意见。

一、总体要求

（一）指导思想。

以习近平新时代中国特色社会主义思想和党的十九大精神为指导，认真落实党中央、国务院及省委、省政府决策部署，坚持以人民为中心的发展思想，牢固树立和贯彻落实新发展理念，按照深化国有企业改革、完善国有资产管理体制和坚持按劳分配原则、完善按要素分配体制机制的要求，建立健全与劳动力市场基本适应、与国有企业经济效益和劳动生产率挂钩的工资决定和正常增长机制，完善国有企业工资分配监管体制，充分调动国有企业职工的积极性、主动性、创造性，进一步激发国有企业创造力，提高市场竞争力，推动国有资本做强、做优、做大、高质量发展，促进收入分配更加合理、更加有序、更加公平。

（二）基本原则。

1. 坚持建立中国特色现代国有企业制度改革方向。坚持所有权和经营权相分离，进一步确立国有企业的市场主体地位，发挥企业党委（党组）领导作用，依法落实董事会的工资分配管理权，完善既符合企业一般规律又体现国有企业特点的工资分配机制，促进国有企业持续健康发展。

2. 坚持效益导向与维护公平相统一。国有企业工资分配要切实做到既有激励又有约束、既讲效率又讲公平。坚持按劳分配原则，在经济效益增长和劳动生产率提高的同时，实现劳动报酬同步提高。统筹处理好不同行业、不同企业和企业内部不同职工之间的工资分配关系，调节过高收入。

3. 坚持工资分配市场化改革方向。充分发挥市场在国有企业工资分配中的决定性作用，健全国有企业职工工资与经济效益同向联动、能增能减的机制，实现职工工资水平与劳动力市场价位相适应、与增强企业市场竞争力相匹配。改革国有企业工资总额同经济效益单一挂钩办法，统筹考虑一揽子因素，合理确定工资总额，使其更加符合市场经济规律和企业发展规律。

4. 坚持政府调控与分类分级管理相结合。根据不同国有企业功能性质定位、行业特点和法人治理结构完善程度，实行工资总额分类管理。按照企业国有资产产权隶属关系，健全工资分配分级监管体制，落实各级政府职能部门和履行出资人职责机构（或其他企业主管部门，下同）的分级监管责任。更好发挥政府对国有企业工资分配的宏观指导和调控作用，改进和加强事前引导和事后监督，规范工资分配秩序。

（三）适用范围。

本意见适用于国有独资和国有控股企业。省、市、县有关部门或机构作为实际控制人的企业，参照本意见执行。

二、改革工资总额决定机制

（四）改革工资总额确定办法。

按照国家及省工资收入分配宏观政策要求，根据企业发展战略和薪酬战略、年度生产经营目标和经济效益，综合考虑劳动生产率、人工成本投入产出率、职工工资水平市场对标、社会效益等情况，结合政府职能部门发布的工资指导线，合理确定年度工资总额。

本意见所称工资总额，是指由企业在一个会计年度内直接支付给与本企业建立劳动关系的全部职工的劳动报酬总额，包括工资、奖金、津贴、补贴、加班加点工资、特殊情况下支付的工资等。

（五）科学建立工资与效益联动机制。

企业的工资总额变动坚持与经济效益同向联动。

1. 经济效益增，工资总额增。企业经济效益增长的，当年工资总额增长幅度可在不超过经济效益增长幅度范围内确定。即：企业工资总额增幅≤经济效益增幅。

其中，当年劳动生产率未提高或者上年人工成本投入产出率低于行业平均水平或者上年在岗职工平均工资高于全国城镇单位就业人员平均工资2倍的，当年工资总额增幅应低于企业经济效益增幅的80%。即：企业工资总额增幅<经济效益增幅×0.8。

主业不属于充分竞争行业和领域的国有企业，上年在岗职工平均工资高于全国城镇单位就业人员平均工资2倍或达到政府职能部门规定的调控水平及以上的，实行工资总额与工资水平双重调控，当年工资总额增长幅度应低于同期经济效益增长幅度的80%，且在岗职工平均工资增长幅度不得超过政府职能部门规定的工资增长调控目标。即：企业工资总额增幅<经济效益增幅×0.8，同时，在岗职工平均工资增长幅度<政府职能部门规定的工资增长调控目标。

2. 经济效益降，工资总额降。企业经济效益下降的，除受政策调整等非经营性因素影响外，当年工资总额原则上相应下降。

其中，当年劳动生产率未下降或者上年人工成本投入产出率明显优于行业平均水平或者上年在岗职工平均工资低于全国城镇单位就业人员平均工资70%的，当年工资总额可适当少降。少降幅度根据各行业实际情况，由履行出资人职责机构确定。

3. 国有企业未实现国有资产保值增值的，工资总额不得增长，或者适度下降。其中，国有资产减值幅度超过10%的，当年工资总额降幅不低于3%。

4. 国有企业按照工资与效益联动机制确定工资总额，原则上增人不增工资总额、减人不减工资总额，但发生兼并重组、新设企业或机构等情况的，可以合理增加或者减少工资总额。

5. 各履行出资人职责机构在工资与效益联动机制下，建立工资与效益联动计算办法，测算工资总额增减幅度，科学确定各类企业工资总额。通过计算办法测算出来的工资总额增减幅度，应在联动机制明确的原则内进行相应调整后最终确定。对选取2个及以上工资与效益联动指标的，应结合企业实际合理确定各指标权重。企业缺少行业对标主体的，应选取同功能性质企业或具有较强可比性的竞争类行业对标。

（六）分类确定工资与效益联动指标。

根据企业功能性质定位、行业特点，科学设置联动指标，合理确定考核目标，突出不同考核重点。联动指标的选择要有针对性，不宜过多。联动指标一旦确定，原则上3年内不得更换。

1. 对主业处于充分竞争行业和领域的商业类企业，主要选取净利润、利润总额、经济增加值、净资产收益率等反映经济效益、国有资本保值增值和市场竞争能力的指标。

2. 对主业处于关系国家安全、国民经济命脉的重要行业和关键领域、主要承担重大专项任务的商业类企业，主要选取利润总额、营业收入、任务完成率等反映经济效益、国有资本保值增值、体现服务国家战略、保障国家安全和国民经济运行、发展前瞻性战略性产业以及完成特殊任务等情况的指标。

3. 对主业以保障民生、服务社会、提供公共产品和服务为主的公益类企业，主要选取营业收入、任务完成率、成本控制率、劳动生产率等反映成本控制、产品服务质量、营运效率和保障能力的指标，兼顾体现经济效益和国有资本保值增值的指标。

4. 对金融类企业，属于开发性、政策性的，主要选取利润总额、劳动生产率、任务完成率、资本充足率、政策性业务收入等体现服务国家战略和风险控制的指标,兼顾反映经济效益的指标;属于商业性的,主要选取净利润、净资产收益率、不良贷款率、资产负债率等反映经济效益、资产质量和偿付能力的指标。

5. 对文化类企业,主要选取营业收入、利润总额、社会效益指标、任务完成率、国有资本保值增值等反映社会效益和经济效益的指标。

6. 劳动生产率指标一般以人均增加值、人均利润为主,根据企业实际情况和市场对标信息,也可选取人均营业收入、人均工作量等指标。

三、改革工资总额管理方式

(七)实行工资总额预算管理。

国有企业全面实行工资总额预算管理,工资总额预算方案由国有企业自主编制,并按规定履行内部决策程序后,报履行出资人职责机构。

工资总额预算基数以履行出资人职责机构清算确定的上年度工资总额为基数。改革前无主管部门对企业工资总额进行核定管理的,原则上以上年符合国家规定实际发放的工资总额作为工资总额预算基数。对于新组建的国有企业,参考同类可比国有企业在岗职工平均工资水平合理确定工资总额预算基数。联动指标预算基数以上年度财务决算报表中的效益指标完成值为基数。

(八)完善工资总额监管方式。

根据企业功能性质定位、行业特点并结合法人治理结构完善程度,由履行出资人职责机构对企业工资总额分别实行备案制或核准制管理。

对主业处于充分竞争行业和领域的商业类国有企业,工资总额预算原则上实行备案制。其中,未建立规范董事会、法人治理结构不完善、内控机制不健全、近3年企业工资分配出现重大违纪违规行为的企业,经履行出资人职责机构认定,其工资总额预算应实行核准制。

对其他国有企业,工资总额预算原则上实行核准制。其中,企业已建立规范董事会、法人治理结构健全、内控机制完善、收入分配管理规范等具备条件的企业，经履行出资人职责机构同意，可实行备案制管理。

（九）合理确定工资总额预算周期。

国有企业工资总额预算一般按年度进行管理。对行业周期性特征明显、经济效益年度间波动较大、处于筹建期、战略调整期或存在其他特殊情况的企业，经履行出资人职责机构同意，工资总额预算可探索按周期进行管理，周期最长不超过3年，周期内的年均工资总额增长幅度不超过周期经济效益平均增长幅度，工资总额增长应符合工资与效益联动的要求。

（十）强化工资总额预算执行。

国有企业应严格执行经备案或核准的工资总额预算方案。执行过程中，因编制预算时所依据的企业外部环境或自身生产经营等情况发生重大变化，需要调整工资总额预算方案的，应按规定程序进行调整。履行出资人职责机构应加强对企业执行工资总额预算情况的动态监控和指导，并对预算执行结果进行清算。

四、完善企业内部工资分配管理

（十一）健全企业内部工资总额管理制度。

国有企业在经备案或核准的工资总额预算内，依法依规自主决定内部工资分配。企业应建立健全内部工资总额管理办法，按照"由下而上、分级编制、上下结合、逐级汇总"的程序，依据国有资产产权隶属关系，以企业法人为单位，层层组织做好工资总额预算方案编制工作，逐级落实预算执行责任，建立预算执行情况动态监控机制，确保实现工资总额预算目标。企业年度工资总额预算方案编制范围原则上应与上年度财务决算报表范围相一致，包括企业集团本部的工资总额预算方案编制和所属各级独资、控股子企业的工资总额预算方案合并报表编制。

企业集团应合理确定总部工资总额预算，其职工平均工资增长幅度原则上应低于本企业全部职工平均工资增长幅度。企业应积极向行业先进经验做法对标，探索工资总额创新管理机制，充分调动不同行业、不同发展阶段子企业的工资分配积极性，理顺企业内部收入分配关系。

（十二）深化企业内部分配制度改革。

国有企业应建立健全以岗位工资为主的基本工资制度，以岗位价值为依据、以业绩为导向，参照劳动力市场工资价位并结合企业经济效益，通过集体协商等形式合理确定不同岗位的工资水平。企业工资分配要向关键岗位、生产一线岗位和紧缺急需岗位的高层次、高技能人才倾斜，逐步提高关键岗位的薪酬市场竞争力，确保能够有效吸引、激励和保留人才。企业非核心岗位的工资应逐步与劳动力市场价位接轨，合理拉开工资分配差距，调整不合理过高收入。

国有企业应加强全员绩效考核，合理评价劳动、知识、技术、管理等要素的价值贡献，强化职工工资收入与其工作业绩和实际贡献紧密挂钩，切实做到能增能减。

国有企业应健全以工资总额管理为核心的人工成本调控管理体系，严格控制人工成本不合理增长。经济效益下降，福利性项目不得增加、水平不得增长；出现亏损的，应缩减福利性项目。

（十三）规范企业工资列支渠道。

国有企业应调整优化工资收入结构，逐步实现职工收入工资化、工资货币化、发放透明化。工资提取及支出应严格按照企业财务管理规定执行。严格清理规范工资外收入，将所有工资性收入一律纳入工资总额管理，不得在工资总额之外以其他方式列支任何工资性支出。

五、健全工资分配监管体制机制

（十四）加强和改进政府对国有企业工资分配的宏观指导调控。

人力资源社会保障部门负责建立省、市两级企业薪酬调查和信息发布制度，定期发布不同职业的劳动力市场工资指导价位和行业人工成本信息；会同财政、国资监管等部门完善工资指导线制度，定期制定和发布工资指导线、非竞争类国有企业职工平均工资调控水平和工资增长调控目标。

（十五）落实履行出资人职责机构的国有企业工资分配监管职责。

履行出资人职责机构负责指导所监管企业编制工资总额预算方案，做好所监管企业工资总额预算方案的备案或核准工作，加强对所监管企业工资总额预算执行情况的动态监控和执行结果的清算，并按年度将所监管企业工资总额预算执行情况报同级人力资源社会保障部门，由人力资源社会保障部门汇总报同级人民政府。同时，履行出资人职责机构可按规定将有关情况直接报告同级人民政府。

（十六）完善国有企业工资分配内部监督机制。

国有企业董事会应依照法定程序决定工资分配事项，企业监事会负责对工资分配的监督。将企业职工工资收入分配情况作为厂务公开的重要内容，定期向职工公开，接受职工监督。

（十七）建立国有企业工资分配信息公开制度。

履行出资人职责机构、国有企业每年6月底前将企业上年度工资总额和职工平均工资水平等相关信息，通过机构官网或企业官网向社会披露，接受社会公众监督。

（十八）健全国有企业工资内外收入监督检查制度。

各级人力资源社会保障部门会同财政、国资监管等部门，定期对国有企业执行工资收入分配政策情况开展监督检查，及时查处违规发放工资、滥发工资外收入等行为。加强与出资人监管和审计、税务、纪检监察、巡视等监督力量的协同，建立工作会商和资源共享机制，提高监督效能，形成监督合力。

对企业存在超提超发工资总额及其他违规行为的，扣回违规发放的工资总额。企业相关工作人员在工资总额管理工作中存在玩忽职守、虚报指标、把关不严等情形的，视违规情形对企业负责人和相关责任人依照有关规定给予经济处罚和纪律处分；构成犯罪的，由司法机关依法追究刑事责任。

实行工资总额备案制管理的国有企业，出现违反相关规定情形的，责成企业进行整改，情节严重的，除按规定进行处理外，取消其备案制资格，转为实行核准制。

六、加强组织实施

（十九）提高思想认识。

国有企业工资决定机制改革是完善国有企业现代企业制度的重要内容，是深化收入分配制度改革的重要任务，事关国有企业健康发展和国有企业职工切身利益，事关收入分配合理有序。各地、各部门要统一思想，充分认识做好改革工作的重要意义，以高度的政治责任感和历史使命感，切实加强对国有企业工资收入分配制度改革的领导，做好统筹协调，细化目标任务，明确职责分工，强化督促检查，及时研究解决改革中出现的问题，确保我省国有企业收入分配制度改革顺利进行。

（二十）密切协同配合。

各级人力资源社会保障、财政、国资监管等部门和工会要各司其职、密切配合，共同做好改革工作，形成推进改革的合力。各级履行出资人职责机构要抓紧制定具体实施办法，由同级人力资源社会保障部门会同财政部门审核后实施。省属国有企业根据本意见和履行出资人职责机构要求，结合企业实际，抓紧制定企业工资总额预算管理制度，编制工资总额预算方案。市、县政府所属国有企业结合当地实际，参照本意见同步进行改革。

本意见自2019年1月1日起实施。现行国有企业工资总额管理规定与本意见不一致的，按本意见执行。

内蒙古自治区人民政府关于改革国有企业工资决定机制的实施意见

(2018年12月23日 内政发〔2018〕51号)

各盟行政公署、市人民政府,各旗县人民政府,自治区各委、办、厅、局,各大企业、事业单位:

为深入贯彻落实《国务院关于改革国有企业工资决定机制的意见》(国发〔2018〕16号)精神,结合自治区实际,现就改革国有企业工资决定机制事宜提出如下实施意见。

一、总体要求

(一)指导思想

以习近平新时代中国特色社会主义思想为指导,全面贯彻党的十九大精神,坚持以人民为中心的发展思想,牢固树立和贯彻落实新发展理念,按照深化国有企业改革、完善国有资产管理体制和坚持按劳分配原则、完善按要素分配体制机制的要求,以增强国有企业活力、提升国有企业效率为中心,建立健全与劳动力市场基本适应、与国有企业经济效益和劳动生产率挂钩的工资决定和正常增长机制,完善国有企业工资分配监管体制,充分调动国有企业职工的积极性、主动性、创造性,进一步激发国有企业创造力和提高市场竞争力,推动国有资本做强做优做大,促进收入分配更合理、更有序。

(二)基本原则

——坚持中国特色现代国有企业制度改革方向。坚持所有权和经营权相分离,进一步确立国有企业的市场主体地位,发挥企业党委(党组)领导作用,依法落实董事会的工资分配管理权,完善既符合企业一般规律又体现国有企业特点的工资分配机制，促进国有企业持续健康发展。

——坚持效益导向与维护公平相统一。国有企业工资分配要切实做到既有激励又有约束、既讲效率又讲公平。坚持按劳分配原则，健全国有企业职工工资与经济效益同向联动、能增能减的机制，在经济效益增长和劳动生产率提高的同时实现劳动报酬同步提高。统筹处理好不同行业、不同企业和企业内部不同职工之间的工资分配关系，调节过高收入。

——坚持市场决定与政府监管相结合。充分发挥市场在国有企业工资分配中的决定性作用，实现职工工资水平与劳动力市场价位相适应、与增强企业市场竞争力相匹配。更好发挥政府对国有企业工资分配的宏观指导和调控作用，改进和加强事前引导和事后监督，规范工资分配秩序。

——坚持分类分级管理。根据不同国有企业功能性质定位、行业特点和法人治理结构完善程度，实行工资总额分类管理。按照企业国有资产产权隶属关系，健全工资分配分级监管体制，落实各级政府职能部门和履行出资人职责机构（或企业主管部门，下同）的分级监管责任。

二、适用范围

本意见适用于自治区各级政府代表国家履行出资人职责的国有独资和国有控股企业及凭借或利用国家权力和信用支持的金融类企业。履行出资人职责机构包括代表政府履行出资人职责的国有资产监管机构和政府授权履行出资人职责的部门（机构）；国有独资及国有控股企业包括企业本部及其所出资的各级独资、控股的子企业。

各有关部门、人民团体、事业单位所管理的其他国有独资及国有控股企业；各有关部门或机构作为实际控制人的企业，依照本意见执行。

三、改革工资总额决定机制

（一）改革工资总额确定办法。按照国家和自治区工资收入分配宏观政策要求，根据企业发展战略和薪酬策略、年度生产经营目标和经济效益，综合考虑劳动生产率提高和人工成本投入产出率、职工工资水平市场对标等情况，结合自治区人力资源社会保障厅发布的工资指导线、工资调控水平和调控目标，合理确定企业年度工资总额。

本意见所称工资总额是指企业在一个会计年度内直接支付给与本企业建立劳动关系的全部职工的劳动报酬总额，包括工资、奖金、津贴、补贴、加班加点工资、特殊情况下支付的工资等。

（二）分类确定工资效益联动指标。根据企业功能性质定位、行业特点等因素，科学设置联动指标。联动指标主要选取反映企业生产经营特点和体现职工劳动直接贡献的业绩考核指标，原则上设置2~4个，最多设置5个，其中经济效益指标是核心指标。工资与效益联动采取权重法计算，具体指标的选取、权重设置以及计算方法由履行出资人职责机构确定。

1. 商业竞争类企业经济效益指标主要选取利润总额、净利润等指标；劳动生产率指标主要选取人均利润、人均增加值等指标；人工成本投入产出率指标选取人工成本利润率指标。

2. 特定功能类企业经济效益指标主要选取利润总额、营业收入、任务完成率等指标；劳动生产率指标主要选取人均增加值、人均工作量等指标；人工成本投入产出率指标主要选取人工成本利润率、人事费用率等指标。

3. 公益类企业经济效益指标主要选取营业收入、总资产周转率、成本控制率等指标；劳动生产率指标主要选取人均营业收入、人均主营业务工作量等指标；人工成本投入产出率指标主要选取人事费用率、人工成本利润率等指标。

4. 商业性金融类企业指标主要选取反映经济效益、资产质量和偿付能力等指标。开发性或政策性金融类企业主要选取体现服务国家战略、完成自治区重大决策任务和风险控制等指标，兼顾反映经济效益指标；劳动生产率指标主要选取人均利润、人均营业收入、任务完成率等指标；人工成本投入产出率指标选取人工成本利润率指标。

5. 文化类企业应把社会效益放在首位，同时选取社会效益和经济效益指标。社会效益指标主要选取文化任务完成率等体现文化企业社会贡献的文化创作生产和服务、受众反应、社会影响等指标，经济效益指标主要选取营业收入、利润总额等指标；劳动生产率指标主要选取人均营业收入、人均利润等指标；人工成本投入产出率指标主要选取人事费用率、人工成本利润率等指标。

（三）完善工资与效益联动机制。企业工资总额按照工资与效益联动机制确定，与效益同向联动、能增能减，并遵照以下原则：

1. 企业工资总额增长幅度确定原则。企业经济效益增长的，当年工资总额增长幅度可在不超过企业经济效益增长幅度范围内确定，且工资总额增加值原则上不得超过预算工资总额进入成本后的企业同期利润总额增加值。其中，当年企业劳动生产率未提高、上年企业人工成本投入产出率低于全国行业平均水平或者竞争类企业上年职工平均工资超过全国城镇单位就业人员平均工资 3 倍及以上的，当年工资总额增长幅度应低于企业同期经济效益增长幅度，且不得超过自治区人力资源社会保障厅发布的工资指导线；非竞争类企业上年职工平均工资超过全国城镇单位就业人员平均工资 2.5 倍及以上的，当年工资总额增长幅度应低于企业同期经济效益增长幅度，且不得超过自治区人力资源社会保障厅规定的工资增长调控目标。

2. 企业工资总额下降幅度确定原则。企业经济效益下降的，除受政策调整等非经营性因素影响外，当年工资总额原则上相应下降。其中，当年企业劳动生产率未下降、上年人工成本投入产出率优于全国行业平均水平 30% 以上或者上年职工平均工资未达到全国城镇单位就业人员平均工资 70% 的，当年工资总额可适当少降。

3. 企业工资总额增长或下降幅度对应原则。企业经济效益出现大幅波动，导致按工资效益联动机制确定的工资总额增长或下降幅度过大的，经履行出资人职责机构认定，可适当采取限定增长或下降的措施进行调控，同时体现对应原则。

企业未实现国有资产保值增值的，工资总额不得增长，或者适度下降。

企业按照工资与效益联动机制确定工资总额，原则上增人不增工资总额、减人不减工资总额，但发生兼并重组、新设企业或机构等情况的，可以合理增加或者减少工资总额。

四、改革工资总额管理方式

（一）全面实行工资总额预算管理。国有企业应当依据本意见确定的原则自主编制工资总额预算方案，按规定履行内部决策程序后，根据企业功能性质定位、行业特点并结合法人治理结构完善程度，分别报履行出资人职责机构备案或核准后执行。对未明确履行出资人职责机构或履行出资人职责机构不具备管理和审核条件的，企业工资总额预算方案报同级人力资源社会保障部门备案或核准后执行。

对主业处于充分竞争行业和领域的商业类国有企业，工资总额预算原则上实行备案制。其中，未建立规范董事会、法人治理结构不完善、内控机制不健全的企业，经履行出资人职责机构认定，其工资总额预算应实行核准制。

对其他国有企业，工资总额预算原则上实行核准制。其中，已建立规范董事会、法人治理结构完善、内控机制健全的企业，经履行出资人职责机构同意，其工资总额预算可实行备案制。

（二）规范工资总额预算方案编制。国有企业年度工资总额预算方案编制范围原则上应与上年度财务决算合并报表范围相一致，包括企业（集团）本级和所属各级全资、控股子企业的工资总额预算方案。企业应按照"自下而上、上下结合、分级编制、逐级汇总"的程序，依据企业国有资产产权隶属关系，以企业法人为单位，层层组织做好工资总额预算方案编制工作。

（三）合理确定工资总额预算基数。工资总额预算管理指标由工资总额预算基数和经济效益预算基数构成。已实行工资总额预算管理的企业，工资总额预算基数以履行出资人职责机构清算确定的上年度工资总额为基数。未实行工资总额预算管理的企业，初始工资总额预算基数原则上以上年度企业实发工资总额为基数；改革第一年对上年度实发工资总额低于前三年平均数的，可以前三年实发工资总额的平均数为基数，以后年度的工资总额预算基数以履行出资人职责机构清算确定的工资总额为基数。新设立企业以及由事业单位转为企业的，可按照同级同类国有企业职工平均工资和实有职工人数合理确定工资总额预算基数。

（四）合理确定经济效益预算基数。经济效益预算基数原则上以上年度财务决算反映的经济效益等指标完成值为基数，根据企业实际情况经履行出资人职责机构同意，改革第一年也可统筹考虑企业前三年平均数据。企业人工成本投入产出率一般应与本行业对标，对缺少行业对标主体的，应选取同功能、性质的企业或具有可比性的竞争类行业对标。

（五）合理确定工资总额预算管理周期。国有企业工资总额预算一般按年度进行管理，也可经履行出资人职责机构同意，工资总额预算按周期进行管理，周期最长不超过三年，周期内年均工资总额增长幅度不得超过同期经济效益增长幅度，同时应符合工资效益联动要求。

（六）强化工资总额预算执行。国有企业应严格执行经备案或核准的工资总额预算方案。执行过程中，因企业外部环境或自身生产经营等编制预算时所依据的情况发生重大变化，需要调整工资总额预算方案的，应按规定程序及时进行调整。其中，工资总额预算实行年度管理的，工资总额预算方案最多调整一次；实行周期管理的，原则上最多调整两次。

（七）加强工资总额预算清算。履行出资人职责机构应对所监管企业工资总额预算执行结果进行清算，同时将清算情况报同级人力资源社会保障部门，由人力资源社会保障部门汇总报同级人民政府。

五、完善企业内部工资分配管理

（一）完善企业内部工资总额管理制度。国有企业在经备案或核准的工资总额预算内，依法依规自主决定内部工资分配。企业应建立健全内部工资总额管理办法，根据所属企业功能性质定位、行业特点和生产经营等情况，建立预算执行情况动态监控机制，指导所属企业科学编制工资总额预算方案，逐级落实预算执行责任，确保实现工资总额预算目标。企业集团应合理确定总部工资总额预算，其职工平均工资增长幅度原则上应低于本企业全部职工平均工资增长幅度。

（二）深化企业内部分配制度改革。国有企业应建立健全以岗位工资为主体的基本工资制度。以岗位价值为依据，以业绩为导向，参照劳动力市场工资价位并结合企业经济效益，通过工资集体协商等形式合理确定不同岗位的工资水平，向关键岗位、生产一线岗位和紧缺急需的高层次、高技能人才倾斜，合理拉开工资分配差距，调整不合理过高收入。加强全员绩效考核，使职工工资收入与个人工作业绩和实际贡献紧密挂钩，切实做到考核科学合理、分配公平公正、工资能增能减。企业非核心岗位职工工资水平应逐步与劳动力市场工资价位接轨。

（三）规范企业工资列支渠道。国有企业应调整优化工资收入结构，逐步实现职工收入工资化、工资货币化、发放透明化。严格清理规范工资外收入，将所有工资性收入一律纳入工资总额管理，不得在工资总额之外以其他形式列支任何货币性支出。

六、健全企业工资分配监管体制机制

（一）健全国有企业工资分配管理体制。人力资源社会保障部门会同财政、税务、国有资产监管等部门，加强和改进对企业工资分配的宏观指导调控，认真落实履行出资人职责机构对企业工资分配的监管职责。

（二）完善国有企业工资分配内部监督机制。国有企业董事会应依照法定程序决定企业工资分配事项，加强对工资分配决议执行情况的监督。落实企业监事会和工会对企业工资分配的监督责任，将企业职工工资收入分配情况作为厂务公开的重要内容，定期向职工公开，接受职工监督。

（三）建立国有企业工资分配信息公开制度。履行出资人职责机构和国有企业每年定期将企业上年工资总额和职工平均工资水平等相关信息，通过机构、企业网站分别向社会披露，接受社会公众监督。

（四）健全国有企业工资内外监督检查制度。人力资源社会保障部门会同财政、国有资产监管等部门，定期对国有企业执行国家和自治区工资收入分配政策情况进行监督检查，及时查处违规发放工资、滥发工资外收入等行为。加强与出资人监管和审计、税务、纪检监察、巡视等监督力量的协同，建立工作会商和信息资源共享机制，提高监督效能，形成监管合力。对未按规定实行工资总额预算管理的，责令履行出资人职责机构、企业限期整改。对企业存在超提、超发工资总额及其他违规行为的，扣回违规发放的工资总额，并视违规情形对企业负责人和相关责任人员依照有关规定给予经济处罚（扣减绩效年薪）和纪律处分；构成犯罪的，由司法机关依法追究刑事责任。

七、组织实施

（一）加强组织领导。国有企业工资决定机制改革涉及面广、政策性强，各地区、各有关部门要统一思想认识，以高度的政治责任感和历史使命感，切实加强对改革工作的领导，做好统筹协调，细化目标任务，明确责任分工，强化督促检查，及时研究解决改革中出现的问题，推动改革顺利进行。

（二）完善配套政策。自治区人力资源社会保障厅要会同财政、税务、统计等部门建立联动机制、实现数据共享，完善企业薪酬调查和信息发布制度。要完善工资指导线制度，定期制定和发布工资指导线、非竞争类国有企业职工平均工资调控水平和工资增长调控目标。各盟市要定期发布劳动力市场工资价位和行业人工成本信息。

（三）统筹推进改革。各级履行出资人职责机构要根据本意见，结合所监管企业实际情况，抓紧制定所监管企业的改革具体实施办法，由同级人力资源社会保障部门会同财政部门审核后实施。国有企业应根据本意见和履行出资人职责机构要求，结合企业实际，抓紧制定企业工资总额预算管理制度，报履行出资人职责机构审核并确定工资总额监管方式后实施。

（四）加强宣传引导。各级人力资源社会保障、财政、国有资产监管等部门要各司其职、密切配合，形成推进改革的合力，共同做好改革工作。要加强舆论宣传和政策解读，引导全社会特别是国有企业职工正确理解和支持改革，营造推动改革的良好社会环境。国有企业要自觉树立大局观念，认真执行相关政策规定，确保改革举措落实到位。

本意见自2019年1月1日起实行。自治区现行国有企业工资管理规定，凡与本意见不一致的，按本意见执行。

辽宁省人民政府关于改革国有企业工资决定机制的实施意见

(2018年12月4日 辽政发〔2018〕40号)

各市人民政府,省政府各厅委、各直属机构:

国有企业工资决定机制改革是完善国有企业现代企业制度的重要内容,是深化收入分配制度改革的重要任务,建立健全与劳动力市场基本适应、与国有企业经济效益和劳动生产率挂钩的工资决定机制和正常增长机制,完善国有企业工资分配监管体制,促进国有企业收入分配更合理、更有序,有利于调动全省国有企业职工的积极性、主动性、创造性,激发企业创造力和提高市场竞争力。为深入贯彻落实《国务院关于改革国有企业工资决定机制的意见》(国发〔2018〕16号),加快推进我省国有企业工资决定机制改革,根据国家有关收入分配政策,结合我省实际,提出如下实施意见。

一、改革工资总额决定机制

(一)改革工资总额确定办法。按照国家和我省工资收入分配宏观政策要求,根据企业发展战略和薪酬策略、年度生产经营目标和经济效益,综合考虑劳动生产率提高和人工成本投入产出率、职工工资水平市场对标等情况,结合人力资源社会保障部门发布的工资指导线和工资增长调控目标,合理确定年度工资总额。

(二)分类确定工资效益联动指标。全省国有企业要根据功能性质定位和行业特点,科学设置工资效益联动指标。履行出资人职责机构要综合考虑不同企业实际和考核重点,合理确定反映企业生产经营特点,体现职工劳动直接贡献的业绩考核指标。工资效益联动指标原则上不超过4个。

对竞争类（主业处于充分竞争行业和领域的）国有企业，经济效益指标主要选取利润总额（或净利润）、经济增加值、净资产收益率等指标。

对功能类（主业处于关系国家安全、国民经济命脉的重要行业和关键领域、主要承担重大专项任务的）国有企业，在主要选取反映经济效益和国有资本保值增值指标的同时，可根据实际情况增加营业收入、任务完成率等体现服务国家战略、保障国家安全和国民经济运行、发展前瞻性战略性产业及完成特殊任务等情况的指标。

对公益类（主业以保障民生、服务社会、提供公共产品和服务为主的）国有企业，主要选取反映成本控制、产品服务质量、营运效率和保障能力等方面的指标，兼顾利润总额、净资产收益率等体现经济效益和国有资本保值增值的指标。

对金融类国有企业，属于开发性、政策性的，主要选取体现服务国家战略和风险控制的指标，兼顾反映经济效益的指标；属于商业性的，主要选取反映经济效益、资产质量和偿付能力的指标。其中，经济效益指标主要选取净利润（或利润总额）、净资产收益率等指标；服务国家战略指标主要选取政策性业务比例、非农业务控制、资本金放大倍数、担保费率等指标；风险成本控制指标主要选取资本充足率、不良贷款率、拨备覆盖率、杠杆率、担保代偿率、代偿损失率等指标。

对文化类国有企业，同时选取反映社会效益和经济效益、国有资本保值增值的指标。社会效益指标主要选取政治导向、文化创作生产和服务等指标；经济效益指标主要选取利润总额、营业收入等指标。

以上各类国有企业的劳动生产率指标一般以人均增加值、人均利润为主，根据企业实际情况，可选取人均营业收入、人均工作量等指标。人工成本投入产出率指标主要选取人工成本利润率、人事费用率等指标。

（三）建立企业工资与效益联动机制。按照"效益增工资增、效益降工资降"的同向联动原则，合理确定企业年度工资总额增长或下降幅度。

企业经济效益增长的，当年工资总额增长幅度可在不超过经济效益增长幅度范围内确定。其中，当年劳动生产率未提高、上年人工成本投入产出率低于行业平均水平或者上年职工平均工资高于全国城镇单位就业人员平均工资 2.5 倍的，当年工资总额增长幅度不得超过同期经济效益增长幅度的 70%；对主业不处于充分竞争行业和领域的企业，上年职工平均工资达到人力资源社会保障部门规定的调控水平及以上的，当年工资总额增长幅度不得超过同期经济效益增长幅度，且职工平均工资增长幅度不得超过人力资源社会保障部门规定的工资增长调控目标。

企业经济效益下降的，除受政策调整等非经营性因素影响外，当年工资总额原则上相应下降。其中，当年劳动生产率未下降、上年人工成本投入产出率明显优于行业平均水平或者上年职工平均工资未达到全国城镇单位就业人员平均工资 80% 的，当年工资总额可适当少降。

企业未实现国有资产保值增值的，工资总额不得增长，或者适度下降。

企业按照工资与效益联动机制确定工资总额，原则上增人不增工资总额、减人不减工资总额，但发生兼并重组、新设企业或机构等情况的，可以合理增加或者减少工资总额。

二、改革工资总额管理方式

（四）全面实行工资总额预算管理。工资总额预算方案由国有企业根据工资收入分配政策和本企业实际自主编制，按规定履行内部决策程序后，分别报履行出资人职责机构备案或核准后执行。

（五）完善工资总额监管方式。履行出资人职责机构要根据企业功能性质定位、行业特点，并结合法人治理结构完善程度，对所监管企业工资总额预算分别实行备案制或核准制管理。

对竞争类国有企业，工资总额预算原则上实行备案制。其中，未建立规范董事会、法人治理结构不完善、内控机制不健全、近三年企业工资分配出现重大违纪违规行为的企业，或其他暂不具备实施备案制管理条件的企业，经履行出资人职责机构认定，其工资总额预算实行核准制。

对其他国有企业，工资总额预算原则上实行核准制。其中，已建立规范董事会、法人治理结构完善、内控机制健全、收入分配管理规范的企业，经履行出资人职责机构同意，其工资总额预算可实行备案制。

实行备案制管理的企业，如果出现工资总额预算管理不规范或工资分配存在重大违纪违规行为，履行出资人职责机构可将其工资总额预算调整为核准制管理；实行核准制管理的企业，如果近三年工资总额预算管理规范、工资分配未发生重大违纪违规行为，履行出资人职责机构可将其工资总额预算调整为备案制管理。

（六）合理确定工资总额预算周期。全省国有企业工资总额预算一般按年度进行管理。对行业周期性特征明显，经济效益年度间波动较大的企业，或者处于筹建期、初创期、战略调整期、快速扩张期的企业，或者存在重组改制等其他特殊情况的企业，经履行出资人职责机构同意，工资总额预算可按周期进行管理，周期最长不超过3年，周期内的工资总额增长应符合工资与效益联动的要求。

（七）建立企业工资分配行业对标机制。选择国内同行业内、企业规模相近、效益水平趋同的企业，进行利润、净资产收益率、劳动生产率及工资水平对标，并与劳动力市场工资价位相符合。

（八）强化工资总额预算执行。全省国有企业应严格执行经备案或核准的工资总额预算方案。执行过程中，因企业外部环境或自身生产经营等编制预算时所依据的情况发生重大变化，需要调整工资总额预算方案的，应按规定程序进行调整。履行出资人职责机构应加强对所监管企业执行工资总额预算情况的动态监控和指导，并对预算执行结果进行清算。

三、完善企业内部工资分配管理

（九）建立健全企业内部工资总额管理制度。全省国有企业在经备案或核准的工资总额预算内，依法依规自主决定企业内部工资分配方案。企业应建立健全企业内部工资总额管理制度，根据企业功能性质定位、行业特点和生产经营等情况，指导所属企业科学编制工资总额预算方案，逐级落实预算执行责任，建立预算执行情况动态监控机制，规范内部各级企业工资总额管理，确保实现工资总额预算目标。

（十）深化企业内部分配制度改革。全省国有企业要认真落实以增加知识价值为导向的人才评价和激励制度，统筹考虑以具有竞争力的薪酬水平吸引和留住人才、提高劳动生产率、降低人工成本等因素，科学制定与企业发展战略相适应的薪酬策略。

建立健全以岗位工资为主体的基本工资制度。以岗位价值为依据，以业绩为导向，参照劳动力市场工资价位并结合企业经济效益，通过集体协商等形式合理确定不同岗位的工资水平，向关键岗位、生产一线岗位和紧缺急需岗位的高层次、高技能人才倾斜。

建立全员业绩考核制度。使职工工资收入与工作业绩和实际贡献紧密挂钩，合理拉开工资收入差距，调整不合理过高收入，切实做到分配公平公正、工资能增能减。要统筹处理好企业内部不同层级间收入分配关系，企业（集团）总部职工平均工资增长幅度原则上应低于本企业全部职工平均工资增长幅度。

（十一）规范企业工资列支渠道。全省国有企业应调整优化工资收入结构，逐步实现职工收入工资化、工资收入货币化、发放透明化。严格清理规范工资外收入，将所有工资性收入一律纳入工资总额预算管理，不得在工资总额之外以其他任何方式列支工资性支出。

四、健全企业工资分配监管体制机制

（十二）加强和改进政府对国有企业工资分配的宏观指导和调控。

各级人力资源社会保障部门负责对同级国有企业工资分配进行宏观指导和调控，加强事前引导、事后监督。省、市人力资源社会保障部门负责建立省市两级企业薪酬调查和信息发布制度，定期发布本地区不同职业的劳动力市场工资价位和行业人工成本信息；会同财政、国资等部门完善企业工资指导线制度，定期制定和发布企业工资指导线、非竞争类国有企业职工平均工资调控水平和工资增长调控目标。

（十三）落实履行出资人职责机构的国有企业工资分配监管职责。履行出资人职责机构负责做好所监管企业工资总额预算方案的备案或核准工作，加强对监管企业工资总额预算执行情况的动态监控和执行结果的清算，并按年度将所监管企业工资总额预算执行情况报同级人力资源社会保障部门，由人力资源社会保障部门汇总报告同级人民政府。同时，履行出资人职责机构可按规定将有关情况直接报告同级人民政府。

（十四）完善国有企业工资分配内部监督机制。全省国有企业要加强制度建设，完善内控机制，规范董事会、监事会的运行。国有企业董事会应按照法定程序决定工资分配事项，加强对工资分配决议执行情况的监督。国有企业监事会要依法履行对工资分配的监督责任。国有企业职工收入分配制度、工资调整方案等关系职工切身利益的重大分配事项应通过法定的决策程序、民主程序及审核备案程序后实施。要坚持厂务公开，将企业职工工资收入分配情况定期向职工公开，接受职工监督。

（十五）建立国有企业工资分配信息公开制度。履行出资人职责机构、全省国有企业每年10月底前将企业上年度工资总额和职工平均工资水平等相关信息通过履行出资人职责机构和企业主管部门官方网站、企业官方网站向社会公示，接受社会监督。

（十六）健全国有企业工资内外收入监督检查制度。各级人力资源社会保障部门负责会同财政、国资等部门，定期对国有企业执行国家和我省工资收入分配政策情况开展监督检查，及时查处违规发放工资、滥发工资外收入等行为。加强与出资人监管和审计、税务、纪检监察、巡视等监督力量的协同，建立工作会商和资源共享机制，提高监督效能，形成监管合力。

对企业存在超提、超发工资总额及其他违规行为的，扣回违规发放的工资总额，并视违规情形对企业负责人和相关责任人员按规定给予经济处罚和纪律处分；构成犯罪的，由司法机关依法追究刑事责任。

五、做好组织实施工作

（十七）国有企业工资决定机制改革涉及面广、政策性强，各地区、各有关部门要统一思想认识，以高度的政治责任感和历史使命感，切实加强对改革工作的领导，做好统筹协调，细化目标任务，明确责任分工，强化督促检查，及时研究解决改革中出现的问题，推动改革顺利进行。

（十八）各市政府要根据本实施意见，结合工作实际，于 2018 年 12 月底前制定本地区改革国有企业工资决定机制的实施办法，认真抓好贯彻落实。各级履行出资人职责机构要抓紧制定所监管企业的具体改革实施办法，于 2018 年 12 月底前报同级人力资源社会保障部门，由同级人力资源社会保障部门会同财政部门审核后实施。全省国有企业要根据本实施意见和履行出资人职责机构要求，结合本企业实际，抓紧制定本企业工资总额预算管理制度，确保改革准时启动。

（十九）各级人力资源社会保障、财政、国资监管等部门和工会组织要各司其职，密切配合，共同做好改革工作，形成推进改革的合力。要加强舆论宣传和政策解读，引导全社会特别是国有企业职工正确理解和支持改革，营造改革的良好社会环境。全省国有企业要自觉树立大局观念，加强对职工宣传引导，认真执行改革规定，确保改革政策得到落实。

（二十）本实施意见适用于我省各级政府代表国家履行出资人职责的国有独资及国有控股企业。履行出资人职责机构包括代表政府履行出资人职责的国资监管机构和政府授权履行出资人职责的部门（机构）。

各级政府有关部门或机构作为实际控制人的企业,以及各级党委、政府有关部门、人民团体、事业单位所管理的国有独资及国有控股企业,参照本实施意见执行。

本实施意见所称工资总额,是指由企业在一个会计年度内直接支付给与本企业建立劳动关系的全部职工的劳动报酬总额,包括工资、奖金、津贴、补贴、加班加点工资、特殊情况下支付的工资等。

本实施意见自2019年1月1日起实施。我省现行国有企业工资总额管理规定,凡与本实施意见不一致的,按本实施意见执行。

吉林省人民政府关于改革国有企业工资决定机制的实施意见

(2018年12月6日　吉政发〔2018〕30号)

各市(州)人民政府，长白山管委会，长春新区管委会，各县(市)人民政府，省政府各厅委办、各直属机构：

为建立健全与劳动力市场基本适应、与企业经济效益和劳动生产率相挂钩的工资决定机制，加强对国有企业收入分配宏观调控，深化收入分配制度改革，充分调动国有企业职工的积极性、主动性、创造性，增强国有企业活力，提升国有企业效率，推动国有资本做强做优做大，根据《国务院关于改革国有企业工资决定机制的意见》(国发〔2018〕16号)和国家收入分配有关政策，结合我省实际，提出如下实施意见。

一、改革原则

——坚持建立现代国有企业制度改革方向。坚持所有权和经营权相分离，进一步确立国有企业的市场主体地位，发挥企业党委(党组)领导作用，依法落实董事会的工资分配管理权，建立既符合企业一般规律又体现国有企业特点的工资分配机制，促进国有企业持续健康发展。

——坚持效益导向与维护公平相统一。国有企业工资分配要切实做到既有激励又有约束、既讲效率又讲公平。坚持按劳分配原则，健全国有企业职工工资与经济效益同向联动、能增能减的机制，在经济效益增长和劳动生产率提高的同时实现劳动报酬同步提高。统筹处理好不同行业、不同企业和企业内部不同职工之间的工资分配关系，调节不合理收入。

——坚持市场决定与政府监管相结合。充分发挥市场在国有企业工资分配中的决定性作用,实现职工工资水平与劳动力市场价位相适应、与增强企业市场竞争力相匹配。加强政府对国有企业工资分配的宏观指导和调控作用,改进和加强事前引导和事后监督,规范工资分配秩序。

——坚持分类分级管理。根据国有企业功能性质定位、行业特点和法人治理结构完善程度,实行工资总额分类管理。按照企业国有资产产权隶属关系,落实各级政府职能部门、履行出资人职责机构(或企业主管部门,下同)和企业(集团)的分级监管责任。

二、改革工资总额决定机制

(一)改革工资总额确定办法。按照国家和我省工资收入分配宏观政策要求,根据企业发展战略和薪酬策略、年度生产经营目标和经济效益,综合考虑劳动生产率提高和人工成本投入产出率、职工工资水平市场对标等情况,结合省人力资源社会保障厅发布的工资指导线,合理确定年度工资总额。

(二)完善工资与效益联动机制。按照"效益增工资增、效益降工资降"的联动原则,合理确定企业年度工资总额增长或下降的幅度。

企业经济效益增长的,当年工资总额增长幅度可在不超过经济效益增长幅度范围内确定。其中,当年劳动生产率未提高、上年人工成本投入产出率低于行业平均水平或者上年职工平均工资高于全国城镇单位就业人员平均工资3倍的,当年工资总额增长幅度应低于同期经济效益增长幅度;对主业不处于充分竞争行业和领域的企业,上年职工平均工资达到省人力资源社会保障厅规定的调控水平及以上的,当年工资总额增长幅度应低于同期经济效益增长幅度,且职工平均工资增长幅度不得超过政府职能部门规定的工资增长调控目标。

企业经济效益下降的,除受政策调整等非经营性因素影响外,当年工资总额原则上相应下降。其中,当年劳动生产率未下降、上年人工成本投入产出率明显优于行业平均水平或者上年职工平均工资低于全国城镇单位就业人员平均工资70%的,当年工资总额可适当少降。

企业未实现国有资产保值增值的,工资总额不得增长,或者适度下降。

企业按照工资与效益联动机制确定工资总额,原则上增人不增工资总额、减人不减工资总额,但发生兼并重组、新设企业或机构等情况的,可以合理增加或者减少工资总额。

(三)分类确定工资效益联动指标。根据企业功能性质定位、行业特点,科学设置联动指标,合理确定考核目标,突出不同考核重点。

对主业处于充分竞争行业和领域的竞争类国有企业,工资效益联动指标主要选取利润总额(或净利润)、经济增加值、净资产收益率等反映经济效益、国有资本保值增值和市场竞争能力的指标。

对主业处于承担重大专项任务和重点项目建设,体现政府战略意图,服务和保障发展大局的功能类国有企业,在主要选取反映经济效益和国有资本保值增值指标的同时,可根据实际情况增加营业收入、任务完成率等指标。

对主业以供水、供气、供热、公共交通等以保障民生、服务社会、提供公共产品和服务为主的公益类国有企业,工资效益联动指标主要选取成本控制、产品服务质量、营运效率和保障能力等指标。

对金融类国有企业,属于开发性、政策性的,应主要选取体现服务国家战略和风险控制的指标,兼顾反映经济效益的指标;属于商业性的,应主要选取反映经济效益、资产质量和偿付能力的指标。

对文化类国有企业,工资效益联动指标应同时选取反映社会效益和经济效益、国有资本保值增值的指标。

劳动生产率指标一般以人均增加值、人均利润为主,根据企业实际情况,可选取人均营业收入、人均工作量等指标。

三、改革工资总额管理方式

(一)全面实行工资总额预算管理。工资总额预算方案由国有企业根据工资收入分配政策结合本企业实际自主编制,按规定履行内部决策程序后，根据企业功能性质定位、行业特点并结合法人治理结构完善程度，报履行出资人职责机构备案或核准后执行。

对主业处于充分竞争行业和领域的竞争类国有企业，工资总额预算原则上实行备案制。其中，未建立规范董事会、法人治理结构不完善、内控机制不健全、近三年企业工资分配存在重大违纪违规行为的企业，经履行出资人职责机构认定，其工资总额预算应实行核准制。

对功能类和公益类国有企业，工资总额预算原则上实行核准制。其中，企业已建立规范董事会、法人治理结构完善、内控机制健全、收入分配管理规范、近三年企业工资分配未发生重大违纪违规行为的企业，经履行出资人职责机构认定，其工资总额预算可实行备案制。

（二）合理确定工资总额预算周期。国有企业工资总额预算一般按年度进行管理。对行业周期性特征明显、经济效益年度间波动较大的企业或存在其他特殊情况的企业，经履行出资人职责机构同意，工资总额预算可探索按周期进行管理，周期最长不超过三年，周期内年均工资总额增长幅度不超过同期经济效益增长幅度。

（三）强化工资总额预算执行。国有企业应严格执行经备案或核准的工资总额预算方案。执行过程中，因企业外部环境或自身生产经营等编制预算时所依据的情况发生重大变化，需要调整工资总额预算方案的，应按规定程序进行调整。

履行出资人职责机构应加强对所监管企业执行工资总额预算情况的动态监控和指导，并对预算执行结果进行清算。

四、完善企业内部工资分配管理

（一）完善企业内部工资总额管理制度。国有企业在经备案或核准的工资总额预算内，依法依规自主决定内部工资分配。企业应建立健全内部工资总额管理制度，根据所属企业功能性质定位、行业特点和生产经营等情况，指导所属企业科学编制工资总额预算方案，逐级落实预算执行责任，实行工资总额预算管理过程与业绩考核结果相结合的监控方式,建立预算执行情况动态监控机制,确保实现工资总额预算目标。

企业集团应合理确定总部工资总额预算,其职工平均工资增长幅度原则上应低于本企业全部职工平均工资增长幅度。

(二)深化企业内部分配制度改革。国有企业应建立健全以岗位工资为主的基本工资制度,以岗位价值为依据,以业绩为导向,参照劳动力市场工资价位并结合企业经济效益,通过集体协商等形式合理确定不同岗位的工资水平,向关键岗位、生产一线岗位和紧缺急需岗位的高层次、高技能人才倾斜,合理拉开工资分配差距,调整不合理过高收入。

国有企业应建立健全全员业绩考核制度,加强全员绩效考核,使职工工资收入与其工作业绩和实际贡献相挂钩,切实做到能增能减。

(三)规范企业工资列支渠道。国有企业应调整优化工资收入结构,逐步实现职工收入工资化、工资货币化、发放透明化。严格清理规范工资外收入,将所有工资性收入一律纳入工资总额管理,不得在工资总额之外以其他方式列支任何工资性支出。

五、健全工资分配监管体制机制

(一)加强和改进政府对国有企业工资分配的调控和指导。省人力资源社会保障厅负责建立企业薪酬调查和信息发布制度,会同省财政厅、省国资委等部门拟定全省国有企业工资收入分配政策,完善企业工资指导线制度,定期制定和发布企业工资指导线、非竞争类国有企业职工平均工资调控水平和工资增长调控目标。各市(州)、长白山管委会、梅河口市、公主岭市人力资源社会保障部门负责对同级国有企业工资分配的宏观调控和指导,改进和加强事前引导、事后监督,定期发布不同职业的劳动力市场工资价位和行业人工成本信息。

(二)落实履行出资人职责机构的国有企业工资分配监管职责。履行出资人职责机构负责指导所监管企业编制工资总额预算方案,做好所监管企业工资总额预算方案的备案或核准工作，加强对监管企业工资总额预算执行情况的动态监控和执行结果的清算，并按年度将所监管企业工资总额预算执行情况报同级人力资源社会保障部门，由人力资源社会保障部门汇总报同级政府。同时，履行出资人职责机构可按规定将有关情况直接报告同级政府。

（三）完善国有企业工资分配内部监督机制。国有企业应完善法人治理结构，健全内控机制，加强自律建设，规范董事会、监事会的运行。董事会应依照法定程序决定工资分配事项，加强对工资分配决议执行情况的监督。落实企业监事会和工会对工资分配的监督责任。

（四）加强对企业集团本部及所属子企业工资分配的监督。国有企业应按规定报送工资总额执行结果有关情况，自觉接受政府职能部门和履行出资人职责机构的监管，将企业职工工资收入分配情况作为厂务公开的重要内容，定期向职工公开，接受职工监督。

（五）建立国有企业工资分配信息公开制度。履行出资人职责机构、国有企业于每年6月30日前将上一年度企业应付职工工资总额、实付职工工资总额、职工平均工资水平及增长幅度等相关信息通过履行出资人职责机构或企业主管部门官网向社会披露，接受社会公众监督。

（六）健全国有企业工资内外收入监督检查制度。人力资源社会保障部门会同财政、国资监管等部门，定期对国有企业执行国家和省工资收入分配政策情况进行监督检查，及时查处违规发放工资、滥发工资外收入等行为。加强与出资人监管和审计、税务、纪检监察、巡视等监督力量的协同，建立工作会商和资源共享机制，提高监督效能，形成监管合力。

企业应当依法依规合理确定年度工资总额增长，不得违反规定超提、超发工资总额。出现超提超发或其他违纪行为的企业，应扣回违规发放的工资总额，并视违规情形对企业负责人和相关责任人员依照有关规定给予经济处罚和纪律处分；构成犯罪的，由司法机关依法追究刑事责任。

六、做好组织实施工作

（一）加强组织领导。国有企业工资决定机制改革是一项涉及面广、政策性强的工作，各地区、各有关部门要统一思想认识，以高度的政治责任感和历史使命感，切实加强对改革工作的组织领导，做好统筹协调，细化目标任务，明确责任分工，强化督促检查，及时研究解决改革中出现的问题，推动改革顺利进行。各级人力资源社会保障、财政、国资监管等部门和工会要各司其职，密切配合，形成推进改革的合力，共同做好改革工作。

（二）统筹推进改革。各级履行出资人职责机构要根据本意见，结合所监管企业的实际情况，抓紧制定所监管企业的具体改革实施办法，报同级人力资源社会保障、财政部门审核后实施。国有企业应根据本意见和履行出资人职责机构要求，结合本企业实际，抓紧制定本企业工资总额预算管理制度，报履行出资人职责机构审核并确定工资总额监管方式后实施。

（三）做好宣传引导。要加强舆论宣传和政策解读，引导全社会特别是国有企业职工正确理解和支持改革，营造改革的良好社会环境。国有企业要自觉树立大局观念，认真落实改革精神，确保改革政策落实到位。

本意见适用于全省各级政府代表国家履行出资人职责的国有独资及国有控股企业。其他各级党委和政府有关部门、事业单位、人民团体（在本意见中统称企业主管部门）所管理的国有独资及国有控股企业，依照本意见执行。各级政府有关部门或机构作为实际控制人的企业，参照本意见执行。

本意见确定的各项改革措施自 2019 年 1 月 1 日起实施。我省现行国有企业工资管理规定，凡与本意见不一致的，按本意见执行。

本意见所称工资总额,是指由企业在一个会计年度内直接支付给与本企业建立劳动关系的全部职工的劳动报酬总额,包括工资、奖金、津贴、补贴、加班加点工资、特殊情况下支付的工资等。本意见所称履行出资人职责机构包括代表政府履行出资人职责的国资监管机构和政府授权履行出资人职责的部门(机构)。

黑龙江省人民政府关于改革国有企业工资决定机制的实施意见

(2018年11月19日 黑政发〔2018〕19号)

各市(地)、县(市)人民政府(行署),省政府各直属单位:

为深化国有企业收入分配制度改革,完善现代企业制度,建立健全与劳动力市场基本适应、与企业经济效益和劳动生产率挂钩的工资决定和正常增长机制,充分调动广大职工的积极性,进一步激发企业活力,提升生产经营效率,推动高质量发展,根据《国务院关于改革国有企业工资决定机制的意见》(国发〔2018〕16号)精神,结合我省实际,提出以下实施意见。

一、进一步完善工资总额决定机制改革办法

(一)改革工资总额确定办法。工资总额由企业按照国家和我省工资收入分配宏观政策要求,根据企业发展战略和薪酬策略、年度生产经营目标和经济效益,综合考虑劳动生产率提高和人工成本投入产出率、职工工资水平市场对标等情况,结合人社部门发布的工资指导线合理确定。

(二)完善工资与效益联动机制。按照工资总额与经济效益同向联动原则,合理确定企业工资总额增长或下降幅度。

1. 企业经济效益增长的,当年工资总额增长幅度可在不超过经济效益增长幅度范围内确定。其中,当年劳动生产率未提高、上年人工成本投入产出率低于行业平均水平或者上年职工平均工资达到全国城镇非私营单位就业人员平均工资3倍以上的,当年工资总额增长幅度应低于同期经济效益增长幅度;对主业不处于充分竞争行业和领域的企业,上年职工平均工资达到人社部门规定的调控水平及以上的,当年工资总额增长幅度应低于同期经济效益增长幅度,且职工平均工资增长幅度不得超过人社部门规定的工资增长调控目标。

2. 企业经济效益下降的,除受政策调整等非经营性因素影响外,当年工资总额原则上相应下降。其中,当年劳动生产率未下降、上年人工成本投入产出率明显优于行业平均水平或者上年职工平均工资未达到全国城镇非私营单位就业人员平均工资80%的,当年工资总额可适当少降。具体少降标准由履行出资人职责机构确定。

3. 企业未实现国有资产保值增值的,工资总额不得增长,或者适度下降。具体下降标准由履行出资人职责机构确定。

4. 企业按照工资与效益联动机制确定工资总额,原则上增人不增工资总额、减人不减工资总额,但发生兼并重组、新设企业或机构等情况的,可以合理增加或者减少工资总额。

(三)分类确定工资效益联动指标。根据企业功能性质定位、行业特点,结合履行出资人职责机构与企业确定的生产经营责任目标,科学设置联动指标,突出不同考核重点。联动指标原则上可选择2~3个,最多不超过4个。

1. 对主业处于充分竞争行业和领域的商业类国有企业,经济效益指标主要选取利润总额(或净利润)、经济增加值、净资产收益率等指标。其中,确定经济增加值指标的资本成本率要以行业平均水平为基础,依据资本市场对标结果确定。劳动生产率指标主要选取人均利润、人均经济增加值(或人均增加值)、人均营业收入、人均工作量等指标;人工成本投入产出率指标主要选取人工成本利润率、人事费用率等指标。

2. 对主业处于关系国家安全、国民经济命脉的重要行业和关键领域、主要承担重大专项任务的商业类国有企业,经济效益指标主要选取利润总额、营业收入或任务完成率等指标;劳动生产率指标主要选取人均利润、人均工作量等指标；人工成本投入产出率指标主要选取人工成本利润率、人事费用率等指标。

3. 对主业以保障民生、服务社会、提供公共产品和服务为主的公益类国有企业，主要选取反映成本控制、产品服务质量、营运效率和保障能力等指标，兼顾体现经济效益和国有资本保值增值的指标。

4. 对金融类国有企业，经济效益指标主要选取净利润（或利润总额）、净资产收益率等指标；劳动生产率指标选取人均利润指标；人工成本投入产出率指标选取人工成本利润率指标；风险成本控制指标主要选取资本充足率、不良贷款率、拨备覆盖率、杠杆率等指标。

5. 对文化类国有企业，应把社会效益放在首位，同时选取社会效益和经济效益、国有资本保值增值的指标。社会效益指标主要选取文化任务完成率等体现文化企业社会贡献的文化创作生产和服务、受众反应、社会影响指标（如原创文化产品、演出场次、重大出版计划完成率、再版率、文化产品获奖等）；经济效益指标主要选取利润总额、营业收入等指标；劳动生产率指标主要选取人均利润、人均营业收入等指标；人工成本投入产出率指标主要选取人事费用率、人工成本利润率等指标。

二、进一步优化工资总额管理方式

（四）实行工资总额预算管理。工资总额预算方案由国有企业自主编制，按规定履行内部决策程序后，根据企业功能性质定位、行业特点并结合法人治理结构完善程度，分别报履行出资人职责机构备案或核准后执行。

1. 对主业处于充分竞争行业和领域的商业类国有企业，工资总额预算原则上实行备案制。其中，未建立规范董事会、法人治理结构不完善、内控机制不健全的企业，经履行出资人职责机构认定，其工资总额预算应实行核准制。

2. 对其他国有企业，工资总额预算原则上实行核准制。其中，已建立规范董事会、法人治理结构完善、内控机制健全的企业，经履行出资人职责机构同意，其工资总额预算可实行备案制。

（五）规范工资总额预算编制。企业应按照"自下而上、上下结合、分级编制、逐级汇总"的程序，依据企业国有资产产权隶属关系，以企业法人为单位，层层组织做好工资总额预算编制工作。工资总额预算编制及清算应使用社会中介机构按中国审计准则审计后的财务会计报告。

（六）合理确定工资总额预算指标基数。对已经实行工资总额预算管理或由履行出资人职责机构核定工资总额的企业，工资总额预算基数以履行出资人职责机构清算确定的上年度工资总额为基数；未实行工资总额预算管理和未由履行出资人职责机构核定工资总额的企业，初始工资总额预算基数原则上以上年度企业实发工资总额为基数。对于新组建企业，根据本企业薪酬策略，可参考同级同类国有企业职工平均工资和实有职工人数合理确定工资总额预算基数。

（七）合理确定经济效益预算指标基数。经济效益预算指标基数原则上以社会中介机构按中国审计准则审计后的财务会计报告反映的经济效益指标完成值为基数。经济效益预算指标目标值的确定，应结合企业发展实际和战略规划，按照效益持续改善向好、符合国家确定的经济发展计划等要求，由企业根据市场经济情况进行预测，在合理幅度内确定。

（八）合理确定工资总额预算周期。国有企业工资总额预算一般按年度进行管理。对行业周期性特征明显、经济效益年度间波动较大或者处于筹建期、初创期、战略调整期、快速扩张期，以及存在重组改革等其他特殊情况的企业，经履行出资人职责机构同意，工资总额预算可按周期进行管理，周期最长不超过三年，周期内工资效益联动机制按照第（二）条执行。

（九）强化工资总额预算执行。国有企业应严格执行经备案或核准的工资总额预算方案。执行过程中，因企业外部环境或自身生产经营等编制预算时所依据的情况发生重大变化，需要调整工资总额预算方案的，应按规定程序进行调整。其中，工资总额预算实行年度管理的，工资总额预算方案最多调整一次；实行周期管理的，原则上最多调整两次。

三、进一步强化企业内部工资分配管理

（十）完善企业内部工资总额管理制度。国有企业在经备案或核准的工资总额预算内，依法依规自主决定内部工资分配。国有企业应建立健全内部工资总额管理办法，根据所属企业功能性质定位、行业特点和生产经营等情况，指导所属企业科学编制工资总额预算方案，逐级落实预算执行责任，建立预算执行情况动态监控机制，确保实现工资总额预算目标。国有企业应积极向行业先进做法对标，探索工资总额创新管理机制，充分调动不同行业、不同发展阶段子企业的工资分配积极性，理顺企业内部收入分配关系。企业集团应合理确定总部工资总额预算，其职工平均工资增长幅度原则上应低于本企业全部职工平均工资增长幅度。

（十一）深化企业内部分配制度改革。国有企业应统筹考虑以具有竞争力的薪酬水平吸引和留住人才、提高劳动生产率等因素，科学制定与企业发展战略相适应的薪酬策略。建立健全以岗位工资为主的基本工资制度，以岗位价值为依据，以业绩为导向，参照劳动力市场工资价位并结合企业经济效益，通过集体协商等形式合理确定不同岗位的工资水平，向关键岗位、生产一线岗位和紧缺急需岗位的高层次、高技能人才倾斜，合理拉开工资分配差距，调整不合理过高收入。加强全员绩效考核，使职工工资收入与其工作业绩和实际贡献紧密挂钩，切实做到能增能减。

（十二）规范企业工资列支渠道和人工成本管理。国有企业应调整优化工资收入结构，逐步实现职工收入工资化、工资货币化、发放透明

化。严格清理规范工资外收入，将各种津贴、补贴等工资总额组成范围内的所有工资性收入一律纳入工资总额管理，不得在工资总额之外以其他方式列支任何工资性支出。健全以工资总额管理为核心的人工成本调控管理体系，严格执行社会保险、住房公积金、企业年金、福利费等政策规定，控制人工成本不合理增长。规范职工福利保障管理，严禁超标准列支。

四、进一步健全工资分配监管体制机制

（十三）加强和改进政府对国有企业工资分配的宏观指导调控。各级人社部门负责对同级国有企业工资分配进行宏观指导和调控，改进和加强事前引导和事后监管，建立企业薪酬调查和信息发布制度，每年定期发布不同职业的劳动力市场工资价位和行业人工成本信息；会同财政、国资监管等部门拟定国有企业工资收入分配政策，完善工资指导线制度，定期制定和发布工资指导线、非竞争类国有企业职工平均工资调控水平和工资增长调控目标。

（十四）落实履行出资人职责机构的国有企业工资分配监管职责。履行出资人职责机构负责做好所监管企业工资总额预算方案的备案或核准工作，加强对监管企业工资总额预算执行情况的动态监控和过程管控，按规定及时对其工资总额预算执行结果进行清算，出具清算批复文件，并按年度将所监管企业工资总额预算执行情况报同级人社部门，由人社部门汇总后报同级政府。

（十五）完善国有企业工资分配内部监督机制。国有企业应完善法人治理结构，健全内控机制，加强自律管理，规范董事会和监事会运行。董事会应依照法定程序决定工资分配事项，加强对工资分配决议执行情况的监督。落实企业监事会对工资分配的监督责任。企业应按规定报送工资总额执行结果，自觉接受政府职能部门和履行出资人职责机构的监管，并将职工工资收入分配情况作为厂务公开的重要内容，定期向职工公开，接受职工监督。

(十六)建立国有企业工资分配信息公开制度。履行出资人职责机构及国有企业应于每年9月底前在本机构和本企业官方网站向社会如实披露上年度应付工资总额、职工平均工资水平及变动幅度、工资总额清算结果等相关信息,接受社会公众监督。

(十七)健全国有企业工资内外收入监督检查制度。各级人社部门会同财政、国资监管等部门,定期对国有企业执行工资收入分配政策情况进行监督检查,及时查处违规发放工资、滥发工资外收入等行为。加强与出资人监管和审计、税务、纪检监察、巡视等监督力量的协同,建立工作会商和资源共享机制,提高监督效能,形成监督合力。

对企业存在超提、超发工资总额及其他违规行为的,扣回违规发放的工资总额,并视违规情形对企业负责人和相关责任人依照有关规定给予经济处罚和纪律处分。构成犯罪的,由司法机关依法追究刑事责任。

五、进一步做好组织实施相关工作

(十八)统一思想认识。改革国有企业工资决定机制是中共中央、国务院关于深化国有企业改革的重大战略部署,事关国有企业健康发展和广大职工切身利益。因此,各地、各有关部门务必高度重视,统一思想认识,提高政治站位,坚持以人民为中心的发展思想,牢固树立和贯彻落实新发展理念,本着对党和人民高度负责的精神,切实做好改革工作。

(十九)加强组织领导。省直各有关部门和市(地)、县(市)政府(行署)要成立专项改革工作专班,切实加强对改革工作的领导。统筹各方力量、细化改革目标,明确责任分工,强化监督检查。根据本实施意见要求,结合本部门和本地实际,抓紧制定改革实施办法或实施方案,务于2018年12月底前完成拟定工作,并报同级或上级人社部门和财政部门审核。

(二十)强化宣传引导。各级人社、财政、国资监管等部门和工会要各司其职,密切配合,形成工作合力,充分运用广播、电视、报纸等主流媒体和新媒体,加强舆论宣传,做好政策解读,引导全社会特别是国有企业职工正确理解和支持改革,营造良好社会环境。国有企业要自觉树立大局观念,认真执行国家和我省有关政策规定,确保改革政策落实到位。

(二十一)本实施意见适用于省、市、县属国有独资及国有控股企业,包括各级独资、控股子企业。省、市、县政府有关部门、事业单位或机构作为实际控制人的国有企业参照本意见执行。

工资总额是指由企业在一个会计年度内直接支付给与本企业建立劳动关系的全部职工的劳动报酬总额,包括工资、奖金、津贴、补贴(含实行货币化改革的福利性收入,如供热补贴、误餐补贴、交通补贴、通信补贴等)、加班加点工资、特殊情况下支付的工资等。

本实施意见自2019年1月1日起实施。我省现行国有企业工资管理规定凡与本意见不一致的,按本意见执行。

上海市人民政府关于本市改革国有企业工资决定机制的实施意见

(2019年1月25日　沪府规〔2019〕7号)

各区人民政府，市政府各委、办、局：

国有企业在经济社会发展中具有重要地位。国有企业工资决定机制改革是完善国有企业现代企业制度的重要内容，是深化收入分配制度改革的重要任务，事关国有企业健康发展，事关国有企业职工切身利益，事关收入分配合理有序。为全面贯彻《国务院关于改革国有企业工资决定机制的意见》（国发〔2018〕16号），结合实际，现提出本市改革国有企业工资决定机制实施意见如下：

一、明确指导思想和基本原则

（一）指导思想

全面贯彻党的十九大精神和习近平新时代中国特色社会主义思想，坚持以人民为中心的发展思想，牢固树立新发展理念，推进区域性国资国企综合改革试验，落实国家关于改革国有企业工资决定机制的要求，体现上海特色。建立健全与劳动力市场基本适应、与国有企业经济效益和劳动生产率挂钩的工资决定和正常增长机制，进一步增强国有企业活力、提升国有企业效率，充分调动国有企业职工的积极性、主动性和创造性，使国有企业在建设"五个中心"和打响"四大品牌"中发挥主力军作用，为提升城市能级和核心竞争力、加快建设具有世界影响力的社会主义现代化国际大都市贡献力量。

（二）基本原则

——坚持效益导向与维护公平相结合。坚持按劳分配，健全国有企业职工工资与经济效益同向联动、能增能减的机制,在经济效益增长和劳动生产率提高的同时,实现劳动报酬同步提高。处理好不同行业、不同企业和企业内部不同职工之间的工资分配关系,调节过高收入。完善工资集体协商和职工代表大会制度,健全工资分配的民主管理程序。

——坚持市场决定与政府监管相结合。进一步确立国有企业的市场主体地位,更好发挥企业党组织的领导作用,落实董事会的工资分配管理权,实现职工工资水平与劳动力市场价位相适应、与增强企业市场竞争力相匹配。更好发挥政府对国有企业工资分配的宏观指导和调控作用,改进和加强事前引导和事后监督,规范工资分配秩序,促进收入分配更合理、更有序。

——坚持分类管理与分级监管相结合。根据国有企业的不同功能性质定位、行业特点和法人治理结构完善程度,实行工资总额分类管理。按照国有资产产权隶属关系,完善国有企业工资分配分级监管体制,落实政府职能部门和履行出资人职责机构的监管责任。

二、改革工资总额决定机制

(三)完善工资总额确定办法。按照国家和本市工资收入分配宏观政策要求,根据企业的发展战略、薪酬策略、经营状况、任务目标、经济效益和社会效益,综合考虑劳动生产率和人工成本投入产出率、职工工资水平市场对标等情况,结合企业工资指导线,合理确定年度工资总额。

本实施意见所称工资总额,是指企业在一个会计年度内直接支付给与本企业建立劳动关系的全部职工的劳动报酬总额,包括工资、奖金、津贴、补贴、加班加点工资、特殊情况下支付的工资等。

(四)完善工资与效益联动机制。主业处于充分竞争行业和领域的竞争类国有企业,经济效益增长的,工资总额可增长,但增长幅度不超过经济效益的增长幅度。其中,当年劳动生产率未提高,或者上年人工成本投入产出率低于行业平均水平,或者上年人均工资高于本市职工平均工资2倍的，工资总额增长幅度应低于经济效益增长幅度，人均工资增长幅度高于工资指导线平均线的部分应适当降低。企业经济效益下降的，除受政策调整等非经营性因素影响外，工资总额原则上相应下降。其中，当年劳动生产率未下降，或者上年人工成本投入产出率明显优于行业平均水平，或者上年人均工资低于本市职工平均工资60%的，工资总额可适当少降。

以完成战略任务或政府重大专项任务为主要目标的功能类国有企业，以及主业以保障民生、服务社会、提供公共产品和服务为主的公共服务类国有企业，可根据完成任务和提供服务等情况确定工资总额增长幅度，人均工资增长幅度原则上不高于工资指导线的平均线。其中，上年人均工资达到本市职工平均工资2倍以上的，人均工资增长幅度原则上不高于工资指导线平均线的80%。

除发生兼并重组、新设企业或分支机构等涉及人员变动较大、影响工资总额较多的情况，可合理增加或者减少工资总额外，原则上增人不增工资总额、减人不减工资总额。

企业未实现国有资产保值增值的，工资总额不得增长，或者工资总额适度下降。

（五）分类确定工资效益联动指标。根据国有企业功能性质定位、行业特点，合理确定工资总额与效益联动指标。联动指标应突出重点，可为单一指标，也可为多个指标，但一般不超过4个，并合理设定各指标的权重。

竞争类国有企业，应主要选取反映经济效益和市场竞争力的指标。其中，金融类国有企业应主要选取反映经济效益、资产质量、偿付能力以及防范风险能力的指标。功能类国有企业，可根据实际情况选取反映经济效益、任务完成及成本控制等情况的指标。公共服务类国有企业，应主要选取反映服务质量、营运效率、保障能力、成本控制情况的指标，兼顾反映经济效益的指标。文化类国有企业，应同时选取反映社会效益和经济效益的指标。

劳动生产率指标一般以人均增加值、人均利润为主，根据企业实际情况，可选取人均营业收入、人均工作量等指标。

人工成本投入产出率一般以人工成本利润率为主，根据企业实际情况，也可选取人事费用率等指标。

三、改革工资总额管理方式

（六）实行工资总额预算管理。工资总额预算方案由国有企业自主编制，集团公司应合理编制集团的工资总额预算和总部的工资总额预算，并对所属企业的工资总额预算编制进行指导，按照规定履行内部决策程序，将集团的工资总额预算和总部的工资总额预算报履行出资人职责机构备案后执行。

存在法人治理结构不完善、内控机制不健全、工资分配不规范等情况的集团公司，经认定，工资总额预算由履行出资人职责机构核准后执行。

（七）合理确定工资总额预算周期。国有企业工资总额预算一般按年度进行管理。对行业周期性特征明显、经济效益年度间波动较大或存在其他特殊情况的企业，工资总额预算可探索按周期进行管理，周期最长不超过三年；周期内的工资总额增长，应符合工资与效益联动的要求。

（八）强化工资总额预算执行。国有企业应严格执行经备案或核准的工资总额预算方案。执行过程中，因企业外部环境或自身生产经营等编制预算时所依据的情况发生重大变化，需要调整工资总额预算方案的，应按照预算管理程序进行调整。

集团的工资总额和总部的工资总额由履行出资人职责机构清算，集团所属企业的工资总额由集团公司清算。集团公司将总部和所属企业的工资总额清算情况汇总后，报履行出资人职责机构和人力资源社会保障部门；人力资源社会保障部门汇总后，报告同级政府。

四、完善企业工资内部分配管理

（九）完善企业内部工资总额管理制度。国有企业在经备案或核准的工资总额预算内，依法依规自主决定内部工资分配。企业应建立健全内部工资总额管理办法，根据功能性质定位、行业特点和生产经营等情况，科学编制工资总额预算方案。集团公司应加强对所属企业的指导，逐级落实预算编制责任，建立预算执行情况动态监控机制，确保实现工资总额预算目标；合理确定总部的工资总额预算，其职工平均工资增长幅度原则上低于本集团全部职工平均工资增长幅度。

（十）深化企业内部分配制度改革。国有企业应建立健全以岗位工资为主的基本工资制度，以岗位价值为依据，以能力素质为基础，以业绩贡献为导向，参照劳动力市场工资价位并结合企业经济效益，兼顾市场竞争力和工资持续增长能力，通过工资集体协商等形式，合理确定不同岗位的工资水平。应逐步理顺领导人员、管理人员、技术人员和生产服务人员等各类岗位人员的工资分配关系，合理拉开工资分配差距，调整不合理过高收入。工资分配应向关键岗位、生产一线岗位和紧缺急需岗位的人才倾斜，可探索对高层次科技人才、高技能人才试行协议工资、项目工资、年薪制等分配形式。应加强全员绩效考核，使职工工资收入与其工作业绩和实际贡献紧密挂钩，切实做到能增能减。企业薪酬制度应向职代会报告，经听取职工意见并修改完善后报职代会表决通过。

（十一）规范企业工资列支渠道。国有企业应优化工资收入结构，逐步实现职工收入工资化、工资货币化、发放透明化。严格清理规范工资外收入，将所有工资性收入一律纳入工资总额管理，不得在工资总额之外以其他形式列支任何工资性支出。

五、健全工资分配监管体制机制

（十二）加强和改进对国有企业工资分配的宏观指导和调控。人力资源社会保障部门负责建立企业薪酬调查和信息发布制度，定期发布劳动力市场工资价位和行业人工成本信息；会同工会、企业联合会、工商联等单位共同研究，每年一季度发布企业工资指导线。

（十三）落实国有企业工资分配监管职责。履行出资人职责机构负责指导企业落实国有企业工资分配政策，做好企业工资总额预算方案的备案或核准工作，并加强对预算执行情况的动态监控和执行结果的清算。

（十四）完善国有企业工资分配内部监督机制。国有企业董事会应依照法定程序决定工资分配事项，加强对工资分配决议执行情况的监督。监事会应根据职责，落实对工资分配的监督责任。工会应督促企业将职工工资收入分配情况作为厂务公开的重要内容，定期向职工公开，接受职工监督。

（十五）建立国有企业工资分配信息公开制度。履行出资人职责机构、集团公司每年定期将工资总额和职工平均工资水平等相关信息通过官方网站等渠道向社会披露，接受社会公众监督。

（十六）健全国有企业工资内外收入监督检查制度。人力资源社会保障部门会同财政、国资监管等部门定期对国有企业执行国家和本市工资收入分配政策情况开展监督检查，及时查处违规发放工资、滥发工资外收入等行为；加强与出资人监管和审计、税务、纪检监察、巡视等监督的协同，建立工作会商和资源共享机制，提高监督效能，形成监督合力。对企业存在超提、超发工资总额及其他违规行为的，扣回违规发放的工资总额，并视违规情形，对企业负责人和相关责任人员给予经济处罚和纪律处分；构成犯罪的，由司法机关依法追究刑事责任。

六、做好组织实施

（十七）国有企业工资决定机制改革涉及面广、政策性强，各区、各有关部门要统一思想认识，以高度的政治责任感和历史使命感，切实加强领导，做好统筹协调，细化目标任务，明确责任分工，强化督促检查，及时研究解决改革中出现的问题，推动改革顺利进行。要加强舆论宣传和政策解读，引导全社会正确理解和支持改革，营造良好环境。

国资监管部门要会同人力资源社会保障、财政部门制订所监管企业的具体改革实施办法，其他委托监管单位参照执行该办法。

人力资源社会保障、财政、国资监管等部门和工会要各司其职，密切配合，共同做好改革工作，形成推进改革的合力。

各国有企业要自觉树立大局观念，认真执行有关改革规定，确保改革政策落实到位。

（十八）市属国有企业的工资分配由市相关部门管理，区属国有企业的工资分配由区相关部门管理。履行出资人职责机构包括国资监管部门及其委托监管单位等。

本实施意见自 2019 年 1 月 1 日起施行，有效期至 2023 年 12 月 31 日。

江苏省政府关于改革国有企业工资决定机制的实施意见

(2018年12月11日 苏政发〔2018〕145号)

各市、县(市、区)人民政府,省各委办厅局,省各直属单位:

为认真贯彻《国务院关于改革国有企业工资决定机制的意见》(国发〔2018〕16号)精神,完善既有激励又有约束、既讲效率又讲公平、既符合企业一般规律又体现国有企业特点的薪酬分配机制,充分调动国有企业职工的积极性、主动性和创造性,推动国有资本做强做优做大,结合我省实际,现就改革国有企业工资决定机制提出如下实施意见。

一、总体要求

以习近平新时代中国特色社会主义思想为指导,全面贯彻党的十九大精神和习近平总书记对江苏工作的重要指示要求,坚持稳中求进工作总基调,自觉践行新发展理念,以供给侧结构性改革为主线,围绕高质量发展,按照深化国有企业改革、完善国有资产管理体制和坚持按劳分配原则、完善按要素分配体制机制的要求,以增强国有企业活力、提升国有企业效率为中心,建立健全与劳动力市场基本适应、与国有企业经济效益和劳动生产率挂钩的工资决定和正常增长机制,坚持分级分类管理,完善国有企业工资分配监管体制,依法落实企业内部的薪酬分配权,促进收入分配更合理、更有序,进一步激发国有企业创造力和提高市场竞争力,为推动高质量发展走在前列、加快建设"强富美高"新江苏提供有力支撑。

二、改革国有企业工资总额决定机制

(一)改革工资总额确定办法。国有企业工资总额,是指由企业在一个会计年度内直接支付给与本企业建立劳动关系的全部职工的劳动报酬总额，包括工资、奖金、津贴、补贴、加班加点工资、特殊情况下支付的工资等。

国有企业年度工资总额要按照国家工资收入分配宏观政策要求，根据企业发展规划和薪酬策略、年度生产经营目标和经济效益，综合考虑劳动生产率提高和人工成本投入产出率、职工工资水平市场对标等情况，结合本地区人力资源社会保障部门发布的工资指导线、工资调控水平和调控目标合理确定。

完善国有企业职工工资与经济效益联动机制，做到同向联动、能增能减，同时统筹处理好不同行业、不同企业和企业内部不同职工之间的工资分配关系，调节过高收入。

（二）科学设置工资效益联动指标。根据企业功能性质定位、行业特点，从经济效益、劳动生产率、人工成本投入产出率三方面，分类设置联动指标，合理确定考核目标，突出不同考核重点。工资效益联动指标一般不超过4个，原则上采用权重法计算，各项联动指标所占权重和具体计算公式由履行出资人职责机构确定。工资效益联动原则上以上年度效益完成值为基数计算，根据企业实际情况，经履行出资人职责机构同意，也可统筹考虑企业前三年平均数据。

1. 经济效益指标的设置，按照企业类型选取1~2个指标。

对主业处于充分竞争行业和领域的商业类国有企业，应主要选取利润总额、净利润、经济增加值、净资产收益率等反映经济效益、国有资本保值增值和市场竞争能力的指标。

对主业处于关系国家安全、国民经济命脉的重要行业和关键领域、主要承担重大专项任务的商业类国有企业，应主要选取利润总额、营业收入、任务完成率等体现服务国家和省委、省政府重大发展战略、保障国家安全和国民经济运行、发展前瞻性战略性产业以及完成特殊任务等情况的指标。

对主业以保障民生、服务社会、提供公共产品和服务为主的公益类国有企业，应主要选取营业收入、任务完成率、总资产周转率等反映成本控制、产品服务质量、营运效率和保障能力，兼顾体现经济效益和国有资本保值增值的指标。

对金融类国有企业，应主要选取净利润、利润总额、净资产收益率、不良贷款率、综合成本率等反映经济效益、资产质量和偿付能力，兼顾反映社会效益的指标。对承担政策性任务的，应选取体现服务国家和省委、省政府重大发展战略的指标，兼顾反映经济效益的指标。

对文化类国有企业，应按照把社会效益放在首位、社会效益和经济效益相统一的原则，选取营业收入、利润总额、任务完成率、国有资本保值增值、履行宣传思想工作职责、文化创作生产服务、社会影响等指标。

2. 劳动生产率指标的设置，一般选取 1 个指标，以人均增加值、人均利润为主，根据企业实际情况，也可选取人均营业收入、人均工作量等指标。

3. 人工成本投入产出率指标的设置，一般选取 1 个指标，以人工成本利润率为主，根据企业实际情况，也可选取人事费用率等指标。

（三）合理确定工资总额水平。加强工资与效益联动，根据企业经济效益、国有资产保值增值等情况，确定工资总额增长或下降幅度。

企业经济效益增长的，当年工资总额增长幅度可在不超过经济效益增长幅度范围内确定，且工资总额增加值原则上不得超过预算工资总额进入成本后的企业同期利润总额增加值。其中，当年劳动生产率未提高、上年人工成本投入产出率低于全国行业平均水平或者上年职工平均工资为全国城镇单位就业人员平均工资 3 倍以上的，当年工资总额增长幅度应低于同期经济效益增长幅度，且不得超过本地区人力资源社会保障部门发布的工资指导线；对主业不处于充分竞争行业和领域的企业，上年职工平均工资达到本地区人力资源社会保障部门规定的调控水平及以上的，当年工资总额增长幅度应低于同期经济效益增长幅度，且职工平均工资增长幅度不得超过本地区人力资源社会保障部门规定的工资增长调控目标。企业人工成本投入产出率一般应与本行业对标，对缺少行业对标主体的，应选取同功能性质企业或具有较强可比性的竞争类行业对标。企业经济效益下降的，除受政策调整等非经营性因素影响外，当年工资总额原则上相应下降。下降幅度与经济效益增长时工资总额增长幅度相对应，一次性下降幅度一般不超过20%。其中，当年劳动生产率未下降、上年人工成本投入产出率为全国行业平均水平1.5倍以上或者上年职工平均工资为全国城镇单位就业人员平均工资80%以下的，当年工资总额降幅可低于经济效益降幅。

企业未实现国有资产保值增值的，工资总额不得增长，或者适度下降。国有资产保值增值率应按照扣除客观因素影响后的期末国有资本与期初国有资本相比较计算。其中，国有资产保值增值率低于90%的，当年工资总额降幅不低于3%。

企业按照工资与效益联动机制确定工资总额，原则上增人不增工资总额、减人不减工资总额，但发生兼并重组、新设企业或机构等情况的，可以综合参考全省城镇单位就业人员、本行业就业人员或本企业职工平均工资等因素合理增加或者减少工资总额。

三、加强国有企业工资总额管理

（一）全面实行工资总额预算管理。工资总额预算方案由国有企业自主编制，按规定履行内部决策程序后，根据企业功能性质定位、行业特点并结合法人治理结构完善程度，分别报履行出资人职责机构备案或核准后执行。

对主业处于充分竞争行业和领域的商业类国有企业，工资总额预算原则上实行备案制。其中，法人治理结构不完善、内控机制不健全、工资分配制度不规范的企业，经履行出资人职责机构认定，其工资总额预算应实行核准制。

对其他国有企业，工资总额预算原则上实行核准制。其中，法人治理结构完善、内控机制健全、工资分配制度规范的企业，经履行出资人职责机构同意，其工资总额预算可实行备案制。

国有企业应在每年4月底前向履行出资人职责机构备案或申请核准工资总额预算方案。

（二）合理设定工资总额预算周期。国有企业工资总额预算一般按年度进行管理。经履行出资人职责机构同意，也可按周期进行管理，周期最长不超过3年，周期内的工资总额增幅不得超过同期经济效益增幅，并应符合工资效益联动机制要求。

（三）严格工资总额预算执行。国有企业应严格执行经备案或核准的工资总额预算方案。执行过程中，因企业外部环境或自身生产经营等编制预算时所依据的情况发生重大变化，需要调整工资总额预算方案的，应按规定程序进行备案或核准。履行出资人职责机构应加强对所监管企业执行工资总额预算情况的动态监控和指导，并在每年6月底前对所监管企业上年度工资总额预算执行结果进行清算。

四、健全国有企业内部工资分配管理

（一）完善企业内部工资总额管理。国有企业在经备案或核准的工资总额预算内，依法依规自主决定内部工资分配。企业应建立健全内部工资总额管理办法，指导督促所属企业根据功能性质定位、行业特点和生产经营等情况，科学编制工资总额预算方案，逐级落实预算执行责任，建立预算执行情况动态监控机制，确保实现工资总额预算目标。企业集团应合理确定总部工资总额预算，其职工平均工资增长幅度原则上应低于本企业全部职工平均工资增长幅度。

（二）深化企业内部分配制度改革。国有企业应建立健全以岗位工资为主的基本工资制度，以岗位价值为依据，以业绩为导向，参照劳动力市场工资价位并结合企业经济效益，通过集体协商、集体合同制度等形式合理确定不同岗位的工资水平，向关键岗位、生产一线岗位和紧缺急需的高层次、高技能人才倾斜，合理拉开工资分配差距，调整不合理过高收入。加强全员绩效考核，使职工工资收入与其工作业绩和实际贡献紧密挂钩，切实做到能增能减。企业非核心岗位职工工资应逐步与劳动力市场价位接轨。

（三）规范企业工资列支渠道。国有企业应调整优化工资收入结构，逐步实现职工收入工资化、工资货币化、发放透明化。严格清理规范工资外收入，将所有工资性收入一律纳入工资总额管理，不得在工资总额之外以其他形式列支任何工资性支出。规范福利性待遇，取消不合规的福利性项目。

五、完善国有企业工资分配监管

（一）加强和改进政府对国有企业工资分配的宏观指导和调控。人力资源社会保障部门要建立企业薪酬调查和信息发布制度，定期发布劳动力市场工资价位、行业人工成本信息、工资指导线以及非竞争类国有企业职工平均工资调控水平和工资增长调控目标，并会同财政、国资监管等部门完善工资指导线制度。

（二）落实履行出资人职责机构的国有企业工资分配监管职责。履行出资人职责机构负责所监管企业工资总额预算方案的备案或核准，做好对所监管企业工资总额预算执行情况的动态监控和执行结果的清算，并在每年7月底前将所监管企业上年度工资总额预算执行情况报同级人力资源社会保障部门，由人力资源社会保障部门汇总报告同级人民政府，并抄送同级税务部门。同时，履行出资人职责机构可按规定将有关情况直接报告同级人民政府。

（三）完善国有企业工资分配内部监督机制。国有企业董事会应依照法定程序决定工资分配事项，加强对工资分配决议执行情况的监督。落实企业监事会对工资分配的监督责任。将企业职工工资收入分配情况作为厂务（司务）公开的重要内容，定期向职工公开，接受职工监督。

（四）推进国有企业工资分配信息公开。履行出资人职责机构、国有企业在每年8月底前将企业上年度工资总额和职工平均工资水平等相关信息,通过网站等途径向社会披露,接受社会公众监督。

(五)加强国有企业工资内外收入监督检查。人力资源社会保障部门要会同财政、国资监管等部门,定期对国有企业执行工资决定机制政策情况开展监督检查,及时查处违规发放工资、滥发工资外收入等行为。加强与出资人监管和审计、税务、纪检监察、巡视巡察等监督的协同,建立工作会商和资源共享机制,提高监督效能,形成监督合力。财政部门要为开展国有企业工资内外收入监督检查提供经费保障。

对企业存在超提、超发工资总额及其他违规行为的,要在下一年度相应扣减本企业违规发放部分,并视违规情形对企业负责人和相关责任人员依照有关规定给予经济处罚和纪律处分;构成犯罪的,依法追究刑事责任。企业超发额在应发工资总额10%以内的,扣罚企业领导班子绩效年薪的10%;超发额超过应发工资总额10%以上的,按超发额实际比例扣罚企业领导班子绩效年薪。

各地各有关部门要高度重视改革国有企业工资决定机制工作,加强组织领导,做好统筹协调,细化目标任务,强化督促检查,推动改革顺利进行。各级履行出资人职责机构要抓紧制定所监管企业的具体改革实施办法,由同级人力资源社会保障部门会同财政部门审核后实施。各级人力资源社会保障、财政、国资监管等部门和工会要各司其职,密切协作,形成合力。加强正面宣传和政策解读,引导广大国有企业自觉落实改革要求,引导全社会正确理解和支持改革。

本意见自2019年1月1日起实施,适用于全省各级各类国有企业以及各级政府、有关部门和机构或事业单位作为实际控制人的企业。现行国有企业工资管理规定与此不一致的,按本意见执行。

浙江省人民政府关于改革国有企业工资决定机制的实施意见

(2018年12月17日 浙政发〔2018〕47号)

各市、县(市、区)人民政府,省政府直属各单位:

为建立健全国有企业工资决定和正常增长机制,深化国有企业收入分配制度改革,提升国有企业创造力和市场竞争力,根据《国务院关于改革国有企业工资决定机制的意见》(国发〔2018〕16号)等精神,结合我省实际,现提出如下实施意见。

一、改革工资总额决定机制

(一)改革工资总额确定办法。按照国家和省工资收入分配宏观政策要求,根据国家和省经济发展战略、企业发展规划和薪酬策略、年度生产经营目标和经济效益,综合考虑劳动生产率提高和人工成本投入产出率、职工工资水平市场对标等情况,结合省人力社保部门发布的工资指导线和工资增长调控目标,合理确定年度工资总额。

(二)完善工资与效益联动机制。国有企业经济效益增长的,当年工资总额增长幅度可在不超过经济效益增长幅度范围内确定。其中,当年劳动生产率未提高、上年人工成本投入产出率低于行业平均水平或者上年职工平均工资达到全国城镇单位就业人员平均工资3倍以上的,当年工资总额增长幅度应低于同期经济效益增长幅度,且当年职工平均工资增长幅度不得超过工资指导线基准线。人工成本投入产出率原则上以行业平均水平作为对标标准,无对标标准的,可选取同功能类别或市场竞争性较强的其他企业进行对标。对上年职工平均工资达到省人力社保部门规定的调控水平的非竞争类国有企业,其当年工资总额增长幅度应低于同期经济效益增长幅度，且职工平均工资增长幅度不得超过省人力社保部门规定的工资增长调控目标；未达到调控水平的，当年职工平均工资增长幅度原则上不得超过工资指导线上线。

企业经济效益下降的，除受政策调整等非经营性因素影响外，当年工资总额原则上相应下降，下降幅度一般应与经济效益增长时工资总额增长幅度相当，并同时保证当年职工平均工资不低于当地最低工资标准。其中，当年劳动生产率未下降、上年人工成本投入产出率优于行业平均水平30%以上或者上年职工平均工资低于全国城镇单位就业人员平均工资70%的，当年工资总额降幅可在同期经济效益降幅的50%内确定。

企业未实现国有资产保值增值的，工资总额不得增长，或者适度下降。其中，国有资产保值增值率低于90%的，当年工资总额降幅不低于3%。

企业按照工资与效益联动机制确定工资总额，原则上增人不增工资总额、减人不减工资总额，但发生兼并重组、新设企业或机构等情况的，可以参考劳动力市场工资价位和本企业职工平均工资合理增加或者减少工资总额。

（三）分类确定工资效益联动指标。根据国有企业功能性质定位、行业特点，以经济效益指标为核心科学设置工资效益联动指标，原则上设置2~3个，最多不超过4个。

竞争类企业经济效益指标主要选取净利润（或利润总额）、经济增加值等，劳动生产率指标主要选取人均利润等，人工成本投入产出率指标选取人工成本利润率。

功能类企业经济效益指标主要选取利润总额（或净利润）、营业收入等，劳动生产率指标主要选取人均利润、人均工作量等，人工成本投入产出率指标主要选取人工成本利润率、人事费用率等。

公益类企业经济效益指标主要选取总资产周转率、营业收入或主营业务工作量、成本控制率、利润总额以及由第三方评价的服务满意率等,劳动生产率指标主要选取人均营业收入、人均主营业务工作量等,人工成本投入产出率指标主要选取人事费用率、人工成本利润率等。

金融类企业经济效益指标主要选取净利润(或利润总额)、净资产收益率等,劳动生产率指标选取人均利润,人工成本投入产出率指标选取人工成本利润率;风险成本控制指标主要选取资本充足率、不良贷款率、拨备覆盖率、案件风险率、杠杆率等。其中,对于主要以投资管理、政策性业务为主的金融类企业,应以风险控制、成本投入产出为主要指标。

文化类企业应同时选取反映社会效益和经济效益的指标。社会效益指标主要选取文化任务完成率等体现文化企业社会贡献的指标,包括文化创作生产和服务、社会影响等;经济效益指标主要选取利润总额、营业收入等,劳动生产率指标主要选取人均利润、人均营业收入等,人工成本投入产出率指标主要选取人事费用率、人工成本利润率等。

二、进一步改革工资总额管理方式

(四)全面实行工资总额预算管理。全省国有企业均实行工资总额预算管理,工资总额预算方案由企业自主编制,按规定履行内部决策程序后,报履行出资人职责机构(或其他企业主管部门,下同)备案或核准后执行。其中,国资委监管企业报国资委备案或核准;非国资委监管企业报相应履行出资人职责机构备案;未明确履行出资人职责机构的企业报企业主管部门备案。履行出资人职责机构应将备案或核准后的工资总额预算方案抄送同级人力社保部门。

企业应健全完善现代企业制度,建立规范董事会,完善法人治理结构,健全内控机制。实行核准制的企业,达到上述要求的,经履行出资人职责机构同意,可转为实行备案制。

(五)规范工资总额预算方案编制。国有企业年度工资总额预算方案编制范围原则上应与上年度财务决算合并报表范围相一致,包括企业本级的工资总额预算方案编制和所属各级独资、控股子企业的工资总额预算方案合并报表编制。企业应按照自下而上、上下结合、分级编制、逐级汇总的程序，依据企业国有资产产权隶属关系或资产管理关系，以企业法人为单位，层层组织做好工资总额预算方案编制工作。

（六）合理确定工资总额预算指标基数。国有企业工资总额预算管理指标由工资总额预算指标和效益预算指标构成。

已经实行工资总额预算管理的企业，工资总额预算基数为企业上年度经清算的全部工资总额。未实行工资总额预算管理的企业，原则上以上年度企业符合国家和省规定的实发工资总额为初始工资总额预算基数，其中上年度实发工资总额低于前三年平均数的，可以前三年实发工资总额平均数为基数，以后年度以履行出资人职责机构清算确定的工资总额为基数。新设立企业以及由事业单位转为企业的，可按照同级同类国有企业职工平均工资和实有职工人数合理确定工资总额预算基数。

经济效益预算指标基数原则上以经审计确认的上年度财务决算表反映的经济效益指标完成值为基数。

（七）合理确定工资总额预算周期。国有企业工资总额预算一般按年度进行管理。对行业周期性特征明显、经济效益年度间波动较大的企业，承担国家、省重大战略任务的企业，规模引进人才且短期内难以获得效益的企业，处于筹建期、初创期、战略调整期、快速扩张期的企业，存在重组改制等其他特殊情况的企业，经履行出资人职责机构同意，工资总额预算可探索按周期进行管理，在周期内合理调控工资增长（下降）的幅度。周期最长不超过三年，周期内的工资总额增幅不得超过同期经济效益增幅，职工平均工资增长幅度应符合同期省人力社保部门发布的工资指导线和工资增长调控目标。

（八）强化工资总额预算执行。国有企业应严格执行经备案或核准的工资总额预算方案。执行过程中，因企业外部环境或自身生产经营等编制预算时所依据的情况发生重大变化，需要调整工资总额预算方案的，应按规定程序及时进行调整。其中，工资总额预算实行年度管理的，工资总额预算方案最多调整一次；实行周期管理的，原则上最多调整两次。

（九）加强工资总额预算清算。履行出资人职责机构应对所监管企业工资总额预算执行结果进行清算，并将清算情况报同级人力社保部门，由人力社保部门汇总报告同级政府，并抄送同级税务部门，作为企业工资总额税前扣除限额。

三、完善企业内部工资分配管理

（十）健全企业内部工资总额管理制度。国有企业在经备案或核准的工资总额预算内，依法依规自主决定内部工资分配。建立健全内部工资总额管理办法，逐级落实预算执行责任，建立预算执行情况动态监控机制，确保实现工资总额预算目标。深化内部分配制度改革，工资分配向关键岗位、生产一线岗位和紧缺急需岗位的高层次、高技能人才倾斜，非核心岗位的工资水平应逐步向劳动力市场工资价位接轨。

（十一）规范企业工资列支渠道。将所有工资性收入一律纳入工资总额管理，不得在工资总额之外以其他形式列支任何工资性支出。

四、健全工资分配监管体制机制

（十二）健全国有企业工资分配管理体制。各级人力社保部门要会同财政、国资监管、税务等部门，加强和改进对国有企业工资分配的宏观指导调控，推进履行出资人职责机构落实国有企业工资分配监管职责，强化事前引导、事中监控和事后监督。

（十三）完善企业工资分配内部监督和社会监督。国有企业董事会应依照法定程序决定工资分配事项，加强对工资分配决议执行情况的监督。落实企业监事会对工资分配的监督责任。定期将工资收入分配情况向职工公开，接受职工监督。履行出资人职责机构、企业每年定期将工资分配相关信息向社会披露，接受社会公众监督。

（十四）加强国有企业工资内外收入监督检查。各级人力社保部门要会同财政、国资监管等部门，健全国有企业工资内外收入监督检查制度，定期对国有企业执行国家工资收入分配政策情况开展监督检查，及时查处未按规定实行工资总额预算管理、违规发放工资、滥发工资外收入等行为。

五、做好组织实施工作

本实施意见适用于我省各级政府代表国家履行出资人职责的国有独资及国有控股企业。履行出资人职责机构包括代表政府履行出资人职责的国资监管部门和政府授权履行出资人职责的部门（机构）；国有独资及国有控股企业包括企业本部及其所出资的各级独资、控股的子企业。

各级党委和政府有关部门、人民团体、事业单位所管理的其他国有独资及国有控股企业，依照本实施意见执行。

省和省以下地方有关部门或机构作为实际控制人的企业，参照本实施意见执行。

本实施意见自 2019 年 1 月 1 日起实施。此前文件规定与本实施意见规定不一致的，按本实施意见执行。

安徽省人民政府关于改革国有企业工资决定机制的实施意见

(2019年3月8日 皖政〔2019〕19号)

各市、县人民政府,省政府各部门、各直属机构:

国有企业工资决定机制改革是完善国有企业现代企业制度的重要内容,是深化收入分配制度改革的重要任务,事关国有企业高质量发展,事关国有企业职工切身利益,事关收入分配合理有序。根据《国务院关于改革国有企业工资决定机制的意见》(国发〔2018〕16号)和国家有关收入分配政策,结合我省实际,提出如下实施意见。

一、指导思想

以习近平新时代中国特色社会主义思想为指导,全面贯彻落实党的十九大和十九届二中、三中全会精神,深入贯彻落实习近平总书记视察安徽重要讲话精神,紧紧围绕统筹推进"五位一体"总体布局和协调推进"四个全面"战略布局,牢固树立和贯彻落实新发展理念,坚持以人民为中心的发展思想,按照深化国有企业改革、完善国有资产管理体制和坚持按劳分配原则、完善按要素分配体制机制的要求,以增强国有企业活力、提升国有企业效率为中心,建立健全与劳动力市场基本适应、与国有企业经济效益和劳动生产率挂钩的工资决定和正常增长机制,完善国有企业工资分配监管体制,充分调动国有企业职工的积极性、主动性、创造性,进一步激发国有企业创造力和提高市场竞争力,推动国有资本做强做优做大,促进收入分配更合理、更有序。

二、基本原则

(一)坚持建立中国特色现代国有企业制度改革方向。坚持所有权和经营权相分离，进一步确立国有企业的市场主体地位，健全公司法人治理结构，发挥企业党委领导作用，依法落实董事会的工资分配管理权，完善既符合企业一般规律又体现国有企业特点的工资分配机制，促进国有企业持续健康发展。

（二）坚持效益导向与维护公平相统一。坚持国有企业工资分配既有激励又有约束、既讲效率又讲公平。坚持按劳分配原则，健全国有企业职工工资与经济效益同向联动、能增能减的机制，在经济效益增长和劳动生产率提高的同时实现劳动报酬同步提高。统筹处理好不同行业、不同企业和企业内部不同岗位职工之间的工资分配关系，调节过高收入。

（三）坚持市场决定与政府监管相结合。充分发挥市场在国有企业工资分配中的决定性作用，实现职工工资水平与劳动力市场相适应、与增强企业市场竞争力相匹配。更好发挥政府对国有企业工资分配的宏观指导和调控作用，改进和加强事前引导和事后监督，规范工资分配秩序。

（四）坚持分类分级管理。根据不同国有企业功能性质定位、行业特点和法人治理结构完善程度，实行工资总额分类管理。按照企业国有资产产权隶属关系，健全与国资国企监管体制相匹配的工资分配分级监管体制，落实各级政府职能部门和履行出资人职责机构的分级监管责任。

三、改革工资总额决定机制

（一）改革工资总额确定办法。按照国家和我省工资收入分配宏观调控政策要求，根据企业发展战略和薪酬策略、年度生产经营目标和经济效益，综合考虑劳动生产率提高和人工成本投入产出率、职工工资水平市场对标等情况，结合省人力资源社会保障部门发布的工资指导线和工资增长调控目标，合理确定年度工资总额。

（二）完善工资与效益联动机制。按照"效益增工资增，效益降工资降"同向联动原则,合理确定企业年度工资总额增长或下降幅度。

1. 企业经济效益增长的,当年工资总额增长幅度可在不超过经济效益增长幅度范围内确定。其中,当年劳动生产率未提高的,上年人工成本投入产出率低于行业平均水平的,商业一类企业和商业性金融企业上年职工平均工资超过全国城镇单位就业人员平均工资3倍、商业二类企业超过2倍、公益类企业和政策性金融企业超过1.5倍的,当年工资总额增长幅度不超过同期经济效益增长幅度的80%;对主业不处于充分竞争行业和领域的企业,上年职工平均工资达到省人力资源社会保障部门规定的调控水平及以上的,当年工资总额增长幅度应低于同期经济效益增长幅度,且职工平均工资增长幅度不得超过省人力资源社会保障部门发布的工资增长调控目标。

2. 企业经济效益下降的,除受政策调整等非经营性因素影响外,当年工资总额原则上相应下降。其中,当年劳动生产率未下降、上年人工成本投入产出率明显优于行业平均水平或者上年职工平均工资未达到全国城镇单位就业人员平均工资80%的,工资总额下降幅度在同期经济效益下降幅度的10%~50%范围内确定。

剔除受政策调整等非经营性因素影响,企业未实现国有资本保值增值的,工资总额不得增长或者适度下降,其中,国有资本保值增值率达不到90%的,当年工资总额下降幅度不低于5%。

3. 企业按照工资与效益联动机制确定工资总额,原则上增人不增工资总额、减人不减工资总额,但发生兼并重组或关闭退出、新设企业或机构、新建项目、增加生产线等情况而规模性增加或者减少人员的,可按照本企业职工平均工资水平合理增加或者减少工资总额。企业因接收政府指令性安置退役军人而增加人员的,可按本企业上年度同类人员平均工资据实核增工资总额。

4. 对企业承担国家重大战略任务、引进高科技人才、实施重大科技创新活动、推进重大改革举措等,履行出资人职责机构可依据国家和省收入分配政策，研究工资分配支持措施，推动企业凝聚改革发展动力，集聚创新人才，实现高质量发展。

（三）分类确定工资与效益联动指标。根据企业功能性质定位、行业特点，科学设置联动指标，合理确定考核目标，突出不同考核重点。工资效益联动指标原则上为2~3个，由各级履行出资人职责机构根据所监管企业实际选择确定。

1. 商业一类企业应选取反映经济效益、国有资本保值增值和市场竞争力的指标，主要在利润总额（或净利润）、经济增加值、净资产收益率、人均利润、人均经济增加值、人工成本利润率等指标中选取。

2. 商业二类企业在主要选取反映经济效益、国有资本保值增值指标的同时，可根据实际情况增加选取体现国家战略、保障国家安全和国民经济运行、发展前瞻性战略性产业以及完成特殊任务等情况的指标，主要在利润总额（或净利润）、营业收入、任务完成率、人均利润、人工成本利润率等指标中选取。

3. 公益类企业应选取反映成本控制、产品服务质量、运营效率和保障能力等情况的指标，兼顾体现经济效益和国有资本保值增值的指标，主要在营业收入、利润总额（或净利润）、目标任务完成率、成本控制额、人均营业收入、人工成本利润率等指标中选取。

4. 商业性金融企业应选取反映经济效益、资产质量和偿付能力的指标，主要在净利润（或利润总额）、净资产收益率、不良贷款率、资本充足率、风险覆盖率、综合偿付能力充足率、人均利润、人工成本利润率等指标中选取。政策性金融企业应选取体现服务国家战略和风险控制的指标，兼顾反映经济效益的指标，主要在担保（再担保）业务规模、担保任务完成率、代偿率、代损率、人均利润、人工成本利润率等指标中选取。

5. 文化类企业应同时选取反映社会效益和经济效益、国有资本保值增值的指标，主要在文化创作生产、提供公共文化服务、利润总额、营业收入、人均利润、人工成本利润率等指标中选取。

四、改革工资总额管理方式

（一）全面实行工资总额预算管理。工资总额预算方案由企业根据工资收入分配政策和本企业实际自主编制，按规定履行内部决策程序，报履行出资人职责机构备案或核准后执行。

（二）规范工资总额预算方案编制范围。企业年度工资总额预算方案编制范围原则上应与上年度财务决算合并报表范围相一致，包括企业（集团）本级的工资总额预算方案和所属各级全资、控股子企业的工资总额预算方案。

（三）合理确定工资总额预算管理指标。工资总额预算管理指标由工资总额预算指标和经济效益预算指标构成。工资总额预算指标由工资总额预算基数和预算增减两部分组成；预算增减包括因效益变动、规模性增减人员、政策性调整增减工资总额。

1. 工资总额预算指标基数的确定。已经实行工资总额预算管理的，以履行出资人职责机构清算确定的上年度工资总额为基数。未实行工资总额预算管理的，初始工资总额预算基数原则上参照上年度企业实发工资总额合理确定基数；对上年实发工资总额低于前三年平均数的（剔除企业或项目关闭退出导致规模性减人而减少工资总额等影响因素），可以前三年工资总额的平均数为基数，以后年度的工资总额预算基数以履行出资人职责机构清算确定的工资总额为基数。对于新组建企业，可按照同级同类国有企业职工平均工资和实有职工人数合理确定工资总额预算基数。

2. 经济效益预算指标基数的确定。原则上以上年度经审计的企业财务决算表反映的经济效益指标完成值为基数（其中文化类企业以社会效益和经济效益完成情况为基数）。经济效益预算指标目标值要在与国内外同行业优秀企业横向对标、与企业历史最好业绩指标和战略规划业绩指标进行纵向对标的基础上合理确定。劳动生产率、人工成本投入产出率指标实行同期同行业对标。对缺少行业对标主体的，应选取同功能性质企业或具有较强可比性的竞争类行业（企业）对标；对相同年度对标信息缺失的，可与近三年同行业（企业）的先进指标进行对标。

（四）完善工资总额监管方式。根据国有企业功能性质定位、行业特点，结合法人治理结构完善程度，由履行出资人职责机构对所监管企业工资总额预算分别实行备案制或核准制管理。

1. 商业一类、商业性金融企业工资总额预算原则上实行备案制管理。其中，未建立规范董事会、法人治理结构不完善、内控机制不健全、工资分配存在重大违规行为的企业，经履行出资人职责机构认定，其工资总额预算应实行核准制管理。

2. 商业二类、公益类、文化类和政策性金融企业，工资总额预算原则上实行核准制管理。其中，已建立规范董事会、法人治理结构完善、内控机制健全、工资分配未发生重大违规行为的企业，经履行出资人职责机构同意，其工资总额预算可实行备案制管理。

3. 实行备案制管理的企业，如果出现工资总额预算管理不规范或工资分配存在重大违规行为，履行出资人职责机构可将其工资总额预算调整为核准制管理；实行核准制管理的企业，如果工资总额预算管理规范、工资分配未发生重大违规行为，履行出资人职责机构可将其工资总额预算调整为备案制管理。

（五）合理确定工资总额预算管理周期。国有企业工资总额预算一般按年度进行管理。对行业周期性特征明显、经济效益年度间波动较大或存在其他特殊情况的企业，经履行出资人职责机构同意，工资总额预算可探索按周期进行管理，周期最长不超过三年，周期内工资总额增长应符合工资与效益联动的要求。

（六）强化工资总额预算执行。国有企业应严格执行经备案或核准的工资总额预算方案，并应与经营业绩考核结果联动。执行过程中，因企业外部环境或自身生产经营等编制预算时所依据的情况发生重大变化，需要调整工资总额预算方案的，应按规定程序及时进行调整。

五、完善企业内部工资分配管理

（一）建立健全企业内部工资总额管理制度。国有企业在经备案或核准的工资总额预算内，依法依规自主决定内部工资分配。企业应建立健全内部工资总额管理制度，根据所属企业功能性质定位、行业特点和生产经营等情况，指导所属企业科学编制工资总额预算方案，逐级落实预算执行责任，实行工资总额预算管理与业绩考核相衔接的监控方式，建立预算执行情况的动态监控和预警机制，确保实现工资总额预算目标。企业应积极向行业先进经验做法对标，创新工资总额管理机制，充分调动企业内不同行业、不同发展阶段子企业的工资分配积极性，理顺企业内部收入分配关系。

企业集团应合理确定集团本部工资总额预算，集团本部职工平均工资增幅原则上应低于本企业全部职工平均工资增幅。

（二）深化企业内部分配制度改革。国有企业应在岗位评价的基础上，建立健全以岗位工资为主的基本工资制度，以岗位价值为依据，以业绩为导向，参照劳动力市场工资价位并结合企业经济效益、发展战略和薪酬策略，通过集体协商等形式合理确定不同岗位的工资水平，向关键岗位、生产一线岗位和紧缺急需的高层次、高技能人才倾斜，确保能够有效吸引、激励和留住关键人才。

企业应建立健全全员绩效考核制度，强化工资分配与个人工作业绩和实际贡献紧密挂钩，合理拉开工资分配差距，调整不合理过高收入，切实做到考核科学合理、分配公平公正、工资能增能减、员工能进能出。企业应坚持按劳分配原则，统筹处理好资本、技术、管理等生产要素参与分配的关系，逐步完善按要素分配的体制机制。

企业应健全以工资总额管理为核心的人工成本调控管理体系，严格控制人工成本不合理增长，增强企业发展的协调性和可持续性。

（三）规范企业工资列支渠道。国有企业应调整优化工资收入结构,尽快实现职工收入工资化、工资货币化、发放透明化。严格清理规范工资外收入,将各种津贴、补贴等所有工资性收入一律纳入工资总额管理,不得在工资总额之外以其他形式列支任何工资性支出。

六、健全工资分配监管体制机制

(一)加强和改进政府对企业工资分配的调控管理。各级人力资源社会保障部门负责对同级企业工资分配进行指导和调控,加强事前引导、事后监督。省、市人力资源社会保障部门负责建立企业薪酬调查和信息发布制度,按规定定期发布本区域内不同职业的劳动力市场工资价位和行业人工成本信息;省人力资源社会保障部门会同省财政、省国资监管等部门完善工资指导线制度,定期制定和发布全省企业工资指导线、非竞争类国有企业工资增长调控目标。

(二)落实履行出资人职责机构的监管职责。履行出资人职责机构负责指导所监管国有企业编制工资总额预算方案,做好所监管企业工资总额预算方案的备案或核准工作,加强对所监管企业工资总额预算执行情况的动态监控,按规定及时对所监管企业工资总额预算执行结果进行清算并出具清算评价意见,并按年度将所监管企业工资总额预算执行情况报同级人力资源社会保障部门,由人力资源社会保障部门汇总报告同级人民政府。同时,履行出资人职责机构可按规定将有关情况直接报告同级人民政府。

(三)完善企业工资分配内部监督机制。国有企业应完善法人治理结构,健全内控机制,规范董事会、监事会的运行。董事会应依照法定程序决定工资分配事项,加强对工资分配决议执行情况的监督。落实企业监事会对企业工资分配的监督责任,督促企业改进完善工资分配管理机制。企业应按规定报送工资总额执行结果备案材料,自觉接受政府职能部门和履行出资人职责机构的监管。将职工工资收入分配情况作为厂务公开的重要内容,定期向职工公开,接受职工监督。

(四)建立企业工资分配信息公开制度。履行出资人职责机构和企业，应按规定于每年 9 月底前在本机构、本企业官方网站向社会如实披露企业上年度工资分配信息，接受社会公众监督。

（五）健全企业工资内外收入监督检查制度。各级人力资源社会保障部门会同财政、国资监管等部门，督促企业严格执行国家和我省工资收入分配政策，及时查处违规发放工资、滥发工资外收入等行为。加强与出资人监管和审计、税务、纪检监察、巡视等监督力量的协同，建立工作会商和资源共享机制，提高监督效能，形成监管合力。

对企业存在超提、超发工资总额及其他违规行为的，扣回违规发放的工资总额，并视违规情形对企业负责人和相关责任人员依照有关规定给予经济处罚和纪律处分；构成犯罪的，由司法机关依法追究刑事责任。

七、切实做好组织实施工作

（一）强化组织领导。国有企业工资决定机制改革涉及面广、政策性强。各地、各有关部门要统一思想认识，以高度的政治责任感和历史使命感，切实加强对改革工作的领导，做好统筹协调，细化目标任务，明确责任分工，强化督促检查，及时研究解决改革中出现的问题，推动改革顺利进行。

（二）完善配套办法。省人力资源社会保障部门负责牵头制定省国有企业工资内外收入监督检查办法、省国有企业工资总额执行结果备案办法和省国有企业工资分配信息披露办法等。各级履行出资人职责机构根据本实施意见，负责制定所监管企业的具体改革实施办法，报同级人力资源社会保障部门会同财政部门审核后实施。各国有企业应根据本实施意见和履行出资人职责机构要求，制定本企业工资总额预算管理制度。

（三）加强宣传引导。各级人力资源社会保障、财政、国资监管等部门和工会要各司其职，密切配合，形成推进改革的合力，共同做好改革工作。要加强舆论宣传和政策解读，引导全社会特别是国有企业职工正确理解和支持改革，营造改革的良好社会环境。全省国有企业要自觉树立大局观念，认真执行改革规定，确保改革政策落实到位。

（四）明确适用范围。本实施意见适用于我省各级政府履行出资人职责的国有独资及国有控股企业。各级党委、政府有关部门或机构作为实际控制人的企业，参照本实施意见执行。

我省现行国有企业工资管理规定，凡与本实施意见不一致的，按本实施意见执行。

本实施意见所称工资总额，是指由企业在一个会计年度内直接支付给与本企业建立劳动关系的全部职工的劳动报酬总额，包括工资、奖金、津贴、补贴、加班加点工资、特殊情况下支付的工资等。

福建省人民政府关于改革国有企业工资决定机制的实施意见

(2018年10月23日 闽政〔2018〕22号)

各市、县(区)人民政府,平潭综合实验区管委会,省人民政府各部门、各直属机构:

根据国务院《关于改革国有企业工资决定机制的意见》(国发〔2018〕16号)的要求和国家有关收入分配政策,结合我省实际,现就改革我省国有企业工资决定机制提出如下实施意见。

一、总体要求

(一)指导思想

全面贯彻党的十九大精神,以习近平新时代中国特色社会主义思想为指导,认真落实党中央、国务院决策部署,统筹推进"五位一体"总体布局和协调推进"四个全面"战略布局,坚持以人民为中心的发展思想,牢固树立和贯彻落实新发展理念,从福建省实际出发,按照深化国有企业改革、完善国有资产管理体制和坚持按劳分配原则、完善按要素分配体制机制的要求,以增强国有企业活力、提升国有企业效率为中心,建立健全与劳动力市场基本适应、与国有企业经济效益和劳动生产率挂钩的工资决定和正常增长机制,完善国有企业工资分配监管体制,充分调动国有企业职工的积极性、主动性、创造性,进一步激发国有企业创造力和提高市场竞争力,推动国有资本做强做优做大,促进收入分配更合理、更有序。

(二)基本原则

——坚持建立中国特色现代国有企业制度改革方向。坚持所有权和经营权相分离，进一步确立国有企业的市场主体地位，发挥企业党委（党组）领导作用，依法落实董事会的工资分配管理权，完善既符合企业一般规律又体现国有企业特点的工资分配机制，促进国有企业持续健康发展。

——坚持效益导向与维护公平相统一。国有企业工资分配要切实做到既有激励又有约束、既讲效率又讲公平。坚持按劳分配原则，健全国有企业职工工资与经济效益同向联动、能增能减的机制，在经济效益增长和劳动生产率提高的同时实现劳动报酬同步提高。统筹处理好不同行业、不同企业和企业内部不同职工之间的工资分配关系，调节过高收入。

——坚持市场决定与政府监管相结合。充分发挥市场在国有企业工资分配中的决定性作用，实现职工工资水平与劳动力市场价位相适应、与增强企业市场竞争力相匹配。更好发挥政府对国有企业工资分配的宏观指导和调控作用，改进和加强事前引导和事后监督，规范工资分配秩序。

——坚持分类分级管理。根据不同国有企业功能性质定位、行业特点和法人治理结构完善程度，实行工资总额分类管理。按照企业国有资产产权隶属关系，健全工资分配分级监管体制，落实各级政府职能部门和履行出资人职责机构（或其他企业主管部门，下同）的分级监管责任。

二、适用范围

（三）本实施意见适用于省属国有独资及国有控股企业，包括省属企业本部及省属企业所出资的各级独资、控股的子企业（以下简称省属企业）。省级有关部门或机构作为实际控制人的企业，以及省级有关部门或机构直属事业单位所管理的国有企业，参照本意见执行。

（四）本实施意见所称工资总额，是指由省属企业在一个会计年度内直接支付给与本企业建立劳动关系的全部职工的劳动报酬总额，包括工资、奖金、津贴、补贴、加班加点工资、特殊情况下支付的工资等。

三、改革工资总额决定机制

（五）改革工资总额确定办法。按照国家和我省工资收入分配宏观调控政策要求，根据省属企业发展战略和薪酬策略、年度生产经营目标和经济效益，综合考虑劳动生产率提高和人工成本投入产出率、职工工资水平市场对标等情况，结合省人社部门发布的工资指导线，合理确定年度工资总额。

（六）完善工资与效益联动机制。

1. 省属企业经济效益增长的，当年工资总额增长幅度可在不超过经济效益增长幅度范围内确定。其中，当年劳动生产率未提高、上年人工成本投入产出率低于行业平均水平或者上年职工平均工资明显高于全国城镇单位就业人员平均工资的，当年工资总额增长幅度应低于同期经济效益增长幅度。对于明显高于全国城镇单位就业人员平均工资的情形，按全国城镇单位就业人员平均工资3倍认定，具体增幅调控由省人社部门根据经济社会发展水平、企业生产经营、经济效益状况等情况确定。对主业不处于充分竞争行业和领域的省属企业，上年职工平均工资达到省人社部门发布的工资增长调控水平及以上的，当年工资总额增长幅度应低于同期经济效益增长幅度，且当年职工平均工资增长幅度不得超过省人社部门发布的工资增长调控目标。

2. 省属企业经济效益下降的，除受政策调整等非经营性因素影响外，当年工资总额原则上相应下降。其中，当年劳动生产率未下降、上年人工成本投入产出率明显优于行业平均水平或者上年企业职工平均工资未达到全国城镇单位就业人员平均工资80%的，当年工资总额可适当少降。

3. 省属企业未实现国有资产保值增值的，工资总额不得增长，或者适度下降。

4. 省属企业按照工资与效益联动机制确定工资总额，原则上增人不增工资总额、减人不减工资总额,但发生兼并重组、新设企业或机构等情况的,可以参照本企业职工平均工资水平合理增加或者减少工资总额。

(七)分类确定工资效益联动指标。根据省属企业功能性质定位和行业特点,科学设置联动指标,合理确定考核目标,突出不同考核重点。工资效益联动指标原则上为1~2个,最多不超过4个。

1. 主业处于充分竞争行业和领域的商业类省属企业,经济效益指标主要选取利润总额(或净利润)、经济增加值(或增加值)、净资产收益率等指标。劳动生产率指标主要选取人均利润、人均增加值等指标;人工成本投入产出率指标选取人工成本利润率指标。

2. 主业处于关系国家安全、国民经济命脉的重要行业和关键领域、主要承担重大专项任务的商业类省属企业,经济效益指标主要选取利润总额、营业收入或任务完成率等指标。劳动生产率指标主要选取人均利润、人均工作量等指标;人工成本投入产出率指标主要选取人事费用率指标。

3. 主业以保障民生、服务社会、提供公共产品和服务为主的公益类省属企业,经济效益指标主要选取营业收入或主营业务工作量、任务完成率等指标。劳动生产率指标主要选取人均营业收入、人均主营业务工作量等指标;人工成本投入产出率指标主要选取人事费用率指标。

4. 金融类省属企业,属于开发性、政策性的,应主要选取体现服务国家战略和风险控制的指标,兼顾反映经济效益的指标;属于商业性的,经济效益指标主要选取净利润(或利润总额)、净资产收益率等指标。劳动生产率指标选取人均利润指标;人工成本投入产出率指标选取人工成本利润率指标;风险成本控制指标主要选取资本充足率、不良贷款率、拨备覆盖率、案件风险率、杠杆率等指标。

5. 文化类省属企业应同时选取社会效益和经济效益指标,坚持社会效益优先的原则。其中,经济效益指标主要选取利润总额、营业收入等指标。劳动生产率指标主要选取人均利润、人均营业收入等指标；人工成本投入产出率指标主要选取人事费用率等指标。

四、改革工资总额管理方式

（八）全面实行工资总额预算管理。工资总额预算方案由省属企业自主编制，按规定履行内部决策程序后，根据企业功能性质定位、行业特色并结合法人治理结构完善程度，分别报履行出资人职责机构备案或核准后执行。

1. 对主业处于充分竞争行业和领域的商业类省属企业，工资总额预算原则上实行备案制。其中，未建立规范董事会、法人治理结构不完善、内控机制不健全、近三年企业工资分配明显违反国家工资总额管理有关规定的企业，经履行出资人职责机构认定，其工资总额预算应实行核准制。

2. 对其他省属企业，工资总额预算原则上实行核准制。其中，已建立规范董事会、法人治理结构完善、内控机制健全、收入分配管理规范的企业，经履行出资人职责机构同意，其工资总额预算可实行备案制。

（九）合理确定工资总额预算指标基数。已经实行工资总额预算管理的省属企业，工资总额预算基数以履行出资人职责机构清算确定的上年度全部工资总额为基数。未实行工资总额预算管理的省属企业，初始工资总额预算基数原则上以上年度企业实发工资总额为基数；对上年实发工资总额低于前三年平均数的（剔除企业或项目关闭退出因规模性减人而减少工资总额等影响因素），可以前三年工资总额的平均数为基数，以后年度的工资总额预算基数以履行出资人职责机构清算确定的工资总额为基数。对于新组建省属企业，可按照同级同类国有企业职工平均工资和实有职工人数合理确定工资总额预算基数。

（十）合理确定工资总额预算管理周期。省属企业工资总额预算一般按年度进行管理。对行业周期性特征明显、经济效益年度间波动较大的企业，或者存在其他特殊情况的省属企业，经履行出资人职责机构审核，并报省人社部门认定后，工资总额预算可探索按周期进行管理，周期最长不超过三年，周期内年度工资总额可视情在不同年度进行调剂，周期内的工资总额增长应符合工资与效益联动的要求。

（十一）强化工资总额预算执行。省属企业应严格执行经备案或核准的工资总额预算方案。执行过程中，因企业外部环境或自身生产经营等编制预算时所依据的情况发生重大变化，需要调整工资总额预算方案的，应按规定程序及时进行调整。

履行出资人职责机构应加强对所监管企业执行工资总额预算情况的动态监控和指导，并对预算执行结果进行清算。

五、完善企业内部工资分配管理

（十二）建立健全企业内部工资总额管理制度。省属企业在经备案或核准的工资总额预算内，依法依规自主决定内部工资分配。省属企业应建立健全内部工资总额管理制度，根据所属企业功能性质定位、行业特点和生产经营等情况，指导所属企业科学编制工资总额预算方案，逐级落实预算执行责任，建立预算执行情况的动态监控机制，确保实现工资总额预算目标。企业集团应合理确定集团本部工资总额预算，集团本部职工平均工资增长幅度原则上应低于本企业全部职工平均工资增长幅度。

省属企业应积极向行业先进经验做法对标，探索工资总额管理机制创新，充分调动不同行业、不同发展阶段子企业的工资分配积极性，理顺企业内部收入分配关系。

（十三）深化企业内部分配制度改革。省属企业工资分配要围绕以具有竞争力的薪酬水平吸引和留住人才、提高劳动生产率、提升职工满意度、控制成本等因素统筹考虑，科学制定与企业发展战略相适应的分配制度。

省属企业应建立健全以岗位工资为主的基本工资制度，以岗位价值为依据,以业绩为导向,参照劳动力市场工资价位并结合企业经济效益,通过集体协商等形式合理确定不同岗位的工资水平,向关键岗位、生产一线岗位和紧缺急需岗位的高层次、高技能人才倾斜。认真贯彻国家和我省关于深化人才发展体制机制改革有关政策措施,大力加强省属企业人才队伍建设,积极落实企业工资总额向特殊人才倾斜要求,逐步提高关键岗位的薪酬吸引力,确保能够有效吸引、激励和留住人才。

省属企业应建立健全全员业绩考核制度,使职工工资收入与其工作业绩和实际贡献紧密挂钩,合理拉开工资分配差距,调整不合理过高收入,切实做到考核制度科学合理、分配公平公正、工资能增能减。

省属企业应坚持按劳分配为主体,统筹处理好资本、技术、管理等生产要素参与分配的关系,对股票期权等中长期激励收益应加强统筹管理,逐步完善按要素分配的体制机制。

(十四)规范企业工资列支渠道。省属企业应调整优化工资收入结构,逐步实现职工收入工资化、工资货币化、发放透明化。严格清理规范工资外收入,将各种津贴、补贴等工资总额组成范围内的所有工资性收入一律纳入工资总额管理,不得在工资总额之外以其他形式列支任何工资性支出。

六、健全工资分配监管体制机制

(十五)加强和改进政府对国有企业工资分配的宏观调控和指导监督。人社部门负责建立企业薪酬调查和信息发布制度,定期发布不同职业的劳动力市场工资价位和行业人工成本信息;会同财政、国资监管、总工会、企联、工商联等部门完善企业工资指导线制度,定期制定和发布全省企业工资指导线、非竞争类国有企业职工平均工资调控水平和工资增长调控目标。

(十六)落实履行出资人职责机构的国有企业工资分配监管职责。履行出资人职责机构负责指导所监管企业编制工资总额预算方案,做好所监管企业工资总额预算方案的备案或核准工作,加强对所监管企业工资总额预算执行的动态监控和过程管控，按规定及时对所监管企业工资总额预算执行结果进行清算，并将所监管企业上年度工资总额预算执行情况报同级人社部门，由人社部门汇总报告同级人民政府。同时，履行出资人职责机构可按规定将有关情况直接报告同级人民政府。

（十七）完善国有企业工资分配内部监督机制。省属企业应完善法人治理结构，健全内控机制，加强自律建设，规范董事会、监事会的运行。省属企业董事会应依照法定程序决定工资分配事项，加强对工资分配决议执行情况的监督。落实企业监事会和工会对工资分配的监督责任。将职工工资收入分配情况作为厂务公开的重要内容，定期向职工公开，接受职工监督。

（十八）建立国有企业工资分配信息公开制度。履行出资人职责机构、省属企业应于每年12月底前将企业工资总额和职工平均工资水平等相关信息向社会披露，接受社会公众监督。

（十九）健全国有企业工资内外收入监督检查制度。省人社、财政、国资监管等部门定期对国有企业执行国家和我省工资收入分配政策情况开展监督检查，及时查处违规发放工资、滥发工资外收入等行为。加强与出资人监管和审计、税务、纪检监察、巡视等监督的协同，建立工作会商和资源共享机制，提高监督效能，形成监督合力。

省属企业存在超提、超发工资总额及其他违规行为的，扣回违规发放的工资总额，并视违规情形对企业负责人和相关责任人员依照有关规定给予经济处罚和纪律处分；构成犯罪的，由司法机关依法追究刑事责任。

实行工资总额备案制管理的省属企业，如果出现工资总额预算管理不规范或工资分配明显违反国家工资总额管理有关规定，经履行出资人职责机构认定为内控机制不健全的，应取消其备案制管理，转为实行核准制管理。

七、做好组织实施工作

（二十）加强组织领导。国有企业工资决定机制改革是一项涉及面广、政策性强的工作，各地、各有关部门要统一思想认识，以高度的政治责任感和历史使命感，切实加强对改革工作的领导，做好统筹协调，细化目标任务，明确责任分工，强化督促检查，及时研究解决改革中出现的问题，推动改革顺利进行。

（二十一）统筹推进改革。省级人社、财政、国资监管等部门要加强对设区市改革的统筹协调和指导监督，各设区市要根据本实施意见，结合当地实际抓紧制定改革国有企业工资决定机制的实施办法，认真抓好贯彻落实。各级履行出资人职责机构要抓紧制定所监管企业的具体改革实施办法，由同级人社部门会同财政部门审核后实施。其中，省履行出资人职责机构应于2018年12月底前报送具体改革实施办法。省属企业应根据本实施意见和履行出资人职责机构要求，结合本企业实际，抓紧制定本企业工资总额预算管理制度，于2019年第一季度前报履行出资人职责机构审核并确定工资总额监管方式后实施。

（二十二）做好宣传引导。各级人社、财政、国资监管等部门和工会要各司其职，密切配合，形成推进改革的合力，共同做好改革工作。要加强舆论宣传和政策解读，引导全社会特别是国有企业职工正确理解和支持改革，营造改革的良好社会环境。全省国有企业要自觉树立大局观念，认真执行国家和我省改革规定，确保改革政策落实到位。

（二十三）实施时间。本实施意见自2019年1月1日起实施。我省现行国有企业工资总额管理规定，凡与本实施意见不一致的，按本实施意见执行。现行的各履行出资人机构制定的工资总额管理办法，应按本实施意见进行修订完善，按程序报审后执行。

江西省人民政府关于改革国有企业工资决定机制的实施意见

(2018年8月30日 赣府发〔2018〕24号)

各市、县(区)人民政府,省政府各部门:

为充分调动国有企业职工的积极性、主动性、创造性,进一步激发国有企业创造力和提高市场竞争力,推动国有资本做强做优做大,根据《国务院关于改革国有企业工资决定机制的意见》(国发〔2018〕16号)和国家有关收入分配政策,结合我省实际,提出如下实施意见。

一、总体要求

(一)指导思想。

坚持以习近平新时代中国特色社会主义思想为指导,全面贯彻党的十九大精神,从更高层次贯彻落实习近平总书记对江西工作的重要要求,按照深化国有企业改革、完善国有资产管理体制和坚持按劳分配原则、完善按要素分配体制机制的要求,以增强国有企业活力、提升国有企业效率为中心,建立健全与劳动力市场基本适应、与国有企业经济效益和劳动生产率挂钩的工资决定和正常增长机制,完善国有企业工资分配监管体制,增强国有企业活力、提升国有企业效率,加快推动国有企业高质量发展,为建设富裕美丽幸福现代化江西提供有力支撑。

(二)基本原则。

——坚持建立中国特色现代企业制度的改革方向。坚持所有权和经营权相分离,进一步确立国有企业的市场主体地位,健全公司法人治理结构,发挥企业党委(党组)领导作用,依法落实董事会的工资分配管理权,建立健全与国有企业现代企业制度建设进程相适应的工资分配决策机制。

——坚持效益导向与维护公平相统一。国有企业工资增长应坚持以经济效益为导向，在经济效益增长和劳动生产率提高的同时实现劳动报酬同步提高，统筹处理好不同行业、不同企业和企业内部不同岗位职工之间的工资分配关系，建立健全既符合企业一般规律又体现国有企业特点的工资分配制度。

——坚持市场决定与政府监管相结合。充分发挥市场机制在国有企业工资分配中的决定性作用，实现职工工资水平与劳动力市场基本相适应、与增强企业市场竞争力相匹配。加强政府对国有企业工资分配的宏观调控和指导作用，建立健全制度科学、规则统一、程序规范、公平公正的工资分配监管机制。

——坚持分类分级管理。根据企业功能性质定位和法人治理结构完善程度，实行工资总额分类管理，创新和改进监管方式。根据企业国有资产产权隶属关系，落实各级政府职能部门、履行出资人职责机构（或企业主管部门，下同）和企业（集团）的分级监管责任，建立健全与国资国企监管体制相匹配的工资分配分类分级监管体制。

二、改革工资总额决定机制

（三）改革工资总额确定办法。按照国家和我省工资收入分配宏观调控政策要求，根据企业发展战略和薪酬策略、年度生产经营目标和经济效益，综合考虑劳动生产率提高和人工成本投入产出率、职工工资水平市场对标等情况，结合省人力资源社会保障部门发布的工资指导线和工资增长调控目标，合理确定年度工资总额。

（四）分类确定工资效益联动指标。根据企业功能性质定位和行业特点，结合企业与履行出资人职责机构签订的《经营业绩责任书》，科学设置联动指标，突出不同考核重点。工资效益联动指标原则上为2~3个，最多不超过4个。

1. 商业一类企业经济效益指标主要选取利润总额（或净利润）、经济增加值（或增加值）、净资产收益率等指标。其中，确定经济增加值指标的资本成本率要以行业平均水平为基础，依据资本市场对标结果确定。劳动生产率指标主要选取人均利润、人均经济增加值（或人均增加值）等指标；人工成本投入产出率指标选取人工成本利润率指标。

2. 商业二类企业经济效益指标主要选取利润总额、营业收入或任务完成率等指标。劳动生产率指标主要选取人均利润、人均工作量等指标；人工成本投入产出率指标主要选取人工成本利润率、人事费用率等指标。

3. 公益类企业经济效益指标主要选取营业收入或主营业务工作量、利润总额等指标。劳动生产率指标主要选取人均营业收入、人均主营业务工作量等指标；人工成本投入产出率指标主要选取人工成本利润率、人事费用率等指标。

4. 金融类企业经济效益指标主要选取净利润（或利润总额）、净资产收益率等指标。劳动生产率指标选取人均利润指标；人工成本投入产出率指标选取人工成本利润率指标；风险成本控制指标主要选取资本充足率、不良贷款率、拨备覆盖率、案件风险率、杠杆率等指标。

5. 文化类企业应把社会效益放在首位，同时选取社会效益和经济效益指标。社会效益指标主要选取文化任务完成率等体现文化企业社会贡献的文化创作生产和服务、受众反应、社会影响指标（如原创文化产品、演出场次、重大出版计划完成率、再版率、文化产品获奖等），经济效益指标主要选取利润总额、营业收入等指标。劳动生产率指标主要选取人均利润、人均营业收入等指标；人工成本投入产出率指标主要选取人工成本利润率、人事费用率等指标。

（五）完善工资与效益联动机制。按照"效益增工资增、效益降工资降"的同向联动原则，合理确定企业年度工资总额增长或下降幅度。

1. 企业经济效益（文化类企业为社会效益和经济效益，下同）增长的，当年工资总额增长幅度可在不超过经济效益增长幅度范围内确定。其中,当年劳动生产率未提高、上年人工成本投入产出率低于行业平均水平或者商业一类企业上年职工平均工资达到全国城镇单位就业人员平均工资3倍以上、商业二类企业达到2倍以上、公益类企业达到1.5倍以上的,当年工资总额增长幅度应低于同期经济效益增长幅度,且商业二类和公益类企业当年职工平均工资增长幅度不得超过省人力资源社会保障部门发布的工资增长调控目标;对未完成履行出资人职责机构下达的经济效益考核目标的,工资总额可适当少增。

2. 企业经济效益下降的,除受政策调整等非经营性因素影响外,当年工资总额原则上相应下降。其中,当年劳动生产率未下降、上年人工成本投入产出率明显优于行业平均水平或者上年企业职工平均工资未达到全国城镇单位就业人员平均工资80%的,当年工资总额降幅在不超过同期经济效益降幅的50%范围内确定;对商业二类和公益类企业、文化类企业、按时足额上交国有资本收益的企业以及其他未发生亏损的企业,工资总额可以适当少降或者适度下降。对因中外贸易摩擦或市场价格波动较大导致经济效益下降、但完成了履行出资人职责机构下达的经济效益考核目标的,工资总额可以不降。

3. 剔除受政策调整等非经营性因素影响后,企业未实现国有资产保值增值的,工资总额不得增长,或者适度下降。其中,国有资产减值幅度超过10%的,当年工资总额降幅不低于5%。

4. 企业按照工资与效益联动机制确定工资总额,原则上增人不增工资总额、减人不减工资总额,但发生兼并重组、新设企业或机构等情况的,可以合理增加或者减少工资总额。对接收安置政府指令性计划的退役军人的企业,可按照本企业上年度同类人员平均工资核增工资总额。

三、改革工资总额管理方式

(六)全面实行工资总额预算管理。全省国有企业全面实行工资总额预算管理,工资总额预算方案由企业根据工资收入分配政策和本企业实际自主编制,按规定履行内部决策程序后报履行出资人职责机构备案或核准后执行。

(七)规范工资总额预算方案的编制范围和程序。企业年度工资总额预算方案编制范围原则上应与上年度财务决算合并报表范围相一致,包括企业(集团)本级的工资总额预算方案编制和所属各级全资、控股子企业的工资总额预算方案合并报表编制。企业应按照"自下而上、上下结合、分级编制、逐级汇总"的程序,依据企业国有资产产权隶属关系,以企业法人为单位,层层组织做好工资总额预算方案编制工作。

(八)合理确定工资总额预算指标基数。工资总额预算管理指标由工资总额预算指标和效益预算指标构成。工资总额预算指标由工资总额预算基数和预算增减两部分组成;预算增减包括因效益变动增减工资总额、因规模性增加或者减少人员增减工资总额。

1. 已经实行工资总额预算管理的企业,工资总额预算基数以履行出资人职责机构清算确定的上年度工资总额为基数。未实行工资总额预算管理的企业,初始工资总额预算基数原则上以上年度企业实发工资总额为基数;对上年度实发工资总额低于前三年平均数的(剔除因企业或项目关闭退出规模性减少人员而减少工资总额等影响因素),可以前三年实发工资总额的平均数为基数,以后年度的工资总额预算基数以履行出资人职责机构清算确定的工资总额为基数。对于新组建企业,可按照同级同类国有企业职工平均工资和实有职工人数合理确定工资总额预算基数。

2. 经济效益预算指标基数原则上以经审计确认的上年度财务决算表反映的经济效益指标完成值为基数。经济效益预算指标目标值的确定,要按照效益持续改善向好且具有一定挑战性和行业可比性的价值导向,在坚持与国内外同行业优秀企业进行横向对标、与企业历史最好业绩指标和战略规划业绩指标进行纵向对标的基础上合理确定。劳动生产率、人工成本投入产出率指标应与相同行业、相同年度的劳动生产率、人工成本投入产出率指标进行对标。对缺少行业对标主体的，应选取同功能性质企业或具有较强可比性的竞争类行业（企业）对标；对相同年度对标信息缺失的，可与近三年同行业（企业）的先进指标进行对标。

（九）完善工资总额监管方式。根据企业功能性质定位、行业特点，并结合法人治理结构完善程度，由履行出资人职责机构对所监管国有企业工资总额预算分别实行备案制或核准制管理。

1. 商业一类企业工资总额预算原则上实行备案制管理。其中，未建立规范董事会、法人治理结构不完善、内控机制不健全、近三年企业工资分配存在重大违纪违规行为的企业，经履行出资人职责机构认定，其工资总额预算应实行核准制管理。

2. 商业二类和公益类企业工资总额预算原则上实行核准制管理。其中，已建立规范董事会、法人治理结构完善、内控机制健全、近三年企业工资分配未发生重大违纪违规行为的企业，经履行出资人职责机构同意，其工资总额预算可实行备案制管理。

3. 实行备案制管理的企业，如果出现工资总额预算管理不规范或工资分配存在重大违纪违规行为，履行出资人职责机构可将其工资总额预算调整为核准制管理；实行核准制管理的企业，如果近三年工资总额预算管理规范、工资分配未发生重大违纪违规行为，履行出资人职责机构可将其工资总额预算调整为备案制管理。

（十）合理确定工资总额预算管理周期。国有企业工资总额预算一般按年度进行管理。对行业周期性特征明显、经济效益年度间波动较大的企业，或者处于筹建期、初创期、战略调整期、快速扩张期的企业，或者存在重组改制等其他特殊情况的企业，经履行出资人职责机构同意，工资总额预算可探索按周期进行管理，周期最长不超过三年，周期内工资效益联动机制按照第（五）条执行。

（十一）强化工资总额预算执行。国有企业应严格执行经备案或核准的工资总额预算方案，并应与经营业绩考核结果联动。执行过程中，因企业外部环境或自身生产经营等编制预算时所依据的情况发生重大变化，需要调整工资总额预算方案的，应按规定程序及时进行调整。其中，工资总额预算实行年度管理的，工资总额预算方案最多调整一次；实行周期管理的，原则上最多调整两次。

（十二）探索试行负面清单管理。履行出资人职责机构应不断深化"放管服"改革，创新工资总额监管方式，探索建立负面清单管理制度。对国际国内市场竞争力强、工资分配自律性强的国有企业，经履行出资人职责机构同意、报同级人力资源社会保障部门备案，可选择1~3家企业，按照《江西省国有企业工资分配负面清单》开展负面清单管理试点，赋予试点企业更大的工资分配自主权，由试点企业依法依规自主制定工资总额预算方案、自主进行工资总额清算。履行出资人职责机构应加强对试点企业的指导，及时总结试点经验，不断改进工资总额监管方式，提高监管效能和水平。

四、完善企业内部工资分配管理

（十三）建立健全企业内部工资总额管理制度。国有企业在经备案或核准的工资总额预算内，依法依规自主决定内部工资分配。企业应建立健全内部工资总额预算管理制度，根据所属子企业功能性质定位、行业特点和生产经营等情况，指导所属子企业科学编制工资总额预算方案，逐级落实预算执行责任，实行工资总额预算管理过程与业绩考核结果相结合的监控方式，建立预算执行情况的动态监控和预警机制，确保实现工资总额预算目标。企业应积极向行业先进对标，探索工资总额管理机制创新，充分调动不同行业、不同发展阶段子企业的工资分配积极性，理顺企业内部收入分配关系。

企业集团应合理确定集团本部工资总额预算，集团本部在岗职工平均工资增长幅度原则上不超过本企业全部在岗职工平均工资增长幅度。

其中，集团本部精干高效、属于企业利润中心的，经履行出资人职责机构认定，集团本部在岗职工平均工资增长幅度可适当调整。

（十四）深化企业内部分配制度改革。国有企业要统筹考虑以具有竞争力的薪酬水平吸引和留住人才、提高劳动生产率等因素，科学制定与企业发展战略相适应的薪酬策略。建立健全以岗位工资为主的基本工资制度，以岗位价值为依据，以业绩为导向，参照劳动力市场工资价位并结合企业经济效益、发展战略和薪酬策略，通过集体协商等形式合理确定不同岗位的工资水平，向关键岗位、生产一线岗位和紧缺急需岗位的高层次、高技能人才倾斜，企业非核心岗位的工资水平应逐步向劳动力市场工资价位接轨，合理拉开工资分配差距，调整不合理过高收入。加强全员绩效考核，强化工资分配与个人工作业绩和实际贡献紧密挂钩，切实做到考核科学合理、分配公平公正、工资能增能减。

（十五）规范企业工资列支渠道。国有企业应调整优化工资收入结构，净化工资发放渠道，逐步实现职工收入工资化、工资货币化、发放透明化。严格清理规范工资外收入，将各种津贴、补贴等工资总额组成范围内的所有工资性收入一律纳入工资总额管理，不得在工资总额之外以其他形式列支任何工资性支出。

五、健全工资分配监管体制机制

（十六）加强和改进政府对国有企业工资分配的宏观调控和指导监督。各级人力资源社会保障部门负责对同级国有企业工资分配进行宏观指导和调控，改进和加强事前引导、事后监督。省人力资源社会保障部门负责建立省、设区市两级企业薪酬调查和信息发布制度，定期发布不同职业的劳动力市场工资价位和行业人工成本信息，适时对《江西省国有企业工资分配负面清单》进行调整完善并公布；会同财政、国资监管等部门拟定全省国有企业工资收入分配政策，完善企业工资指导线制度，定期制定和发布全省企业工资指导线、非竞争类国有企业工资增长调控目标。

（十七）落实履行出资人职责机构的国有企业工资分配监管职责。履行出资人职责机构负责做好所监管企业工资总额预算方案的备案或核准工作，加强对所监管企业（包括开展负面清单管理试点企业）工资总额预算执行的动态监控和过程管控，按规定及时对所监管企业工资总额预算执行结果进行清算、出具清算批复文件，并按照《江西省国有企业工资总额执行结果备案办法》的规定，将所监管企业上年度工资总额预算执行情况报同级人力资源社会保障部门，由人力资源社会保障部门汇总报告同级人民政府。同时，履行出资人职责机构可按规定将有关情况直接报告同级人民政府。

（十八）完善国有企业工资分配内部监督机制。国有企业应完善法人治理结构，健全内控机制，加强自律建设，规范董事会、监事会的运行。董事会应依照法定程序决定工资分配事项，加强对工资分配决议执行情况的监督。落实企业监事会和工会对工资分配的监督责任，对标《江西省国有企业工资分配负面清单》，以问题为导向，加强对企业集团本部及所属子企业工资分配的监督，督促企业改进完善工资分配制度。国有企业应按规定报送工资总额执行结果备案材料，自觉接受政府职能部门和履行出资人职责机构的监管，将职工工资收入分配情况作为厂务公开的重要内容，在企业醒目位置设置公告栏，定期向职工公开，接受职工监督。

（十九）建立国有企业工资分配信息公开制度。履行出资人职责机构、国有企业应按照《江西省国有企业工资分配信息披露式样》，于每年9月底前在本机构、本企业官方网站向社会如实披露工资总额清算结果和企业上年度应付职工工资总额、职工平均工资水平及增长幅度等信息，接受社会公众监督。

（二十）健全国有企业工资内外收入监督检查制度。各级人力资源社会保障、财政、国资监管等部门应按照《江西省国有企业工资内外收入监督检查办法》的规定，定期对国有企业执行国家和我省工资收入分配政策情况开展监督检查，严肃查处违规发放工资、滥发工资外收入等行为。加强与出资人监管和审计、税务、纪检监察、巡视等监督的协同，建立工作会商和资源共享机制，提高监督效能，形成监督合力。

六、做好组织实施工作

（二十一）加强组织领导。国有企业工资决定机制改革是一项涉及面广、政策性强的工作，各地、各有关部门要统一思想认识，以高度的政治责任感和历史使命感，切实加强对改革工作的领导，做好统筹协调，细化目标任务，明确责任分工，强化督促检查，及时研究解决改革中出现的问题，推动改革顺利进行。

（二十二）统筹推进改革。各级履行出资人职责机构要根据本实施意见，结合所监管企业实际情况，抓紧制定所监管企业的具体改革实施办法，于 2018 年 10 月底前报同级人力资源社会保障部门，由同级人力资源社会保障部门会同财政部门审核后实施。国有企业应根据本实施意见和履行出资人职责机构要求，结合本企业实际，抓紧制定本企业工资总额预算管理制度，于 2018 年 11 月底前报履行出资人职责机构审核并确定工资总额监管方式后实施。

（二十三）加强宣传引导。各级人力资源社会保障、财政、国资监管等部门和工会要各司其职，密切配合，形成推进改革的合力，共同做好改革工作。要加强舆论宣传和政策解读，引导全社会特别是国有企业职工正确理解和支持改革，营造改革的良好社会环境。全省国有企业要自觉树立大局观念，认真执行改革规定，确保改革政策落实到位。

本实施意见适用于我省各级政府代表国家履行出资人职责的国有独资及国有控股企业。履行出资人职责机构包括代表政府履行出资人职责的国资监管机构和政府授权履行出资人职责的部门（机构）；国有独资及国有控股企业包括企业本部及其所出资的各级独资、控股的子企业。

各级党委和政府有关部门、人民团体、事业单位（以下统称企业主管部门）所管理的其他国有独资及国有控股企业，依照本实施意见执行。

各级政府有关部门或机构作为实际控制人的企业，参照本实施意见执行。

本实施意见所称工资总额，是指由企业在一个会计年度内直接支付给与本企业建立劳动关系的全部职工的劳动报酬总额（含企业负责人薪酬），包括工资、奖金、津贴、补贴、加班加点工资、特殊情况下支付的工资等。工资总额的组成按照国家有关规定执行。

本实施意见自2019年1月1日起实施。我省现行国有企业工资管理规定凡与本实施意见不一致的，按本实施意见执行。

山东省人民政府关于改革国有企业工资决定机制的实施意见

(2018年12月29日 鲁政发〔2018〕34号)

各市人民政府,各县(市、区)人民政府,省政府各部门、各直属机构,各大企业,各高等院校:

为贯彻落实《国务院关于改革国有企业工资决定机制的意见》(国发〔2018〕16号),结合我省实际,制定以下实施意见。

一、改革工资总额决定机制

(一)改革工资总额确定办法。进一步确立国有企业的市场主体地位,发挥企业党委(党组)领导作用,依法落实董事会的工资分配管理权。国有企业按照国家工资收入分配宏观政策要求,根据企业发展战略和薪酬策略、年度生产经营目标和经济效益,综合考虑劳动生产率和人工成本投入产出率、职工工资水平市场对标等情况,结合政府发布的年度企业工资指导线,合理确定年度工资总额。充分参与市场竞争、盈利水平高、法人治理结构完善、内部管理规范的国有企业,可以自主确定年度工资总额。

(二)完善工资效益联动机制。建立健全与劳动力市场基本适应、与国有企业经济效益和劳动生产率挂钩的工资联动机制,实现工资效益同向联动,职工工资能增能减。

1.健全工资效益同向联动机制。国有企业经济效益增长的,当年工资总额适度增长;国有企业经济效益下降的,除受政策调整等非经营性因素影响外,当年工资总额原则上相应下降。

2.明确企业工资总额增减限制。国有企业经济效益增长的,当年工资总额增长幅度不得超过经济效益增长幅度；国有企业经济效益下降的，当年工资总额下降幅度不得超过经济效益下降幅度。

国有企业工资分配要做到既有激励又有约束、既讲效率又讲公平。依据政府发布的企业工资指导线确定工资总额，工资总额年增幅原则上不得超过30%，工资总额年降幅原则上不得超过20%，职工工资固定部分原则上只增不减。

企业未实现国有资产保值增值的，工资总额不得增长，或者适度下降。

3. 合理调控工资总额增减幅度。国有企业经济效益增长，但当年劳动生产率未提高、上年人工成本投入产出率低于行业平均水平或者上年职工平均工资达到全国城镇单位就业人员平均工资3倍的，当年工资总额应适当少增；主业处于非充分竞争行业和领域的企业，上年职工平均工资达到全国城镇单位就业人员平均工资2倍的，当年工资总额应适当少增，且职工平均工资增长幅度不得超过政府发布的企业工资指导线基准线。

国有企业经济效益下降，但当年劳动生产率未下降、上年人工成本投入产出率明显优于行业平均水平或者上年职工平均工资低于全国城镇单位就业人员平均工资80%的，当年工资总额可适当少降。

国有企业按照工资效益联动机制确定工资总额，原则上增人不增工资总额、减人不减工资总额，但发生兼并重组、新设企业或机构、规模性增减人员等情况的，可以合理增加或者减少工资总额。

（三）分类确定工资效益联动指标。根据企业功能性质定位、行业特点，科学设置联动指标。工资效益联动指标原则上为1~2个，最多不超过4个。

1. 商业一类国有企业主要选取利润总额（或净利润）、经济增加值、净资产收益率等指标。

2. 商业二类国有企业主要选取利润总额、国有资本保值增值率、营业收入、任务完成率等指标。

3. 公益类国有企业主要选取营业收入或主营业务收入、利润总额等指标。

4. 金融类国有企业主要选取净利润（或利润总额）、营业收入、不良贷款率、案件风险率等指标。

5. 文化类国有企业应同时选取社会效益和经济效益指标。社会效益指标主要选取政治导向、文化创作生产和服务、受众反映、社会影响等指标；经济效益指标主要选取营业收入、利润总额、国有资本保值增值率等指标。

劳动生产率指标一般以人均利润、人均增加值为主，根据企业实际情况，可选取人均营业收入、人均工作量等指标；人工成本投入产出率指标主要选取人事费用率、人工成本利润率指标。

对缺少行业对标主体的，应选取同功能性质企业或具有较强可比性的竞争类行业对标。

二、改革工资总额管理方式

（一）全面实行工资总额预算管理。国有企业全面实行工资总额预算管理，工资总额预算方案由国有企业根据工资收入分配政策和企业实际自主编制，按规定履行内部决策程序后，履行出资人职责机构对所监管企业工资总额实行备案制或核准制管理。

（二）规范工资总额预算方案的编制范围和程序。国有企业年度工资总额预算方案编制范围，原则上与上年度财务决算合并报表范围一致。企业应当按照"自下而上、上下结合、分级编制、逐级汇总"的程序，依据企业国有资产产权隶属关系，以企业法人为单位，层层组织做好工资总额预算方案编制工作。

（三）完善工资总额预算监管方式。根据国有企业功能性质定位、行业特点和法人治理结构完善程度，结合工资分配管理规范情况，实行工资总额分类监管。

1. 对商业一类国有企业，工资总额预算原则上实行备案制。其中，未建立规范董事会、法人治理结构不完善、内控机制不健全的企业，经履行出资人职责机构认定，其工资总额预算应当实行核准制。

2. 对其他国有企业，工资总额预算原则上实行核准制。其中，已建立规范董事会、法人治理结构完善、内控机制健全的企业，经履行出资人职责机构同意，其工资总额预算可以实行备案制。

3. 实行备案制管理的企业，如果出现工资总额管理不规范或者工资分配存在重大违规行为，履行出资人职责机构可将其工资总额预算调整为核准制管理。实行核准制管理的企业，如果近三年工资总额管理规范、未发生工资分配重大违规行为，履行出资人职责机构可将其工资总额预算调整为备案制管理。

（四）合理确定工资总额预算基数。国有企业工资总额预算以履行出资人职责机构审核清算的上年度工资总额为基数。履行出资人职责机构未审核清算的，原则上以上年度实发工资总额为基数；上年度实发工资总额低于前三年平均数的，可以前三年工资总额平均数为基数。经济效益和劳动生产率明显高于行业平均水平，职工工资水平低于全国城镇单位就业人员平均工资60%的，工资总额预算基数可以适当调整。新组建的国有企业，可以按照同级同类国有企业职工平均工资和实有职工人数合理确定工资总额预算基数。

（五）合理确定工资总额预算周期。国有企业工资总额预算一般按年度进行管理。对行业周期性特征明显、经济效益年度间波动较大的或存在其他特殊情况的国有企业，工资总额预算可探索按周期进行管理，周期最长不超过三年，周期内的工资总额增幅不超过同期经济效益增幅。国有企业培养、引进高层次人才，其工资纳入企业工资总额，短期难以获得效益的，可以探索单独实行周期制管理。

（六）强化工资总额预算执行。国有企业应严格执行经备案或核准的工资总额预算方案。执行过程中，因企业外部环境或自身生产经营等编制预算时所依据的情况发生重大变化,需要调整工资总额预算方案的,应按规定程序进行调整。

履行出资人职责机构应加强对企业执行工资总额预算情况的动态监控和指导,并对预算执行结果进行清算。

三、完善企业内部工资分配制度

(一)完善企业内部工资总额管理制度。国有企业在经备案或核准的工资总额预算内,依法依规自主决定内部工资分配。

1. 国有企业应建立健全内部工资总额管理办法。根据所属企业功能性质定位、行业特点和生产经营等情况,指导所属企业科学编制工资总额预算方案,逐级落实预算执行责任,建立预算执行情况动态监控机制,确保实现工资总额预算目标。

2. 企业集团应合理确定总部工资总额预算。总部职工平均工资增幅原则上应低于本企业全部职工平均工资增幅。其中,集团总部属于企业利润中心的,集团总部职工平均工资增幅可适当调整。

(二)深化企业内部分配制度改革。国有企业要统筹考虑以具有竞争力的薪酬水平吸引和留住人才、提高劳动生产率、提升员工满意度、控制人工成本等因素,科学制定与企业发展战略相适应的薪酬策略。

1. 完善全员绩效考核制度。国有企业应建立健全全员绩效考核制度,使职工工资收入与其工作业绩和实际贡献紧密挂钩,合理拉开工资分配差距,调整不合理过高收入,切实做到考核科学合理、分配公平公正、工资能增能减、员工能进能出。坚持按劳分配为主体,统筹处理好劳动、资本、管理、技术等生产要素参与分配的关系,鼓励企业依据有关规定实行中长期激励,逐步完善按要素分配的体制机制。

2. 合理确定不同岗位工资水平。国有企业应在岗位评价的基础上,建立健全以岗位工资为主的基本工资制度,以岗位价值为依据,以业绩为导向,参照劳动力市场工资价位并结合企业经济效益、发展战略、薪酬策略,通过集体协商等形式合理确定不同岗位的工资水平。国有企业应当全面提高高层次领军人才待遇,推行年薪制、项目工资、技能津贴等灵活高效的人才薪酬制度,工资分配突出向生产一线岗位和高层次人才倾斜,提高关键岗位、关键人才的薪酬市场竞争力,确保能够有效吸引、激励和留住人才。企业非核心岗位的工资应逐步与劳动力市场价位接轨。

3. 强化人工成本调控管理。国有企业应逐步健全以工资总额管理为核心的人工成本调控管理体系,严格控制人工成本不合理增长。国有企业应当根据国家有关规定,结合自身实际,统筹规范所属企业福利保障制度,加强福利项目和费用管理。基本社会保险、住房公积金、企业年金、补充医疗保险、福利费等国家和省有明确规定的,要严格执行相关规定,不得超标准列支。经济效益下降的,福利性项目不得增加、水平不得增长;出现亏损的,原则上应当缩减福利性项目或降低水平。

(三)规范企业工资列支渠道。国有企业应调整优化工资收入分配结构,逐步实现职工收入工资化、工资货币化、发放透明化。严格清理规范工资外收入,将所有工资性收入一律纳入工资总额管理,不得在工资总额之外以其他方式列支任何工资性支出。

四、健全工资分配监管体制机制

(一)加强和改进政府对国有企业工资分配的宏观指导调控。各级人力资源社会保障部门负责对同级国有企业工资分配进行宏观指导和调控,改进和加强事前引导和事后监督。根据职责分工,负责建立企业薪酬调查和信息发布制度,定期发布不同职业的劳动力市场工资价位和行业人工成本信息;会同财政、国有资产监管等部门完善工资指导线制度,定期制定并提请政府发布企业工资指导线、非竞争类国有企业职工平均工资调控水平和工资增长调控目标。

(二)落实履行出资人职责机构的国有企业工资分配监管职责。履行出资人职责机构负责制定监管企业改革工资决定机制实施办法,做好所监管企业工资总额预算方案的备案或核准工作,加强对所监管企业工资总额预算执行情况的动态监控和执行结果的清算,并按年度将所监管企业工资总额预算执行情况报同级人力资源社会保障部门,由人力资源社会保障部门汇总报同级人民政府。同时,履行出资人职责机构可按规定将有关情况直接报告同级人民政府。

(三)完善国有企业工资分配内部监督机制。国有企业董事会应依照法定程序决定工资分配事项,加强对工资分配决议执行情况的监督。落实企业监事会对工资分配的监督责任。将企业职工工资收入分配情况作为厂务公开的重要内容,定期向职工公开,接受职工监督。

(四)建立国有企业工资分配信息公开制度。履行出资人职责机构、国有企业每年定期将企业工资总额和职工平均工资水平等信息通过履行出资人职责机构和国有企业官方网站等渠道向社会公布,接受社会公众监督。

(五)健全国有企业工资内外收入监督检查制度。人力资源社会保障部门会同财政、国有资产监管等部门,定期对国有企业执行工资收入分配政策情况进行监督检查,及时查处违规发放工资、滥发工资外收入等行为。加强与出资人监管机构和审计、税务、纪检监察、巡视等监督力量的协同,建立工作会商和信息共享机制,提高监督效能,形成监管合力。

国有企业应当依法依规合理确定年度工资总额,不得违反规定超提、超发工资总额。对企业存在超提、超发工资总额及其他违规行为的,应当扣回违规发放的工资总额,并视违规情形对企业负责人和相关责任人员依照有关规定给予经济处罚和纪律处分;构成犯罪的,由司法机关依法追究刑事责任。

五、做好组织实施工作

各市、各有关部门要切实加强对改革国有企业工资决定机制工作的领导,细化目标任务,明确责任分工,强化督促检查,及时研究解决改革中出现的问题,推动改革顺利进行。各市、县(市、区)可以结合当地实际研究制定改革国有企业工资决定机制实施办法,也可按照本实施意见,认真抓好贯彻落实。各级履行出资人职责机构要抓紧制定所监管企业的具体改革实施办法,由同级人力资源社会保障部门会同财政部门审核后实施。各级人力资源社会保障、财政、国有资产监管等部门和工会要各司其职,密切配合,共同做好改革工作,形成推进改革的合力。国有企业要自觉树立大局观念,认真执行国家有关改革规定,确保改革政策得到落实。要加强舆论宣传和政策解读,引导全社会正确理解和支持改革,营造良好社会环境。

本实施意见适用于我省各级政府出资的国有独资企业和国有控股企业。有关部门或机构作为实际控制人的企业,参照本实施意见执行。

本实施意见自 2019 年 1 月 1 日起实施,有效期至 2023 年 12 月 31 日。我省现行国有企业工资管理规定,凡与本实施意见不一致的,按本实施意见执行。

河南省人民政府关于改革国有企业工资决定机制的实施意见

(2019年1月17日 豫政〔2019〕2号)

各市、县人民政府,省人民政府各部门:

为贯彻落实《国务院关于改革国有企业工资决定机制的意见》(国发〔2018〕16号)和国家收入分配制度改革有关政策,促进国有企业健康发展,现结合我省实际提出如下实施意见,请认真贯彻落实。

一、总体要求

(一)基本原则。

——坚持建立中国特色现代国有企业制度改革方向。坚持所有权和经营权相分离,进一步确立国有企业市场主体地位,发挥国有企业党委(党组)领导作用,依法落实董事会的工资分配管理权,完善既符合企业一般规律又体现国有企业特点的工资分配机制,促进国有企业持续健康发展。

——坚持效益导向与维护公平相统一。坚持按劳分配原则,做到既有激励又有约束、既讲效率又讲公平。健全国有企业职工工资与经济效益同向联动、能增能减机制,在经济效益增长和劳动生产率提高的同时实现劳动报酬同步提高。妥善处理不同行业、不同国有企业和国有企业内部不同职工之间的工资分配关系,调节过高收入,维护社会公平。

——坚持市场决定与政府监管相结合。充分发挥市场在国有企业工资分配中的决定性作用,实现职工工资水平与劳动力市场价位相适应、与增强国有企业市场竞争力相匹配。更好发挥政府对国有企业工资分配的宏观指导和调控作用,改进和加强事前引导和事后监督,健全政府监管体制机制，规范工资分配秩序。

——坚持自主分配与分类分级管理相协调。在坚持落实国有企业自主分配法定权利基础上，完善国有企业工资总额管理办法，合理确定并认真执行国有企业工资总额预算。根据不同国有企业功能性质定位、行业特点和法人治理结构完善程度，对不同类型国有企业工资总额实行分类管理。按照国有企业国有资产产权隶属关系，落实各级政府职能部门和履行出资人职责机构（或其他企业主管部门，下同）监管责任。

（二）适用范围。本实施意见适用于各级政府代表国家出资的国有独资及国有控股企业，包括国有企业本部及其所出资的各级独资、控股的子企业，有关部门及下属机构、直属事业单位管理的国有企业。

省级及以下有关部门或机构作为实际控制人的企业，参照本实施意见执行。

本实施意见所称工资总额，是指由国有企业在一个会计年度内直接支付给与本企业建立劳动关系的全部职工的劳动报酬总额，包括工资、奖金、津贴、补贴、加班加点工资、特殊情况下支付的工资等。

二、改革工资总额决定机制

（一）改革工资总额确定办法。按照国家工资收入分配宏观政策要求，根据国有企业不同发展阶段的发展战略和薪酬策略、年度生产经营目标和经济效益，综合考虑劳动生产率提高和人工成本投入产出率、职工工资水平市场对标等情况，结合政府职能部门发布的工资指导线，合理确定年度工资总额。

人工成本投入产出率可选取人工成本利润率、人事费用率、劳动分配率等指标对标。国有企业人工成本投入产出率、职工工资水平与所在行业人工成本投入产出率、劳动力市场工资价位对标时，要考虑国有企业在全国同行业中的市场地位、薪酬竞争策略因素，选取相适应的口径进行对标。缺少市场对标对象的，可选取功能性质基本相同或具有较强可比性的行业企业进行对标。

（二）完善工资与效益联动机制。国有企业经济效益增长的，当年工资总额增长幅度可在不超过经济效益增长幅度范围内确定。其中，当年劳动生产率未提高、上年人工成本投入产出率低于行业平均水平或上年职工平均工资高于全国城镇单位就业人员平均工资1.5倍的，当年工资总额增长幅度要低于同期经济效益增长幅度；对主业不处于充分竞争行业和领域的国有企业，上年职工平均工资达到政府职能部门规定的调控水平及以上的，当年工资总额增长幅度要低于同期经济效益增长幅度，且职工平均工资增长幅度不得超过政府职能部门规定的工资增长调控目标。

国有企业经济效益下降的，除受政策调整等非经营性因素影响外，当年工资总额原则上相应下降。其中，当年劳动生产率未下降、上年人工成本投入产出率明显优于行业平均水平或上年职工平均工资低于全国城镇单位就业人员平均工资70%的，当年工资总额可适当少降。

国有企业未实现国有资产保值增值的，工资总额不得增长，也可适度下降。

国有企业按照工资与效益联动机制确定工资总额，原则上增人不增工资总额、减人不减工资总额，但发生兼并重组、新设国有企业或机构等情况的，可以对标劳动力市场工资价位、行业平均工资水平合理增加或减少工资总额。

（三）分类确定工资效益联动指标。按照谁出资谁分类的原则，由履行出资人职责机构负责界定和动态调整所监管国有企业的功能性质定位，报本级政府批准后实施分类管理。根据国有企业功能性质定位、不同发展阶段和行业特点，科学设置工资效益联动指标，合理确定考核目标，突出不同考核重点，形成工资效益联动模式。工资效益联动指标原则上为2~4个。

对主业处于充分竞争行业和领域的商业类国有企业，工资效益联动指标主要选取利润总额（或净利润）、经济增加值、净资产收益率等反映经济效益、国有资本保值增值和市场竞争力的指标。

对主业处于关系国家安全、国民经济命脉的重要行业和关键领域，主要承担重大专项任务的商业类国有企业，工资效益联动指标主要选取反映经济效益、国有资本保值增值指标，同时可根据实际情况增加营业收入、任务完成率等体现服务国家战略、保障国家安全和国民经济运行、发展前瞻性战略性产业以及完成特殊任务等情况的指标。

对主业以保障民生、服务社会、提供公共产品和服务为主的公益类国有企业，工资效益联动指标主要选取反映成本控制、产品服务质量、营运效率和保障能力等情况的指标，兼顾体现经济效益和国有资本保值增值的指标。

对开发性、政策性的金融类国有企业，工资效益联动指标主要选取任务完成率、资本充足率、案件风险率等体现服务国家战略和风险控制的指标，兼顾反映经济效益的指标；对商业性的金融类国有企业，工资效益联动指标主要选取净利润（或利润总额）、经济增加值、净资产收益率、不良贷款率等反映经济效益、资产质量和偿付能力的指标。

对文化类国有企业，工资效益联动指标主要选取文化创作生产服务、社会影响等反映社会效益和经济效益、国有资本保值增值的指标。

劳动生产率指标一般以人均增加值、人均利润指标为主，根据国有企业实际情况，可选取人均营业收入、人均工作量等指标。

三、改革工资总额管理方式

（一）全面实行工资总额预算管理。工资总额预算由国有企业自主编制，按规定履行内部决策程序后，根据国有企业功能性质定位、行业特点并结合法人治理结构完善程度，分别报履行出资人职责机构备案或核准后执行。

对主业处于充分竞争行业和领域的商业类国有企业，工资总额预算原则上实行备案制。其中，未建立规范董事会、法人治理结构不完善、内控机制不健全、内部分配管理不规范的国有企业，经履行出资人职责机构认定，其工资总额预算要实行核准制。

对其他国有企业，工资总额预算原则上实行核准制。其中，已建立规范董事会、法人治理结构完善、内控机制健全、内部分配管理规范的国有企业，经履行出资人职责机构同意，其工资总额预算可实行备案制。

（二）合理确定工资总额预算周期。国有企业工资总额预算一般按年度进行管理。对行业周期性特征明显、经济效益年度间波动较大或存在其他特殊情况的国有企业，经履行出资人职责机构同意，工资总额预算可探索按周期进行管理，周期最长不超过三年。

（三）改革工资总额预算编制方法。编制工资总额预算要与国有企业生产经营预算通盘考虑、统筹安排，与经济效益增长目标相适应。工资总额预算按年度进行管理的，一般以履行出资人职责机构清算的上年工资总额为基数；工资总额预算按周期进行管理的，以履行出资人职责机构清算的上一周期工资总额为基数。年度或周期内年均工资总额增长要符合工资与效益联动的要求。

（四）强化工资总额预算执行。国有企业要严格执行经备案或核准的工资总额预算。在执行过程中，因国有企业外部环境或自身生产经营等编制预算时所依据的情况发生重大变化，需要调整工资总额预算的，要按规定程序进行调整。

国有企业工资总额预算要在每年5月底前报履行出资人职责机构备案或核准。履行出资人职责机构要在收到所监管国有企业工资总额预算方案之日起10个工作日内予以书面批复。

四、完善国有企业内部工资分配管理

（一）完善国有企业内部工资总额管理制度。国有企业在经备案或核准的工资总额预算内，依法依规自主决定内部工资分配。国有企业要建立健全内部工资总额管理办法，根据所属国有企业功能性质定位、不同发展阶段、行业特点和生产经营等情况，指导所属国有企业自下而上科学编制工资总额预算方案，自上而下逐级落实工资总额预算执行责任，建立预算执行情况动态监控机制，确保实现工资总额预算目标。国有企业集团要合理确定总部工资总额预算，其职工平均工资增长幅度原则上要低于本企业全部职工平均工资增长幅度；国有企业集团要探索创新内部工资总额管理机制，实行市场化改革，鼓励所属国有企业积极与行业先进对标，与劳动力市场工资价位对标，理顺国有企业内部收入分配关系。

（二）深化国有企业内部分配制度改革。国有企业要建立健全以岗位工资为主的基本工资制度，以岗位价值为依据，以业绩为导向，参照劳动力市场工资价位并结合国有企业经济效益，通过集体协商等形式合理确定不同岗位的工资水平。国有企业工资分配要向关键岗位、生产一线岗位和紧缺急需的高层次、高技能人才倾斜，合理拉开工资分配差距，调整不合理过高收入。加强全员绩效考核，使职工工资收入与其工作业绩和实际贡献紧密挂钩，切实做到能增能减。

国有企业要健全以工资总额管理为核心的人工成本管理体系，加强人工成本动态监管，严格控制人工成本不合理增长。

（三）规范国有企业工资列支渠道。国有企业要调整优化工资收入结构，逐步实现职工收入工资化、工资货币化、发放透明化。严格清理规范工资外收入，将所有工资性收入一律纳入工资总额管理，不得在工资总额之外以其他方式列支任何工资性支出。

五、健全工资分配监管体制机制

（一）加强和改进政府对国有企业工资分配的宏观指导和调控。省、市级人力资源社会保障部门负责建立企业薪酬调查和信息发布制度，每年发布本行政区域内不同职业的劳动力市场工资价位和行业人工成本信息；会同财政、国资等部门完善工资指导线制度，每年制定和发布工资指导线、非竞争类国有企业职工平均工资调控水平和工资增长调控目标。

（二）落实履行出资人职责机构对国有企业工资分配的监管职责。履行出资人职责机构负责做好所监管国有企业工资总额预算方案的备案或核准工作，加强对所监管国有企业工资总额预算执行情况的动态监控和执行结果的清算，并按年度将所监管国有企业工资总额预算执行情况于每年5月底前报同级人力资源社会保障部门，由人力资源社会保障部门汇总后于6月底前报同级政府。

（三）完善国有企业工资分配内部监督机制。国有企业董事会要依照法定程序决定工资分配事项，加强对工资分配决议执行情况的监督。落实国有企业监事会对工资分配的监督责任。将国有企业职工工资收入分配情况作为厂务公开的重要内容，定期向职工公开，接受职工监督。

（四）建立国有企业工资分配信息公开制度。履行出资人职责机构、国有企业要于每年6月底前将企业上年工资总额和职工平均工资水平及增长情况等相关信息予以公开，接受社会公众监督。

（五）健全国有企业工资内外收入监督检查制度。各级人力资源社会保障部门要会同财政、国资等部门，每年对国有企业执行国家工资收入分配政策情况开展监督检查，及时查处违规发放工资、滥发工资外收入等行为。加强与出资人监管和审计、税务、纪检监察、巡视等监督力量协同，建立工作会商和资源共享机制，提高监督效能，形成监督合力。

对国有企业存在超提、超发工资总额及相关工作人员在工资总额管理工作中玩忽职守、弄虚作假、把关不严等违规行为的，扣回违规发放的工资总额，并视违规情形对国有企业负责人和相关责任人员依照有关规定给予经济处罚和纪律处分；构成犯罪的，由司法机关依法追究刑事责任。

六、做好组织实施工作

（一）加强组织领导。各地、各有关部门要统一思想认识，以高度的政治责任感和历史使命感，切实加强对改革工作的领导，并结合当地和部门实际，认真贯彻落实本实施意见。人力资源社会保障部门要做好统筹协调工作，明确责任分工，强化督促检查，及时研究解决改革中出现的问题，推动改革顺利进行。

（二）统筹推进改革。各级履行出资人职责机构要抓紧制定所监管国有企业的具体改革实施办法，由同级人力资源社会保障部门会同财政部门审核后实施。各级人力资源社会保障、财政、国资等部门和工会要各司其职，密切配合，共同做好改革工作，形成推进改革的合力。

（三）强化宣传引导。要加强舆论宣传和政策解读，引导全社会正确理解和支持改革，营造良好社会环境。国有企业要自觉树立大局观念，认真执行改革规定，确保改革政策落到实处。

本实施意见自 2019 年 1 月 1 日起施行。现行国有企业工资管理规定与本实施意见不一致的，按本实施意见执行。

湖北省人民政府关于改革国有企业工资决定机制的实施意见

(2018年11月11日　鄂政发〔2018〕46号)

各市、州、县人民政府,省政府各部门:

根据《国务院关于改革国有企业工资决定机制的意见》(国发〔2018〕16号)精神,为进一步深化收入分配制度改革,激发国有企业活力,推动国有资本做强做优做大,结合我省实际,制定以下实施意见。

一、总体要求

(一)指导思想。坚持以习近平新时代中国特色社会主义思想为指导,全面贯彻党的十九大和习近平总书记视察湖北重要讲话精神,认真落实党中央、国务院和省委、省政府决策部署,按照深化国有企业改革、完善国有资产管理体制和坚持按劳分配原则、完善按要素分配体制机制的要求,以增强国有企业活力、提升国有企业效率为中心,建立健全与劳动力市场基本适应、与国有企业经济效益和劳动生产率挂钩的工资决定和正常增长机制,完善国有企业工资分配监管体制,推动国有企业高质量发展,为开启"建成支点、走在前列"新征程、谱写新时代湖北高质量发展新篇章提供有力支撑。

(二)基本原则。

——坚持建立中国特色现代国有企业制度改革方向。充分发挥企业党组织的领导作用,坚持所有权和经营权相分离,保障国有企业的市场主体地位,依法落实董事会的工资分配管理权,建立与中国特色现代国有企业制度相适应的工资分配机制。

——坚持效益导向与维护公平相统一。坚持按劳分配原则，坚持激励与约束、效率与公平并重，健全国有企业职工工资与经济效益同向联动、能增能减的机制。统筹处理好不同行业、不同企业和企业内部不同职工之间的工资分配关系，调节过高收入。

——坚持市场决定与政府监管相结合。充分发挥市场在国有企业工资分配中的决定性作用，实现职工工资水平与劳动力市场价位相适应、与增强企业市场竞争力相匹配。加强政府对国有企业工资分配的宏观指导和调控，改进和加强事前引导、事后监督，规范工资分配秩序。

——坚持分类分级管理。根据不同国有企业功能性质定位、行业特点和法人治理结构完善程度，实行工资总额分类管理。按照企业国有资产产权隶属关系，健全工资分配分级监管体制，落实各级政府职能部门和履行出资人职责机构（或其他企业主管部门，下同）的分级监管责任。

（三）适用范围。本实施意见适用于全省各级政府履行出资人职责的国有独资及国有控股企业。国有独资及国有控股企业包括企业本部及其所出资的各级独资、控股的子企业。全省各级党委和政府有关部门、有关人民团体、相关事业单位管理或作为实际控制人的企业，参照本实施意见执行。

本实施意见所称工资总额，是指由企业在一个会计年度内直接支付给与本企业建立劳动关系的全部职工的劳动报酬总额，包括工资、奖金、津贴、补贴、加班加点工资、特殊情况下支付的工资等。

二、改革工资总额决定机制

（一）改革工资总额确定办法。按照国家工资收入分配宏观政策要求，根据企业发展战略和薪酬策略、年度生产经营目标和经济效益，综合考虑劳动生产率提高和人工成本投入产出率、职工工资水平市场对标等情况，结合政府职能部门发布的工资指导线，合理确定年度工资总额。

（二）完善工资与效益联动机制。国有企业应把实现国有资产保值增值作为首要职责。企业未实现国有资产保值增值的，工资总额不得增长，或者适度下降。企业按照工资与效益联动机制确定工资总额，原则上增人不增工资总额、减人不减工资总额，但发生兼并重组、新设企业或机构等情况的，可以根据人员数量增减幅度和资产规模变动、生产经营项目和目标变化等情况，合理增加或者减少工资总额。

企业经济效益增长的，当年工资总额增长幅度可在不超过经济效益增长幅度范围内确定。其中，当年劳动生产率未提高、上年人工成本投入产出率低于行业平均水平或者上年职工平均工资高于全国城镇单位就业人员平均工资2倍以上的，当年工资总额增长幅度应低于同期经济效益增长幅度；对主业不处于充分竞争行业和领域的企业，上年职工平均工资达到政府职能部门规定的调控水平及以上的，当年工资总额增长幅度应低于同期经济效益增长幅度，且职工平均工资增长幅度不得超过政府职能部门规定的工资增长调控目标。

企业经济效益下降的，除受政策调整等非经营性因素影响外，当年工资总额原则上相应下降。其中，当年劳动生产率未下降、上年人工成本投入产出率明显优于行业平均水平、上年职工平均工资低于全国城镇单位就业人员平均工资的80%或者对社会作出重大贡献、产生重大积极影响的，当年工资总额可以适当少降。

（三）分类确定工资效益联动指标。根据国有企业功能性质定位、行业特点，结合企业与履行出资人职责机构签订的年度经营目标责任书，统筹考虑企业共性特征和个性特点，科学设置联动指标，合理确定考核目标，突出不同考核重点。工资效益联动指标原则上为2~4个，最多不超过5个。

对主业处于充分竞争行业和领域的商业类国有企业，应主要选取反映经济效益、市场竞争能力和国有资本保值增值等情况的指标。其中，经济效益指标主要选取净利润（或利润总额）、经济增加值（或增值）等指标，确定经济增加值指标的资本成本率要以行业平均水平为基础，依据资本市场对标结果确定；其他联动指标主要选取净资产收益率、劳动生产率、人工成本投入产出率等指标。

对主业处于关系国民经济运行的重要行业和关键领域、主要承担重大专项任务的商业类国有企业，应主要选取反映经济效益、国有资本保值增值和体现服务国家战略、保障国民经济运行、发展前瞻性战略性产业以及完成特殊任务等情况的指标。其中，经济效益指标主要选取利润总额（或净利润）、营业收入等指标；其他联动指标主要选取任务完成率、劳动生产率、人工成本投入产出率等指标。

对主业以保障民生、服务社会、提供公共产品和服务为主的公益类国有企业，应主要选取反映成本控制、产品服务质量、营运效率和保障能力等情况的指标，兼顾选取体现经济效益和国有资本保值增值的指标。其中，经济效益指标主要选取营业收入等指标；其他联动指标主要选取任务完成率、劳动生产率、人工成本投入产出率等指标。

对商业性金融类国有企业，应主要选取反映经济效益、资产质量和偿付能力等情况的指标。其中，经济效益指标主要选取净利润（或利润总额）等指标；其他联动指标主要选取净资产收益率、资本充足率、不良贷款率、劳动生产率、人工成本投入产出率等指标。

对文化类国有企业，应同时选取反映社会效益和经济效益、国有资本保值增值等情况的指标。其中，社会效益指标主要选取任务完成率或体现企业社会贡献、社会影响等方面的指标；经济效益指标主要选取营业收入、利润总额等指标；其他联动指标主要选取劳动生产率、人工成本投入产出率等指标。

劳动生产率指标应主要选取人均利润、人均经济增加值（或人均增加值）、人均营业收入等指标；人工成本投入产出率指标应主要选取人工成本利润率、人事费用率等指标。

工资效益联动指标，一旦确定，不得随意变更。确需变更的，应在一个会计年度清算完成后,经企业申请并经履行出资人职责机构同意后方可变更。

三、改革工资总额管理方式

(一)全面实行工资总额预算管理。工资总额预算方案由国有企业自主编制,按规定履行内部决策程序后,根据企业功能性质定位、行业特点并结合法人治理结构完善程度,分别报履行出资人职责机构备案或核准后执行。

对主业处于充分竞争行业和领域的商业类国有企业,工资总额预算原则上实行备案制。其中,存在未建立规范董事会、法人治理结构不完善、内控机制不健全、近三年出现工资分配重大违纪违规行为等情形的企业,经履行出资人职责机构认定,其工资总额预算应实行核准制。

对其他国有企业,工资总额预算原则上实行核准制。其中,已建立规范董事会、法人治理结构完善、内控机制健全、收入分配管理规范等具备条件的企业,经履行出资人职责机构同意,其工资总额预算可实行备案制。

(二)合理确定工资总额预算基数。已经实行工资总额预算管理的企业,工资总额预算基数以履行出资人职责机构清算确定的上年度工资总额为基数;未实行工资总额预算管理的企业,初始工资总额预算基数原则上以上年度企业实发工资总额或前三年工资总额的平均数为基数;新组建的企业,可参考同级同类同规模国有企业职工平均工资、实有职工人数等因素合理确定工资总额预算基数。

(三)合理确定工资总额预算周期。国有企业工资总额预算一般按年度进行管理。对处于筹建、初创、战略调整阶段,行业周期性特征明显、经济效益年度间波动较大或存在其他特殊情况的企业,经履行出资人职责机构同意,工资总额预算可探索按周期进行管理,周期最长不超过三年,周期内的工资总额增长应符合工资与效益联动的要求,周期内年均工资总额增长幅度不超过同期经济效益增长幅度。

（四）强化工资总额预算执行。国有企业应严格执行经备案或核准的工资总额预算方案。执行过程中，因企业外部环境或自身生产经营等编制预算时所依据的情况发生重大变化，需要调整工资总额预算方案的，应按规定程序及时进行调整。履行出资人职责机构应加强对所监管企业执行工资总额预算情况的动态监控和指导，及时对预算执行结果进行清算，不断提高监管效能和水平。

四、加强企业内部工资分配管理

（一）完善企业内部工资总额管理制度。国有企业在经备案或核准的工资总额预算内，依法依规自主决定内部工资分配。企业应建立健全内部工资总额管理制度，根据所属企业功能性质定位、行业特点和生产经营等情况，指导所属企业科学编制工资总额预算方案，逐级落实预算执行责任，建立预算执行情况动态监控机制，确保实现工资总额预算目标。企业集团应合理确定总部工资总额预算，其职工平均工资增长幅度原则上不超过本企业全部职工平均工资增长幅度。企业负责人薪酬纳入工资总额管理。企业应积极同行业先进对标，探索工资总额管理创新机制，充分调动不同行业、不同发展阶段所属企业的积极性，理顺企业内部收入分配关系。

（二）深化企业内部分配制度改革。国有企业应统筹考虑以具有竞争力的薪酬水平吸引和留住人才、提高劳动生产率、提升员工满意度、控制成本等因素，科学制定与企业发展战略相适应的薪酬策略。建立健全以岗位工资为主的基本工资制度，以岗位价值为依据，以业绩为导向，参照劳动力市场工资价位并结合企业经济效益、发展战略和薪酬策略，通过工资集体协商等形式合理确定不同岗位的工资水平，合理拉开工资分配差距，调整不合理过高收入。

企业工资分配应突出向关键岗位、生产一线岗位和紧缺急需的高层次、高技能以及创新型人才倾斜，支持鼓励企业建立相关岗位津贴制度，鼓励企业对聘用的高层次、高技能人才实行年薪制、股权制、期权制等,对取得科技攻关、技术革新成果的高层次、高技能人才从成果转化收益中给予奖励,逐步提高相关岗位人才的薪酬市场竞争力,确保能够有效吸引、激励和留住关键人才。企业非核心岗位的工资应与劳动力市场价位接轨。

企业应逐步健全以工资总额管理为核心的人工成本调控管理体系,严格控制人工成本不合理增长,经济效益下降,福利性项目不得增加、水平不得增长;出现亏损的,应缩减福利性项目。

企业应加强全员绩效考核,强化职工收入分配与其工作业绩和实际贡献紧密挂钩,切实做到考核科学合理、分配公平公正、收入能增能减。

(三)规范企业工资列支渠道。国有企业应调整优化工资收入结构,逐步实现职工收入工资化、工资货币化、发放透明化。严格清理规范工资外收入,将所有工资性收入一律纳入工资总额管理,不得在工资总额之外以其他形式列支任何工资性支出。

五、健全工资分配监管体制机制

(一)加强和改进政府宏观指导与调控。人社部门会同财政、统计等部门建立企业薪酬调查和信息发布制度,会同统计部门定期发布不同职业的劳动力市场工资价位和行业人工成本信息;会同财政、国资监管等部门完善工资指导线制度,定期制定和发布企业工资指导线、非竞争类国有企业职工平均工资调控水平和工资增长调控目标。

(二)落实履行出资人职责机构的国有企业工资分配监管职责。履行出资人职责机构负责指导所监管企业编制工资总额预算方案,做好所监管企业工资总额预算方案的备案或核准工作,加强对所监管企业工资总额预算执行情况的动态监控和执行结果的清算,并按年度将所监管企业工资总额预算执行情况报同级人社部门,由人社部门汇总报告同级人民政府。同时,履行出资人职责机构可按规定将有关情况直接报告同级人民政府。

（三）完善国有企业工资分配内部监督机制。国有企业应完善法人治理结构，健全内控机制，规范企业董事会、监事会的运行。董事会应依照法定程序决定工资分配事项，加强对工资分配决议执行情况的监督。监事会应加强对工资分配的监督检查，督促企业完善工资分配制度并落实。企业应将职工工资收入分配情况作为厂务公开的重要内容，定期向职工公开，接受职工监督。

（四）建立国有企业工资分配信息公开制度。履行出资人职责机构、国有企业应于每年9月底前将企业上年度工资总额和职工平均工资水平等相关信息通过官方网站等渠道向社会披露，接受社会公众监督。

（五）健全国有企业工资内外收入监督检查制度。人社部门会同财政、国资监管、税务等部门，结合企业负责人薪酬监督检查工作，采取企业自查、定期抽查、专项检查和专案调查等方式，定期对国有企业执行国家和省工资收入分配政策情况开展监督检查，及时查处违规发放工资、滥发工资外收入等行为。加强与出资人监管、审计、税务、纪检监察、巡视等监督力量的协同，建立工作会商和资源共享机制，提高监督效能，形成监督合力。监督检查办法由人社部门会同财政、国资监管等部门制定。

实际执行工资总额超过核准或备案的工资总额预算的，履行出资人职责机构在清算时，对超出预算部分不予认可，并在下年预算中扣减相应额度，同时视违规情形对企业负责人和相关责任人员依照有关规定给予经济处罚和纪律处分；构成犯罪的，由司法机关依法追究刑事责任。

六、认真组织实施

（一）提高思想认识。国有企业工资决定机制改革是一项涉及面广、政策性强的工作，各地各有关部门要统一思想认识，以高度的政治责任感和历史使命感，切实做好改革工作。各级人社、财政、国资监管、审计、税务、统计等部门和工会要各司其职，密切配合，形成合力，确保改革顺利推进。

（二）认真组织实施。各地要根据本实施意见，结合实际研究制定本地改革国有企业工资决定机制的实施办法或实施细则；省级各履行出资人职责机构要根据本实施意见，抓紧制定所监管企业的具体改革实施办法，由省人社厅会同省财政厅审核后实施。

（三）加强宣传引导。各地各有关部门要加强舆论宣传和政策解读，引导全社会正确理解和支持改革，营造良好社会环境。全省国有企业要自觉树立大局观念，认真执行有关改革规定，确保改革政策得到落实。

本实施意见自 2019 年 1 月 1 日起实施。我省现行有关规定与本实施意见不一致的，按本实施意见执行。

湖南省人民政府关于改革国有企业工资决定机制的实施意见

(2018年12月25日　湘政发〔2018〕32号)

各市州、县市区人民政府,省政府各厅委、各直属机构:

为进一步深化收入分配制度改革,完善国有企业现代企业制度,根据《国务院关于改革国有企业工资决定机制的意见》(国发〔2018〕16号)精神和国家有关收入分配政策,结合实际,现就改革我省国有企业工资决定机制提出如下实施意见。

一、总体要求

以习近平新时代中国特色社会主义思想为指导,全面贯彻党的十九大和十九届二中、三中全会精神,牢固树立和贯彻落实新发展理念,按照党中央、国务院深化国有企业改革、完善国有资产管理体制和坚持按劳分配原则、完善按要素分配体制机制的要求,以增强国有企业活力、提升国有企业效率为中心,建立健全与劳动力市场基本适应、与企业经济效益和劳动生产率挂钩的工资决定和正常增长机制,完善国有企业工资分配监管体制,充分调动职工的积极性、主动性、创造性,进一步激发国有企业创造力和提高市场竞争力,推动国有资本做强做优做大,促进收入分配更合理、更有序。

二、基本原则

坚持建立中国特色现代企业制度改革方向。坚持所有权和经营权相分离,进一步确立国有企业的市场主体地位,发挥企业党委(党组)领导作用,依法落实董事会的工资分配管理权,完善既符合企业一般规律又体现国有企业特点的工资分配机制,促进企业持续健康发展。

坚持效益导向与维护公平相统一。国有企业工资分配要切实做到既有激励又有约束、既讲效率又讲公平。坚持按劳分配原则，健全国有企业职工工资与经济效益同向联动、能增能减的机制，在经济效益增长和劳动生产率提高的同时实现劳动报酬同步提高。统筹处理好不同行业、不同企业和企业内部不同职工之间的工资分配关系，调节过高收入。

坚持市场决定与政府监管相结合。充分发挥市场在国有企业工资分配中的决定性作用，实现职工工资水平与劳动力市场价位相适应、与增强企业市场竞争力相匹配。更好发挥政府对企业工资分配的宏观指导和调控作用，改进和加强事前引导和事后监督，规范工资分配秩序。

坚持分类分级管理。根据不同国有企业功能性质定位、行业特点和法人治理结构完善程度，实行工资总额分类管理。按照企业资产产权隶属关系，健全工资分配分级监管体制，落实各级政府职能部门和履行出资人职责机构（或其他企业主管部门，下同）的分级监管责任。

坚持突出企业的战略导向。立足国有企业实际，根据企业改革发展的战略方向，有针对性建立促进企业战略规划相匹配的工资决定机制，激励与约束相结合，促进国有企业战略目标的实现。

三、改革适用范围

本实施意见适用于全省各级政府代表国家履行出资人职责的国有独资、国有控股企业。履行出资人职责机构包括代表政府履行出资人职责的国资监管机构和政府授权履行出资人职责的部门（机构）。国有独资及国有控股企业包括国有企业本部及国有企业所出资的各级独资、控股或实际控制的子企业。各级各有关部门、人民团体、事业单位作为实际控制人所管理的其他企业，参照本实施意见执行。

本实施意见所称工资总额，是指由企业在一个会计年度内直接支付给与本企业建立劳动关系的全部职工的劳动报酬总额（含企业负责人薪酬），包括工资、奖金、津贴、补贴、加班加点工资、特殊情况下支付的工资等。

四、改革工资总额决定机制

（一）改革工资总额确定办法。符合国家和我省工资收入分配宏观政策要求，根据企业发展战略和薪酬策略、年度生产经营目标和经济效益，综合考虑劳动生产率提高和人工成本投入产出率、国有资产保值增值率、职工工资水平市场及行业对标等情况，结合人力资源社会保障部门发布的工资指导线，合理确定年度工资总额。

（二）分类确定工资效益联动指标。根据企业功能性质定位、行业特点等因素，选取反映企业生产经营特点，体现职工劳动直接贡献的业绩考核指标作为工资效益联动指标，合理确定考核目标，突出不同考核重点。工资效益联动指标原则上不超过4个，包括经济效益指标和社会效益指标，其中经济效益指标是核心指标。经济效益目标值确定应体现改善向好的要求，参考历史业绩水平、行业水平等，剔除不可比因素后综合确定，应具有挑战性和市场竞争力。指标一旦确定，不得随意变更。

1. 竞争类企业（主业处于充分竞争行业和领域的商业类国有企业）工资效益联动指标主要从利润总额（或净利润）、经济增加值、净资产收益率、劳动生产率、营业收入、人工成本利润率等指标中选取。

2. 功能类企业工资效益联动指标主要从利润总额（或净利润）、营业收入、任务完成率、劳动生产率、人事费用率等指标中选取。

3. 公益类企业工资效益联动指标主要从营业收入、任务完成率、劳动生产率、人事费用率、成本控制率等指标中选取。

4. 金融类企业工资效益联动指标主要从营业收入、利润总额（或净利润）、净资产收益率、劳动生产率、风险控制（资本充足率、不良贷款率、拨备覆盖率）等指标中选取。

5. 文化类企业应同时选取社会效益和经济效益指标，实现社会效益和经济效益相统一。工资效益联动指标主要从营业收入、利润总额、任务完成率、劳动生产率、人事费用率等指标中选取。

（三）完善工资与效益联动机制。按照"效益增工资增、效益降工资降"的同向联动原则，合理确定企业年度工资总额增长或下降幅度。增长或下降的规则要一致，选取相同的指标和权益。

1. 企业经济效益增长的，当年工资总额增长幅度可在不超过经济效益增长幅度范围内确定。其中，当年劳动生产率未提高或上年人工成本投入产出率低于行业平均水平或竞争类企业上年职工平均工资达到全国城镇单位就业人员平均工资 2.5 倍以上，功能类、公益类企业达到 1.5 倍以上的，当年工资总额增长幅度应低于同期经济效益增长幅度，且功能类和公益类企业当年职工平均工资增长幅度不得超过人力资源社会保障部门发布的工资增长调控目标；当国有企业的政府补助占利润总额 10% 以上时，应当根据企业性质合理剔除政府补助对利润总额、净利润、净资产收益率等盈利性指标的影响。

2. 企业经济效益下降的，除受政策调整等非经营性因素影响外，当年工资总额原则上相应下降。其中，当年劳动生产率未下降、上年人工成本投入产出率明显优于行业平均水平或者上年企业职工平均工资未达到全国城镇单位就业人员平均工资 70% 的，当年工资总额降幅在不超过同期经济效益降幅的 50% 范围内确定。

3. 企业未实现国有资产保值增值的，工资总额不得增长，或者适度下降。其中，国有资本保值增值率小于 90% 的，当年工资总额降幅不低于 5%。国有资产保值增值考核主要依据企业经营积累和经营减值对国有资本及权益的影响，应合理剔除国家或国有单位直接追加投资、无偿划入划出、资产评估增加或减少等非企业正常经营因素的影响。

4. 企业按照工资与效益联动机制确定工资总额，原则上增人不增工资总额、减人不减工资总额，但发生兼并重组、新设企业或机构等情况的，可以合理增加或者减少工资总额。

五、改革工资总额管理方式

（一）全面实行工资总额预算管理。全省国有企业全面实行工资总额预算管理。工资总额预算方案由企业根据工资收入分配政策和本企业实际自主编制,按规定履行内部决策程序后报履行出资人职责机构备案或核准后执行。

(二)规范工资总额预算方案的编制范围和程序。企业年度工资总额预算方案编制范围原则上应与上年度财务决算合并报表范围相一致,包括企业(集团)本级的工资总额预算方案编制和所属各级全资、控股或实际控制子企业的工资总额预算方案合并报表编制。企业应按照"自下而上、上下结合、分级编制、逐级汇总"的程序,依据企业国有资产产权隶属关系,以企业法人为单位,层层组织做好工资总额预算方案编制工作。

(三)合理确定工资总额预算指标基数。工资总额预算管理指标由工资总额预算指标和效益预算指标构成。工资总额预算指标由工资总额预算基数和预算增减两部分组成;预算增减包括因效益变动增减工资总额、因规模性增加或者减少人员增减工资总额。

1. 已经实行工资总额预算管理的企业,工资总额预算基数以履行出资人职责机构清算确定的上年度工资总额为基数;未实行工资总额预算管理的企业,初始工资总额预算基数原则上以前3年实发工资总额的平均数为基数;对于新组建的企业,可按照同级同类国有企业职工平均工资和实有职工人数合理确定工资总额预算基数。

2. 经济效益预算指标基数原则上以上年度财务决算表反映的经济效益指标完成值为基数;经济效益预算指标目标值要按照效益持续改善向好且具有一定挑战性和行业可比性的价值导向,在坚持与国内外同行业优秀企业进行横向对标、与企业历史最好业绩指标和战略规划业绩指标进行纵向对标的基础上合理确定;劳动生产率、人工成本投入产出率指标应与相同行业、相同年度的劳动生产率、人工成本投入产出率指标进行对标。对缺少行业对标主体的,应选取同功能性质企业或具有较强可比性的竞争类行业(企业)对标;对相同年度对标信息缺失的,可与近3年同行业（企业）的先进指标进行对标。

（四）完善工资总额监管方式。根据企业功能性质定位、行业特点，并结合法人治理结构完善程度，由履行出资人职责机构对所监管国有企业工资总额预算分别实行备案制或核准制管理。

1. 竞争类企业工资总额预算原则上实行备案制管理。其中，未建立规范董事会、法人治理结构不完善、内控机制不健全、近3年企业工资分配存在重大违纪违规行为的企业，经履行出资人职责机构认定，其工资总额预算应实行核准制管理。

2. 其他类型企业工资总额预算原则上实行核准制管理。其中，已建立规范董事会、法人治理结构完善、内控机制健全、近3年企业工资分配未发生重大违纪违规行为的企业，经履行出资人职责机构同意，其工资总额预算可实行备案制管理。

实行备案制管理的企业，如果出现工资总额预算管理不规范或工资分配存在重大违纪违规行为，履行出资人职责机构可将其工资总额预算调整为核准制管理；实行核准制管理的企业，如果近3年工资总额预算管理规范、工资分配未发生重大违纪违规行为，履行出资人职责机构可将其工资总额预算调整为备案制管理。

（五）合理确定工资总额预算管理周期。国有企业工资总额预算一般按年度进行管理。对行业周期性特征明显、经济效益年度间波动较大的企业，或者处于初创期、重大战略调整期、重组改制等其他特殊情况的企业，工资总额预算可探索按周期进行管理，周期最长不超过3年，同期内工资总额年均增幅不超过同期经济效益年均增幅，职工平均工资年均增长幅度符合同期人力资源社会保障部门发布的工资指导线和适用的工资增长调控目标等管理要求。

（六）强化工资总额预算执行。国有企业应严格执行经备案或核准的工资总额预算方案，并应与经营业绩考核结果联动。执行过程中，因企业外部环境或自身生产经营等编制预算时所依据的情况发生重大变化，需要调整工资总额预算方案的，应按规定程序及时进行调整并备案。其中，工资总额预算实行年度管理的，工资总额预算方案最多调整一次；实行周期管理的，原则上最多调整两次。履行出资人职责机构应加强对所监管企业执行工资总额预算情况的动态监控和指导，并对预算执行结果进行清算。

六、完善企业内部工资分配管理

（一）完善企业内部工资总额管理制度。国有企业在经备案或核准的工资总额预算内，依法依规自主决定内部工资分配。国有企业应建立健全内部工资总额管理办法，根据所属企业功能性质定位、行业特点和生产经营等情况，指导所属企业科学编制工资总额预算方案，逐级落实预算执行责任，建立预算执行情况动态监控机制，确保实现工资总额预算目标。国有企业应合理确定集团总部工资总额预算，其职工平均工资增长幅度原则上应低于本企业全部职工平均工资增长幅度。国有企业应积极向行业先进企业对标，探索工资总额管理创新机制，进一步规范企业收入分配秩序，合理调节内部不同子企业、不同岗位职工之间的工资水平，理顺企业内部收入分配关系。

（二）深化企业内部分配制度改革。国有企业要统筹考虑以具有竞争力的薪酬水平吸引和留住人才、提高劳动生产率等因素，科学制定与企业发展战略相适应的薪酬策略。建立健全以岗位工资为主的基本工资制度，以岗位价值为依据，以业绩为导向，参照劳动力市场工资价位并结合企业经济效益，通过集体协商等形式合理确定不同岗位的工资水平，向关键岗位、生产一线岗位和紧缺急需岗位的高层次、高技能人才倾斜，企业非核心岗位的工资应逐步向劳动力市场价位接轨，合理拉开工资分配差距，调整不合理过高收入。加强全员绩效考核，使职工工资收入与其工作业绩和实际贡献紧密挂钩，切实做到能增能减。

（三）规范企业工资列支渠道。国有企业应调整优化工资收入结构，逐步实现职工收入工资化、工资货币化、发放透明化。国有企业应当严格执行财务制度，严格清理规范工资外收入，将所有工资性收入一律纳入工资总额管理，不得在工资总额之外以其他形式列支任何工资性支出。

七、健全工资分配监管体制机制

（一）加强和改进政府对企业工资分配的宏观指导和调控。人力资源社会保障部门会同有关部门建立企业薪酬调查和信息发布制度，定期发布不同职业的劳动力市场工资价位和行业人工成本信息；完善工资指导线制度，定期制定和发布工资指导线、非竞争类国有企业职工平均工资调控水平和工资增长调控目标。

（二）落实履行出资人职责机构的国有企业工资分配监管职责。履行出资人职责机构负责做好所监管企业工资总额预算方案的备案或核准工作，加强对所监管企业工资总额预算执行的动态监控和过程管控，按规定及时对所监管企业工资总额预算执行结果进行清算、出具清算批复文件，并将所监管企业上年度工资总额预算执行情况报同级人力资源社会保障部门，由人力资源社会保障部门汇总报告同级人民政府。同时，履行出资人职责机构可按规定将有关情况直接报告同级人民政府。

（三）完善企业工资分配内部监督机制。企业董事会应依照法定程序决定工资分配事项，加强对工资分配决议执行情况的监督。落实企业监事会对工资分配的监督责任。将企业职工工资收入总体分配情况作为厂务公开的重要内容，定期向职工公开，接受职工监督。

（四）建立企业工资分配信息公开制度。履行出资人职责机构、国有企业应于每年9月底前在本机构、本企业官方网站向社会如实披露工资总额预算和清算结果、职工平均工资水平及增长幅度等信息，接受社会公众监督。

（五）健全国有企业工资内外收入监督检查制度。人力资源社会保障部门会同财政、国资监管等部门定期对国有企业执行国家工资收入分配政策情况开展监督检查，及时查处违规发放工资、滥发工资外收入等行为。加强与出资人监管、审计、税务、纪检监察、巡视等部门的监督协同，建立工作会商和资源共享机制，提高监督效能，形成监督合力。

企业应当依法依规合理确定年度工资总额，不得违反规定超提、超发工资总额。出现超提超发行为的企业，应当清退并且进行相关账务处理，有关部门相应核减企业下一年度工资总额额度，并且对违规企业进行通报批评、扣减企业负责人绩效年薪等处理。

企业相关工作人员在工资总额管理工作中存在玩忽职守、弄虚作假、把关不严等情形的，视违规情形对企业负责人和相关责任人员依照有关规定给予经济处罚和纪律处分；构成犯罪的，由司法机关依法追究刑事责任。

对政府有关部门和履行出资人职责机构或授权监管部门工作人员不依法履行法定职责，发现违法行为未予查处，或者滥用职权、徇私舞弊的，由其所在单位或者有职权的机关依法给予行政处分；涉嫌犯罪的，依法移交司法机关处理。

八、组织实施

（一）统一思想，提高认识。国有企业工资决定机制改革是一项涉及面广、政策性强的工作，任务复杂艰巨。各级各有关部门要坚决贯彻执行国务院关于国有企业工资决定机制改革的决策部署，提高对改革的重要性和必要性的认识，各级领导干部要进一步增强政治意识、大局意识和责任意识，高度重视，精心组织，确保各项改革目标和任务落到实处。

（二）加强领导，明确责任。人力资源社会保障部门会同有关部门制定工资总额执行情况备案办法、工资分配信息披露办法、工资总额监督管理办法等改革配套办法。省级履行出资人职责机构要及时制定所监管企业的具体改革实施办法，报省人力资源社会保障部门会同财政部门审核后实施。省直其他单位要各司其职，密切配合，共同做好改革工作，形成推进改革的合力。各市州要根据本实施意见，结合当地实际抓紧制定改革国有企业工资决定机制具体操作办法，认真抓好贯彻落实。各级履行出资人职责机构要抓紧制定所监管企业的具体改革实施办法，由同级人力资源社会保障部门会同财政部门审核后实施。广大企业要自觉树立大局观念，认真执行国家有关改革规定，要依据有关文件和本实施意见，制定或修改完善企业工资总额管理和职工工资收入分配制度，加强对所属企业负责人年度考核与薪酬管理等收入分配管理，确保改革政策得到落实。

（三）扎实推进，严肃纪律。各级各有关部门要严格执行国务院和我省关于国有企业工资决定机制改革的政策，抓紧摸清国有企业数量、职工工资水平等基本数据，出台相关配套政策；要严肃政治纪律、组织纪律和改革工作纪律，对突击提升企业工资总额、在数据上弄虚作假、随意扩大审批权限的违纪行为，依法依规严肃追究有关人员的责任；要加强新闻宣传和舆论引导，增强国有企业广大干部职工的改革意识，做好思想政治工作，搞好政策解读，营造良好改革氛围，确保社会和谐稳定。

本实施意见自2019年1月1日起实施。现行国有企业工资总额管理规定与本实施意见不一致的，按本实施意见执行。

广东省人民政府关于改革国有企业工资决定机制的实施意见

(2019年1月15日　粤府〔2019〕5号)

各地级以上市人民政府，各县（市、区）人民政府，省政府各部门、各直属机构：

为深入贯彻习近平新时代中国特色社会主义思想和党的十九大精神，深入贯彻习近平总书记对广东重要讲话和重要指示批示精神，建立健全与劳动力市场基本适应、与国有企业经济效益和劳动生产率挂钩的工资决定和正常增长机制，完善国有企业工资分配监管体制，充分调动国有企业职工的积极性、主动性、创造性，进一步激发国有企业创造力和提高市场竞争力，根据《国务院关于改革国有企业工资决定机制的意见》（国发〔2018〕16号）精神，结合我省实际，制定本实施意见。

一、适用范围

本实施意见适用于各级政府履行出资人职责的国有独资及国有控股企业，各级党委和政府有关部门、人民团体、事业单位所管理的国有企业。

各级党委和政府有关部门或机构作为实际控制人的国有企业，省属集体类企业、企业化管理的事业单位，参照本意见执行。

二、改革工资总额决定机制

按照国家和我省工资收入分配宏观调控政策要求，根据国有企业发展战略和薪酬策略、年度生产经营目标和经济效益，综合考虑劳动生产率提高和人工成本投入产出率、职工工资水平市场对标等情况，结合人力资源社会保障部门发布的工资指导线，合理确定国有企业年度工资总额。

（一）分类明确工资总额基数。已实行工资总额预算管理的国有企业，工资总额基数以履行出资人职责机构（或其他国有企业主管部门，下同）确定的上年度工资总额为基数。未实行工资总额预算管理的国有企业，初始工资总额基数原则上以上年度企业工资总额为基数，也可以前三年工资总额的平均数为基数。新组建国有企业由履行出资人职责机构按照同级同类国有企业职工平均工资和实有职工人数合理确定工资总额基数。

（二）分类选取工资效益联动指标。国有企业应根据功能性质定位和行业特点选取与工资总额联动的主要经济效益指标和其他联动指标，报履行出资人职责机构同意后确定，选取的指标最多不超过 4 个。

1. 市场竞争类企业，即主业处于充分竞争行业和领域的国有企业，经济效益指标主要选取利润总额（或净利润）、经济增加值等，其他联动指标主要选取劳动生产率、人工成本利润率等。

2. 公益基础类企业，即主业以保障民生、服务社会、提供公共产品和服务为主的国有企业，经济效益指标主要选取营业收入、利润总额（或净利润）、任务完成率等，其他联动指标主要选取人事费用率、成本控制率等。

3. 金控投资运营类企业，经济效益指标主要选取利润总额（或净利润）、任务完成率等，其他联动指标主要选取人工成本利润率、风险控制类指标等。

4. 功能类企业，即主业处于关系国家安全、国民经济命脉的重要行业和关键领域、主要承担重大专项任务的国有企业，经济效益指标主要选取营业收入、利润总额（或净利润）、任务完成率等，其他联动指标主要选取成本控制率、人事费用率等。

5. 文化类企业，应把社会效益放在首位，同时选取社会效益和经济效益指标。社会效益指标主要选取文化任务完成率等体现文化企业政治导向、社会贡献的指标，经济效益指标主要选取营业收入、利润总额（或净利润）等，其他联动指标主要选取国有资本保值增值率、人事费用率等。

（三）分类调控工资总额增减幅度。按照工资与效益同向联动原则，履行出资人职责机构应根据国有企业的实际情况，建立健全工资总额和经济效益、劳动生产率等联动指标挂钩的工资决定和正常增长机制，合理确定国有企业年度工资总额调整幅度。

1. 国有企业经济效益（文化类企业为社会效益和经济效益，下同）增长的，当年工资总额增长幅度可在不超过经济效益增长幅度范围内确定。其中，当年劳动生产率未提高、上年人工成本投入产出率低于全国行业平均水平或者上年职工平均工资达到全国城镇单位就业人员平均工资3倍及以上的，当年工资总额增长幅度应低于同期经济效益增长幅度，且职工平均工资增长幅度不得超过人力资源社会保障部门发布的工资指导线基准线；公益基础类国有企业上年职工平均工资达到全国城镇单位就业人员平均工资2.5倍及以上的，当年工资总额增长幅度应低于同期经济效益增长幅度，且职工平均工资增长幅度不得超过人力资源社会保障部门发布的工资指导线基准线。

国有企业经济效益增长幅度较大的，由履行出资人职责机构根据企业实际情况，结合人力资源社会保障部门发布的工资指导线合理确定工资总额增长幅度。

2. 国有企业经济效益下降的，除受政策调整等非经营性因素影响外，当年工资总额原则上相应下降，工资总额下降幅度原则上应与经济效益增长时工资总额增长幅度相对应。其中，当年劳动生产率未下降、上年人工成本投入产出率明显优于全国行业平均水平或者上年企业职工平均工资未达到全国城镇单位就业人员平均工资80%的，当年工资总额可适当少降，具体由履行出资人职责机构根据国有企业实际情况合理确定。

3. 剔除受政策调整等非经营性因素影响后，国有企业未实现国有资产保值增值的，工资总额不得增长，或者应适度下降。

4. 原则上增人不增工资总额、减人不减工资总额，但国有企业发生兼并重组、新设企业或机构、新增项目等情况而规模性增加或者减少人员的，可以合理增加或者减少工资总额。

5. 鼓励和支持国有企业吸引人才、留住人才创业创新，对引进和培养紧缺急需高层次、高技能人才成效突出的国有企业，当年工资总额可适当多增，具体由履行出资人职责机构根据国有企业实际情况合理确定。

三、改革工资总额管理方式

（一）全面落实工资总额预算管理。工资总额预算方案由国有企业根据工资收入分配政策和本企业实际情况自主编制。编制工资总额预算方案应综合考虑工资总额基数、年度生产经营和经济效益目标、联动指标等主要因素；编制范围原则上应与上年度财务决算合并报表范围相一致（包括国有企业本级的工资总额预算方案和所属各级全资、控股子企业的工资总额预算方案）；工资总额预算方案应包括企业直接支付给与本企业建立劳动关系的全部职工的劳动报酬总额和支付给企业负责人的薪酬总额。工资总额预算方案编制完成后按规定履行内部决策程序，报履行出资人职责机构备案或核准后执行。

（二）完善工资总额管理方式。根据国有企业功能性质定位、行业特点并结合法人治理结构完善程度，由履行出资人职责机构对所监管国有企业工资总额预算分别实行备案制或核准制管理。

1. 市场竞争类企业和金控投资运营类企业，工资总额预算原则上实行备案制管理。其中，未建立规范董事会、法人治理结构不完善、内控机制不健全、近三年企业工资分配存在违规违纪行为的国有企业，经履行出资人职责机构认定，其工资总额预算应实行核准制管理。

2. 公益基础类企业、文化类企业和功能类企业，工资总额预算原则上实行核准制管理。其中,已建立规范董事会、法人治理结构完善、内控机制健全、近三年企业工资分配未发生违规违纪行为的国有企业,经履行出资人职责机构同意,其工资总额预算可实行备案制管理。

(三)合理确定工资总额预算周期。国有企业工资总额预算一般按年度进行管理。对行业周期性特征明显、经济效益年度间波动较大或存在其他特殊情况的国有企业,经履行出资人职责机构同意,工资总额预算可探索按周期进行管理,周期最长不超过三年,周期内工资总额年均增幅不超过同期经济效益年均增幅。

(四)强化工资总额预算执行。国有企业应严格执行经备案或核准的工资总额预算方案。执行过程中,因企业外部环境或自身生产经营等编制预算时所依据的情况发生重大变化,需要调整工资总额预算方案的,应按规定程序进行调整。履行出资人职责机构应加强对所监管国有企业执行工资总额预算情况的动态监控和指导,并对预算执行结果进行清算。

四、完善国有企业内部工资分配管理

(一)完善国有企业内部工资总额管理制度。国有企业集团应建立健全内部工资总额管理机制,根据国有企业功能性质定位、行业特点和生产经营等情况,指导下属企业科学编制工资总额预算方案,逐级落实预算执行责任,建立预算执行情况动态监控机制,确保实现工资总额预算目标。国有企业集团应合理确定集团本部工资总额预算,其职工平均工资增长幅度原则上应低于本企业全部职工平均工资增长幅度。

(二)深化国有企业内部分配制度改革。国有企业应以岗位价值为依据,以业绩为导向,参照劳动力市场工资价位并结合企业经济效益,通过集体协商等形式合理确定不同岗位的工资水平。工资总额分配要向关键岗位、生产一线岗位和紧缺急需的高层次、高技能人才倾斜。

(三)规范国有企业工资列支渠道。国有企业应调整优化工资收入结构,逐步实现职工收入工资化、工资货币化、发放透明化。严格清理规范工资外收入,将所有工资性收入一律纳入工资总额管理,不得在工资总额之外以其他形式列支任何工资性支出。

五、健全工资分配监管体制机制

(一) 加强和改进政府对国有企业工资分配的宏观指导和调控。各级人力资源社会保障部门负责对同级国有企业工资分配进行宏观指导和调控,省、市人力资源社会保障部门负责建立企业薪酬调查和信息发布制度,定期发布本区域内不同职业的劳动力市场工资价位和行业人工成本信息;会同财政、国资监管等部门完善工资指导线制度,定期制定和发布工资指导线。

(二) 落实履行出资人职责机构的国有企业工资分配监管职责。履行出资人职责机构负责指导所监管国有企业编制工资总额预算方案,做好所监管国有企业工资总额预算方案的备案或核准工作,加强对所监管国有企业工资总额预算执行情况的动态监控和执行结果的清算,并按年度将所监管国有企业工资总额预算执行情况报同级人力资源社会保障部门,由人力资源社会保障部门汇总报告同级人民政府。履行出资人职责机构也可按规定将有关情况直接报告同级人民政府。

(三) 完善国有企业工资分配内部监督机制。国有企业应完善法人治理结构,健全内控机制,规范董事会、监事会的运行。董事会应依照法定程序决定工资分配事项,加强对工资分配决议执行情况的监督。落实企业监事会对工资分配的监督责任。将国有企业职工工资收入分配情况作为厂务公开的重要内容,定期向职工公开,接受职工监督。

(四) 建立国有企业工资分配信息公开制度。履行出资人职责机构、国有企业于每年9月底前将企业上一年度工资总额和职工平均工资水平等相关信息,通过履行出资人职责机构政府网站、企业网站等向社会披露,接受社会公众监督。

(五) 健全国有企业工资内外收入监督检查制度。各级人力资源社会保障部门会同财政、国资监管等部门,定期对国有企业执行国家和省工资收入分配政策情况开展监督检查,及时查处违规发放工资、滥发工资外收入等行为。加强与出资人监管和审计、税务、纪检监察、巡视等监督的协同,建立工作会商和资源共享机制,提高监督效能,形成监管合力。对国有企业存在超提、超发工资总额及其他违规行为的,扣回违规发放的工资总额,并视违规情形对企业负责人和相关负责人员依照有关规定给予经济处罚和纪律处分;构成犯罪的,由司法机关依法追究刑事责任。

六、切实做好组织实施工作

各地政府要以高度的政治责任感和历史使命感,切实加强对国有企业工资决定机制改革工作的领导,推动改革顺利进行。各级人力资源社会保障、财政、国资监管等部门和工会要各司其职,密切配合,切实加强舆论宣传和政策解读,引导全社会特别是国有企业和职工正确理解和支持改革,营造良好社会环境。全省国有企业要自觉树立大局观念,认真执行国家和省有关改革规定,确保改革政策得到落实。各级履行出资人职责机构要根据本实施意见,抓紧制定所监管国有企业工资决定机制具体实施办法,报同级人力资源社会保障部门会同财政部门审核后实施。省级履行出资人职责机构应于2019年1季度前制定所监管国有企业工资决定机制具体实施办法,报省人力资源社会保障厅会同省财政厅审核后实施。

本实施意见所称工资总额,是指由国有企业在一个会计年度内直接支付给与本企业建立劳动关系的全部职工的劳动报酬总额,包括工资、奖金、津贴、补贴、加班加点工资、特殊情况下支付的工资等。

本实施意见明确的国有企业工资决定机制自2019年1月1日起实施。实施过程中遇到的问题,请径向省人力资源社会保障厅反映。我省现行国有企业工资总额管理规定,凡与本意见不一致的,按本意见执行。

广西壮族自治区人民政府关于改革国有企业工资决定机制的实施意见

(2018年9月6日　桂政发〔2018〕42号)

各市、县人民政府，自治区人民政府各组成部门、各直属机构：

为贯彻落实《国务院关于改革国有企业工资决定机制的意见》(国发〔2018〕16号)精神，进一步深化全区国有企业工资决定机制改革，结合我区实际，现提出如下意见。

一、适用范围

(一)本意见适用于全区各级政府代表国家履行出资人职责的国有独资及国有控股企业。履行出资人职责机构包括代表政府履行出资人职责的国有资产监管机构和政府授权履行出资人职责的部门(机构)；国有独资及国有控股企业包括企业本部及其所出资的各级独资、控股的子企业。

其他各级党委和政府有关部门、人民团体、事业单位(以下统称企业主管部门)所管理的国有独资及国有控股企业，依照本意见执行。

由各级政府有关部门或机构作为实际控制人的企业，参照本意见执行。

(二)本意见所称工资总额，是指由企业在一个会计年度内直接支付给与本企业建立劳动关系的全部职工的劳动报酬总额，包括工资、奖金、津贴、补贴、加班加点工资、特殊情况下支付的工资等。企业按月按标准发放或支付给全体职工的住房补贴、交通补贴、车改补贴、通讯补贴、餐费补贴以及节日补助等货币化发放纳入职工工资总额管理。

(三)本意见将企业界定为商业类企业、公益类企业、金融类企业和文化类企业，其中商业类企业细分为商业一类企业、商业二类企业。

1. 商业类企业。以增强国有经济活力、放大国有资本功能、实现国有资产保值增值为主要目标，按照市场化要求实行商业化运作，依法独立自主开展生产经营活动，实现优胜劣汰、有序进退。

商业一类企业。主业处于充分竞争行业和领域，以参与市场竞争为主要运营方式，充分遵循市场规律，以经济效益最大化为主要目标。

商业二类企业。主业处于重要行业和关键领域，在参与市场竞争基本属性前提下，兼顾承担政府重大专项任务或实现特定功能，以实现政府在调节经济运行、促进社会发展等方面的战略意图。

2. 公益类企业。以保障民生、服务社会、提供公共产品和服务为主要目标，必要的产品或服务价格可以由政府调控。

3. 金融类企业。主业处于金融服务领域，经营金融商品。

4. 文化类企业。以提供精神产品，传播思想信息，担负文化传承使命为主要目标，把社会效益放在首位，实现社会效益和经济效益相统一。

二、基本原则

（四）坚持建立中国特色现代国有企业制度的改革方向。坚持所有权和经营权相分离，进一步确立国有企业的市场主体地位，健全公司法人治理结构，发挥企业党委（党组）领导作用，依法落实董事会的工资分配管理权，建立健全与国有企业现代企业制度建设进程相适应的工资分配决定机制。

（五）坚持效益导向与维护公平相统一。国有企业工资分配要切实做到既有激励又有约束、既讲效率又讲公平。坚持按劳分配原则，坚持以经济效益为导向，在经济效益增长和劳动生产率提高的同时实现劳动报酬同步提高。统筹处理好不同行业、不同企业和企业内部不同岗位职工之间的工资分配关系，建立健全既符合企业一般规律又体现国有企业特点的工资分配制度。

（六）坚持市场决定与政府监管相结合。充分发挥市场在国有企业工资分配中的决定性作用，实现职工工资水平与劳动力市场基本适应、与增强企业市场竞争力相匹配。加强政府对国有企业工资分配的宏观调控和指导作用，建立健全制度科学、规则统一、程序规范、分配公正的工资分配监管机制。

（七）坚持分类分级管理。根据不同国有企业功能性质定位、行业特点和法人治理结构完善程度，实行工资总额分类管理。按照企业国有资产产权隶属关系，落实全区各级政府职能部门、履行出资人职责机构（或企业主管部门，下同）和企业（集团）的分级监管责任，建立健全与国资国企监管体制相匹配的工资分配分类分级监管体制。

三、改革工资总额决定机制

（八）改革工资总额确定办法。按照国家和自治区工资收入分配宏观调控政策要求，根据企业发展战略和薪酬策略、年度生产经营目标和经济效益，综合考虑劳动生产率提高和人工成本投入产出率、职工工资水平市场对标等情况，结合自治区人力资源社会保障厅发布的企业工资指导线，合理确定年度工资总额。

（九）分类确定工资效益联动指标。根据企业功能性质定位和行业特点，科学设置联动指标，合理确定考核目标，突出不同考核重点。工资效益联动指标原则上为2~3个，最多不超过4个。联动指标可从经济效益、劳动生产率、人工成本投入产出率、风险成本控制、社会效益等大类指标的分项指标中选择。

1. 商业一类企业。经济效益指标主要选取利润总额（或净利润）、经济增加值（或增加值）（其中，确定经济增加值指标的资本成本率要以行业平均水平为基础，依据资本市场对标结果确定）、净资产收益率等指标；劳动生产率指标主要选取人均利润、人均经济增加值（或人均增加值）等指标；人工成本投入产出率指标选取人工成本利润率指标。

2. 商业二类企业。经济效益指标主要选取利润总额、营业收入或任务完成率等指标；劳动生产率指标主要选取人均利润、人均工作量等指标；人工成本投入产出率指标主要选取人工成本利润率、人事费用率等指标。

3. 公益类企业。经济效益指标主要选取营业收入或主营业务工作量、利润总额等指标；劳动生产率指标主要选取人均营业收入、人均主营业务工作量等指标；人工成本投入产出率指标主要选取人事费用率、人工成本利润率等指标。

4. 金融类企业。经济效益指标主要选取净利润（或利润总额）、净资产收益率等指标；劳动生产率指标选取人均利润指标；人工成本投入产出率指标选取人工成本利润率指标；风险成本控制指标主要选取资本充足率、不良贷款率、拨备覆盖率、杠杆率等指标。

5. 文化类企业。应把社会效益放在首位，同时选取社会效益和经济效益指标。社会效益指标主要选取文化任务完成率等体现文化企业社会贡献的文化创作生产和服务、受众反应、社会影响、内部制度和队伍建设指标（如原创文化产品、演出场次、重大出版计划完成率、再版率、文化产品获奖情况等）；经济效益指标主要选取利润总额、营业收入等指标；劳动生产率指标主要选取人均利润、人均营业收入等指标；人工成本投入产出率指标主要选取人事费用率、人工成本利润率等指标。

未分类企业的经济效益指标参照商业一类企业经济效益指标确定。

（十）完善工资与效益联动机制。按照"效益增工资增、效益降工资降"的同向联动原则，建立完善工资与效益联动机制，根据企业年度经济效益实际情况，合理确定企业年度工资总额增长或下降幅度。

1. 企业经济效益（商业二类、公益类、文化类企业为社会效益和经济效益，下同）增长的，当年工资总额增长幅度可在不超过经济效益增长幅度范围内确定。其中，当年劳动生产率未提高、上年人工成本投入产出率低于行业平均水平或企业上年职工平均工资达到全国城镇单位就业人员平均工资 2.5 倍以上的，当年工资总额增幅在不超过经济效益增幅的 70% 范围内确定，且企业当年职工平均工资增长幅度不得超过自治区人力资源社会保障厅发布的工资指导线基准线。对未完成履行出资人职责机构下达的经济效益考核目标值的，工资总额可适当少增。

2. 企业经济效益下降的，除受政策调整等非经营性因素影响外，当年工资总额原则上相应下降。其中，当年劳动生产率未下降、上年人工成本投入产出率优于行业平均水平或上年企业职工平均工资未达到全国城镇单位就业人员平均工资的，当年工资总额降幅在不超过同期经济效益降幅的 50% 范围内确定；对商业二类和公益类企业、文化类企业、按时足额上交国有资本收益的企业以及其他未发生亏损的企业，工资总额可以少降或适度下降。

3. 剔除受政策调整等非经营性因素影响后，企业未实现国有资产保值增值的，工资总额不得增长，或者适度下降。其中，国有资产减值幅度超过 10% 的，当年工资总额降幅不低于 5%。

4. 企业按照工资与效益联动机制确定工资总额，原则上增人不增工资总额、减人不减工资总额，但发生兼并重组或关闭退出、新设企业或机构、新建项目、增加生产线等情况而规模性增加或减少人员的，可以参照本企业职工平均工资水平合理增加或减少工资总额。

四、改革工资总额管理方式

（十一）全面实行工资总额预算管理。全区国有企业实行工资总额预算管理，工资总额预算方案由国有企业根据工资收入分配政策和本企业实际自主编制，按规定履行内部决策程序后，于每年 5 月 31 日前报履行出资人职责机构备案或核准后执行。

（十二）规范工资总额预算编制办法。企业年度工资总额预算方案编制范围原则上应与上年度财务决算合并报表范围相一致，包括企业（集团）本级的工资总额预算方案编制和所属各级全资、控股子企业的工资总额预算方案合并报表编制。企业应按照分级编制、逐级汇总的程序，依据企业国有资产产权隶属关系，以企业法人为单位，层层组织做好工资总额预算方案编制工作。

（十三）合理确定工资总额基数和经济效益预算基数。企业工资总额预算管理指标由工资总额预算基数和效益预算基数构成。

1. 工资总额预算基数以履行出资人职责机构清算确认并剔除不合理因素后的上年度工资总额为基数。没有履行出资人职责机构清算确认上年度工资总额基数的企业，初始工资总额预算基数原则上以上年度企业实发并剔除不合理因素后工资总额为基数；也可采用前3年实际发放并剔除不合理因素后的平均工资总额为基数。对于新组建企业，可按照同级同类国有企业职工平均工资和实有职工人数合理确定工资总额预算基数。

2. 经济效益预算基数原则上以上年度财务决算表反映的经济效益指标完成值或前3年平均效益指标值为基数。经济效益预算指标目标值的确定，要按照效益持续改善向好且具有一定挑战性和行业可比性的价值导向，结合企业与履行出资人机构约定的效益指标值合理确定。劳动生产率、人工成本投入产出率指标应与相同行业、相同年度的劳动生产率、人工成本投入产出率指标进行对标。对缺少行业对标主体的，应选取同功能性质企业或具有较强可比性的竞争类行业（企业）对标；对相同年度对标信息缺失的，可与近3年同行业（企业）的先进指标进行对标。

（十四）完善工资总额监管方式。根据企业功能性质定位、行业特点，并结合法人治理结构完善程度，由履行出资人职责机构对所监管国有企业工资总额预算分别实行备案制或核准制管理。

1. 商业一类企业工资总额预算原则上实行备案制管理。其中，未建立规范董事会、法人治理结构不完善、内控机制不健全、近3年企业工资分配存在重大违纪违规行为的企业，经履行出资人职责机构认定，其工资总额预算应实行核准制管理。

2. 商业二类、公益类、金融类、文化类企业工资总额预算原则上实行核准制管理。其中，已建立规范董事会、法人治理结构完善、内控机制健全、工资分配未发生重大违纪违规行为的企业，经履行出资人职责机构同意，其工资总额预算可实行备案制管理。

3. 实行备案制管理的企业，如果出现工资总额预算管理不规范或工资分配存在重大违规行为，履行出资人职责机构可将其工资总额预算调整为核准制管理。

4. 对未分类的企业工资总额预算一律实行核准制。

（十五）合理确定工资总额预算管理周期。国有企业工资总额预算一般按年度进行管理。对行业周期性特征明显、经济效益年度间波动较大的企业，或者处于筹建期、初创期、战略调整期、快速扩张期的企业，或存在其他特殊情况的企业，经履行出资人职责机构同意，工资总额预算可探索按周期进行管理，周期最长不超过3年。实行周期制工资总额预算管理的企业，可根据生产经营计划和人力资源管理实际需要，编制周期工资总额预算方案，统筹安排周期内各年度工资总额支出，但周期内的工资总额增长应符合工资与效益联动机制的要求。

（十六）强化工资总额预算执行。国有企业应严格执行经备案或核准的工资总额预算方案，并应与经营业绩考核结果联动。执行过程中出现以下情形之一，需要调整工资总额预算方案的，应按规定程序及时进行调整，调整后的工资总额增长幅度原则上不得高于调整前的工资总额增长幅度。

1. 国家和我区收入分配政策等宏观经济政策发生重大调整的；
2. 市场环境发生重大变化导致企业经济效益大幅变动的；
3. 新设立、兼并、收购或转让、破产、注销企业；
4. 新建、扩建项目或企业机构进行重大调整；
5. 对上年度损益进行较重大的追溯调整。

（十七）探索试行负面清单管理。履行出资人职责机构应不断深化"放管服"改革，创新工资总额监管方式，探索建立负面清单管理制度。对国际国内市场竞争力强、工资分配自律性强、工资水平低于国内同行业平均水平的国有企业，可按照《广西壮族自治区国有企业工资分配负面清单（2018年版）》，开展负面清单管理试点，及时总结试点经验，不断改进工资总额监管方式，提高监管效率和水平。

五、完善企业内部工资分配管理

（十八）建立健全企业内部工资总额管理制度。国有企业在经备案或核准的工资总额预算内，依法依规自主决定内部工资分配。企业应建立健全内部工资总额预算管理制度，根据所属子企业功能性质定位、行业特点和生产经营等情况，指导所属子企业科学编制工资总额预算方案，逐级落实预算执行责任，实行工资总额预算管理过程与业绩考核结果相结合的监控方式，建立预算执行情况的动态监控和预警机制，确保实现工资总额预算目标。企业应积极向行业先进经验做法对标，探索工资总额管理机制创新，充分调动不同行业、不同发展阶段子企业的工资分配积极性，理顺企业内部收入分配关系。

企业集团应合理确定集团本部工资总额预算，集团本部职工平均工资增长幅度原则上不超过本企业全部职工平均工资增长幅度。其中，集团本部属于企业利润中心的，经履行出资人职责机构认定，集团本部职工平均工资增长幅度可适当调整。

（十九）深化企业内部分配制度改革。国有企业要统筹考虑以具有竞争力的薪酬水平吸引和留住人才、提高劳动生产率、提升职工满意度、控制人工成本等举措，科学制定与企业发展战略相适应的薪酬策略。

国有企业应在岗位评价的基础上，建立健全以岗位工资为主的基本工资制度，以岗位价值为依据，以业绩为导向，参照劳动力市场工资价位并结合企业经济效益、发展战略和薪酬策略，通过集体协商等形式合理确定不同岗位的工资水平，向关键岗位、生产一线岗位和紧缺急需岗位的高层次、高技能人才倾斜,确保能够有效吸引、激励和留住关键人才。企业非核心岗位的工资水平应逐步向劳动力市场工资价位接轨。

国有企业应建立健全全员业绩考核制度,强化工资分配与个人工作业绩和实际贡献紧密挂钩,合理拉开工资分配差距,调整不合理过高收入,切实做到考核科学合理、分配公平公正、工资能增能减、员工能进能出。国有企业应坚持按劳分配为主体,合理评价劳动、资本、技术、管理等生产要素的价值贡献,统筹处理好劳动、资本、技术、管理等生产要素参与分配的关系,逐步完善按要素分配的体制机制。

国有企业应健全以工资总额管理为核心的人工成本调控管理体系,严格控制人工成本不合理增长,增强企业发展的协调性和可持续性。企业经济效益下降,福利性项目不得增加、水平不得增长,出现亏损的,应缩减福利性项目。

(二十)规范企业工资列支渠道。国有企业应调整优化工资收入结构,逐步实现职工收入工资化、工资货币化、发放透明化。严格清理规范工资外收入,将各种津贴、补贴等工资总额组成范围内的所有工资性收入一律纳入工资总额管理,不得在工资总额之外以其他形式列支任何工资性支出。

六、健全工资分配监管体制机制

(二十一)加强和改进政府对国有企业工资分配的宏观调控和指导监督。人力资源社会保障部门负责建立企业薪酬调查和信息发布制度,发布不同职业的劳动力市场工资价位和行业人工成本信息;适时对国有企业工资分配负面清单进行调整完善;会同财政、国资监管等主管部门完善工资指导线制度,制定和发布工资指导线、非竞争类国有企业职工平均工资调控水平和工资增长调控目标。

(二十二)落实履行出资人职责机构的国有企业工资分配监管职责。履行出资人职责机构负责制定所监管企业的工资总额预算管理办法,分类指导所监管企业编制工资总额预算方案,核定所监管企业工资总额预算基数和经济效益预算基数,做好所监管企业工资总额预算方案的备案或核准工作,加强对所监管企业工资总额预算执行情况的动态监控和执行结果的清算,并按照《广西壮族自治区国有企业工资总额执行结果备案办法》的规定,将所监管企业上年度工资总额预算执行情况报同级人力资源社会保障部门,由人力资源社会保障部门汇总报告同级人民政府。同时,履行出资人职责机构可按规定将有关情况直接报告同级人民政府。

(二十三)完善国有企业工资分配内部监督机制。国有企业应完善法人治理结构,健全内控机制,加强自律建设,规范董事会、监事会的运行。董事会应依照法定程序决定工资分配事项,加强对工资分配决议执行情况的监督。落实企业监事会和工会对工资分配的监督责任,对标《广西壮族自治区国有企业工资分配负面清单(2018年版)》,以问题为导向,加强对企业集团本部及所属子企业工资分配的监督,督促企业改进完善工资分配制度。国有企业应按规定报送工资总额执行结果备案材料,自觉接受政府职能部门和履行出资人职责机构的监管,将职工工资收入分配情况作为厂务公开的重要内容,在企业醒目位置设置公告栏,定期向职工公开,接受职工监督。

(二十四)建立国有企业工资分配信息公开制度。履行出资人职责机构、国有企业应按照《广西壮族自治区国有企业工资分配信息披露式样》,于每年9月底前在本机构、本企业官方网站向社会如实披露企业上年度应付职工工资总额、实付职工工资总额、职工平均工资水平及增长或下降幅度等信息,接受社会公众监督。

(二十五)健全国有企业工资内外收入监督检查制度。人力资源社会保障部门会同财政、国资监管等部门应按照《广西壮族自治区国有企业工资内外收入监督检查实施办法》的规定,对国有企业执行国家和我区工资收入分配政策情况开展监督检查,及时查处违规发放工资、滥发工资外收入等行为。加强与出资人监管和审计、税务、纪检监察等监督的协同，建立工作会商和资源共享机制，提高监督效能，形成监督合力。

对企业存在超提、超发工资总额及其他违规行为的，扣回违规发放的工资总额，并视违规情形对企业负责人和相关责任人员依照有关规定给予经济处罚和纪律处分；涉嫌犯罪的，依法移送司法机关处理。

七、做好组织实施工作

（二十六）加强组织领导。国有企业工资决定机制改革是一项涉及面广、政策性强的工作，全区各地、各有关部门要统一思想认识，以高度的政治责任感和历史使命感，切实加强对改革工作的领导，做好统筹协调，细化目标任务，明确责任分工，强化督促检查，及时研究解决改革中出现的问题，推动改革顺利进行。

（二十七）统筹推进改革。各设区市要根据本意见，在2018年11月30日前出台本市国有企业工资决定机制的具体实施办法，并报自治区人力资源社会保障厅备案。各级履行出资人职责机构要根据本实施意见，结合所监管企业实际情况，抓紧制定所监管企业的具体实施办法，报同级人力资源社会保障部门会同财政部门审核后实施。其中，自治区出资监管机构应于2018年10月底前报送具体实施办法。国有企业应根据本实施意见和履行出资人职责机构要求，结合本企业实际，抓紧制定本企业工资总额预算管理制度，于2018年12月底前报履行出资人职责机构审核并确定工资总额监管方式后实施。

（二十八）做好宣传引导。各级人力资源社会保障、财政、国资监管等部门和工会要各司其职，密切配合，形成推进改革的合力，共同做好改革工作。要加强舆论宣传和政策解读，引导全社会特别是国有企业职工正确理解和支持改革，营造改革的良好社会氛围。全区国有企业要自觉树立大局观念，认真执行改革规定，确保改革政策落实到位。

（二十九）实施时间。本意见自2019年1月1日起实施。我区现行国有企业工资管理规定，凡与本意见不一致的，按本意见执行。

海南省人民政府关于改革国有企业工资决定机制的实施意见

（2018年12月14日　琼府〔2018〕55号）

各市、县、自治县人民政府，省政府直属各单位：

为建立健全同劳动力市场基本适应、同经济效益和劳动生产率挂钩的国有企业工资决定和正常增长机制，完善国有企业工资分配监管体制，根据《国务院关于改革国有企业工资决定机制的意见》（国发〔2018〕16号）和国家有关收入分配政策，结合我省实际，提出如下实施意见。

一、总体要求

以习近平新时代中国特色社会主义思想为指导，认真贯彻落实习近平总书记在庆祝海南建省办经济特区30周年大会上的重要讲话和《中共中央国务院关于支持海南全面深化改革开放的指导意见》（中发〔2018〕12号）精神，坚持建立中国特色现代企业制度的改革方向、坚持效益导向与维护公平相统一、坚持市场决定与政府监管相结合、坚持分类分级管理，通过改革国有企业工资决定机制，增强国有企业活力、提升国有企业效率，推动我省国有资本做强做优做大。

二、适用范围

本实施意见适用于本省各级代表国家履行出资人职责机构所管理的国有独资、国有全资及国有控股企业。履行出资人职责机构包括代表政府履行出资人职责的国资监管机构和政府授权履行出资人职责的部门（机构）；国有独资、国有全资及国有控股企业包括企业本部及其所出资的各级独资、全资及控股的子企业。

其他本省各级党委和政府有关部门、人民团体、事业单位所管理的国有独资、国有全资及国有控股企业，依照本实施意见执行。

本省各级政府有关部门或机构作为实际控制人的企业，参照本实施意见执行。

三、改革工资总额决定机制

（一）改革工资总额确定办法。按照国家工资收入分配宏观政策要求，根据国有企业发展战略和薪酬策略，主要选取年度生产经营目标和经济效益，综合考虑劳动生产率提高和人工成本投入产出率、职工工资水平市场对标等情况，结合我省人力资源社会保障部门发布的工资指导线，合理确定年度工资总额。

本实施意见所称工资总额，是指由企业在一个会计年度内直接支付给与本企业建立劳动关系的全部职工的劳动报酬总额（含国有企业负责人薪酬），包括工资、奖金、津贴、补贴、加班加点工资、特殊情况下支付的工资等。

（责任单位：省国资委、省文资办、其他履行出资人职责部门或机构）

（二）分类确定工资效益联动指标。根据国有企业功能性质定位和行业特点，结合企业与履行出资人职责机构签订的《经营业绩责任书》，科学设置以经济效益为主，劳动生产率、人工成本投入产出率等为辅的相关联动指标，经济效益指标主要有利润总额、净利润、经济增加值、净资产收益率、营业收入、任务完成率、主营业务工作量、净资产收益率；劳动生产率指标主要有人均利润、人均经济增加值、人均工作量、人均营业收入、人均主营业务工作量；人工成本投入产出率指标主要有人工成本利润率、人事费用率。突出不同考核重点，工资效益联动指标分别从中选择1~3个，最多不超过4个。

1. 主业处于充分竞争行业和领域的商业类国有企业，企业经济效益指标主要选取利润总额（或净利润）、经济增加值、净资产收益率等指标。劳动生产率指标主要选取人均利润、人均经济增加值等指标；人工成本投入产出率指标选取人工成本利润率。

2. 主业处于关系国家安全、国民经济命脉的主要行业和关键领域、主要承担重大专项任务的商业类国有企业，企业经济效益指标主要选取利润总额、营业收入或任务完成率等指标。劳动生产率指标主要选取人均利润、人均工作量等指标；人工成本投入产出率指标主要选取人工成本利润率、人事费用率等指标。

3. 公益类国有企业，企业经济效益指标主要选取营业收入或主营业务工作量、利润总额等指标。劳动生产率指标主要选取人均营业收入、人均主营业务工作量等指标；人工成本投入产出率指标主要选取人事费用率、人工成本利润率等指标。

4. 金融类国有企业，企业经济效益指标主要选取净利润（或利润总额）、净资产收益率等指标。劳动生产率指标选取人均利润指标；人工成本投入产出率指标选取人工成本利润率指标；风险成本控制指标主要选取资本充足率、不良贷款率、拨备覆盖率、案件风险率、杠杆率等指标。

5. 文化类国有企业（如出版社、文艺团体等），应把社会效益放在首位，同时选取社会效益和经济效益指标。社会效益指标主要选取文化任务完成率等体现文化企业社会贡献的文化创作生产和服务、受众反应、社会影响指标（如原创文化产品、演出场次、重大出版计划完成率、再版率、文化产品获奖等），企业经济效益指标主要选取利润总额、营业收入等指标。劳动生产率指标主要选取人均利润、人均营业收入等指标；人工成本投入产出率指标主要选取人事费用率、人工成本利润率等指标。

（责任单位：省国资委、省文资办、其他履行出资人职责部门或机构）

（三）完善工资与效益联动机制。按照"效益增工资总额增、效益降工资总额降"的同向联动原则，合理确定企业年度工资总额增长或下降幅度。

1. 国有企业工资总额增长幅度确定。企业经济效益增长的，当年工资总额增长幅度可在不超过经济效益增长幅度范围内确定。其中，企业当年劳动生产率未提高、上年人工成本投入产出率（人工成本利润率或人事费用率）低于行业平均水平、或者上年职工平均工资高于全国城镇单位就业人员平均工资3倍的，当年工资总额增幅应低于企业经济效益的增幅；主业处于不充分竞争行业和领域的企业，上年职工平均工资达到人力资源社会保障部门规定的调控水平及以上的，当年工资总额增长幅度应低于同期经济效益增长幅度，且职工平均工资增长幅度不得超过人力资源社会保障部门规定的工资增长调控目标。

2. 国有企业工资总额下降幅度确定。除受国家政策调整等非经营性因素影响外，企业经济效益下降的，当年工资总额相应下降。其中，当年劳动生产率未下降，人工成本投入产出率明显优于行业平均水平或者上年职工平均工资低于全国城镇单位就业人员平均工资70%的，当年工资总额可适当少下降。少降幅度根据各行业实际情况，由履行出资人职责机构或行业主管部门确定。

3. 国有企业未实现国有资产保值增值的，工资总额不得增长，或者适度下降。其中，年度国有资产保值增值率低于90%的，当年工资总额降幅不低于3%。

4. 国有企业按照工资效益联动机制确定工资总额。原则上增人不增工资总额，减人不减工资总额。但发生兼并重组、新设企业或机构等情况的，可按本行业平均工资合理增加（减少）。

（责任单位：省国资委、省文资办、其他履行出资人职责部门或机构）

四、改革工资总额管理方式

（四）全面实行工资总额预算管理。工资总额预算方案由企业自主编制，按规定履行内部决策程序后，根据国有企业功能性质定位、行业特点，并结合法人治理结构完善程度，分别报履行出资人职责机构备案或核准后执行。

对主业处于充分竞争行业和领域的商业类国有企业，法人治理结构健全的，工资总额预算原则上实行备案制。法人治理结构不健全、内控机制不规范、工资分配方案不规范的，实行核准制。

对其他国有企业，工资总额预算原则上实行核准制。其中，法人治理结构健全、内控机制规范、工资分配方案规范的，也可实行备案制。

（责任单位：省国资委、省文资办、其他履行出资人职责部门或机构）

（五）合理确定工资总额预算周期。国有企业工资总额预算一般按年度进行管理。

对行业周期性特征明显，经济效益年度间波动较大或其他特殊情况的，经履行出资人职责机构同意，工资总额预算可按周期进行管理。周期最长不超过三年。周期内的工资总额增长幅度不得超过周期经济效益平均增长幅度。

（责任单位：省国资委、省文资办、其他履行出资人职责部门或机构）

（六）强化工资总额预算执行。国有企业应严格执行经备案或核准的工资总额预算方案，执行过程中，因企业外部环境或生产经营发生重大变化，需要调整工资总额预算方案的，应按规定程序及时进行调整，工资总额预算按年度进行管理的，工资总额预算方案最多调整一次；实行周期管理的，最多调整二次。

（责任单位：省国资委、省文资办、其他履行出资人职责部门或机构）

五、完善企业内部工资分配管理

（七）完善企业内部工资总额管理制度。国有企业应净化工资发放渠道，将所有工资性收入一律纳入工资总额预算管理，不得在工资总额之外以其他任何方式列支工资性支出。国有企业在经备案或核准的工资总额预算内，依法依规自主决定内部工资分配方案。

1. 国有企业应建立健全内部工资总额管理办法，根据国有企业功能性质定位、行业特点，科学编制工资总额预算方案，理顺内部收入分配关系，逐级厘清预算执行职责，确保层层实现工资总额预算目标。

2. 企业集团应合理确定总部工资总额预算，其职工平均工资增长幅度原则上应低于本企业全部职工平均工资增长幅度。

（责任单位：省国资委、省文资办、省人力资源社会保障厅、其他履行出资人职责部门或机构）

（八）深化企业内部分配制度改革。工资水平应兼顾薪酬市场竞争力和企业工资持续增长能力；国有企业内部分配应突出向关键岗位倾斜；建立"总薪酬"理念，全口径对工资收入分配进行管理。

1. 国有企业工资分配要围绕以具有竞争力的薪酬水平吸引和留住人才，提高劳动生产率，提升员工满意度，控制成本等因素统筹考虑。

2. 国有企业应建立健全以岗位工资为主体的基本工资制度。以岗位价值为依据，以业绩为导向，参照劳动力市场工资价位，并结合企业经济效益，通过集体协商等形式合理确定不同岗位的工资水平，强化工资收入分配技能价值激励导向。向关键岗位、生产一线岗位和紧缺急需岗位的高层次、高技能人才倾斜。合理拉开工资分配差距，调整不合理过高收入。国有企业非核心岗位的工资应逐步向劳动力市场价位接轨。

3. 国有企业应坚持按劳分配为主体，统筹处理好劳动、知识、技术、资本等生产要素参与分配的关系。对股票、期权等中长期激励收益应加强管理，逐步完善按要素分配的体制机制。

（责任单位：省国资委、省文资办、其他履行出资人职责部门或机构）

六、健全工资分配监管体制机制

（九）加强和改进政府对国有企业工资分配的宏观调控。人力资源社会保障、财政部门要互相配合，实现信息资源共享，建立企业薪酬调查和信息发布制度，定期发布不同行业的劳动力市场工资指导价位和人工成本信息，会同统计、国资监管等部门完善工资指导线制度。

（责任单位：省人力资源社会保障厅、省财政厅、省国资委、省统计局、省文资办、其他履行出资人职责部门或机构）

（十）落实履行出资人职责机构的国有企业工资分配监管职责。履行出资人职责机构负责做好所监管企业工资总额预算方案的备案或核准工作，加强对所监管企业工资总额预算执行的动态监控和过程管控，按规定及时对所监管企业工资总额预算执行结果进行清算，并按照有关规定和同级人力资源社会保障部门的有关要求，将所监管企业上年度工资总额预算执行情况报同级人力资源社会保障部门，由人力资源社会保障部门汇总报告同级人民政府。

（责任单位：省国资委、省文资办、省人力资源社会保障厅、其他履行出资人职责部门或机构）

（十一）完善国有企业工资分配内部监督机制。国有企业董事会应依照法定程序决定工资分配事项，国有企业监事会负责对工资分配的监督。将企业职工工资收入分配情况作为厂务公开的重要内容，定期公布，接受全体职工监督。

（责任单位：省国资委、省文资办、其他履行出资人职责部门或机构）

（十二）建立国有企业工资分配信息公开制度。履行出资人职责机构、国有企业应按照提供的式样，于每年9月底前在本机构、本企业官方网站向社会如实披露工资总额清算结果和企业上年度应付职工工资总额、职工平均工资水平及增长幅度等信息，接受社会公众监督。

（责任单位：省国资委、省文资办、其他履行出资人职责部门或机

构)

（十三）建立国有企业工资内外收入监督检查制度。人力资源社会保障、财政、国资监管等部门应按照有关规定，定期对国有企业执行工资收入分配政策情况开展监督检查，严肃查处违规超提超发或列支工资总额、滥发工资外收入等行为。加强与出资人监管和审计、纪检监察等监督的协同，建立工作会商和资源共享机制，提高监督效能，形成监督合力。

对国有企业弄虚作假，虚报企业经济效益，违规增加国有企业工资总额的，一经发现，除在下一年度相应核减国有企业工资总额外，对国有企业领导班子成员和直接责任人按有关规定给予经济处罚，国有企业分管领导和相关工作人员在工资总额管理中存在玩忽职守、弄虚作假、把关不严等情形的，除给予经济处罚外，给予相应的纪律处分。构成犯罪的，由司法机关依法追究刑事责任。

（责任单位：省人力资源社会保障厅、省审计厅、省财政厅、省国资委、省文资办、其他履行出资人职责部门或机构）

七、组织实施

（十四）加强组织领导。各市县政府、省政府直属有关部门要提高认识，统一思想，以高度的政治责任感和历史使命感，切实加强对国有企业工资收入分配制度改革的领导，确保我省国有企业收入分配制度改革顺利进行。

（责任单位：省国资委、省文资办、其他履行出资人职责部门或机构）

（十五）统筹推进改革。全省各级国资监管部门和国有企业出资人要充分履行监管职责，抓紧制定所监管企业的工资分配制度改革实施办法，同级人力资源社会保障部门会同财政部门审核后实施。人力资源社会保障部门要会同各有关部门定期开展企业工资收入分配监督检查，所需经费由同级财政根据财力情况和实际需要予以保障。

（责任单位：省人力资源社会保障厅、省财政厅、省国资委、省文资办、其他履行出资人职责部门或机构）

（十六）本实施意见自 2019 年 1 月 1 日起施行。现行国有企业工资总额管理规定，凡与本实施意见不一致的，按本实施意见执行。

重庆市人民政府关于改革国有企业工资决定机制的实施意见

(2018年12月7日　渝府发〔2018〕54号)

各区县（自治县）人民政府，市政府有关部门，有关单位：

为贯彻落实《国务院关于改革国有企业工资决定机制的意见》（国发〔2018〕16号）精神，深化国有企业工资收入分配制度改革，规范国有企业工资收入分配秩序，现就改革国有企业工资决定机制提出如下实施意见。

一、总体要求

（一）指导思想。

全面贯彻党的十九大和十九届二中、三中全会精神，以习近平新时代中国特色社会主义思想为指导，深入落实习近平总书记对重庆提出的"两点"定位、"两地""两高"目标和"四个扎实"要求，牢固树立新发展理念，严格落实党中央、国务院决策部署和市委有关要求，以提升国有企业发展效率、增强国有企业发展活力为目标，建立健全与劳动力市场基本适应、与国有企业经济效益和劳动生产率挂钩的工资决定机制和正常增长机制，完善国有企业工资分配监管体制，促进国有企业工资收入分配机制更加合理、更加有序，充分调动国有企业职工的积极性、主动性、创造性，提高国有企业的市场竞争力，推动国有企业做强做优做大。

（二）工作原则。

——坚持中国特色现代国有企业制度改革方向。坚持政企分开、政资分开、所有权和经营权相分离，进一步确立国有企业的市场主体地位，发挥国有企业党委（党组）领导作用，依法落实董事会的工资分配管理权，完善既符合企业一般规律又体现国有企业特点的工资分配机制，促进国有企业持续健康发展。

——坚持效益导向与维护公平相统一。健全完善国有企业业绩考核评价体系，处理好短期效益指标与企业长远发展的关系。国有企业工资分配要切实做到既有激励又有约束、既讲效率又讲公平。坚持按劳分配原则，健全国有企业职工工资与经济效益同向联动、能增能减的机制，在经济效益增长和劳动生产率提高的同时实现劳动报酬同步提高。统筹处理好不同行业、不同企业和企业内部不同职工之间的工资分配关系，调节过高收入。

——坚持市场决定与政府监管相结合。充分发挥市场在国有企业工资分配中的决定性作用，实现职工工资水平与劳动力市场价位相适应，与增强企业市场竞争力相匹配。建立健全制度科学、规则统一、程序规范、分配公正的工资分配监管机制，更好发挥政府对国有企业工资分配的宏观指导和调控作用，改进和加强事前引导和事后监督，规范工资分配秩序。

——坚持分类分级管理。根据不同国有企业功能性质定位、行业特点和法人治理结构完善程度，实行工资总额分类管理。按照企业国有资产产权隶属关系，健全工资分配分级监管体制，落实各级政府职能部门、履行出资人职责机构（或其他企业主管部门，下同）和国有企业的分级监管责任，建立健全与国资国企监管体制相匹配的工资分配分类分级监管体制。

二、改革工资总额决定机制

（三）改革工资总额确定办法。

按照国家和我市工资收入分配政策要求，根据企业发展战略和薪酬策略、年度生产经营目标、社会效益和经济效益，综合考虑劳动生产率和人工成本投入产出率、职工工资水平市场对标等情况，结合政府职能部门发布的工资指导线、工资增长调控目标,合理确定年度工资总额。

(四)完善工资与效益联动机制。

按照"效益增工资增、效益降工资降"的同向联动原则和工资总额确定办法,突出绩效导向,实施工资总额分类管理,合理确定国有企业年度工资总额增长或下降幅度。

1. 企业经济效益增长的,国有企业当年工资总额增长幅度可在不超过经济效益增长幅度范围内确定,具体分类如下:

商业一类企业(指主业属于充分竞争行业和领域的商业类国有企业,下同):当年劳动生产率未提高、上年人工成本投入产出率低于行业平均水平或者上年职工平均工资高于同期城镇单位就业人员平均工资3倍的,当年工资总额增长幅度在不超过同期经济效益增长幅度的90%范围内确定。

商业二类企业(指主业处于关系国民经济命脉的重要行业和关键领域、主要承担重大专项任务的商业类国有企业,下同):当年劳动生产率未提高、上年人工成本投入产出率低于行业平均水平或者上年职工平均工资高于同期城镇单位就业人员平均工资3倍的,当年工资总额增长幅度在不超过同期经济效益增长幅度的85%范围内确定且职工平均工资增长幅度不得超过政府职能部门规定的工资增长调控目标。

公益类企业(指主业以保障民生、服务社会、提供公共产品和服务为主的国有企业,下同):当年劳动生产率未提高、上年人工成本投入产出率低于行业平均水平或者上年职工平均工资高于同期城镇单位就业人员平均工资2.5倍的,当年工资总额增长幅度在不超过同期经济效益增长幅度的80%范围内确定且职工平均工资增长幅度不得超过政府职能部门规定的工资增长调控目标。

文化类企业(指主业以提供精神产品,传播思想信息,担负文化传承使命为主要目标,把社会效益放在首位、实现社会效益和经济效益相统一的国有文化企业,下同):社会效益完成情况未达到良好考核等级、当年劳动生产率未提高、上年人工成本投入产出率低于行业平均水平或者上年职工平均工资高于同期城镇单位就业人员平均工资 2.5 倍的，当年工资总额增长幅度在不超过同期经济效益增长幅度的 80% 范围内确定且职工平均工资增长幅度不得超过政府职能部门规定的工资增长调控目标。

2. 企业经济效益下降的，当年工资总额原则上应相应下降。其中，当年劳动生产率未下降、上年人工成本投入产出率优于行业平均水平、上年职工平均工资低于同期城镇单位就业人员平均工资 70%，文化类企业当年社会效益完成情况达到良好以上考核等级的，当年工资总额下降幅度可在不超过同期经济效益下降幅度的 50% 范围内确定。

3. 企业经济效益发生剧烈波动，导致按照工资与效益联动机制确定的工资总额波动超过 30% 的，在企业具备工资支付能力的前提下，当年工资总额增减幅度原则上在不超过 30% 范围内确定。

4. 企业未实现国有资产保值增值的（文化类企业社会效益考核结果不及格的），工资总额不得增长，或者适度下降；对实现减亏的企业，经履行出资人职责机构同意，可适当增加工资总额，原则上工资总额增长幅度最高不超过 5%。

5. 企业经济效益受政策调整或承担重大战略任务等因素影响的，经履行出资人职责机构同意，剔除相关影响因素后，按规定确定工资总额。

6. 企业按照工资与效益联动机制确定工资总额，原则上增人不增工资总额、减人不减工资总额。发生兼并重组、关闭退出、新设企业或机构等情况的，经履行出资人职责机构同意，工资总额根据职工增减人数，结合本企业职工平均工资标准、实际工资水平等因素合理增加或减少。

（五）分类确定工资效益联动指标。

工资效益联动指标最多不超过 4 个，主要联动指标原则上为 1~2

个。根据企业功能性质定位、规模大小、发展阶段、行业特点，按权重设置联动指标，合理确定考核目标，突出不同考核重点。

商业一类企业：主要选取利润总额或净利润、经济增加值、净资产收益率、人工成本利润率等反映经济效益、国有资本保值增值和市场竞争能力的指标。

商业二类企业：主要选取利润总额或净利润、国有资本保值增值等指标，同时，可根据实际情况，增加营业收入、任务完成率、人工成本利润率、人事费用率等反映服务全市经济发展、发展前瞻性战略性产业、完成特殊任务等情况的指标。金融类国有企业，属于政策性的，主要选取反映服务全市经济发展和风险控制等情况的指标，兼顾净利润或利润总额、经济增加值等指标；属于商业性的，主要选取净利润或利润总额、经济增加值、人工成本利润率等指标，以及反映资产质量、偿付能力、体现服务全市经济发展情况的指标。

公益类企业：主要选取反映成本费用控制、产品服务质量、营运效率和保障能力、任务完成率、上缴利税等情况的指标，兼顾营业收入或利润总额、人事费用率等体现经济效益和国有资本保值增值的指标，考核可引入社会评价机制。

文化类企业：按照社会效益放在首位、社会效益与经济效益相统一的原则，选取营业收入、利润总额、社会效益目标完成情况、国有资本保值增值率、人事费用率等指标。

三、改革工资总额管理方式

（六）全面实行工资总额预算管理制度。

全市企业实行工资总额预算管理，工资总额预算方案由企业根据工资收入分配政策并结合本企业实际自主编制，按规定履行内部决策程序后报履行出资人职责机构备案或核准后执行。

（七）合理确定工资总额预算管理指标基数。

工资总额预算管理指标由工资总额预算指标和效益预算指标构成。

已实行工资总额预算管理的企业，工资总额预算基数以履行出资人职责机构清算确定的上年度工资总额为基数。未实行工资总额预算管理的企业，初始工资总额预算基数原则上以上年度企业实发工资总额为基数。新组建企业，可按照同级同类企业职工平均工资和实有职工人数合理确定工资总额预算基数。

经济效益预算指标基数原则上以经审计、履行出资人职责机构确认的上年度财务决算表反映的经济效益指标完成值为基数。经济效益预算指标目标值的确定，原则上按照效益持续改善向好且具有一定挑战性和行业可比性的价值导向，在坚持与国内外同行业优秀企业进行横向对标、与企业历史最好业绩指标和战略规划业绩指标进行纵向对标的基础上合理确定。劳动生产率、人工成本投入产出率指标要与相同行业、相同年度的劳动生产率、人工成本投入产出率指标对标。对缺少行业对标主体的，应当选取同功能性质企业或具有较强可比性的竞争类行业（企业）对标。对相同年度对标信息缺失的，可与近3年同行业（企业）先进指标对标。

（八）完善工资总额管理方式。

根据行业特点和企业功能性质定位，结合法人治理结构完善情况，由履行出资人职责机构对企业工资总额预算方案分别实行备案制和核准制管理。

商业一类企业工资总额预算原则上实行备案制。其中，未建立规范董事会、监事会、经营层，或法人治理结构不完善，未按公司章程定期召开法定会议，内控机制不健全的企业，经履行出资人职责机构认定，其工资总额预算实行核准制。在工资分配过程中存在重大违纪违规行为的企业，实行核准制。

商业二类企业、公益类企业、文化类企业，工资总额预算原则上实行核准制。其中，已建立规范董事会，法人治理结构完善、内控机制健全，且已建立市场化的分配制度和业绩考核评价体系、科学合理的市场对标体系，工资分配过程中未发生重大违纪违规行为的企业，经履行出资人职责机构同意，工资总额预算实行备案制。

（九）合理确定工资总额预算周期。

企业工资总额预算原则上按年度进行管理。对行业周期性特征明显、经济效益年度间波动较大的企业，或处于筹建期、初创期、战略调整期、快速扩张期的企业，或存在重组改制等其他特殊情况的企业，经履行出资人职责机构同意，工资总额预算可按周期进行管理，周期最长不超过3年，周期内工资总额增减应当符合国家和我市调控政策相关要求，体现工资与效益联动。

（十）强化工资总额预算执行。

企业要严格执行经备案或核准的工资总额预算方案。执行过程中，企业编制预算时所依据的外部环境情况或自身生产经营情况发生重大变化，需要调整工资总额预算方案的，经履行出资人职责机构同意，按规定程序进行调整。履行出资人职责机构要加强对所监管企业执行工资总额预算情况的及时指导和动态监管，并将预算执行情况在企业年度决算中进行专项反映。

四、完善企业内部工资分配管理

（十一）建立健全企业内部工资总额管理制度。

企业在经备案或核准的工资总额预算内，依法依规自主决定内部工资分配。企业要依法建立健全内部工资总额管理办法，并根据自身功能性质定位、行业特点和生产经营等情况，指导所属企业科学编制工资总额预算方案，逐级落实预算执行责任，建立预算执行情况动态监控机制，确保实现工资总额预算目标。集团企业应合理确定集团本部工资总额预算，集团本部职工平均工资增长幅度原则上应低于企业全部职工平均工资增长幅度。

（十二）深化企业内部分配制度改革。

企业要统筹考虑人才引进、人才培养和劳动生产率等因素，科学制定与企业发展战略相适应的薪酬策略。在岗位评价的基础上，建立健全以岗位工资为主的基本工资制度，以岗位价值为依据，以业绩为导向，参照劳动力市场工资价位并结合企业经济效益，通过集体协商等形式合理确定不同岗位的工资水平，合理拉开工资分配差距，调整不合理过高收入。关键岗位、生产一线岗位职工平均工资增幅原则上不低于本企业职工平均工资增幅，高层次创新人才、高技能人才平均工资增长额度原则上高于本企业管理人员平均工资增长额度。加强全员绩效考核，职工工资收入与其工作业绩和实际贡献紧密挂钩，做到考核科学合理、分配公正公平、收入能增能减。

（十三）规范企业工资列支渠道。

企业要调整优化工资收入结构，严格清理规范工资外收入，所有工资性收入一律纳入工资总额管理，不得在工资总额之外以其他形式列支任何工资性支出。严格规范工资发放渠道，逐步实现职工收入工资化、工资货币化、发放透明化。要建立健全职工福利费管理制度，对符合国家和我市规定的福利费，应严格按照标准执行。实行货币化改革的福利性项目全部纳入工资总额管理，不得在国家和我市规定之外自设福利费项目，不得违规发放福利费。对经济效益下降或亏损的企业，福利性项目不得增加、标准不得提高，对出现连续亏损的企业，福利性项目应当缩减。

五、健全工资分配监管体制机制

（十四）加强和改进政府对企业工资分配的宏观指导和调控。

市人力社保局牵头，制定全市国有企业工资决定机制改革具体方案，指导和监督全市国有企业工资收入分配改革工作，建立企业薪酬调查和信息发布制度，定期发布劳动力市场工资价位和行业人工成本信息。市人力社保局会同市财政局、市国资委、两江新区管委会等部门，完善工资指导线制度，定期发布工资指导线、非竞争类企业职工平均工资调控水平和工资增长调控目标。

（十五）落实履行出资人职责机构的企业工资分配监管职责。

履行出资人职责机构负责指导所监管国有企业编制工资总额预算方案，做好工资总额预算方案的备案与核准工作，加强对工资总额预算执行情况动态监控和执行结果清算，每年7月底前，将所监管国有企业工资总额预算执行情况报送同级人力社保部门，人力社保部门汇总报送同级政府。

（十六）完善企业工资分配内部监督机制。

国有企业要完善法人治理结构，健全内控机制，规范董事会、监事会的运行。董事会要按照法定程序决定工资分配事项，加强对工资分配决议执行情况的监督，并加强对所属企业工资分配工作的检查。企业要按规定及时向政府职能部门和履行出资人职责机构报送工资总额执行情况，自觉接受监管。

（十七）建立企业工资分配信息公开制度。

国有企业职工工资收入分配情况定期向职工公开，接受职工监督。履行出资人职责机构和有关国有企业每年定期向社会披露企业上年度工资总额、职工平均工资水平等信息，接受社会公众监督。

（十八）健全企业工资内外收入监督检查制度。

人力社保部门会同财政、国资监管等部门，定期对国有企业执行国家和我市工资收入分配政策情况开展监督检查，及时查处违规发放工资、滥发工资外收入等行为。国有企业存在超提、超发工资总额及其他违规行为的，按规定扣回违规发放的工资总额，对企业负责人和相关责任人员依纪依法给予纪律处分和经济处罚；构成犯罪的，移送司法机关依法追究刑事责任。加强与出资人监管和审计、税务、纪检监察、巡视巡查等监督的工作协同，建立工作会商和资源共享机制，提高监督效能，形成监督合力。

六、做好组织实施工作

（十九）加强组织领导。

企业工资决定机制改革是一项涉及面广、政策性强的工作，各区县（自治县，以下简称区县）、市政府有关部门要以高度的政治责任感和历史使命感，切实加强对改革工作的领导，做好统筹协调，细化目标任务，明确责任分工，强化督促检查，及时研究解决改革中出现的问题，推动改革顺利进行。

（二十）统筹推进改革。

全市各级履行出资人职责机构要抓紧制定所监管企业改革的具体实施办法，由同级人力社保部门会同财政部门审核后实施。市国资委、两江新区管委会、市文资办要细化制定所监管市管国有企业改革的具体实施办法，并报送市人力社保局。其他市级部门管理的国有企业，由市财政局会同市人力社保局制定改革的具体实施办法。各区县履行出资人职责机构于2018年12月底前将所监管企业改革的具体实施办法报当地人力社保部门。

（二十一）做好宣传引导。

全市各级人力社保、财政、国资监管、工会等部门和单位要各司其职，密切配合，共同做好改革工作，形成推进改革的合力。要加强舆论宣传和政策解读，引导全社会正确理解和支持改革，营造良好社会环境。广大国有企业要自觉树立大局观念，认真执行国家和我市有关改革规定，确保改革政策得到落实。

（二十二）做好实施工作。

本实施意见自2019年1月1日起实施。现行企业工资总额管理规定与本实施意见不一致的，按本实施意见执行。

本实施意见适用于我市各级政府出资的国有独资及国有控股企业，包括所属各级独资、控股的子企业。全市各级政府、有关部门或机构作为实际控制人的企业，参照本实施意见执行。

本实施意见所称工资总额，是指由企业在一个会计年度内直接支付给与本企业建立劳动关系的全部职工的劳动报酬总额，包括工资、奖金、津贴、补贴、加班加点工资、特殊情况下支付的工资等。

劳动生产率指标一般以人均增加值、人均利润为主,根据国有企业功能性质和市场对标信息,结合国有企业实际情况,可选取人均营业收入、人均工作量、人工成本利润率等指标。

市管国有企业和市级部门管理国有企业,所参照的城镇单位就业人员平均工资按照全国城镇单位就业人员平均工资标准执行。区县管理国有企业按照单位所在地城镇单位就业人员平均工资标准执行,最高不得超过全国城镇单位就业人员平均工资标准。

四川省人民政府关于改革国有企业工资决定机制的实施意见

(2018年12月29日 川府发〔2018〕49号)

各市(州)、县(市、区)人民政府,省政府各部门、各直属机构:

国有企业工资决定机制改革是完善国有企业现代企业制度的重要内容,是深化收入分配制度改革的重要任务,事关国有企业健康发展,事关国有企业职工切身利益,事关收入分配合理有序。为切实做好国有企业工资决定机制改革工作,完善国有企业收入分配制度,根据《国务院关于改革国有企业工资决定机制的意见》(国发〔2018〕16号)和国家有关收入分配政策,结合我省实际,提出如下实施意见。

一、总体要求

(一)目标任务。以习近平新时代中国特色社会主义思想为指导,全面贯彻党的十九大和十九届二中、三中全会精神,深入学习贯彻习近平总书记对四川工作系列重要指示精神,全面落实省委十一届三次、四次全会部署,按照深化国有企业改革、完善国有资产管理体制和坚持按劳分配原则、完善按要素分配体制机制的要求,以增强国有企业活力、提升国有企业效率为中心,建立健全与劳动力市场基本适应、与国有企业经济效益和劳动生产率挂钩的工资决定和正常增长机制,完善国有企业工资分配监管体制,充分调动国有企业职工的积极性、主动性、创造性,进一步激发国有企业创造力和提高市场竞争力,推动全省国有企业高质量发展,促进收入分配更合理、更有序,为治蜀兴川再上新台阶作出积极贡献。

(二)基本原则。

——坚持建立中国特色现代国有企业制度改革方向。遵循市场经济规律和企业发展规律,坚持所有权和经营权相分离,进一步确立国有企业的市场主体地位,发挥企业党委(党组)领导作用,依法落实董事会的工资分配管理权,着眼既有利于规范企业管理和约束违法违纪行为,又进一步激励企业竞争活力、增强企业内生动力,完善既符合企业一般规律又体现国有企业特点的工资分配机制,促进国有企业持续健康发展。

——坚持效益导向与维护公平相统一。国有企业工资分配要以激发各类人员积极性为出发点,切实做到既有激励又有约束、既讲效率又讲公平。坚持按劳分配和同工同酬原则,健全国有企业职工工资与经济效益同向联动、能增能减的机制,在经济效益增长和劳动生产率提高的同时实现劳动报酬同步提高。按照"提低、扩中、限高"的要求,统筹处理好不同行业、不同企业和企业内部不同职工之间的工资分配关系,调节过高收入。

——坚持市场决定与政府监管相结合。充分发挥市场在国有企业工资分配中的决定性作用,推动企业工资总额由"政府核定"向"市场决定"转变,实现职工工资水平与劳动力市场价位相适应、与增强企业市场竞争力相匹配。更好发挥政府对国有企业工资分配的宏观调控和指导作用,改进和加强事前引导和事后监督,规范工资分配秩序。

——坚持分类分级管理。按照简政放权、放管结合、优化服务的总体要求,根据不同国有企业功能性质定位、行业特点和法人治理结构完善程度,实行工资总额分类管理,提升管理的科学性和有效性。按照企业国有资产产权隶属关系,健全工资分配分级监管体制,落实各级政府职能部门、履行出资人职责机构(或其他企业主管部门,下同)和企业的分级监管责任。

二、改革工资总额决定机制

(三)改革工资总额确定办法。按照国家和我省工资收入分配政策要求，根据企业发展战略和薪酬策略、年度生产经营目标和经济效益，综合考虑劳动生产率提高和人工成本投入产出率、职工工资水平市场对标等情况，结合人力资源社会保障部门发布的工资指导线，合理确定年度工资总额。

（四）完善工资与效益联动机制。坚持把经济效益作为决定工资分配的核心因素，按照"效益增工资增、效益降工资降"的同向联动原则，合理确定企业年度工资总额增长或下降幅度。

企业经济效益增长的，当年工资总额增长幅度可在不超过经济效益增长幅度范围内确定。其中，当年劳动生产率未提高、上年人工成本投入产出率低于行业平均水平或者上年职工平均工资达到全国城镇单位就业人员平均工资3倍以上的，当年工资总额增长幅度应低于同期经济效益增长幅度；对主业不处于充分竞争行业和领域的企业，上年职工平均工资达到人力资源社会保障部门规定的调控水平及以上的，当年工资总额增长幅度应低于同期经济效益增长幅度，且职工平均工资增长幅度不得超过人力资源社会保障部门规定的工资增长调控目标。

企业经济效益下降的，除受政策调整等非经营性因素影响外，当年工资总额原则上相应下降。其中，当年劳动生产率未下降、上年人工成本投入产出率高于行业平均水平20%或者上年职工平均工资低于全国城镇单位就业人员平均工资70%的，当年工资总额可适当少降。

企业未实现国有资产保值增值的，工资总额不得增长，或者适度下降。

企业按照工资与效益联动机制确定工资总额，原则上增人不增工资总额、减人不减工资总额，但发生兼并重组、新设企业或机构等情况的，可以合理增加或者减少工资总额。

（五）分类确定工资效益联动指标。根据企业功能性质定位、行业特点，科学设置联动指标，合理确定考核目标，突出不同考核重点。工资效益联动指标一般不超过5个。

商业类竞争性国有企业，应主要选取利润总额（或净利润）、经济增加值、净资产收益率等反映经济效益、国有资本保值增值和市场竞争能力的指标。劳动生产率指标主要选取人均利润、人均经济增加值（或人均增加值）等指标；人工成本投入产出率指标选取人工成本利润率指标。

商业类功能性国有企业，在主要选取反映经济效益和国有资本保值增值指标的同时，可根据实际情况增加营业收入、任务完成率等体现服务我省经济社会发展战略、保障国家安全和国民经济运行、发展前瞻性战略性产业以及完成特殊任务等情况的指标。劳动生产率指标主要选取人均利润、人均工作量等指标；人工成本投入产出率指标主要选取人工成本利润率、人事费用率等指标。

公益类国有企业，应主要选取反映成本控制、产品服务质量、营运效率和保障能力等情况的指标，兼顾体现经济效益和国有资本保值增值的指标。劳动生产率指标主要选取人均营业收入、人均主营业务工作量等指标；人工成本投入产出率指标主要选取人工成本利润率、人事费用率等指标。

金融类国有企业，属于开发性、政策性的，应主要选取体现服务国家战略和风险控制的指标，兼顾反映经济效益的指标；属于商业性的，主要选取反映经济效益、资产质量和偿付能力的指标。劳动生产率指标选取人均利润指标；人工成本投入产出率指标选取人工成本利润率指标；风险控制指标主要选取资本充足率、不良贷款率、拨备覆盖率、案件风险率、杠杆率等指标。

文化类国有企业，应同时选取反映社会效益和经济效益、国有资本保值增值的指标。其中，社会效益指标主要选取任务完成率或体现企业社会贡献、社会影响等方面的指标；经济效益指标主要选取营业收入、利润总额等指标。劳动生产率指标主要选取人均利润、人均营业收入等指标；人工成本投入产出率指标主要选取人工成本利润率、人事费用率等指标。

未分类的国有企业，参照商业类竞争性国有企业选取工资效益联动指标。

三、改革工资总额管理方式

（六）全面实行工资总额预算管理。国有企业应建立工资总额预算管理体系，将工资总额预算管理纳入企业全面预算管理并同步开展。工资总额预算方案由国有企业自主编制，按规定履行内部决策程序后，根据企业功能性质定位、行业特点并结合法人治理结构完善程度，分别报履行出资人职责机构备案或核准后执行。

对竞争Ⅰ型国有企业工资总额预算全部实行备案制。竞争Ⅱ型国有企业工资总额预算原则上实行备案制，其中，未建立规范董事会、法人治理结构不完善、内控机制不健全的企业，经履行出资人职责机构认定，其工资总额预算可实行核准制。

对商业类功能性、公益类、金融类、文化类国有企业，工资总额预算原则上实行核准制。其中，已建立规范董事会、法人治理结构完善、内控机制健全的企业，经履行出资人职责机构同意，其工资总额预算可实行备案制。

对未分类的国有企业，工资总额预算一律实行核准制。

实行备案制管理的企业，如果出现工资总额预算管理不规范或工资分配存在重大违纪违规行为，履行出资人职责机构可将其工资总额预算调整为核准制管理；实行核准制管理的企业，如果近三年工资总额预算管理规范、工资分配未发生重大违纪违规行为，履行出资人职责机构可将其工资总额预算调整为备案制管理。

（七）规范工资总额预算方案编制范围。企业年度工资总额预算方案编制范围原则上应与上年度财务决算合并报表范围一致，包括企业集团本级的工资总额预算方案编制和纳入合并报表范围内所属各级全资、控股子企业的工资总额预算方案编制。企业应按照分级编制、逐级汇总的原则，依据企业国有资产产权隶属关系，以企业法人为单位，层层组织做好工资总额预算方案编制工作。企业集团负责审核汇总所属子企业年度工资总额预算，报送履行出资人职责机构审核或备案。

（八）严格核定工资总额预算基数。已实行工资总额预算管理的国有企业，工资总额预算基数以履行出资人职责机构或企业主管部门清算确定的上年度工资总额为基数。未实行工资总额预算管理的企业，初始工资总额预算基数原则上以上年度企业应发工资总额为基数或主管部门的核定数为基数；对上年实发工资总额低于前三年平均数的（剔除因企业或项目关闭退出、规模性减少人员而减少工资总额等影响因素），可以前三年实发工资总额的平均数为基数，以后年度的工资总额预算基数以履行出资人职责机构（或企业主管部门）清算确定的工资总额为基数。对于新组建企业，可按照同级同类国有企业职工平均工资和实有职工人数合理确定工资总额预算基数。

改革后首次确定工资总额预算基数时，对个别国有企业工资总额增长幅度与经济效益增长幅度不匹配不合理的部分或违规发放部分，应予以相应调整或剔除。

（九）合理确定工资总额预算周期。国有企业工资总额预算一般按年度进行管理。对行业周期性特征明显、经济效益年度间波动较大的国有企业，或者处于筹建期、初创期、战略调整期、快速扩张期的企业，或者存在重组改制等其他特殊情况的企业，经履行出资人职责机构同意，工资总额预算可探索按周期进行管理，周期最长不超过三年，周期内的工资总额增长应符合工资与效益联动的要求。

（十）强化工资总额预算执行。国有企业应严格执行经备案或核准的工资总额预算方案。执行过程中，因企业外部环境或自身生产经营等编制预算时所依据的情况发生重大变化，需要调整工资总额预算方案的，应按规定程序进行调整。

履行出资人职责机构应加强对所监管企业执行工资总额预算情况的

动态监控和指导,并对预算执行结果进行清算。

四、完善企业内部工资分配管理

(十一)完善企业内部工资总额管理制度。国有企业在经备案或核准的工资总额预算内,依法依规自主决定内部工资分配。企业应建立健全内部工资总额管理办法,根据所属企业功能性质定位、行业特点和生产经营等情况,指导所属企业科学编制工资总额预算方案,逐级落实预算执行责任,做好工资总额清算和确认工作。企业应建立预算执行情况动态监控机制,对所属企业工资总额和工资分配进行监督管理,确保实现工资总额预算目标。

企业集团应按照履行出资人职责机构要求完善总部工资总额管理办法,合理确定总部工资总额预算,加强对总部工资总额和工资水平的调控,其职工平均工资增长幅度原则上应低于本企业全部职工平均工资增长幅度。

国有企业应积极对标同行业或企业先进做法,探索创新内部工资总额管理机制,完善不同行业、不同发展阶段子企业的工资分配制度,理顺企业内部收入分配关系。

(十二)深化企业内部分配制度改革。国有企业要统筹考虑以具有竞争力的薪酬水平吸引和留住人才、提高劳动生产率、提升员工满意度、控制人工成本等因素,科学制定与企业发展战略相适应的薪酬策略。应建立健全以岗位工资为主的基本工资制度,以岗位价值为依据,以业绩为导向,参照劳动力市场工资价位并结合企业经济效益,通过集体协商等形式合理确定不同岗位的工资水平,向关键岗位、生产一线岗位和紧缺急需的高层次、高技能人才倾斜,合理拉开工资分配差距,调整不合理过高收入。建立员工薪酬市场对标和动态调整机制,有效确保核心骨干员工薪酬的市场竞争力。加强全员绩效考核,使职工工资收入与其工作业绩和实际贡献紧密挂钩,切实做到考核科学合理、分配公平公正、工资能增能减。

国有企业应完善中长期激励机制。推进市场化程度高的竞争性企业、高科技企业、战略性新兴产业建立并完善中长期激励机制；支持国有资本投资、运营公司及承担城市公共服务或基础设施建设职能的公司探索多种形式的中长期激励机制。积极实施"人才强企"战略，落实以增加知识价值为导向的分配政策，构建体现智力劳动价值的薪酬体系和收入增长机制。完善科研人员收入与科技成果、创新绩效挂钩的奖励制度，提高研发团队及重要贡献人员分享科技成果转化转让净收益的比例，鼓励科技型企业开展股权期权和分红激励。对行业领军人才、高端特聘人才、核心研发人员，以及新招录的高层次和硕士以上人才，探索实行利润分享、项目分红、岗位分红等市场化薪酬制度。

国有企业应健全完善人工成本调控管理体系。应结合企业自身实际，严格控制人工成本不合理增长，增强企业发展的协调性和可持续性。加强职工福利项目和费用管理，不得超标准列支，严禁违规发放。企业经济效益下降的，福利性项目不得增加、水平不得增长；出现亏损的，应缩减福利性项目。

（十三）规范企业工资列支渠道。国有企业应调整优化工资收入结构，净化工资发放渠道，逐步实现职工收入工资化、工资货币化、发放透明化。严格清理规范工资外收入，将各种奖金、津贴、补贴等所有工资性收入一律纳入工资总额管理，不得在工资总额之外以其他形式列支任何工资性支出。

五、健全工资分配监管体制机制

（十四）加强和改进政府对国有企业工资分配的宏观指导和调控监督。人力资源社会保障部门负责建立省、市两级企业薪酬调查和信息发布制度，定期发布不同职业的劳动力市场工资价位和行业人工成本信息；会同财政、国资监管等部门完善工资指导线制度，定期制定和发布工资指导线、非竞争类国有企业职工平均工资调控水平和工资增长调控目标。人力资源社会保障厅会同财政厅、省国资委等部门负责制定四川省国有企业工资内外收入监督检查实施办法、工资总额预算执行情况报送办法、工资分配信息公开办法等相关配套规定，对全省国有企业工资分配进行宏观指导和调控监督，改进和加强事前引导、事后监督。

（十五）落实履行出资人职责机构的国有企业工资分配监管职责。履行出资人职责机构负责做好所监管企业工资总额预算方案的备案或核准工作，加强对监管企业工资总额预算执行情况的动态监控和执行结果的清算，按照人力资源社会保障部门关于工资总额预算执行情况的报送规定，每年6月底前将所监管企业上年度工资总额预算执行情况报同级人力资源社会保障部门，由人力资源社会保障部门汇总报告同级人民政府。同时，履行出资人职责机构可按规定将有关情况直接报告同级人民政府。

（十六）完善国有企业工资分配内部监督机制。国有企业应完善法人治理结构，健全内控机制，加强自律建设，规范董事会、监事会的运行。董事会应依照法定程序决定工资分配事项，加强对工资分配决议执行情况的监督。落实企业监事会和工会对工资分配的监督责任，加强对企业集团本部及所属子企业工资分配的监督，督促企业改进完善工资分配制度。国有企业应按照人力资源社会保障部门关于工资总额预算执行情况的报送规定，按时报送工资总额执行结果备案材料，自觉接受政府职能部门和履行出资人职责机构的监管，将职工工资收入分配情况作为厂务公开的重要内容，在企业公告栏，定期向职工公开，接受职工监督。

（十七）建立国有企业工资分配信息公开制度。履行出资人职责机构、国有企业要按照人力资源社会保障部门关于国有企业工资分配信息公开的规定，每年10月底前将工资总额清算结果和企业上年度应付职工工资总额、职工平均工资水平及增长幅度等信息，在本机构、本企业官方网站向社会如实披露，接受社会公众监督。

（十八）健全国有企业工资内外收入监督检查制度。各级审计部门应加强国有企业工资收入分配政策及执行情况的审计。各级人力资源社会保障部门会同财政、国资监管等部门，定期对国有企业执行国家和我省工资收入分配政策情况开展监督检查，严肃查处违规发放工资、滥发工资外收入等行为。加强与出资人监管和审计、税务、纪检监察、巡视等监督的协同，建立工作会商和资源共享机制，提高监督效能，形成监督合力。

对企业存在超提、超发工资总额及其他违规行为的，扣回违规发放的工资总额，同额度核减企业下一年度工资总额预算基数，并视违规情形对企业负责人和相关责任人员依照有关规定给予经济处罚和纪律处分；构成犯罪的，由司法机关依法追究刑事责任。企业超提、超发及违规列支金额超过清算可发工资总额5%（含）以上10%以内的，扣罚企业主要负责人和分管负责人10%的绩效年薪；企业超提超发及违规列支金额在10%（含）以上的，同比例扣罚企业主要负责人和分管负责人的绩效年薪。

六、做好组织实施工作

（十九）加强组织领导。国有企业工资决定机制改革是一项涉及面广、政策性强的工作，各地各有关部门（单位）要高度重视，统一思想认识，以高度的政治责任感和历史使命感，切实加强对改革工作的领导，做好统筹协调，细化目标任务，明确责任分工，强化督促检查，认真抓好贯彻落实，及时研究解决改革中出现的问题，推动改革顺利进行。

（二十）统筹推进改革。各级人力资源社会保障部门具体负责牵头抓好贯彻落实工作，会同财政、国资监管等部门（单位）和工会共同做好改革工作。各级履行出资人职责机构要根据本实施意见，抓紧制定所监管企业的具体改革实施办法，由同级人力资源社会保障部门会同财政部门审核后实施。其中，省本级履行出资人职责机构应于2019年3月底前报送改革实施办法，各市（州）、县（市、区）履行出资人职责机构应尽快制定并报送改革实施办法。国有企业要自觉树立大局观念，认真执行改革规定，抓紧制定本企业工资总额预算管理办法报履行出资人职责机构审核后实施，确保改革政策落地落实。要加强舆论宣传和政策解读，引导全社会正确理解和支持改革，营造良好社会环境。

（二十一）适用范围。本实施意见适用于我省各级政府代表国家履行出资人职责的国有独资及国有控股企业，各级党委和政府有关部门、人民团体、事业单位所管理的国有独资及国有控股企业。各级有关部门或机构作为实际控制人的企业，参照本实施意见执行。

本实施意见所称工资总额，是指由企业在一个会计年度内直接支付给与本企业建立劳动关系的全部职工的劳动报酬总额，包括工资、奖金、津贴、补贴、加班加点工资、特殊情况下支付的工资等。按月按标准发放或支付的住房补贴、交通补贴、通讯补贴以及节日补助等货币化发放都应当纳入工资总额管理。

本实施意见自2019年1月1日起实施。我省现行国有企业工资管理规定，凡与本实施意见不一致的，按本实施意见执行。本实施意见由人力资源社会保障厅负责解释。

担负国家国有企业改革试点任务企业的工资管理，有特殊规定的，可一并执行。

贵州省人民政府关于改革国有企业工资决定机制的实施意见

(2019年1月9日 黔府发〔2019〕1号)

各市、自治州人民政府，贵安新区管委会，各县（市、区、特区）人民政府，省政府各部门、各直属机构：

为贯彻落实《国务院关于改革国有企业工资决定机制的意见》（国发〔2018〕16号）精神，进一步深化全省国有企业工资决定机制改革，结合我省实际，现提出如下实施意见。

一、总体要求

（一）指导思想。以习近平新时代中国特色社会主义思想为指导，全面贯彻党的十九大精神和习近平总书记对贵州工作的重要指示批示精神，牢记嘱托，感恩奋进，统筹推进"五位一体"总体布局和协调推进"四个全面"战略布局。坚持以人民为中心的发展思想，牢固树立和贯彻落实新发展理念，紧紧围绕省委、省政府关于进一步深化国有企业改革的要求和部署，按照深化国有企业改革、完善国有资产管理体制和坚持按劳分配原则、完善按要素分配体制机制的要求，从贵州实际出发，围绕全省脱贫攻坚、同步小康大局，充分发挥国有企业在推进三大战略行动中的作用。以增强国有企业活力、提升国有企业效率为中心，建立健全与劳动力市场基本适应、与国有企业经济效益和劳动生产率挂钩的工资决定和正常增长机制，充分发挥工资的激励约束作用，完善国有企业工资分配监管体制，充分调动国有企业职工的积极性、主动性、创造性，进一步激发国有企业创造力和竞争力，推动国有资本做强做优做大，促进收入分配更合理、更有序，为贵州经济社会发展做出积极贡献。

（二）基本原则

——坚持建立中国特色现代国有企业制度改革方向。坚持所有权和经营权相分离，进一步确立国有企业的市场主体地位，发挥企业党委（党组）领导作用，依法落实董事会的工资分配管理权，完善既符合企业一般规律又体现国有企业特点的工资分配机制，促进国有企业持续健康发展。

——坚持效益导向与维护公平相统一。国有企业工资分配要切实做到既有激励又有约束、既讲效率又讲公平。坚持按劳分配原则，健全国有企业职工工资与经济效益同向联动、能增能减的机制，在经济效益增长和劳动生产率提高的同时实现劳动报酬同步提高。统筹处理好不同行业、不同企业和企业内部不同职工之间的工资分配关系，调节过高收入。

——坚持市场决定与政府监管相结合。充分发挥市场在国有企业工资分配中的决定性作用，实现职工工资水平与劳动力市场价位相适应、与增强企业市场竞争力相匹配。更好发挥政府对国有企业工资分配的宏观指导和调控作用，改进和加强事前引导和事后监督，规范工资分配秩序。

——坚持分类分级管理。根据不同国有企业功能性质定位、行业特点和法人治理结构完善程度，实行工资总额分类管理，提升管理科学性和有效性。按照企业国有资产产权隶属关系，健全工资分配分级监管体制，落实各级政府职能部门和履行出资人职责机构（或其他企业主管部门，下同）的分级监管责任。

（三）适用范围。本实施意见适用于全省各级政府部门或机构代表国家履行出资人职责的国有独资及国有控股企业，包括企业本部及其所出资的各级独资、控股的子企业。其他各级党委和政府有关部门、人民团体、事业单位所管理的国有独资及国有控股企业，依照本意见执行。

各级党委和政府有关部门、人民团体、事业单位作为实际控制人的企业，参照本意见执行。

本实施意见将我省国有企业划分为商业类企业、公益类企业、金融类企业和文化类企业。履行出资人职责机构根据企业功能性质、行业特点等，对所监管企业进行功能界定和分类，报省改革国有企业工资决定机制工作领导小组办公室备案。

二、改革工资总额决定机制

（四）改革工资总额确定办法。按照国家和我省工资收入分配宏观政策要求，根据企业发展战略和薪酬策略、年度生产经营目标和经济效益，综合考虑劳动生产率提高和人工成本投入产出率、职工工资水平市场对标等情况，结合省级人力资源社会保障部门发布的工资指导线，合理确定年度工资总额。

本实施意见所称工资总额，是指由企业在一个会计年度内直接支付给与本企业建立劳动关系的全部职工的劳动报酬总额，包括工资、奖金、津贴、补贴、加班加点工资、特殊情况下支付的工资等。企业负责人薪酬列入工资总额中计算，在工资总额中单列管理。

（五）分类确定工资效益联动指标。履行出资人职责机构根据国有企业功能性质定位、行业特点，科学设置联动指标，合理确定考核目标，突出不同考核重点。联动指标原则上选取2~3个，一般不超过4个，其中经济效益指标原则上选取1~2个。

商业类企业。主业处于充分竞争行业和领域的商业类企业，应主要选取反映经济效益、国有资本保值增值和市场竞争能力的指标，可选取利润总额（或净利润）、经济增加值、净资产收益率、国有资本保值增值率、人均利润总额（或人均净利润）、人均经济增加值、人工成本利润率等。主业处于关系国家安全、国民经济命脉的重要行业和关键领域、主要承担重大专项任务的商业类企业，在主要选取反映经济效益和国有资本保值增值指标的同时，可根据实际情况增加营业收入、任务完成率等体现服务国家战略、保障国家安全和国民经济运行、发展前瞻性战略性产业以及完成特殊任务等情况的指标,可选取利润总额(或净利润)、国有资本保值增值率、营业收入、主营业务工作量、人均利润、人均工作量、人工成本利润率、人事费用率等。

公益类企业。应主要选取反映成本控制、产品服务质量、运营效率和保障能力等情况的指标,兼顾体现经济效益和国有资本保值增值的指标,可选取营业收入、利润总额、国有资本保值增值率、成本费用利润率、人均营业收入、人均利润、人均主营业务工作量、人事费用率、主营业务工作量、任务完成率等。

金融类企业。属于开发性、政策性的金融类企业,应主要选取体现服务国家战略和风险控制的指标,兼顾经济效益指标,可选取资本充足率、不良贷款率、拨备覆盖率、案件风险率、杠杆率、利润总额(或净利润)、净资产收益率等。属于商业性金融类企业,应主要选取反映经济效益、资产质量和偿付能力的指标,可选取利润总额(或净利润)、净资产收益率、人均利润、人工成本利润率等。

文化类企业。把社会效益放在首位,应同时选取反映社会效益、经济效益、国有资本保值增值的指标,可选取文化任务完成率等体现社会贡献的文化创作生产和服务、受众反应、社会影响指标(如原创文化产品、演出场次、重大出版计划完成率、再版率、文化产品获奖等)、利润总额、营业收入、国有资本保值增值率、人均利润、人均营业收入等。

(六)完善工资与效益联动机制。按照"效益增工资增、效益降工资降"的同向联动原则,建立完善工资与效益指标联动机制。根据企业年度国有资产保值增值情况、经济效益情况等,合理确定企业年度工资总额增长或下降幅度。

企业经济效益增长的,当年工资总额增长幅度可在不超过经济效益增长幅度范围内确定。其中,当年劳动生产率未提高或者上年人工成本投入产出率低于行业平均水平或者主业处于充分竞争行业和领域的商业类企业上年职工平均工资达到全国城镇单位就业人员年平均工资 3 倍（含）以上的、其他企业上年职工平均工资达到全国城镇单位就业人员年平均工资 2.5 倍（含）以上的，当年工资总额增幅在不超过经济效益增幅的 70% 内确定，且职工平均工资增幅最高不得超过省人力资源社会保障部门发布的工资指导线基准线。

企业经济效益下降的，除受政策调整等非经营性因素影响外，当年工资总额原则上相应下降。其中，当年劳动生产率未下降或者上年人工成本投入产出率明显优于行业平均水平或者企业上年职工平均工资低于全国城镇单位就业人员平均工资 70%（不含）以下的，当年工资总额可适当少降。

企业未实现国有资产保值增值的，工资总额不得增长，或者适度下降。其中，国有资产保值增值率未达到 90% 的，当年工资总额降幅不低于 5%。

企业按照工资与效益联动机制确定工资总额，原则上增人不增工资总额、减人不减工资总额，但因兼并重组、关闭退出、新设企业或机构等情况，引起规模性增加或减少人员的，经履行出资人职责机构认定后，可以合理增加或者减少工资总额。

三、改革工资总额管理方式

（七）全面实行工资总额预算管理。全省国有企业工资总额实行预算管理，采用备案制或核准制。工资总额预算方案原则上按上年度财务决算合并报表数据，由企业自主编制，按规定履行内部决策程序后，根据企业功能性质定位、行业特点并结合法人治理结构完善程度，于每年 5 月 31 日前报履行出资人职责机构备案或核准。

对主业处于充分竞争行业和领域的商业类企业，工资总额预算原则上实行备案制。其中，未建立规范董事会、法人治理结构不完善、内控机制不健全、近三年工资分配出现重大违纪违规行为的企业，经履行出资人职责机构认定，其工资总额预算应实行核准制。

对其他国有企业，工资总额预算原则上实行核准制。其中，已建立规范董事会、法人治理结构完善、内控机制健全、收入分配管理规范的企业，经履行出资人职责机构同意，其工资总额预算可实行备案制。

实行工资总额备案制管理的国有企业，如出现违反国家有关规定的，将责成企业进行整改，情节严重的，取消备案制，转为核准制。

（八）合理确定工资总额基数和经济效益预算基数。工资总额预算基数以履行出资人职责机构清算确认并剔除不合理因素后的上年度工资总额为基数。没有履行出资人职责机构清算确认上年度工资总额基数的企业，初始工资总额预算基数原则上以上年度企业实发并剔除不合理因素后工资总额为基数；也可采用前3年实际发放并剔除不合理因素后的平均工资总额为基数。对于新组建企业，可按照同级同行企业职工平均工资和实有职工人数合理确定工资总额预算基数。

经济效益预算基数原则上以上年度财务决算表反映的经济效益指标完成值或前3年平均效益指标值为基数。经济效益预算指标目标值的确定，要按照效益持续改善向好且具有一定挑战性和行业可比性的价值导向，结合企业与履行出资人职责机构约定的效益指标值合理确定。劳动生产率、人工成本投入产出率指标应与相同行业、相同年度的劳动生产率、人工成本投入产出率指标进行对标。对缺少行业对标主体的，应选取同功能性质企业或具有较强可比性的竞争类行业（企业）对标。

（九）统筹考虑工资总额确定的其他因素。履行出资人职责机构在工资总额核定中统筹考虑企业引进高层次人才、高技能人才、特殊人才、职业经理人和技术要素转化等因素。

（十）合理确定工资总额预算管理周期。国有企业工资总额预算一般按年度进行管理。对行业周期性特征明显、经济效益年度间波动较大或者存在其他特殊情况的企业，工资总额预算可探索按周期进行管理，周期最长不超过3年，周期内的工资总额增长应符合工资与效益联动的要求。

（十一）强化工资总额预算执行。国有企业应严格执行经备案或核准的工资总额预算方案，并与经营业绩考核结果联动。执行过程中，因政策性因素、企业外部环境或自身生产经营等编制预算时所依据的情况发生重大变化，需要调整工资总额预算方案的，原则上要求每年10月31日前报履行出资人职责机构备案或核准。履行出资人职责机构应加强对所监管企业执行工资总额预算情况的动态监控和指导，并对预算执行结果进行清算。

四、完善企业内部工资分配管理

（十二）建立健全企业内部工资总额管理制度。国有企业在经备案或核准的工资总额预算内，依法依规自主决定内部工资分配。企业应建立健全内部工资总额管理制度，根据所属企业功能性质定位、行业特点和生产经营等情况，指导所属企业科学编制工资总额预算方案，加强工资预算执行情况的动态监控，确保实现工资总额预算目标。企业集团应合理确定集团总部工资总额预算，其职工平均工资增长幅度原则上应低于本企业全部职工平均工资增长幅度。

（十三）深化企业内部分配制度改革。国有企业应建立健全以岗位工资为主的基本工资制度，以岗位价值为依据，以业绩为导向，参照劳动力市场工资价位并结合企业经济效益，通过集体协商等形式合理确定不同岗位的工资水平，向关键岗位、生产一线岗位和紧缺急需岗位的高层次、高技能人才倾斜，合理拉开工资分配差距，调整不合理过高收入。加强全员业绩考核，使职工工资收入与其工作业绩和实际贡献紧密挂钩，切实做到能增能减。

（十四）规范企业工资列支渠道。国有企业应调整优化工资收入结构，逐步实现职工收入工资化、工资货币化、发放透明化。严格清理规范工资外收入，将所有工资性收入一律纳入工资总额管理，不得在工资总额之外以其他形式列支任何工资性支出。

五、健全工资分配监管体制机制

（十五）加强和改进政府对国有企业工资分配的宏观指导和调控。人力资源社会保障部门负责建立企业薪酬调查和信息发布制度，定期发布不同职业的劳动力市场工资价位和行业人工成本信息，会同财政、国资监管等部门完善工资指导线制度，定期制定和发布工资指导线、非竞争类国有企业职工平均工资调控水平和工资增长调控目标。

（十六）落实履行出资人职责机构的国有企业工资分配监管职责。履行出资人职责机构负责做好所监管企业工资总额预算方案的备案或核准工作，加强对所监管企业工资总额预算执行情况的动态监控和执行结果的清算，并按年度将所监管企业工资总额预算执行情况报同级人力资源社会保障部门，由人力资源社会保障部门汇总报告同级人民政府。同时，履行出资人职责机构可按规定将有关情况直接报告同级人民政府。

（十七）完善国有企业工资分配内部监督机制。国有企业应完善法人治理结构，健全内控机制，依照法定程序决定工资分配事项，加强对工资分配决议执行情况的监督。将职工工资收入分配情况作为厂务公开的重要内容，定期向职工公开，接受职工监督。向履行出资人职责机构报送工资总额预算管理有关材料，接受政府职能部门和履行出资人职责机构的监管。

（十八）建立国有企业工资分配信息公开制度。履行出资人职责机构、国有企业应于每年9月30日前通过公开渠道向社会如实披露企业上年度职工工资总额、职工平均工资水平等相关信息，接受社会公众监督。

（十九）健全国有企业工资内外收入监督检查制度。人力资源社会保障部门会同财政、国资监管、审计等部门，对国有企业执行国家和我省工资收入分配政策情况开展监督检查，及时查处违规发放工资、滥发工资外收入等行为。加强与出资人监管和审计、税务、纪检监察、巡视等监督的协同，建立工作会商和资源共享机制，提高监督效能，形成监督合力。

对企业存在超提、超发工资总额及其他违规行为的，扣回违规发放的工资总额，并视违规情形对企业负责人和相关责任人员依照有关规定给予经济处罚和纪律处分；构成犯罪的，由司法机关依法追究刑事责任。

六、组织实施

（二十）加强组织领导。国有企业工资决定机制改革是一项涉及面广、政策性强的工作，各地、各有关部门要统一思想认识，以高度的政治责任感和历史使命感，切实加强对改革工作的领导，做好统筹协调，细化目标任务，明确责任分工，落实部门责任、健全工作机制、强化督促检查，及时研究解决改革中出现的问题，推动改革顺利进行。

为顺利推进改革工作，成立贵州省改革国有企业工资决定机制工作领导小组。由分管副省长任组长，成员单位分别为省人力资源社会保障厅、省委宣传部、省财政厅、省国资委、省统计局、省总工会，领导小组办公室设在省人力资源社会保障厅。省人力资源社会保障厅牵头国有企业工资决定机制改革工作，督促各部门落实改革要求，统筹协调解决改革中的重点和难点问题；省委宣传部、省财政厅、省国资委作为主要出资人职责机构制定所属监管企业具体实施办法，并进行宣传、指导、监督检查；省统计局、省总工会配合做好相关工作。

各级人力资源社会保障、宣传、财政、国资监管、统计等部门和工会要各司其职，密切配合，共同做好改革工作，形成推进改革的合力。

（二十一）统筹推进改革工作。各市（州）人民政府、贵安新区管委会、省直管试点县（市）人民政府要根据本实施意见，结合实际制定改革国有企业工资决定机制的实施办法，认真抓好贯彻落实。省直履行出资人职责机构要抓紧制定所监管企业的改革实施办法，报省人力资源社会保障厅会同省财政厅审核后实施。

（二十二）做好宣传引导。各级各部门要加强舆论宣传和政策解读，引导全社会特别是国有企业职工正确理解和支持改革，营造改革的良好社会环境。全省国有企业要自觉树立大局观念，认真执行国家有关改革规定，确保改革政策得到落实。

本实施意见自2019年1月1日起实施。我省现行国有企业工资管理规定，凡与本意见不一致的，按本意见执行。

云南省人民政府关于改革国有企业工资决定机制的实施意见

(2018年12月3日 云政发〔2018〕68号)

各州、市、县、区人民政府,省直各委、办、厅、局:

为贯彻落实《国务院关于改革国有企业工资决定机制的意见》(国发〔2018〕16号)精神,进一步深化国有企业收入分配制度改革,推动国有企业建立健全与劳动力市场和现代企业制度相适应的工资决定机制,规范工资分配秩序,增强国有企业活力,提升国有企业效率,促进国有企业持续健康发展,结合我省实际,现就改革国有企业工资决定机制提出以下意见:

一、总体要求

(一)指导思想

以习近平新时代中国特色社会主义思想为指导,全面贯彻党的十九大精神,进一步贯彻落实习近平总书记对云南发展的重要指示精神,认真落实党中央、国务院决策部署,按照统筹推进"五位一体"总体布局和协调推进"四个全面"战略布局要求,坚持以人民为中心的发展思想,适应国有企业本质属性和我省国资国企改革进程,以增强国有企业活力、提升国有企业效率为中心,建立健全与劳动力市场基本适应、与国有企业经济效益和劳动生产率挂钩的工资决定和正常增长机制,完善国有企业工资分配监管体制,规范国有企业收入分配秩序,充分调动国有企业职工的积极性、主动性、创造性,进一步激发国有企业创新活力和提高市场竞争力,推动国有企业持续健康发展、国有资本做强做优做大,形成合理有序的收入分配格局。

(二) 基本原则

——坚持改革方向与国有企业改革相一致。坚持建立中国特色现代国有企业制度改革方向，坚持所有权和经营权相分离，进一步确立国有企业的市场主体地位，发挥企业党委（党组）领导作用，依法落实董事会的工资分配管理权，健全企业法人治理结构和内控机制，完善既符合企业一般规律又体现国有企业特点的工资分配决定机制，促进国有企业持续健康发展。

——坚持效益导向与促进公平相统一。以企业效益为导向，坚持按劳分配原则，建立健全企业工资与经济效益同向联动、能增能减的机制，在经济效益增长和劳动生产率提高的同时实现劳动报酬同步提高。统筹处理好不同行业、不同企业和企业内部不同职工之间的工资分配关系，合理调节过高收入。建立健全既有激励又有约束、既讲效率又讲公平的工资分配制度。

——坚持市场决定与政府监管相结合。遵循市场经济规律和企业发展规律，充分发挥市场在企业工资分配中的决定性作用，实现职工工资水平与劳动力市场价位相协调、与岗位价值和工作绩效相匹配。健全工资分配监管体制机制，改进和加强事前引导和事后监督，规范工资分配秩序，更好发挥政府对国有企业工资分配的宏观指导和调控作用。

——坚持分类分级管理。根据不同国有企业功能性质定位、行业特点和法人治理结构完善程度，实行工资总额分类管理。按照企业国有资产产权隶属和监管关系，健全与国资国企监管体制相对应的工资分配分级监管体制，落实各级政府职能部门和履行出资人职责机构（包括政府授权履行出资人职责机构和其他企业主管部门或单位，下同）、企业（集团）的分级监管责任。

二、适用范围

(三) 本意见适用于我省各级政府代表国家履行出资人职责的国有独资及国有控股企业，包括企业本部及所属各级独资、控股的子企业

(以下统称企业)。我省各级机关事业单位作为实际控制人的企业(包括集体企业),参照本意见执行。

(四)本意见所称工资总额,是指由企业在一个会计年度内直接支付给与本企业建立劳动关系的全部职工的劳动报酬总额,包括工资、奖金、津贴、补贴、加班加点工资、特殊情况下支付的工资等。

三、改革工资总额决定机制

(五)改革工资总额确定办法。按照国家和我省工资收入分配宏观政策要求,根据企业发展战略和薪酬策略、年度生产经营目标、经济效益和人力资源管理需求,综合考虑劳动生产率提高和人工成本投入产出率、职工工资水平市场对标和企业承受能力等情况,结合政府职能部门发布的工资指导线,合理确定年度工资总额。

(六)完善工资与效益联动机制。按照"效益增工资增、效益减工资减"的同向联动原则建立完善工资与效益联动机制。

1. 商业一类企业及主业处于充分竞争行业和领域的商业二类企业的经济效益指标应当选取利润总额(或净利润、经济增加值)。

主业不处于充分竞争行业和领域的商业二类企业的经济效益指标应当选取利润总额或营业收入。

金融类企业的经济效益指标应当选取利润总额或净利润。

公益类、文化类企业的经济效益指标应当选取营业收入(或利润总额、主营业务核心指标)。

未分类企业的经济效益指标参照商业一类企业确定。

2. 企业经济效益增长的,当年工资总额增长幅度可在不超过经济效益增长幅度范围内确定。其中,当年劳动生产率未提高、上年人工成本投入产出率低于行业平均水平或者上年职工平均工资达到全国城镇单位就业人员平均工资3倍及以上的,当年工资总额增长幅度应低于同期经济效益增长幅度;对主业不处于充分竞争行业和领域的商业二类企业,以及文化类、公益类和未分类企业,上年职工平均工资达到政府职能部门规定的调控水平及以上的，当年工资总额增长幅度应低于同期经济效益增长幅度，且职工平均工资增长幅度不得超过政府职能部门规定的工资增长调控目标。

3. 企业经济效益下降的，当年工资总额原则上相应下降。其中，当年劳动生产率未下降、上年人工成本投入产出率优于行业平均水平或者上年职工平均工资未达到全国城镇单位就业人员平均工资80%的，当年工资总额可适当少降。

4. 企业经济效益剧烈波动，导致按工资效益联动机制确定的工资总额增长幅度超过20%的，当年工资总额增长幅度原则上按照不超过20%确定；根据企业生产经营发展的特殊需要，当年工资总额增长幅度确需超过20%的，经履行出资人职责机构认定，可按照不超过30%确定。

5. 企业经济效益剧烈波动，导致按工资效益联动机制确定的工资总额下降幅度超过20%的，在企业具备工资支付能力的前提下，当年工资总额下降幅度可按照不超过20%确定。

6. 企业未实现国有资产保值增值的，工资总额不得增长，或者根据履行出资人职责机构的有关规定适度下降。其中，对亏损企业实现减亏的，当年工资总额可视减亏情况适度增长，但增长幅度原则上不应超过政府职能部门发布的工资指导线下线。

7. 核算企业经济效益的增长下降及国有资产保值增值情况时，应剔除受政策调整、承担公益性项目等非经营性因素的影响。

（七）分类确定工资效益联动指标。根据企业功能性质定位、行业特点，结合年度生产经营目标，分类确定工资效益联动指标，科学设置工资效益联动模式，合理确定考核目标和考核办法，突出不同考核重点。

1. 分类设置工资效益联动指标。

对商业一类企业及主业处于充分竞争行业和领域的商业二类企业，

应主要选取反映经济效益、国有资本保值增值和市场竞争能力的指标。

对主业不处于充分竞争行业和领域的商业二类企业,在主要选取反映经济效益和国有资本保值增值指标的同时,可根据实际情况增加营业收入、任务完成率等体现服务当地经济社会发展、发展前瞻性战略性产业、成本控制水平以及完成重大专项任务等情况的指标。

对金融类企业,属于政策性的,应主要选取体现服务国家战略和风险控制的指标,兼顾反映经济效益的指标;属于商业性的,应主要选取反映经济效益、资产质量和偿付能力的指标。

对公益类企业,应主要选取反映成本控制、产品服务质量、主营业务营运效率和保障能力等情况的指标,兼顾体现经济效益和国有资本保值增值的指标。

对文化类企业,应按照社会效益与经济效益相统一的原则,同时选取反映社会效益和经济效益、国有资本保值增值的指标。

对未分类的企业,应参照商业一类企业选取工资效益联动指标。

2. 合理选取效率指标。劳动生产率指标一般以人均增加值、人均利润为主,根据企业功能性质、特点,也可选取人均营业收入、人均工作量等指标。人工成本投入产出率一般以人工成本利润率为主,根据企业功能性质、特点,也可选取人事费用率、劳动分配率等指标。人工成本投入产出率指标应与相同行业、相同年度的对应指标进行对标。

3. 科学选取联动指标。工资效益联动指标应根据企业功能性质定位、规模大小、发展阶段、行业特点,按照少而精的原则科学选取,与企业工资挂钩联动的效益指标原则上为1~2个,最多不超过4个。

4. 稳妥设置联动关系。工资效益联动关系应严格按照工资总额随经济效益同向联动,且增长和下降的联动关系相对应、对等的原则稳妥设置,合理确定企业年度工资总额随经济效益增长或下降幅度,确保工资总额增减变化幅度相对合理、适度、平稳。

四、改革工资总额管理方式

（八）全面实行工资总额预算管理。全省国有企业全部实行工资总额预算管理，工资总额预算方案由企业根据工资收入分配宏观调控政策和企业实际自主编制，按照规定履行内部决策程序后，于每年 4 月 30 日前报履行出资人职责机构备案或核准后执行。

（九）分类确定工资总额监管方式。根据企业功能性质定位、行业特点，结合法人治理结构完善程度，由履行出资人职责机构对所监管企业工资总额预算分别实行备案制或核准制管理。

对商业一类、金融类企业，工资总额预算原则上实行备案制。其中，未建立规范董事会、法人治理结构不完善、内控机制不健全、与市场对标的业绩考核体系缺失、收入分配秩序不规范的企业，经履行出资人职责机构认定，其工资总额预算应实行核准制。

对其他企业，工资总额预算原则上实行核准制。其中，商业二类、公益类、文化类企业已建立规范董事会、法人治理结构完善、内控机制健全、建立了与市场对标的业绩考核体系、收入分配秩序规范的，经履行出资人职责机构认定，其工资总额预算可实行备案制。

（十）统一工资总额预算编制范围。企业工资总额预算编制范围，原则上应与上年度财务决算合并报表范围一致，包括企业（集团）本部的工资总额预算和所属各级全资、控股子企业的工资总额预算。企业应当按照"上下结合、分级编制、逐级汇总"的程序，根据国有资产产权隶属关系，层层组织做好工资总额预算编制工作。工资总额预算中有关利润总额、营业收入、劳动生产率、工资水平及职工人数等指标数据应与财务预算、决算编报口径保持一致。

（十一）合理确定工资总额预算指标基数。工资总额预算以履行出资人职责机构清算确定的上年度实发工资总额为基数。首次实行工资总额预算管理的企业，其初始工资总额预算原则上以经审计的上年度实发工资总额为基数。其中，受客观因素影响以上年度实发工资总额作为基数确有困难的，由履行出资人职责机构结合企业实际核定初始工资总额预算基数；新建企业由履行出资人职责机构根据同行业同类别企业在岗职工平均工资，结合企业实际核定初始工资总额预算基数。

效益联动指标预算原则上以经履行出资人职责机构考核认定的上年度效益指标值为基数，经履行出资人职责机构同意，也可以前3年平均效益指标值为基数。

工资总额预算增减额按照工资效益联动机制结合效益联动指标预算确定，原则上增人不增工资总额、减人不减工资总额，但企业发生兼并重组、新设企业或机构等情况的，经履行出资人职责机构认定，可以合理增加或减少工资总额。

（十二）合理确定工资总额预算周期。企业工资总额预算一般按年度进行管理。对行业周期性特征明显、经济效益年度间波动较大的企业，以及处于筹建期、初创期、战略调整期、快速扩张期等特殊状况的企业，经履行出资人职责机构同意，工资总额预算可探索按最长不超过3年的周期进行管理。在确定的工资总额预算周期内，企业可根据生产经营计划和人力资源管理实际需要，编制工资总额预算方案，统筹安排周期内各年度工资总额支出，但周期内的工资总额增长应符合工资与效益联动机制的要求，周期内工资总额增长幅度应与同期经济效益增长幅度相匹配。

（十三）强化工资总额预算执行。企业应严格执行经备案或核准的工资总额预算方案。在执行过程中，因企业外部环境或自身生产经营等预算编制时所依据的客观情况发生重大变化，需要调整工资总额预算方案的，应按照预算编制程序进行调整，并重新报履行出资人职责机构备案或核准。

五、完善企业内部工资分配管理

（十四）建立健全企业内部工资总额管理制度。企业在经备案或核准的工资总额预算内，依法依规自主决定内部工资分配。企业应建立健全内部工资总额管理制度，根据所属企业功能性质定位、行业特点和生产经营等情况，指导所属企业科学编制工资总额预算方案，逐级落实预算执行责任，建立预算执行情况动态监控和预警机制，确保实现工资总额预算目标。企业应积极向行业先进经验做法对标，探索创新工资总额管理机制，充分调动不同行业、不同发展阶段子企业的工资分配积极性，理顺企业内部分配关系。企业集团应合理确定集团本部工资总额预算，集团本部职工平均工资增长幅度原则上应低于本企业全部职工平均工资增长幅度。

（十五）深化企业内部分配制度改革。企业应完善既有激励又有约束、既讲效率又讲公平、既符合企业一般规律又体现国有企业特点的内部分配机制。建立健全以岗位工资为主的基本工资制度，以岗位价值为依据，参考劳动力市场工资价位并结合企业经济效益、发展战略和薪酬战略，采取集体协商等形式合理确定不同岗位的工资水平，向关键岗位、生产一线岗位和紧缺急需的高层次、高技能人才倾斜。建立健全全员绩效考核制度，加强全员绩效考核，以业绩为导向，科学评价不同职工的贡献，绩效工资分配与职工个人工作业绩和实际贡献紧密挂钩，合理拉开工资分配差距，调整不合理过高收入，切实做到分配公平公正、工资能增能减，充分调动广大职工积极性。

（十六）规范企业工资列支渠道。企业应调整优化工资收入结构，净化工资发放渠道，逐步实现职工收入工资化、工资货币化、发放透明化。严格清理规范工资外收入，将所有工资性收入一律纳入工资总额管理，不得在工资总额之外以其他形式列支任何工资性支出。

六、健全工资分配监管体制机制

（十七）加强和改进政府对企业工资分配的宏观指导和调控。人力资源社会保障部门负责建立企业薪酬调查和信息发布制度，定期发布不同职业的劳动力市场工资价位和行业人工成本信息；要会同财政、国资监管等部门完善工资指导线制度，定期制定和发布工资指导线、非竞争类企业职工平均工资调控水平和工资增长调控目标。

（十八）落实履行出资人职责机构的企业工资分配监管职责。履行出资人职责机构负责规范所监管企业的工资总额预算管理，分类指导所监管企业编制工资总额预算方案，核定所监管企业初始工资总额预算基数和初始经济效益预算基数，做好所监管企业工资总额预算方案的备案或核准工作，加强对所监管企业工资总额预算执行情况的动态监控和执行结果的清算，并于每年 6 月 30 日前将所监管企业上年度工资总额预算执行情况报同级人力资源社会保障部门备案，由人力资源社会保障部门汇总报告同级政府。

（十九）完善企业工资分配内部监督机制。企业应完善法人治理结构，健全内控机制，规范董事会、监事会的运行。董事会应依照法定程序决定工资分配事项，加强对工资分配决议执行情况的监督。落实企业监事会对工资分配的监督责任，加强对所属企业工资分配的监督检查，规范企业工资收入分配秩序。企业应按照规定报送工资总额预算执行情况备案材料，自觉接受政府职能部门和履行出资人职责机构的监督管理，并将企业负责人和职工工资收入分配情况作为厂务公开的重要内容，定期向职工公开，接受职工监督。

（二十）建立企业工资分配信息公开制度。履行出资人职责机构、企业每年 9 月 30 日前在本机构、本企业官方网站上向社会披露企业上年度工资总额和与本企业建立劳动关系的全部职工平均工资水平等信息，接受社会公众监督，无官方网站的应申请在当地政府或有关部门网站上披露有关信息。

（二十一）健全企业工资内外收入监督检查制度。人力资源社会保障部门会同财政、国资监管等部门，定期对企业执行国家和我省工资收入分配政策情况开展监督检查，及时查处违规发放工资、滥发工资外收入等行为。加强与出资人监管和审计、税务、纪检监察、巡视等监督的协同，建立工作会商和资源共享机制，提高监督效能，形成监督合力。

对企业存在虚增经营业绩套取工资总额，超提、超发工资总额及其他违规行为的，扣回违规发放的工资总额，并视违规情形对企业负责人和有关责任人员依照有关规定给予经济处罚和问责处理；构成犯罪的，由司法机关依法追究刑事责任。

七、切实抓好组织实施工作

（二十二）加强组织领导。国有企业工资决定机制改革是一项涉及面广、政策性强的工作，各地、有关部门要统一思想认识，以高度的政治责任感和历史使命感，切实加强对改革工作的领导，上下联动，部门协同，做好统筹协调，细化目标任务，明确责任分工，强化督促检查，及时研究解决改革中出现的问题，推动改革顺利进行。

（二十三）统筹推进改革。各级人力资源社会保障、财政、国资监管等部门和工会要各司其职、密切配合，形成推进改革的合力，抓紧制定配套政策，强化督促指导，统筹推进改革工作。各级履行出资人职责机构要根据本意见，结合所监管企业实际情况，抓紧制定所监管企业的具体改革实施办法，报同级人力资源社会保障部门会同财政部门审核后实施。其中，省本级履行出资人职责机构应于2018年12月20日前将具体改革实施办法报省人力资源社会保障厅，由省人力资源社会保障厅会同省财政厅审核后实施。企业应根据本意见和履行出资人职责机构制定的具体改革实施办法，结合企业实际，抓紧制定本企业工资总额预算管理制度，报履行出资人职责机构审核后实施。

（二十四）做好宣传引导工作。各地、有关部门要切实加强舆论宣传，采取多种形式，利用多种渠道做好舆论宣传和政策解读工作，引导全社会正确理解和支持改革，营造改革的良好社会环境。全省国有企业要自觉树立大局观念，认真执行国家有关改革规定，做好企业内部的政策宣传和思想引导，将各级企业负责人和广大企业职工的思想认识统一到党中央、国务院和省委、省政府的决策部署上来，确保广大职工正确理解改革，积极支持改革，确保改革政策落实落地，劳动关系和谐稳定。

（二十五）本意见自 2019 年 1 月 1 日起施行。我省现行国有企业工资管理规定，与本意见不一致的，按照本意见执行。

陕西省人民政府关于改革国有企业工资决定机制的实施意见

(2018年10月30日　陕政发〔2018〕36号)

各设区市人民政府，省人民政府各工作部门、各直属机构：

根据《国务院关于改革国有企业工资决定机制的意见》（国发〔2018〕16号）精神，为建立健全与劳动力市场基本适应、与企业经济效益和劳动生产率挂钩的工资决定机制，加强国有企业收入分配调控，增强国有企业发展活力，推动国有资本做强做优做大，现提出如下实施意见。

一、指导思想和基本原则

以习近平新时代中国特色社会主义思想为指导，围绕改革国有企业工资总额决定机制这个核心，坚持建立中国特色现代国有企业制度改革方向，坚持效益导向与维护公平相统一，坚持市场决定与政府监管相结合，坚持分类分级管理，建立健全与劳动力市场基本适应、与国有企业经济效益和劳动生产率挂钩的工资决定和正常增长机制，规范工资分配秩序，促进国有企业持续健康发展。

二、改革工资总额决定机制

（一）改革工资总额确定办法。按照国家和我省工资收入分配宏观政策要求，根据企业发展战略和薪酬策略、年度生产经营目标和经济效益，综合考虑劳动生产率提高和人工成本投入产出率、职工工资水平市场对标等情况，结合我省人力资源社会保障部门发布的工资指导线，合理确定年度工资总额。

本实施意见所称工资总额，是指由企业在一个会计年度内直接支付给与本企业建立劳动关系的全部职工的劳动报酬总额，包括工资、奖金、津贴、补贴、加班加点工资、特殊情况下支付的工资等。

（二）完善工资与效益联动机制。

1. 企业经济效益增长的，当年工资总额增长幅度可在不超过经济效益增长幅度范围内确定。

（1）当年劳动生产率未提高、上年人工成本投入产出率低于行业平均水平或者上年职工平均工资达到全国城镇单位就业人员平均工资2倍及以上的，当年工资总额增长幅度应低于同期经济效益增长幅度。

（2）主业不处于充分竞争行业和领域的企业，上年职工平均工资达到人力资源社会保障部门规定的调控水平及以上的，当年工资总额增长幅度应低于同期经济效益增长幅度，且职工平均工资增长幅度不得超过人力资源社会保障部门规定的工资增长调控目标。

2. 企业经济效益下降的，除受政策调整等非经营性因素影响外，当年工资总额原则上相应下降。

当年劳动生产率未下降、上年人工成本投入产出率明显优于行业平均水平或者上年职工平均工资低于全国城镇单位就业人员平均工资80%以下的，当年工资总额可适当少降。

3. 按照有关规定，企业未实现国有资产保值增值的，工资总额不得增长，或者适度下降。

4. 企业按照工资与效益联动机制确定工资总额，原则上增人不增工资总额、减人不减工资总额，但发生兼并重组、新设企业或机构等情况的，经履行出资人职责机构认定后，可以合理增加或者减少工资总额。

（三）分类确定工资效益联动指标。根据企业功能性质定位、行业特点和市场对标，科学设置联动指标，合理确定考核目标，突出不同考核重点。工资效益联动指标原则上为1~2个，最多不超过3个。

1. 主业处于充分竞争行业和领域的竞争类企业，工资效益联动指标应主要选取利润总额（或净利润）、经济增加值、净资产收益率、劳动生产率、营业收入、人工成本利润率等反映经济效益、国有资本保值增值和市场竞争能力的指标。

2. 主业处于关系国家安全、国民经济命脉的重要行业和关键领域、主要承担政府特定任务以及重大专项任务的功能类企业，工资效益联动指标应主要选取利润总额、营业收入、任务完成率、劳动生产率、人事费用率等反映经济效益和国有资本保值增值，并体现服务我省战略、保障国家安全和国民经济运行、发展前瞻性战略性产业以及完成特殊任务等情况的指标。

3. 主业以保障民生、服务社会、提供公共产品和服务为主的公共服务类企业，工资效益联动指标应主要选取利润总额、营业收入、任务完成率、劳动生产率、人事费用率、成本控制率等反映成本控制、服务产品质量、营运效率和保障能力等情况的指标。

4. 金融类企业，可分为政策性和商业性金融企业，工资效益联动指标应主要选取利润总额、净资产收益率、劳动生产率、人工成本利润率、风险控制（资本充足率、不良贷款率、拨备覆盖率、案件风险率、杠杆率）等反映经济效益、服务我省战略、风险控制、资产质量和偿付能力的指标。

5. 文化类企业，工资效益联动指标应主要选取利润总额、营业收入、任务完成率、劳动生产率、人事费用率等反映社会效益和经济效益、国有资本保值增值的指标。

劳动生产率指标一般以人均增加值、人均利润为主，根据企业实际情况，可选取人均营业收入、人均工作量等指标。

三、改革工资总额管理方式

（四）全面实行工资总额预算管理。企业按照国家和我省收入分配有关政策要求，自主编制工资总额预算方案，按规定履行内部决策程序后，根据企业功能性质定位、行业特点和法人治理结构完善程度，分别报履行出资人职责机构备案或核准后执行。

（五）规范工资总额预算编制范围。企业年度工资总额预算编制原则上应与上年度财务决算合并（汇总）报表一致，包括企业本级（母公司、机关本部）和所属各级全资、控股子企业。

（六）分级编制企业年度工资总额预算。企业负责编制集团本级（母公司、机关本部）年度工资总额预算，并根据子企业分类和有关规定，指导所属子企业（含分支机构）编制年度工资总额预算。企业集团公司负责审核汇总所属子企业年度工资总额预算，报送履行出资人职责机构审核或备案。

（七）合理确定企业工资总额。

1. 确定企业工资总额预算基数。原则上以履行出资人职责机构审核清算的上年度工资总额为基数。

2. 确定效益联动工资。根据效益联动工资调控线，结合劳动力市场价位及企业人工成本等因素，由企业编制年度效益联动工资。效益联动工资以工资总额预算基数为基准，根据效益联动工资调控线和调节系数确定。

（1）效益联动工资调控线。根据企业上年度在岗职工平均工资水平和效益联动机制，结合本年度企业工资指导线和上年度全省在岗职工平均工资，由履行出资人职责机构确定。

（2）效益联动工资调节系数。根据效益联动工资调控线，可以提取效益联动工资的企业，结合企业效益联动指标增长情况，确定效益联动工资调节系数。

（八）严格执行备案制和核准制。

1. 主业处于充分竞争行业和领域的竞争类企业，工资总额预算原则上实行备案制。其中，未建立规范董事会、法人治理结构不完善、内控机制不健全、近三年企业工资分配出现违纪违规行为的企业，经履行出资人职责机构认定，其工资总额预算应实行核准制。

2. 其他企业工资总额预算原则上实行核准制。其中，已建立规范董事会、法人治理结构完善、内控机制健全、工资分配管理规范等具备条件的企业，经履行出资人职责机构同意，其工资总额预算可实行备案制。

（九）合理确定工资总额预算周期。企业工资总额预算一般按年度进行管理。对行业周期性特征明显、经济效益年度间波动较大或存在其他特殊情况的企业，经履行出资人职责机构同意，工资总额预算可探索按周期进行管理，周期最长不超过三年，周期内的工资总额增长应符合工资与效益联动的要求。

（十）强化工资总额预算执行。企业要严格执行经备案或核准的工资总额预算方案。执行过程中，因企业外部环境或自身生产经营等编制预算时所依据的情况发生重大变化，需要调整工资总额预算方案的，应按规定程序进行调整。

四、完善企业内部工资分配管理

（十一）完善企业内部工资总额管理制度。企业在经备案或核准的工资总额预算内，依法依规自主决定内部工资分配。企业应积极向行业先进企业对标，探索工资总额科学管理机制，理顺企业内部收入分配关系。企业应建立健全内部工资总额管理办法，根据所属企业功能性质定位、行业特点和生产经营等情况，指导所属企业科学编制工资总额预算方案，逐级落实预算执行责任，建立预算执行情况动态监控机制，确保实现工资总额预算目标。企业集团公司应合理确定集团本部工资总额预算，集团本部职工平均工资增长幅度原则上应低于本企业全部职工平均工资增长幅度。

（十二）深化企业内部分配制度改革。

1. 企业工资分配要围绕以具有竞争力的薪酬水平吸引和留住人才、提高劳动生产率、提升职工满意度、控制成本等因素统筹考虑，寻求最优选择。

2. 企业应建立健全以岗位工资为主的基本工资制度，以岗位价值为依据，以业绩为导向，参照劳动力市场工资价位并结合企业经济效益，通过集体协商等形式合理确定不同岗位的工资水平，向关键岗位、生产一线岗位和紧缺急需的高层次、高技能人才倾斜，逐步提高关键岗位的薪酬市场竞争力，确保能够有效吸引、激励和保留人才。非核心岗位工资应逐步接轨劳动力市场工资价位。合理拉开工资分配差距，调整不合理过高收入。

3. 企业应坚持按劳分配原则，合理评价生产要素的价值贡献，统筹处理好劳动、知识、技术、管理等要素参与分配的关系，统筹管理好股票期权等中长期激励收益，逐步完善按要素分配的体制机制。

4. 企业应加强全员绩效考核，使职工工资收入与其工作业绩和实际贡献紧密挂钩，切实做到能增能减。

5. 企业应健全以工资总额管理为核心的人工成本调控管理体系，严格控制人工成本不合理增长。

（十三）规范企业工资列支渠道。企业应调整优化工资收入结构，实现职工收入工资化、工资货币化、发放透明化。严格清理规范工资外收入，将所有工资性收入一律纳入工资总额管理，不得在工资总额之外以其他形式列支任何工资性支出。

五、健全工资分配监管体制机制

（十四）加强和改进政府对国有企业工资分配的宏观指导和调控。人力资源社会保障部门会同财政、统计部门建立企业薪酬调查和信息发布制度，定期发布不同职业的劳动力市场工资价位和行业人工成本信息；会同财政、国资监管等部门完善工资指导线制度，定期制定和发布工资指导线、非竞争类国有企业职工平均工资调控水平和工资增长调控目标。

（十五）落实履行出资人职责机构的国有企业工资分配监管职责。履行出资人职责机构负责做好所监管企业（含部门企业及其他国有企业，下同）工资总额预算方案的备案或核准工作，加强对所监管企业工资总额预算执行情况的动态监控和执行结果的清算，并按年度将所监管企业工资总额预算执行情况报同级人力资源社会保障部门，由人力资源社会保障部门汇总报告同级人民政府。

（十六）完善企业工资分配内部监督机制。企业应完善法人治理结构，董事会应依照法定程序决定工资分配事项，加强对工资分配决议执行情况的监督。落实企业监事会对工资分配的监督责任。企业应将企业职工工资收入分配情况作为厂务公开的重要内容，定期向职工公开，接受职工监督。

（十七）建立企业工资分配信息公开制度。履行出资人职责机构、各企业每年9月底前将企业上年度工资总额和职工平均工资水平等相关信息，通过网站向社会披露，接受社会公众监督。

（十八）健全企业工资内外收入监督检查制度。各级人力资源社会保障部门会同财政、国资监管等部门，定期对国有企业执行国家和我省工资收入分配政策情况开展监督检查，及时查处违规发放工资、滥发工资外收入等行为。加强与出资人监管和审计、税务、纪检监察、巡视等监督的协同，建立工作会商和资源共享机制，提高监督效能，形成监督合力。

企业出现超提、超发工资总额及其他违规行为的，扣回违规发放的工资总额，并视违规情形对企业负责人和相关责任人员依照有关规定给予经济处罚和纪律处分；涉嫌犯罪的，移交司法机关依法处理。

实行工资总额备案制管理的企业，出现违反国家和我省有关规定的，除按规定处理外，取消备案制资格，实行核准制。

六、做好组织实施工作

（十九）加强组织领导。各地各部门要统一思想认识，以高度的政治责任感和历史使命感，切实加强对改革国有企业工资决定机制工作的领导，做好统筹协调，细化目标任务，明确责任分工，强化督促检查，及时研究解决改革中出现的问题，推动改革顺利进行。

（二十）统筹推进改革。各市（区）要根据本实施意见，结合当地实际，积极推进改革工作。各级履行出资人职责机构要抓紧制定所属企业的具体改革实施办法，由同级人力资源社会保障部门会同财政部门审核后实施。国有企业要自觉树立大局观念，认真执行国家和我省有关改革规定，严格落实改革政策。

（二十一）做好宣传引导。各级人力资源社会保障、财政、国资监管等部门和工会要各司其职，密切配合，共同做好改革工作，形成推进改革的合力。要加强舆论宣传和政策解读，引导全社会特别是国有企业正确理解和支持改革，营造良好社会环境。

七、适用范围

本实施意见适用于我省各级政府代表国家履行出资人职责的国有独资及国有控股企业，包括各级党委和政府有关部门、人民团体、事业单位所管理的国有独资及国有控股企业。各有关部门或机构作为实际控制人的企业，参照本实施意见执行。

本实施意见自 2019 年 1 月 1 日起实施。我省现行国有企业工资总额管理有关规定，凡与本实施意见不一致的，按本实施意见执行。

甘肃省人民政府关于改革国有企业工资决定机制的实施意见

(2018年8月27日 甘政发〔2018〕58号)

各市、自治州人民政府,兰州新区管委会,省政府有关部门,中央在甘有关单位,省属有关企业:

为进一步深化收入分配制度改革,完善国有企业现代企业制度,保障国有企业职工切身利益,促进国有企业提高经济效益、调动广大职工积极性,推动省属国有企业健康发展,根据国务院《关于改革国有企业工资决定机制的意见》(国发〔2018〕16号)的精神,结合实际,提出如下意见。

一、总体要求

全面贯彻党的十九大和十九届二中、三中全会精神,以习近平新时代中国特色社会主义思想为指导,统筹推进"五位一体"总体布局和协调推进"四个全面"战略布局,坚持以人民为中心的发展思想,牢固树立和贯彻落实新发展理念,按照中央深化国有企业改革、完善国有资产管理体系、坚持按劳分配原则、完善按要素分配体制机制的要求及省委、省政府有关部署安排,以增强国有企业活力、提升国有企业效率为中心,建立健全与我省劳动力市场基本适应、与省属国有企业经济效益和劳动生产率挂钩的工资决定和正常增长机制,完善省属国有企业工资分配监管体系,充分调动国有企业职工的积极性、主动性、创造性,进一步激发省属国有企业创造力,提高市场竞争力,推动国有资本做强做优做大,促进收入分配更合理、更有序。

二、基本原则

坚持建立中国特色现代国有企业制度改革方向与适应我省国企实际相结合。充分发挥企业党委（党组）的领导作用，坚持所有权和经营权相分离，保障国有企业的市场主体地位，依法落实董事会的工资分配管理权，使工资收入分配机制符合国企发展规律。根据我省国有企业发展的总体水平、行业分布、经营状况和发展战略，合理确定工资水平，有效激发企业创新创造活力。

坚持效益导向与兼顾公平相结合。坚持按劳分配原则，以经济效益为导向，在经济效益增长和劳动生产率提高的同时，实现劳动报酬同步提高。统筹处理好不同行业、不同企业和企业内部不同岗位职工之间的工资分配关系，既充分体现效益和业绩，又保持相对公平。

坚持市场决定与政府监管相结合。发挥市场在国有企业工资分配中的决定性作用，实现职工工资水平与劳动力市场价位相适应，与增强企业市场竞争力相匹配，能增能减，富有弹性。更好发挥政府对国有企业工资分配的宏观指导和调控作用，建立健全制度科学、程序规范、公正公平的事前引导和事后监管机制，规范工资分配秩序。

坚持分类规范和分级管理相结合。根据不同国有企业功能性质定位和法人治理结构完善程度，充分考虑企业所属行业特点，合理划分类别，实施工资总额分类管理。按照企业国有资产产权隶属关系，落实各级政府职能部门和履行出资人职责机构（或其他企业主管部门，下同）监管责任，形成与国资国企监管体制相匹配的工资分配分级监管体制。

三、健全工资总额决定机制

（一）工资总额确定办法。按照国家和我省工资收入分配宏观调控政策要求，根据企业发展战略和薪酬策略、年度生产经营目标和经济效益，综合考虑劳动生产率提高和人工成本投入产出率、职工工资水平市场对标等情况，结合政府职能部门发布的工资增长调控目标，合理确定年度工资总额。

（二）完善工资与效益联动机制。按照"工资总额和效益同向增减"的原则，确定企业年度工资总额增长或下降幅度。

1. 国有资本实现保值增值，且经济效益增长的企业（文化类企业为社会效益和经济效益，下同），当年工资总额增长幅度可在不超过经济效益增长幅度范围内确定，其中，以下企业当年工资总额增长幅度在不超过经济效益增幅的70%范围内确定：

（1）当年劳动生产率未提高、上年人工成本投入产出率低于行业平均水平的；

（2）商业一类企业上年职工平均工资达到全国城镇非私营单位在岗人员平均工资2倍以上的；

（3）商业二类企业上年职工平均工资达到全国城镇非私营单位在岗人员平均工资1.5倍以上的；

（4）公益类企业上年职工平均工资达到全国城镇非私营单位在岗人员平均工资1.5倍以上的。

2. 实现国有资产保值，但经济效益下降的企业，除受政策调整等非经营性因素影响外，当年工资总额按照以下原则调整：

（1）当年劳动生产率未下降、上年人工成本投入产出率明显优于行业平均水平或者上年企业职工平均工资未达到全国城镇单位就业人员平均工资80%的商业一类企业，当年工资总额降幅在不超过同期经济效益降幅的50%范围内确定；

（2）商业二类和公益类企业、文化类企业，按时足额上交国有资本收益的企业以及其他未发生亏损的企业，工资总额可以少降或者适度下降。

3. 剔除受政策调整等非经营性因素影响后，企业未实现国有资产保值增值的，工资总额不得增长，或者适度下降。其中，国有资产减值幅度小于10%的，当年工资总额降幅不低于5%；国有资产减值幅度大于等于10%的，当年工资总额降幅不低于10%。

4. 商业二类和公益类企业当年职工平均工资增长幅度不得超过政府职能部门发布的工资增长调控目标。

5. 实现国有资本保值增值，但对未完成企业主管部门或履行出资人职责机构下达的经济效益考核目标值的，工资总额可适当少增。

企业按照工资与效益联动机制确定工资总额，原则上增人不增工资总额、减人不减工资总额，但发生兼并重组或关闭退出、新设企业或机构、新建项目、增加生产线和招录应届大中专毕业生等情况而规模性增加或者减少人员的，可以参照本企业职工平均工资水平合理增加或者减少工资总额。

（三）分类确定工资效益联动指标。根据企业功能性质定位、行业特点，结合与履行出资人职责机构签订的《经营业绩责任书》，科学设置联动指标，合理确定考核目标，突出不同考核重点。工资效益联动指标原则上为2~3个，最多不超过4个。

1. 商业一类企业经济效益指标主要选取利润总额（或净利润）、经济增加值（或增加值）、净资产收益率等指标。其中，确定经济增加值指标的资本成本率要以行业平均水平为基础，依据资本市场对标结果确定；劳动生产率指标主要选取人均利润、人均经济增加值（或人均增加值）等指标；人工成本投入产出率指标选取人工成本利润率指标。

2. 商业二类企业经济效益指标主要选取利润总额、营业收入或任务完成率等指标。劳动生产率指标主要选取人均利润、人均工作量等指标；人工成本投入产出率指标主要选取人工成本利润率、人事费用率等指标。

3. 公益类企业经济效益指标主要选取营业收入或主营业务工作量、利润总额等指标。劳动生产率指标主要选取人均营业收入、人均主营业务工作量等指标；人工成本投入产出率指标主要选取人事费用率、人工成本利润率等指标。

4. 金融类企业经济效益指标主要选取净利润（或利润总额）、净资产收益率等指标。劳动生产率指标选取人均利润指标；人工成本投入产出率指标选取人工成本利润率指标；风险成本控制指标主要选取资本充足率、不良贷款率、拨备覆盖率、案件风险率、杠杆率等指标。

5. 社会效益指标主要选取文化任务完成率等体现文化企业社会贡献的文化创作生产和服务、受众反应、社会影响指标（如原创文化产品、演出场次、重大出版计划完成率、再版率、文化产品获奖等）；经济效益指标主要选取利润总额、营业收入等指标；劳动生产率指标主要选取人均利润、人均营业收入等指标；人工成本投入产出率指标主要选取人事费用率、人工成本利润率等指标。

6. 与工资总额挂钩的效益指标，一旦确定，不得随意变更。因外界因素发生变化确需变更的，要在一个会计年度清算完成后，经企业申请并经企业主管部门或履行出资人职责机构同意后方可变更。

四、完善工资总额管理方式

（四）全面实行工资总额预算管理。全省国有企业实行工资总额预算管理，工资总额预算方案由企业根据工资收入分配政策和本企业实际自主编制，按规定履行内部决策程序后报履行出资人职责机构备案或核准后执行。

1. 符合以下条件的企业工资总额预算方案实行备案制：

（1）商业一类企业的工资总额预算方案原则上实行备案制；

（2）开展落实董事会职权、国有资本投资运营公司、国有企业混合所有制改革等改革试点的企业，经企业主管部门或履行出资人职责机构同意，可实行与改革试点相适应的工资总额预算备案制管理；

（3）已建立规范董事会、法人治理结构完善、内控机制健全、近三年企业工资分配未发生违纪违规行为的商业二类企业和公益类企业工资总额预算方案，经企业主管部门或履行出资人职责机构同意，工资总额预算方案可实行备案制管理。

2. 以下企业工资总额预算方案实行核准制：

（1）商业二类企业和公益类企业的工资总额预算方案原则上实行核准制；

（2）商业一类企业未建立规范董事会、法人治理结构不完善、内控机制不健全、近三年企业工资分配存在重大违纪违规行为的企业，经企业主管部门或履行出资人职责机构认定，其工资总额预算方案应实行核准制管理；

3. 对实行备案制管理的企业，如发生超提、超发工资总额及其他违规行为的，企业主管部门或履行出资人职责机构可将其工资总额预算调整为核准制管理。

（五）规范工资总额预算方案的编制范围和程序。企业年度工资总额预算方案编制范围原则上应与上年度财务决算合并报表范围相一致，包括企业（集团）本级的工资总额预算方案编制和所属各级全资、控股子企业的工资总额预算方案合并报表编制。企业应按照"自上而下、上下结合、分级编制、逐级汇总"的程序，依据国有资产产权隶属关系，以企业法人为单位，层层组织做好工资总额预算方案编制工作。

（六）合理确定工资总额预算指标基数。工资总额预算管理指标由工资总额预算指标和与工资总额联动的效益预算指标构成。工资总额预算指标由工资总额预算基数和预算增减两部分组成。预算增减包括因效益变动增减工资总额、因人员变动增减工资总额和实施工资总额激励政策增加工资总额。

1. 工资总额初始预算基数按照以下办法确定：

（1）已经实行工资总额预算管理的企业，工资总额预算基数以履行出资人职责机构清算确定的上年度工资总额为基数；

（2）未实行工资总额预算管理的企业，初始工资总额预算基数原则上以上年度企业实发工资总额或前三年工资总额的平均数为基数；

（3）对于新组建企业，可按照同级同类国有企业职工平均工资和实有职工人数合理确定工资总额预算基数。

2. 效益指标按照以下办法确定：

（1）与工资总额联动的初始效益预算指标基数原则上以上年度财务决算表反映的效益指标完成值为基数；

（2）效益预算指标目标值要按照效益持续改善向好且具有一定挑战性和行业可比性的价值导向，结合与企业主管部门或履行出资人职责机构签订的《经营业绩责任书》中约定的主要效益指标值合理确定；

（3）劳动生产率指标和人工成本投入产出指标应与相同行业、相同年度的劳动生产率指标进行对标；对缺少行业对标主体的，应选取同功能性质企业或具有较强可比性的竞争类行业（企业）对标；对相同年度对标信息缺失的，可与近三年内的同行业劳动生产率先进指标进行对标。

（七）合理确定工资总额预算管理周期。国有企业工资总额预算一般按年度进行管理。对行业周期性特征明显、经济效益年度间波动较大的企业，或者企业处于筹建期、初创期以及企业存在其他特殊情况的，经企业主管部门或履行出资人职责机构同意，工资总额预算可按周期进行管理，周期最长不超过三年。周期内的工资总额年均增长应符合工资与效益联动的要求，不得超过周期内年均效益增长幅度。

（八）强化工资总额预算执行。国有企业应严格执行经备案或核准的工资总额预算方案，并应与经营业绩考核结果联动。执行过程中，因企业外部环境或自身生产经营等编制预算时所依据的情况发生重大变化，需要调整工资总额预算方案的，应按规定程序及时进行调整。调整后的工资总额增长幅度原则上不得高于调整前的工资总额增长幅度。

企业主管部门或履行出资人职责机构应加强对监管企业执行工资总额预算情况的动态监控和指导，并对预算执行结果进行清算和批复。

（九）建立工资总额激励机制。为鼓励企业转型升级、实施创新驱动高质量发展战略，全面履行社会责任，促进企业健康稳定发展，对国有企业实施工资总额激励政策。

五、加强企业内部工资分配管理

（十）建立健全企业内部工资总额管理制度。国有企业在经备案或核准的工资总额预算内，依法依规自主决定内部工资分配。企业应建立健全内部工资总额管理办法，根据所属企业功能性质定位、行业特点和生产经营等情况，指导所属企业科学编制工资总额预算方案，逐级落实预算执行责任，建立预算执行情况动态监控机制，确保实现工资总额预算目标。企业集团应合理确定集团总部工资总额预算，其职工平均工资增长幅度原则上应低于本企业全部职工平均工资增长幅度。

（十一）规范企业内部分配制度。国有企业应健全以工资总额管理为核心的人工成本调控管理体系，严格控制人工成本不合理增长，健全职工工资增长激励约束机制，增强企业发展的协调性和可持续性。建立健全以岗位工资为主的基本工资制度，以岗位价值为依据，以业绩为导向，参照劳动力市场工资价位并结合企业经济效益、发展战略和薪酬策略，通过工资集体协商等形式合理确定不同岗位的工资水平，向关键岗位、生产一线岗位和紧缺急需岗位的高层次、高技能人才倾斜，合理拉开工资分配差距，调整不合理过高收入。劳动力市场需求旺盛、岗位价值度较高的岗位，薪酬水平原则上坚持逐步向劳动力市场价位的中高分位接轨；劳动力市场供求平衡的岗位，薪酬水平应坚持与劳动力市场价位的中分位接轨；劳动力市场供大于求、岗位价值度较低的岗位，薪酬水平应坚持按照不高于劳动力市场价位中分位确定。

（十二）规范企业工资列支渠道。国有企业应调整优化工资收入结构，明确工资发放渠道，逐步实现职工收入工资化、工资货币化、发放透明化。严格清理规范工资外收入，将包括各种津贴、补贴等在内的所有工资性收入一律纳入工资总额管理，不得在工资总额之外以其他形式列支任何工资性支出。

六、严格落实工资分配监管制度

（十三）加强和改进工资宏观调控指导。省人社厅负责建立企业薪酬调查和信息发布制度，会同省统计局定期发布不同职业的劳动力市场工资价位和行业人工成本信息；会同省统计局、省政府国资委、省总工会、省企业联合会和省工商联完善工资指导线制度，定期制定和发布全省企业工资指导线、省属非竞争类国有企业职工平均工资调控水平和工资增长调控目标。

（十四）落实企业主管部门和履行出资人职责机构的国有企业工资分配监管职责。企业主管部门和履行出资人职责机构负责指导所监管企业编制工资总额预算方案，做好所监管企业工资总额预算方案的备案或核准工作，加强对所监管企业工资总额预算执行情况的动态监控和执行结果的清算和批复，并于每年6月底前将所监管企业上年度工资总额预算执行情况报同级人社部门备案，由人社部门汇总报告同级人民政府。同时，企业主管部门或履行出资人职责机构可按规定将有关情况直接报告同级人民政府。

企业主管部门或履行出资人职责机构报送所监管企业工资总额执行结果备案的内容和材料包括：企业报经企业主管部门或履行出资人职责机构备案或核准的工资总额；企业主管部门或履行出资人职责机构清算确定的应发工资总额；企业实际发放的工资总额及职工年平均工资；与工资总额联动的企业效益指标完成情况；企业劳动生产率指标完成情况及与市场对标情况；工资总额预算和执行情况的总结分析报告；企业劳动工资年报和经审计的财务决算表。核准制、备案制实施办法由企业主管部门或履行出资人职责机构负责制定下发。

（十五）加强国有企业工资分配内部监督。国有企业应完善法人治理结构，健全内控机制，规范董事会、监事会的运行。董事会应依照法定程序决定工资分配事项，加强对工资分配决议执行情况的监督。企业监事会应加强对工资分配的监督检查，督促企业完善工资分配制度并督促落实。企业应将职工工资收入分配情况作为厂务公开的重要内容，定期向职工公开，接受职工监督。

(十六)建立国有企业工资分配信息公开制度。企业主管部门或履行出资人职责机构、国有企业应结合负责人薪酬信息披露工作,将企业上年度应付职工工资总额、实付职工工资总额、职工平均工资水平及增长幅度等信息,于每年6月底前向社会公布,接受社会公众监督。信息披露办法由企业主管部门或履行出资人职责机构负责制定。

(十七)建立国有企业工资内外收入监督检查制度。省人社厅会同省财政厅、省审计厅、省政府国资委等部门应结合企业负责人薪酬监督检查工作,定期对国有企业执行工资收入分配政策情况开展监督检查,及时查处违规发放工资、滥发工资外收入等行为。加强与出资人监管和审计、税务、纪检监察、巡视等监督的协同,建立工作会商和资源共享机制,提高监督效能,形成监督合力。监督检查办法由省人社厅会同省委组织部、省财政厅、省审计厅、省政府国资委制定。

对国有企业存在超提、超发工资总额及其他违规行为的,扣回违规发放的工资总额,并视违规情形对企业负责人和相关责任人员依照有关规定给予经济处罚和纪律处分;构成犯罪的,由司法机关依法追究刑事责任。

七、认真组织实施

(十八)加强组织领导。国有企业工资决定机制改革是一项涉及面广、政策性强、社会关注度高的工作,各地、各有关部门要统一思想认识,以高度的政治责任感和历史使命感,切实加强对改革工作的领导,做好统筹协调,细化目标任务,明确责任分工,强化督促检查,及时研究解决改革中出现的问题,推动改革顺利进行。各级政府要成立国有企业工资决定机制改革领导小组,加强改革工作的统筹协调和调度,各单位、各部门要各司其职、齐抓共管、协同配合,按照职责分工和时限稳步推进各项工作。

(十九)统筹推进改革。各市州人民政府要根据本意见,结合各自实际,于今年10月底前制定出台所属国有企业工资决定机制的改革实施办法，并报甘肃省国有企业工资决定机制改革领导小组办公室；各级企业主管部门或履行出资人职责机构要根据本意见，抓紧制定所监管企业工资决定机制的改革实施办法，于今年9月底前由同级人力资源社会保障部门会同财政部门审核后实施。

（二十）加强宣传引导。各级各部门要加强舆论宣传和政策解读，充分运用广播、电视、报纸等主流媒体和新兴媒体，广泛深入宣传改革国有企业工资决定机制的重大意义，引导全社会特别是国有企业职工正确理解和支持改革，形成正确舆论导向，营造全社会共同关心、支持和参与改革国有企业工资决定机制的良好氛围。

（二十一）适用范围。本意见适用于本省各级政府代表国家履行出资人职责的国有独资及国有控股企业。履行出资人职责机构包括代表政府履行出资人职责的国资监管机构和政府授权履行出资人职责的部门（机构）；国有独资及国有控股企业包括企业本部及其所出资的各级独资、控股的企业；其他各级党委和政府有关部门、人民团体、事业单位（以下统称企业主管部门）所管理的国有独资及国有控股企业，依照本意见执行；由各级政府有关部门或机构作为实际控制人的企业和省属集体企业，参照本意见执行。

本意见所称工资总额，是指由企业在一个会计年度内直接支付给与本企业建立劳动关系的全部职工的劳动报酬总额，包括工资、奖金、津贴、补贴、加班加点工资、特殊情况下支付的工资等。

本意见自2019年1月1日起实施。我省现行国有企业工资总额管理规定，凡与本意见不一致的，按本意见执行。

青海省人民政府关于改革国有企业工资决定机制的实施意见

(2018年11月16日 青政〔2018〕78号)

各市、自治州人民政府,省政府各委、办、厅、局:

为深化收入分配制度改革,完善国有企业工资分配管理制度,推动我省国有企业健康发展,根据《国务院关于改革国有企业工资决定机制的意见》(国发〔2018〕16号)精神,结合我省实际,现提出如下实施意见。

一、总体要求

(一)指导思想。以习近平新时代中国特色社会主义思想为指导,认真贯彻落实党的十九大、省第十三次党代会和省委十三届四次全会精神,牢固树立和贯彻落实新发展理念,按照深化国有企业改革、完善国有资产管理体制和坚持按劳分配原则、完善按要素分配体制机制的要求,以增强国有企业活力、提升国有企业效率为中心,建立健全与劳动力市场基本适应、与国有企业经济效益及劳动生产率挂钩的工资决定和正常增长机制,完善国有企业工资分配监管体制,促进国有企业收入分配更加合理有序,为深入实施"五四战略",奋力实现"一优两高"战略目标提供坚强保障。

(二)基本原则。

——坚持建立现代国有企业制度改革方向。坚持所有权和经营权相分离,进一步确立国有企业的市场主体地位,发挥企业党委(党组)领导作用,依法落实董事会的工资分配管理权,建立健全与社会主义市场经济相适应,与国有企业现代制度相匹配的工资分配机制,促进国有企业持续健康发展。

——坚持效益导向与兼顾公平相统一。完善国有企业工资增长与企业经济效益同向联动、能增能减机制，在经济效益增长和劳动生产率提高的同时实现劳动报酬同步提高。坚持按劳分配原则，完善按要素分配机制，统筹处理好不同行业、不同企业和企业内部不同岗位之间的工资分配关系，既充分体现效益和业绩，又体现相对公平。

——坚持市场决定与政府监管相结合。充分发挥市场在国有企业工资分配中的决定性作用，实现职工工资水平与劳动力市场价位相适应、与增强企业市场竞争力相匹配。更好发挥政府对国有企业工资分配的宏观指导和调控作用，改进和加强事前引导和事后监督，规范工资分配秩序。

——坚持分类分级管理。根据不同国有企业功能性质定位和法人治理结构完善程度，充分考虑企业特点，合理划分类别，实施工资总额分类管理。按照企业国有资产产权隶属关系，落实各级政府职能部门和履行出资人职责机构或其他企业主管部门的分级监管责任，健全工资分配分级监管体制。

二、适用范围

（三）明确适用范围和工资总额内容。本实施意见适用于全省各级政府代表国家履行出资人职责的国有独资及国有控股企业（包括企业本部及企业所出资的各级独资、控股的子企业）。各有关部门或机构以及直属事业单位作为实际控制人的企业，参照本意见执行。

本实施意见所称工资总额，是指由企业在一个会计年度内直接支付给与本企业建立劳动关系的全部职工的劳动报酬总额，包括工资、奖金、津贴、补贴、加班加点工资、特殊情况下支付的工资以及其他各类货币性收入。

三、改革工资总额决定机制

（四）改革工资总额确定办法。按照国家和我省工资收入分配宏观政策要求，根据企业发展战略和薪酬策略、年度生产经营目标和经济效益，综合考虑劳动生产率提高和人工成本投入产出率、职工工资水平市场对标等情况，结合政府职能部门发布的工资指导线，合理确定企业年度工资总额。

（五）完善工资效益联动机制。按照"工资增长与企业经济效益同向联动、能增能减"的原则，结合我省政府职能部门发布的工资指导线，合理确定企业年度工资总额增长和下降幅度。

1. 企业经济效益增长的（公益类、文化类企业注重社会效益，下同），当年工资总额增长幅度可在不超过经济效益增长幅度范围内确定。其中，具有以下情形企业当年工资总额增长幅度在不超过经济效益增幅的80%以内确定：

（1）当年劳动生产率未提高、上年人工成本投入产出率低于行业平均水平的；

（2）商业竞争类企业上年职工平均工资达到全国城镇非私营单位就业人员平均工资2.5倍以上的；

（3）商业功能类和公益类企业上年职工平均工资达到全国城镇非私营单位就业人员平均工资2倍以上的；

2. 企业经济效益下降的，除受政策调整等非经营性因素影响外，当年工资总额原则上相应下降。其中，具有以下情形企业当年工资总额下降幅度在不超过经济效益降幅的20%以内确定：

（1）当年劳动生产率未下降、上年人工成本投入产出率明显优于行业平均水平的；

（2）上年企业职工平均工资未达到全国城镇非私营单位就业人员平均工资水平的；

（3）按时足额上缴国有资本收益及其他未发生亏损的。

3. 企业未实现国有资产保值增值的，工资总额不得增长，或者适度下降。

4. 企业当年职工平均工资增长幅度不得超过政府职能部门发布的工资指导线。

5. 企业按照工资与效益联动机制确定工资总额，原则上增人不增工资总额、减人不减工资总额。但发生兼并重组或关闭退出、新设企业或机构、新建项目、增加或缩小生产规模等而规模性增加或者减少人员的，可以参照本企业职工平均工资水平，报经企业主管部门或履行出资人职责机构同意后适当调整。

（六）分类确定工资效益联动指标。根据企业功能性质定位、行业特点，结合企业主管部门或履行出资人职责机构经营业绩考核办法，科学设置联动指标，合理确定考核目标，突出不同考核重点。企业工资总额预算增长应与业绩考核指标挂钩，业绩考核指标要突出对标考核、分类考核。工资效益联动指标原则上为2~3个，最多不超过4个。

商业竞争类国有企业经济效益指标，主要选取利润总额（或净利润）、经济增加值、净资产收益率等；劳动生产率指标主要选取人均利润、人均经济增加值等；人工成本投入产出率指标选取人工成本利润率。

商业功能类国有企业经济效益指标，主要选取利润总额、营业收入或任务完成率等；劳动生产率指标主要选取人均利润、人均工作量等；人工成本投入产出率指标主要选取人工成本利润率、人事费用率等。

公益类国有企业经济效益指标，主要选取营业收入或主营业务工作量等；劳动生产率指标主要选取人均营业收入、人均主营业务工作量等；人工成本投入产出率指标主要选取人事费用率、人工成本利润率等。

金融类国有企业经济效益指标，主要选取净利润（利润总额）、净资产收益率等；劳动生产率指标主要选取人均利润；人工成本投入产出率指标主要选取人工成本利润率；风险成本控制指标主要选取资本充足率、不良贷款率、拨备覆盖率、案件风险率、杠杆率等。

文化类国有企业应同时选取反映社会效益和经济效益的指标，突出体现社会效益。社会效益指标主要选取任务完成率，包括体现文化企业社会贡献的文化创作服务、受众反映、社会影响等（如原创文化产品、演出场次、重大出版计划完成率、再版率、文化产品获奖等）；经济效益指标主要选取利润总额、营业收入等指标；劳动生产率指标主要选取人均营业收入、人均利润等；人工成本投入产出率指标主要选取人事费用率、人工成本利润率等。

国有企业与企业主管部门或履行出资人职责机构签订《考核责任书》的，还可选取其中的主要考核指标。确定的联动指标，一般不得随意变更。因外界因素发生变化确需变更的，要在一个会计年度清算完成后，经企业申请并经企业主管部门或履行出资人职责机构同意后方可变更。

四、改革工资总额管理方式

（七）全面实行工资总额预算管理。全省国有企业应全部实行工资总额预算管理，工资总额预算方案由企业根据工资收入分配政策和本企业实际自主编制，按规定履行内部决策程序后报企业主管部门或履行出资人职责机构备案或核准后执行。

商业竞争类国有企业，工资总额预算原则上实行备案制。其中，未建立规范董事会、法人治理结构不完善、内控机制不健全、近三年企业工资分配出现过重大违纪违规行为的企业，经企业主管部门或履行出资人职责机构认定，其工资总额预算应实行核准制。

其他国有企业，工资总额预算原则上实行核准制。其中，已建立规范董事会、法人治理结构完善、内控机制健全、收入分配管理规范的企业，经企业主管部门或履行出资人职责机构同意，其工资总额预算可实行备案制。

实行备案制管理的企业，如发生超提、超发工资总额及其他违规行为的，企业主管部门或履行出资人职责机构可将其工资总额预算调整为核准制管理。

（八）规范工资总额预算方案的编制范围和程序。国有企业年度工资总额预算方案编制范围原则上应与上年度财务决算合并报表范围相一致，包括企业集团本级的工资总额预算方案编制和所属各级全资、控股子企业的工资总额预算方案合并报表编制。企业应按照"上下结合、分级编制、逐级汇总"的程序，依据国有资产产权隶属关系，以企业法人为单位，层层组织做好工资总额预算方案编制工作。

（九）合理确定工资总额预算指标基数。工资总额预算指标由企业主管部门或履行出资人职责机构根据工资总额预算基数合理确定。已经实行工资总额预算管理的企业，工资总额预算基数以企业主管部门或履行出资人职责机构清算确定的上年度全部工资总额为基数；未实行工资总额预算管理的企业，初始工资总额预算基数原则上以上年度企业实发工资总额或前三年工资总额的平均数为基数；对于新组建企业，可按照同级同类国有企业职工平均工资和实有职工人数合理确定工资总额预算基数。

（十）合理确定工资总额预算周期。国有企业工资总额预算一般按年度进行管理。对行业周期性特征明显、经济效益年度间波动较大或存在其他特殊情况的企业，报经企业主管部门或履行出资人职责机构同意，工资总额预算可探索按周期进行管理，周期最长不超过三年，周期内年均工资总额增长幅度不得超过同期经济效益增长幅度。

（十一）强化工资总额预算执行。国有企业应严格执行经备案或核准的工资总额预算方案。工资总额预算方案在执行过程中因企业外部环境或生产经营发生重大变化需要调整的，应按规定程序审批，并且调整后的工资总额增长幅度原则上不得高于调整前的工资总额增长幅度。

五、完善企业内部工资分配管理

（十二）完善企业内部工资总额管理制度。国有企业在经备案或核准的工资总额预算内，依法依规自主决定内部工资分配。企业应建立健全内部工资总额管理办法，根据所属企业功能性质定位、行业特点和生产经营等情况，科学编制工资总额预算方案，逐级落实预算执行责任，建立预算执行情况动态监控机制，确保实现工资总额预算目标。企业集团应合理确定总部工资总额预算，其职工平均工资增长幅度原则上应低于本企业全部职工平均工资增长幅度。

（十三）深化企业内部分配制度改革。国有企业应建立健全以岗位工资为主体的基本工资制度。以岗位价值为依据，以业绩为导向，参照劳动力市场工资指导价位，并结合企业经济效益，通过集体协商等形式合理确定不同岗位的工资水平。企业工资分配要坚持按劳分配为主体，处理好劳动、知识、技术、资本等生产要素参与分配的关系；围绕以具有竞争力的工资水平吸引和留住人才；统筹考虑提高劳动生产率、提升员工满意度、控制成本等因素，向关键岗位、生产一线岗位和紧缺急需岗位倾斜，合理拉开工资分配差距，调整不合理收入。

企业主管部门或履行出资人职责机构负责完善企业绩效考核办法，进一步加强全员绩效考核，使职工工资收入与其工作业绩和实际贡献紧密挂钩，真正做到能增能减。对股票期权等中长期激励收益应加强管理，逐步完善按要素分配的体制机制。

（十四）规范企业工资列支渠道。国有企业应调整优化工资收入结构，逐步健全以工资总额管理为核心的人工成本调控管理体系，严格控制人工成本不合理增长，进一步控制和缩减不合理的福利性项目，逐步实现职工收入工资化，工资货币化，发放透明化。严格清理规范工资外收入，将所有工资性收入一律纳入工资总额预算管理，不得在工资总额之外以其他任何形式列支任何工资性支出。

六、健全工资分配监管体制机制

（十五）加强和改进政府对国有企业工资分配的宏观指导和调控。人力资源和社会保障部门负责建立企业薪酬调查和信息发布制度，定期发布不同职业的劳动力市场工资指导价位和行业人工成本信息，并会同财政、国有资产监管、统计等部门完善工资指导线制度，每年定期发布工资指导线。

（十六）落实企业主管部门和履行出资人职责机构的国有企业工资分配监管职责。国有企业主管部门和履行出资人职责机构负责做好所监管企业工资总额预算方案的备案或核准工作，加强对所监管企业工资总额预算执行情况的动态监控和执行结果的清算，并按《青海省国有企业工资总额执行结果备案管理办法》规定，将上年度所监管企业工资总额预算执行情况报同级人力资源社会保障部门，由同级人力资源社会保障部门汇总报告同级人民政府。

（十七）完善国有企业工资分配内部监督机制。国有企业董事会应依照法定程序决定工资分配事项，加强对工资分配决议执行情况的监督。国有企业应按规定报送工资总额执行结果备案材料，自觉接受政府职能部门和企业主管部门或履行出资人职责机构的监管，并将职工工资分配情况作为厂务公开的重要内容，定期通过职代会、公示公告等形式向职工公开，接受职工监督。

（十八）建立国有企业工资分配信息公开制度。国有企业主管部门和履行出资人职责机构、国有企业应按照《青海省国有企业工资分配信息披露式样》，每年定期将上年度企业工资总额和职工平均工资水平等相关信息通过企业主管部门或履行出资人职责机构官网、企业官网等渠道向社会披露，接受社会公众监督。

（十九）健全国有企业工资内外收入监督检查制度。各级人力资源社会保障部门会同财政、国有资产监管等部门，定期对企业执行国家和我省工资收入分配政策情况开展监督检查，严肃查处违规发放工资、滥发工资外收入等行为。加强与出资人监管和审计、税务、纪检监察、巡视等监督的协同，建立工作会商和资源共享机制，提高监督效能，形成监督合力。

对企业出现超提、超发工资总额及其他违规行为的，按规定扣回违规发放的工资总额,并视违规情节对企业负责人和相关责任人依照有关规定给予经济处罚和纪律处分;构成犯罪的,由司法机关依法追究刑事责任。

七、做好组织实施工作

(二十)扎实做好国有企业工资决定机制改革组织实施。国有企业工资决定机制改革工作涉及面广、政策性强、社会关注度高。各地区、各有关部门要高度重视、统一思想,切实加强对改革工作的组织领导,做好统筹协调,细化目标任务,明确责任分工,强化督促检查,及时研究解决改革中出现的问题,推动改革顺利进行。

各地区根据本意见,结合当地实际制定改革国有企业工资决定机制的实施办法,认真抓好贯彻落实;各企业主管部门和履行出资人职责机构要抓紧制定所监管企业的具体改革实施办法,由同级人力资源社会保障部门会同财政部门审核后实施。

各级人力资源社会保障部门要在党委、政府领导下,切实履行好改革工作的牵头职责,会同财政、国有资产监管、工会等有关部门,各司其职,密切配合,共同做好改革工作。要加强舆论宣传和政策解读,引导全社会特别是国有企业职工正确理解和支持改革,营造良好的社会氛围。全省国有企业要自觉树立大局观念,认真执行改革政策和规定,确保各项改革任务落到实处。

本意见自2019年1月1日起施行。我省现行国有企业工资管理规定,凡与本意见不一致的,按本意见执行。

宁夏回族自治区人民政府关于改革国有企业工资决定机制的实施意见

(2019年1月9日　宁政发〔2019〕2号)

各市、县(区)人民政府,自治区政府各部门、各直属机构:

为加快完善现代企业制度,进一步深化国有企业工资分配制度改革,强化国有企业工资分配监管,保障国有企业职工切身利益,增强国有企业活力和竞争力,促进国有企业提高经济效益,推动国有企业健康发展,根据《国务院关于改革国有企业工资决定机制的意见》(国发〔2018〕16号)精神,结合我区实际,制定如下实施意见。

一、总体要求

(一)指导思想。以习近平新时代中国特色社会主义思想和党的十九大精神为指导,按照自治区第十二次党代会部署要求,以增强国有企业活力、提高国有企业效率为中心,建立健全与我区劳动力市场基本适应、与国有企业经济效益和劳动生产率挂钩的工资决定和正常增长机制,完善国有企业工资分配监管体制,充分调动国有企业职工积极性、主动性、创造性,进一步激发国有企业创造力和提高市场竞争力,推动国有资本做强做优做大,促进收入分配秩序更加合理有序。

(二)基本原则。

坚持建立中国特色现代国有企业制度改革方向。坚持所有权和经营权相分离、坚持与我区国有企业实际相结合,健全公司法人治理结构,进一步确立国有企业的市场主体地位,充分发挥企业党委(党组)领导作用,依法落实董事会的工资分配管理权,完善既符合企业一般规律又体现国有企业特点的工资分配机制,有效激发企业创新创造活力,促进国有企业持续健康发展。

坚持效益导向与维护公平相统一。国有企业工资分配要切实做到既有激励又有约束、既讲效率又讲公平。坚持按劳分配原则,健全国有企业职工工资与经济效益同向联动、能增能减的机制,在经济效益增长和劳动生产率提高的同时实现劳动报酬同步提高。统筹处理好不同行业、不同企业和企业内部不同职工之间的工资分配关系,调节过高收入。

坚持市场决定与政府监管相结合。充分发挥市场在国有企业工资分配中的决定性作用,实现职工工资水平与劳动力市场价位相适应、与增强企业市场竞争力相匹配。加强政府对国有企业工资分配的宏观指导和调控作用,建立健全制度科学、程序规范、公正公平的事前引导和事后监督监管机制,规范工资分配秩序。

坚持分类分级管理。根据不同国有企业功能性质定位、行业特点和法人治理结构完善程度,全面实行工资总额分类管理。按照企业国有资产产权隶属关系,健全工资分配分级监管体制,落实各级政府职能部门和履行出资人职责机构(或企业主管部门,下同)的分级监管责任,形成与国资国企监管体制相匹配的工资分配监管体制。

二、适用范围

(三)本实施意见适用于自治区各级人民政府代表国家履行出资人职责的国有独资及国有控股企业。履行出资人职责机构包括代表政府履行出资人职责的国有资产监管机构和政府授权履行出资人职责的部门(机构);国有独资及国有控股企业包括企业本部及其所出资的各级独资、控股的子企业。

其他各级党委和政府有关部门、人民团体、事业单位(以下统称企业主管部门)所管理的国有独资及国有控股企业,依照本实施意见执行。

由各级党委和政府有关部门、人民团体、事业单位或机构作为实际控制人的企业,参照本实施意见执行。

（四）本实施意见所称工资总额，是指由企业在一个会计年度内直接支付给与本企业建立劳动关系的全部职工的劳动报酬总额，包括工资、奖金、津贴、补贴、加班加点工资、特殊情况下支付的工资等。

（五）本实施意见将企业界定为商业类企业、公益类企业、金融类企业和文化类企业，其中商业类企业细分为营利类企业、功能类企业。

1. 商业类企业。以增强国有经济活力、放大国有资本功能、实现国有资产保值增值为主要目标，按照市场化要求实行商业化运作，依法独立自主开展生产经营活动，实现优胜劣汰、有序进退。

（1）营利类企业。是指主业处于充分竞争行业和领域的企业，主要以激发企业活力、放大国有资本功能、实现国有资本保值增值为主要目标，按照市场化要求实行商业化运作，依法独立自主开展生产经营活动，追求经济效益最大化。

（2）功能类企业。是指经营专营业务或承担特定任务的企业，主要以完成自治区战略任务、政府重大专项任务为主要目标，或根据有关规定和要求在一定范围内开展专项业务，兼顾经济效益和社会效益的统一。

2. 公益类企业。是指处于公共服务行业和领域的企业，主要以贯彻执行自治区党委、政府战略意图为宗旨，以保障民生、服务社会、提供公共产品和服务为主要目标，以社会效益为导向。

3. 金融类企业。是指主业处于金融服务领域，经营金融商品。

4. 文化类企业。是指以提供精神产品，传播思想信息，担负文化传承使命为主要目标，把社会效益放在首位，实现社会效益和经济效益相统一。

企业功能性质由履行出资人职责机构或其他企业主管部门确定，其功能定位应与考核指标、管理模式等确定的类别一致。

三、改革工资总额决定机制

（六）改革工资总额确定办法。按照国家和自治区工资收入分配宏观政策要求，根据企业发展战略和薪酬策略、年度生产经营目标和经济效益，综合考虑劳动生产率提高和人工成本投入产出率、职工工资水平市场对标等情况，结合政府职能部门发布的工资指导线，合理确定年度工资总额。

（七）完善工资与效益联动机制。按照"效益增工资增、效益降工资降"的同向联动原则，建立完善工资与效益联动机制，根据企业年度经济效益实际情况，合理确定企业年度工资总额增长或下降幅度。

1. 企业经济效益增长，且国有资本实现保值增值的企业，当年工资总额增长幅度可在不超过经济效益增长幅度范围内确定。其中，以下企业当年工资总额增长幅度在不超过经济效益增幅的80%范围内确定：

（1）当年劳动生产率未提高、上年人工成本投入产出率低于行业平均水平的。

（2）营利类企业上年职工平均工资达到同期全国城镇单位就业人员平均工资2倍以上的。

（3）功能类和文化类企业上年职工平均工资达到同期全国城镇单位就业人员平均工资1.8倍以上的。

（4）公益类企业上年职工平均工资达到同期全国城镇单位就业人员平均工资1.5倍以上的。

（5）金融类企业上年职工平均工资达到同期全国城镇单位就业人员平均工资3倍以上的。

2. 企业经济效益下降，但实现国有资产保值的企业，除受政策调整等非经营性因素影响外，当年工资总额按照以下原则调整：

（1）当年劳动生产率未下降或上年人工成本投入产出率明显优于行业平均水平或者上年企业职工平均工资未达到同期全国城镇单位就业人员平均工资80%的营利类企业，当年工资总额降幅在不超过同期经济效益降幅的60%范围内确定。

（2）按时足额上交国有资本收益的企业以及其他未发生亏损的企

业，工资总额原则上相应下降。

3. 企业未实现国有资产保值增值的，工资总额不得增长，或者适度下降。其中，国有资产减值幅度大于等于5%，小于10%的，当年工资总额降幅不低于5%；国有资产减值幅度大于等于10%的，当年工资总额降幅不低于10%。

4. 实现国有资本保值增值，但未完成履行出资人职责机构下达的经济效益考核目标值的，工资总额可适当少增。

企业按照工资与效益联动机制确定工资总额，原则上增人不增工资总额、减人不减工资总额，不得在工资效益联动机制确定的工资总额预算外再额外单列工资总额。但发生兼并重组、新设企业或机构等情况的，可以合理增加或者减少工资总额。

（八）分类确定工资效益联动指标。根据企业功能性质定位、行业特点，科学设置联动指标，合理确定考核目标，突出不同考核重点。工资效益联动指标原则上为2~4个，最多不超过5个。联动指标可从经济效益指标、劳动生产率指标、人工成本投入产出率指标、风险成本控制指标、社会效益指标等大类指标的分项指标中选择。经济效益目标值确定应体现改善向好的要求，参考历史业绩水平、行业水平等，剔除不可比因素后综合确定，应具有挑战性和市场竞争力。

1. 营利类企业经济效益联动指标主要选取利润总额（或净利润）、经济增加值、净资产收益率等反映经济效益、国有资本保值增值和市场竞争能力的指标。其中，确定经济增加值指标的资本成本率要以行业平均水平为基础，依据资本市场对标结果确定。劳动生产率指标主要选取人均利润、人均经济增加值（或人均增加值）等指标；人工成本投入产出率指标选取人工成本利润率指标。

2. 功能类企业经济效益联动指标主要选取利润总额（或净利润）、营业收入或任务完成率等指标，同时可根据实际情况增加体现服务国家战略、保障国家安全和国民经济运行、发展前瞻性战略性产业以及完成特殊任务等情况的指标。劳动生产率指标主要选取人均利润、人均工作量等指标；人工成本投入产出率指标主要选取人工成本利润率、人事费用率等指标。

3. 公益类企业经济效益联动指标主要选取成本控制、产品服务质量、运营效率和保障能力等情况的指标，兼顾体现经济效益和国有资本保值增值的指标。劳动生产率指标主要选取人均营业收入、人均主营业务工作量等指标；人工成本投入产出率指标主要选取人事费用率、人工成本利润率等指标。

4. 金融类国有企业，属于开发性、政策性的金融企业经济效益联动指标主要选取体现服务国家战略和风险控制的指标，兼顾反映经济效益的指标；属于商业性的企业经济效益联动指标主要选取净利润（利润总额或拨备前利润）、净资产收益率和偿付能力等指标。劳动生产率指标选取人均利润指标；人工成本投入产出率指标选取人工成本利润率指标；风险成本控制指标主要选取资本充足率、不良贷款率、拨备覆盖率、案件风险率、杠杆率等指标。

5. 文化类企业应把社会效益放在首位，经济效益联动指标应同时选取社会效益和经济效益指标。社会效益联动指标主要选取文化任务完成率等体现文化企业社会贡献的文化创作生产和服务、受众反应、社会影响指标（如原创文化产品、演出场次、重大出版计划完成率、再版率、文化产品获奖等），经济效益联动指标主要选取利润总额、营业收入、国有资本保值增值等指标。劳动生产率指标主要选取人均利润、人均营业收入等指标；人工成本投入产出率指标主要选取人事费用率、人工成本利润率等指标。

6. 未分类企业的经济效益联动指标参照营利类企业确定。

人工成本投入产出率行业市场对标原则上以人力资源社会保障部门发布的行业平均水平作为对标标准。履行出资人职责机构可以选用更高的对标标准。无行业市场对标主体的，可选取同功能类别的其他行业。

与工资总额联动的效益指标，一般不得随意变更。因外界因素发生变化确需变更的，要在一个会计年度清算完成后，经企业申请并经履行出资人职责机构同意后方可变更。

四、改革工资总额管理方式

（九）全面实行工资总额预算管理。全区国有企业全部实行工资总额预算管理，工资总额预算方案由国有企业自主编制，按规定履行内部决策程序后，根据企业功能性质定位、行业特点并结合法人治理结构完善程度，于每年4月30日前报履行出资人职责机构备案或核准后执行。

1. 符合以下条件的企业工资总额预算方案实行备案制：

（1）营利类和属于商业性的金融企业的工资总额预算方案原则上实行备案制。

（2）已建立规范董事会、法人治理结构完善、内控机制健全、近3年企业工资分配未发生违纪违规行为的功能类企业和公益类企业工资总额预算方案，经履行出资人职责机构同意，工资总额预算方案可实行备案制管理。

2. 以下企业工资总额预算方案实行核准制：

（1）功能类、公益类、文化类和属于开发性、政策性的金融企业的工资总额预算方案原则上实行核准制。

（2）营利类、属于商业性的金融类企业未建立规范董事会、法人治理结构不完善、内控机制不健全、近3年企业工资分配存在重大违纪违规行为的企业，经履行出资人职责机构认定，其工资总额预算方案应实行核准制管理。

3. 实行备案制管理的企业，如果出现工资总额预算管理不规范或工资分配存在重大违规行为，履行出资人职责机构可将其工资总额预算调整为核准制管理。

4. 对未分类的企业工资总额预算一律实行核准制。

（十）规范工资总额预算方案的编制范围和程序。企业年度工资总额预算方案编制范围原则上应与上年度财务决算合并报表范围相一致，包括企业（集团）本级的工资总额预算方案编制和所属各级全资、控股子企业的工资总额预算方案合并报表编制。企业应按照"自上而下、上下结合、分级编制、逐级汇总"的程序，依据国有资产产权隶属关系，以企业法人为单位，层层组织做好工资总额预算方案编制工作。

（十一）合理确定工资总额预算指标基数。工资总额预算管理指标由工资总额预算指标和与工资总额联动的效益预算指标构成。工资总额预算指标由工资总额预算基数和预算增减两部分组成。预算增减包括因效益变动增减工资总额和因规模性增减人员增减工资总额。

1. 工资总额初始预算基数按照以下办法确定：

（1）已经实行工资总额预算管理的企业，工资总额预算基数以履行出资人职责机构清算确定的上年度工资总额为基数。

（2）未实行工资总额预算管理的企业，初始工资总额预算基数原则上以上年度企业工资总额或前3年工资总额的平均数为基数。

（3）对于新组建企业，原则上当地参照人力资源市场指导价位和各岗位人数确定工资总额，也可按照同类国有企业职工平均工资和实有职工人数合理确定工资总额预算基数。

2. 效益指标按照以下办法确定：

（1）与工资总额联动的初始效益预算指标基数原则上以上年度财务决算表反映的效益指标完成值为基数。

（2）效益预算指标目标值要按照效益持续改善向好且具有一定挑战性和行业可比性的价值导向，结合企业与履行出资人职责机构约定的主要效益指标值合理确定。

（3）劳动生产率指标应与相同行业、相同年度的相应指标进行对标；对缺少行业对标主体的，应选取同功能性质企业或具有较强可比性的竞争类行业（企业）对标；对相同年度对标信息缺失的，可与近3年内的同行业劳动生产率先进指标进行对标。

(4) 人工成本投入产出指标既要与同行业的平均人工成本投入产出率（劳动分配率、人事费用率、人工成本）等相应指标对标，也要适当结合企业成长阶段、企业战略目标、企业人员结构等特点和要求合理确定目标值。

（十二）合理确定工资总额预算管理周期。国有企业工资总额预算一般按年度进行管理。对行业周期性特征明显、经济效益年度间波动较大的企业，或者处于筹建期、初创期、战略调整期、快速扩张期的企业，或者存在其他特殊情况的企业，经履行出资人职责机构同意，工资总额预算可探索按周期进行管理，周期最长不超过3年。实行周期制工资总额预算管理的企业，可根据生产经营计划和人力资源管理实际需要，编制周期工资总额预算方案，统筹安排周期内各年度工资总额支出，但周期内的工资总额增长应符合工资与效益联动机制的要求，不得超过周期内年均效益增长幅度。

（十三）强化工资总额预算执行。国有企业应严格执行经备案或核准的工资总额预算方案，并应与经营业绩考核结果联动。工资总额预算方案在执行过程中，因企业外部环境或自身生产经营等编制预算时所依据的情况发生重大变化需调整的，应按规定程序进行调整。

履行出资人职责机构应加强对所监管企业执行工资总额预算情况的动态监控和指导，并于每年3月底前对上年度工资总额预算执行结果进行清算。

五、完善企业内部工资分配管理

（十四）建立健全企业内部工资总额管理制度。国有企业在经备案或核准的工资总额预算内，依法依规自主决定内部工资分配。企业应建立健全内部工资总额管理办法，根据所属企业功能性质定位、行业特点和生产经营等情况，指导所属企业科学编制工资总额预算方案，逐级落实预算执行责任，实行工资总额预算管理过程与业绩考核结果相结合的监控方式，建立预算执行情况动态监控机制，确保实现工资总额预算目标。企业应积极向行业先进经验做法对标，探索工资总额管理机制创新，充分调动不同行业、不同发展阶段所属企业的工资分配积极性，理顺企业内部收入分配关系。

企业集团应合理确定集团本部工资总额预算，集团本部职工平均工资增长幅度原则上不超过本企业全部职工平均工资增长幅度。

（十五）深化企业内部分配制度改革。国有企业要统筹考虑以具有竞争力的薪酬水平吸引和留住人才、提高劳动生产率、提升职工满意度、控制人工成本等因素，科学制定与企业发展战略相适应的薪酬策略。

国有企业应在岗位评价的基础上，建立健全以岗位工资为主的基本工资制度，以岗位价值为依据，以业绩为导向，参照劳动力市场工资价位并结合企业经济效益、发展战略和薪酬策略，通过集体协商等形式合理确定不同岗位的工资水平，向关键岗位、生产一线岗位和紧缺急需岗位的高层次、高技能人才倾斜，确保能够有效吸引、激励和留住关键人才。

国有企业应建立健全全员业绩考核制度，强化工资分配与个人工作业绩和实际贡献紧密挂钩，合理拉开工资分配差距，调整不合理过高收入，切实做到考核科学合理、分配公平公正、工资能增能减、员工能进能出。国有企业应坚持按劳分配为主体，合理评价劳动、资本、技术、管理等生产要素的价值贡献，统筹处理好各类生产要素参与分配的关系。对股票期权等中长期激励收益应加强管理，逐步完善按要素分配的体制机制。

国有企业应健全以工资总额管理为核心的人工成本调控管理体系，严格控制人工成本不合理增长，增强企业发展的协调性和可持续性。企业经济效益下降，福利性水平不得增长，出现亏损的，福利性水平应适当缩减。

（十六）规范企业工资列支渠道。国有企业应调整优化工资收入结构，明确工资发放渠道，逐步实现职工收入工资化、工资货币化、发放透明化。严格清理规范工资外收入，将各种津贴、补贴等在内的所有工资性收入一律纳入工资总额管理，不得在工资总额之外以其他形式列支任何工资性支出。

六、健全工资分配监管体制机制

（十七）建立统一领导、部门分工负责的管理体制。明确职责分工，落实部门责任，健全工作机制。落实各级政府职能部门和履行出资人职责机构的分级监管责任，按照下管一级的要求，自治区负责指导各地级市和宁东管委会所属企业改革的监督和指导工作，各地级市负责指导行政区域各县（市、区）所属企业改革的监督和指导工作。各级人力资源社会保障、财政、审计、国资监管等部门和工会要各司其职，密切配合，形成推进改革的合力，共同做好改革工作。

（十八）加强和改进政府对国有企业工资分配的宏观指导和调控。自治区人力资源社会保障厅负责建立全区统一的企业薪酬调查和信息发布制度，定期发布不同职业的劳动力市场工资价位和行业人工成本信息，会同自治区财政等部门完善工资指导线制度，定期制定和发布工资指导线、非竞争类国有企业职工平均工资调控水平和工资增长调控目标。

（十九）落实履行出资人职责机构的国有企业工资分配监管职责。履行出资人职责机构负责做好所监管企业工资总额预算方案的备案或核准工作，加强对所监管企业工资总额预算执行情况的动态监控和执行结果的清算，每年6月30日前将所监管企业上年度工资总额预算执行情况报人力资源社会保障部门，由人力资源社会保障部门汇总报告同级人民政府。同时，履行出资人职责机构可按规定将有关情况直接报告同级人民政府。

履行出资人职责机构报送所监管企业工资总额执行结果备案的内容和材料包括：企业报经履行出资人职责机构备案或核准的工资总额；履

行出资人职责机构清算确定的应发工资总额；企业实际发放的工资总额及职工年平均工资；与工资总额联动的企业经济效益指标完成情况；企业劳动生产率指标完成情况及与市场对标情况；工资总额预算和执行情况的总结分析报告；企业劳动工资年报和经审计的财务决算表。核准制、备案制实施办法由履行出资人职责机构负责制定。

（二十）加强国有企业工资分配内部监督机制。国有企业应完善法人治理结构，健全内控机制，规范董事会、监事会的运行。董事会应依照法定程序决定工资分配事项，加强对工资分配决议执行情况的监督。企业监事会应加强对工资分配的监督检查，督促企业完善工资分配制度并督促落实。企业应将职工工资收入分配情况作为厂务公开的重要内容，在企业醒目位置设置公告栏，定期向职工公开，接受职工监督。

（二十一）建立国有企业工资分配信息公开制度。履行出资人职责机构、国有企业每年定期将企业上年度应付职工工资总额、实付职工工资总额、职工平均工资水平及增长幅度等信息，于每年7月底前向社会公布，接受社会公众监督。信息披露办法由履行出资人职责机构负责制定。

（二十二）健全国有企业工资内外收入监督检查制度。各级人力资源社会保障部门会同财政、国资监管等部门，应定期对国有企业执行国家工资收入分配政策情况开展监督检查，及时查处违规发放工资、滥发工资外收入等行为。加强与出资人监管和审计、税务、纪检监察、巡视等监督的协同，建立工作会商和资源共享机制，提高监督效能，形成监督合力。监督检查办法由自治区人力资源社会保障厅会同自治区财政厅、审计厅、国资委等部门制定下发。

对企业存在超提、超发工资总额及其他违规行为的，扣回违规发放的工资总额，并视违规情形对企业负责人和相关责任人员依照有关规定给予经济处罚和纪律处分；构成犯罪的，依法追究刑事责任。

七、加强组织实施

（二十三）加强组织领导。国有企业工资决定机制改革是一项涉及面广、政策性强的工作，各地、各有关部门要统一思想认识，以高度的政治责任感和历史使命感，切实加强对改革工作的组织领导，细化目标任务，明确责任分工，强化督促检查，及时研究解决改革中出现的问题，推动改革顺利进行。

（二十四）统筹推进改革。各地级市人民政府和宁东管委会要根据本实施意见，结合当地实际，于2019年2月底前制定出台本地区国有企业工资决定机制的具体改革实施办法，并报自治区人力资源社会保障厅备案。各级履行出资人职责机构要根据本实施意见，结合所监管企业实际情况，抓紧制定所监管企业的具体改革实施办法，报同级人力资源社会保障部门审核后实施。其中，自治区司法厅、财政厅、国资委、粮食和储备局、宁夏农科院等履行出资人监管机构应于2019年1月底前报送具体改革实施办法。国有企业应根据本实施意见和履行出资人职责机构要求，结合本企业实际，抓紧制定本企业工资总额预算管理制度，于2019年2月底前报履行出资人职责机构审核并确定工资总额监管方式后实施。

（二十五）做好宣传引导。各地、各部门要加强舆论宣传和政策解读，引导全社会特别是国有企业职工正确理解和支持改革，营造改革的良好社会环境。全区国有企业要自觉树立大局观念，认真执行改革规定，确保改革政策落实到位。

（二十六）实施时间。本意见自2019年1月1日起实施。县级以上人民政府及其部门关于国有企业工资管理规定，凡与本实施意见不一致的，按本实施意见执行。地方性法规和政府规章有关规定与本实施意见不一致的，由有关部门提出意见，依法定程序予以修改。

新疆维吾尔自治区关于改革国有企业工资决定机制的实施意见

(2018年11月17日　新政发〔2018〕93号)

伊犁哈萨克自治州，各州、市人民政府，各行政公署，自治区人民政府各部门、各直属机构：

为贯彻落实《国务院关于改革国有企业工资决定机制的意见》(国发〔2018〕16号)，增强我区国有企业活力，完善国有企业现代企业制度，深化收入分配制度改革，规范国有企业收入分配秩序，结合我区实际，提出如下实施意见。

一、总体要求

(一) 指导思想

以习近平新时代中国特色社会主义思想为指导，深入贯彻党的十九大和十九届二中、三中全会精神，贯彻落实习近平总书记关于新疆工作的重要讲话和重要指示精神，贯彻落实以习近平同志为核心的党中央治疆方略、特别是社会稳定和长治久安总目标，认真落实党中央、国务院和自治区党委、人民政府决策部署，统筹推进"五位一体"总体布局和协调推进"四个全面"战略布局，坚持以人民为中心的发展思想，牢固树立和贯彻落实新发展理念，按照深化国有企业改革、完善国有资产管理体制和坚持按劳分配原则、完善按要素分配体制机制的要求，以增强国有企业活力、提升国有企业效率为中心，建立健全与劳动力市场基本适应、与国有企业经济效益和劳动生产率挂钩的工资决定和正常增长机制，完善国有企业工资分配监管体制，充分调动国有企业职工的积极性、主动性、创造性，进一步激发国有企业创造力和提高市场竞争力，推动国有资本做强做优做大，促进收入分配更合理、更有序。

（二）基本原则

——坚持建立中国特色现代国有企业制度改革方向。坚持所有权和经营权相分离，进一步确立国有企业的市场主体地位，发挥企业党委领导作用，依法落实董事会的工资分配管理权，完善既符合企业一般规律又体现国有企业特点的工资分配机制，促进国有企业持续健康发展。

——坚持效益导向与维护公平相统一。国有企业工资分配要切实做到既有激励又有约束、既讲效率又讲公平。坚持按劳分配原则，健全国有企业职工工资与经济效益同向联动、能增能减的机制，在经济效益增长和劳动生产率提高的同时实现劳动报酬同步提高。统筹处理好不同行业、不同企业和企业内部不同职工之间的工资分配关系，调节过高收入。

——坚持市场决定与政府监管相结合。充分发挥市场在国有企业工资分配中的决定性作用，实现职工工资水平与劳动力市场价位相适应、与增强企业市场竞争力相匹配。更好发挥政府对国有企业工资分配的宏观指导和调控作用，改进和加强事前引导和事后监督，规范工资分配秩序。

——坚持分类分级管理。根据不同国有企业功能性质定位、行业特点和法人治理结构完善程度，实行工资总额分类管理。按照企业国有资产产权隶属关系，健全工资分配分级监管体制，落实各级政府职能部门和履行出资人职责机构（或其他企业主管部门，下同）的分级监管责任。

（三）适用范围

本实施意见适用于自治区各级人民政府代表国家履行出资人职责的国有独资及国有控股企业。履行出资人职责机构包括代表政府履行出资人职责的国资监管机构和政府授权履行出资人职责的部门（机构）；国有独资及国有控股企业企业本部及其所出资的各级独资、控股的企业；

各级党委和政府有关部门、人民团体、事业单位所管理的国有独资及国有控股企业，依照本意见执行；各级政府有关部门或机构作为实际控制人的企业和集体企业，参照本意见执行。

二、改革工资总额决定机制

（四）改革工资总额确定办法。按照国家和自治区工资收入分配宏观政策要求，根据企业发展战略和薪酬策略、年度生产经营目标和经济效益，综合考虑劳动生产率提高和人工成本投入产出率、职工工资水平市场对标以及生态文明建设、坚守安全生产红线等情况，结合我区人力资源和社会保障部门发布的工资指导线，合理确定工资总额。

本实施意见所称的工资总额，是指由企业在一个会计年度内直接支付给与本企业建立劳动关系的全部职工的劳动报酬总额，包括工资、奖金、津贴、补贴、加班加点工资、特殊情况下支付的工资等。

（五）分类确定工资效益联动指标。根据企业功能性质定位、行业特点，科学设置联动指标，突出不同联动重点。工资效益联动指标原则上为1~2个，最多不超过4个。

1. 主业处于充分竞争行业和领域的商业一类国有企业，效益联动指标主要选取利润总额（或净利润）、经济增加值（或增加值）、净资产收益率、劳动生产率、人工成本投入产出率等指标。其中：确定经济增加值指标的资本成本率要以行业平均水平为基础，依据资本市场对标结果确定。劳动生产率指标主要选取人均利润、人均经济增加值（或人均增加值）等指标。人工成本投入产出率指标选取人工成本利润率指标。

2. 主业处于关系国家安全、国民经济命脉的重要行业和关键领域、主要承担重大专项任务的商业二类国有企业，效益联动指标在主要选取利润总额（或净利润）、营业收入、劳动生产率、任务完成率、人工成本投入产出率等反映经济效益、经营效率指标的同时，可根据实际情况增加服务自治区发展战略、保障国家安全和国民经济运行、发展前瞻性战略性产业以及完成特殊任务等情况的指标。劳动生产率指标主要选取人均利润、人均工作量等指标。人工成本投入产出率指标主要选取人工成本利润率、人事费用率指标。

3. 主业以保障民生、服务社会、提供公共产品和服务为主的公益类国有企业，联动指标应主要选取营业收入或主营业务工作量、成本费用总额占营业收入比重、劳动生产率、人工成本投入产出率、利润总额等反映成本控制、营运效率以及产品服务质量、保障能力等情况的指标，兼顾体现经济效益指标。劳动生产率指标主要选取人均营业收入、人均主营业务工作量等指标；人工成本投入产出率指标主要选取人工成本利润率、人事费用率等指标。

4. 金融类国有企业，属于开发性、政策性的，应主要选取体现服务国家战略和风险控制的指标，兼顾营业性收入、利润总额（或净利润）、案件风险率、不良贷款率等反映经济效益的指标；属于商业性的，应主要选取利润总额（或净利润）、净资产收益率、资本充足率、拨备覆盖率、不良贷款率、劳动生产率、人工成本投入产出率等反映经济效益、资产质量和偿付能力的指标。劳动生产率指标选取人均利润指标；人工成本投入产出率指标选取人工成本利润率指标。

5. 文化类国有企业，应选取营业收入、利润总额、任务完成率、人事费用率、劳动生产率、人工成本投入产出率等反映经济效益指标的同时，坚持社会效益优先原则，突出政治导向，结合属性将文化创作和服务、受众反应、社会影响、内部制度和队伍建设等纳入联动指标体系。劳动生产率指标主要选取人均利润、人均营业收入、人均工作量等指标。人工成本投入产出率指标选取人工成本利润率、人事费用率等指标。

（六）完善工资效益联动机制。按照"效益增工资增、效益降工资降"的同向联动原则，合理确定企业年度工资总额增长或下降幅度。

企业经济效益增长的，当年工资总额增长幅度可在不超过经济效益增长幅度范围内确定。其中：当年劳动生产率未提高、上年人工成本投入产出率低于行业平均水平或者上年职工平均工资达到全国城镇单位就业人员平均工资2.5倍以上的,当年工资总额增长幅度应低于同期经济效益增长幅度;对主业不处于充分竞争行业和领域的企业,职工平均工资增长幅度不得超过人力资源和社会保障部门发布的工资增长调控目标。

企业经济效益下降的,除受政策调整等非经营性因素影响外,当年工资总额原则上相应下降,下降幅度原则上与经济效益增长时工资总额增长幅度相对应,一次性下降幅度一般不超过15%。其中:当年劳动生产率未下降、上年人工成本投入产出率优于全国行业平均水平30%以上或者上年职工平均工资未达到全国城镇单位就业人员平均工资70%的,当年工资总额可适当少降。

剔除受政策调整等非经营性因素影响后企业未实现国有资产保值增值或发生恶性群体性事件或者造成重特大环境污染事件、重特大生产安全事故的,工资总额不得增长,或者适度下降。其中:国有资产减值幅度大于等于10%的,当年工资总额降幅不低于5%。

企业按照工资与效益联动机制确定工资总额,原则上增人不增工资总额、减人不减工资总额,但发生兼并重组、新设企业等情况的,可以合理增加或者减少工资总额。

三、改革工资总额管理方式

(七)全面实行工资总额预算管理。工资总额预算方案由国有企业以上一年度经履行出资人职责机构核准或备案的工资总额预算执行结果为基础自主编制,按规定履行内部决策程序后,根据企业功能性质定位、行业特点并结合法人治理结构完善程度,分别报履行出资人职责机构备案或核准后执行。

对主业处于充分竞争行业和领域的商业类企业,工资总额预算原则上实行备案制。其中:未建立规范董事会、法人治理结构不完善、内控机制不健全、近三年企业工资分配出现超提超发等违规行为的企业,发生恶性群体性事件、重特大生产安全事故或者造成重特大环境污染事件负有责任的企业，经履行出资人职责机构认定，其工资总额预算应实行核准制。

对其他国有企业，工资总额预算原则上实行核准制。其中：企业已建立规范董事会、法人治理结构完善、内控机制健全等具备条件的企业，经履行出资人职责机构同意，其工资总额预算可实行备案制。

（八）合理确定工资总额预算指标基数。工资总额预算管理指标由工资总额预算指标和与工资总额联动的效益预算指标构成。工资总额预算指标由工资总额预算基数和预算增减两部分组成。预算增减包括因效益变动增减工资总额、因新设企业等非效益因素增加的工资总额。

工资总额初始预算基数按照以下办法确定：已经实行工资总额预算管理的企业，工资总额预算基数以履行出资人职责机构核准或备案的上年度工资总额预算执行结果为基数；未实行工资总额预算管理的企业，初始工资总额预算基数原则上以上年度企业实发工资总额或前三年工资总额的平均数为基数；新组建企业，可按照同类同规模国有企业职工平均工资和经济效益情况，结合同行业劳动力市场价位水平，合理确定工资总额预算基数。

效益指标按照以下办法确定：与工资总额联动的初始效益预算指标基数原则上以上年度财务决算表反映的效益指标完成值为基数；效益预算指标目标值要按照效益持续改善向好且具有一定挑战性和行业可比性的价值导向，结合履行出资人职责机构约定的主要效益指标值合理确定。

（九）合理确定工资总额预算周期。国有企业工资总额预算一般按年度进行管理。对行业周期性特征明显、经济效益年度间波动较大的或存在其他特殊情况的企业，经履行出资人职责机构同意，工资总额预算可探索按周期进行管理，周期最长不超过三年，周期内的工资总额增长应符合工资与效益联动的要求。

（十）强化工资总额预算执行。国有企业应严格执行经备案或核准的工资总额预算方案。执行过程中，因企业外部环境或自身生产经营等编制预算时所依据的情况发生重大变化，需要调整工资总额预算方案的，应按规定程序进行调整。

履行出资人职责机构应加强对企业执行工资总额预算情况的动态监控和指导，并对预算执行结果进行清算。

四、完善企业内部工资分配管理

（十一）完善企业内部工资总额管理制度。国有企业在经备案或核准的工资总额预算内，依法依规自主决定内部工资分配。企业应建立健全内部工资总额管理办法，根据所属企业功能性质定位、行业特点和生产经营等情况，指导所属企业科学编制工资总额预算方案，逐级落实预算执行责任，建立预算执行情况动态监控机制，确保实现工资总额预算目标。企业集团应合理确定总部工资总额预算，其职工平均工资增长幅度原则上应低于本企业全部职工平均工资增长幅度。

（十二）深化企业内部分配制度改革。国有企业应建立健全以岗位工资为主的基本工资制度，以岗位价值为依据，以业绩为导向，参照劳动力市场工资价位并结合企业经济效益，通过集体协商等形式合理确定不同岗位的工资水平。合理评价劳动、技术、管理等要素的价值贡献，向关键岗位、生产一线岗位和紧缺急需的高层次、高技能人才倾斜，合理拉开工资分配差距，调整不合理过高收入。加强全员绩效考核，使职工工资收入与其工作业绩和实际贡献紧密挂钩，切实做到能增能减。

深化企业内部管理人员能上能下、员工能进能出、收入能增能减的制度改革。健全反映劳动力市场供求关系和企业经济效益的工资决定及正常调整机制，规范企业内部分配行为，建立健全以工资总额管理为核心的人工成本调控管理体系，严格控制人工成本不合理增长。企业非核心岗位的工资应逐步向劳动力市场价位接轨。

（十三）规范企业工资列支渠道。国有企业应调整优化工资收入结构，逐步实现职工收入工资化、工资货币化、发放透明化。严格清理规范工资外收入,将所有工资性收入一律纳入工资总额管理,不得在工资总额之外以其他形式列支任何工资性支出。

五、健全工资分配监管体制机制

(十四)加强和改进政府对国有企业工资分配的宏观指导和调控。自治区人力资源社会保障部门负责建立企业薪酬调查和信息发布制度,定期发布不同职业的劳动力市场工资价位和行业人工成本信息;会同财政、国资监管等部门完善工资指导线制度,定期制定和发布工资指导线、非竞争类国有企业职工平均工资调控水平和工资增长调控目标。

(十五)落实履行出资人职责机构的国有企业工资分配监管职责。履行出资人职责机构负责做好所监管企业工资总额预算方案的备案或核准工作,加强对监管企业工资总额预算执行情况的动态和执行结果的清算,并按年度将所监管企业工资总额预算执行情况报送同级人力资源社会保障部门,由人力资源社会保障部门汇总报告同级人民政府。

(十六)完善国有企业工资分配内部监督机制。国有企业应完善法人治理结构,健全内控机制,规范董事会、监事会的运行。国有企业董事会应依照法定程序决定工资分配事项,加强对工资分配决议执行情况的监督。落实企业监事会和工会对工资分配的监督责任。将企业职工工资收入分配情况作为厂务公开的重要内容,定期向职工公开,接受职工监督。

(十七)建立国有企业工资分配信息公开制度。履行出资人职责机构、国有企业应在完成工资总额预算执行结果清算后一个月内将企业工资总额和职工平均工资水平等相关信息通过履行出资人职责机构和企业官方网站等形式向社会披露,接受社会公众监督。

(十八)健全国有企业工资内外收入监督检查制度。各级人力资源社会保障部门会同财政、国资等部门,定期对国有企业执行国家和自治区工资收入分配政策情况进行监督检查,及时查处违规发放工资、滥发工资外收入等行为。加强与出资人监管、审计、税务、纪检监察、巡视等监督力量的协同，建立工作会商和资源共享机制，提高监督效能，形成监管合力。

对企业存在超提、超发工资总额及其他违规行为的，核减下一年度工资总额，并视违规情形对企业负责人和相关责任人员依照有关规定给予经济处罚和纪律处分。企业超发工资总额超过履行出资人职责机构清算确定的工资总额的5%、不超过10%的，扣减违规行为发生年度企业领导班子成员绩效年薪的10%；超发工资总额超过履行出资人职责机构清算确定的工资总额的10%以上的，按超发额实际比例扣减企业领导班子成员绩效年薪。构成犯罪的，由司法机关依法追究刑事责任。

六、做好组织实施工作

（十九）国有企业工资决定机制改革是一项涉及面广、政策性强的工作，各地区、各有关部门要统一思想认识，以高度的政治责任感和历史使命感，切实加强对改革工作的领导，做好统筹协调，细化目标任务，明确责任分工，强化督促检查，及时研究解决改革中出现的问题，推动改革顺利进行。各地、州、市要根据本实施意见，结合当地实际抓紧制定改革国有企业工资决定机制的实施办法，认真抓好贯彻落实。各级履行出资人职责机构要抓紧制定所监管企业的具体改革实施办法，由同级人力资源社会保障部门会同财政部门审核后实施。各级人力资源社会保障、财政、国资等部门和工会要各司其职，密切配合，共同做好改革工作，形成推进改革的合力。

（二十）各地各部门要充分认识深化国有企业工资决定机制改革的重要性和艰巨性，加强正面宣传引导，凝聚各方共识，形成改革合力，为深化改革创造良好舆论氛围。广大国有企业要自觉树立大局观念，强化责任意识，认真执行国家和自治区有关改革规定，确保改革政策落实到位。

（二十一）本实施意见自2019年1月1日起实施。现行国有企业工资总额管理规定，凡与本意见不一致的，按本实施意见执行。

新疆生产建设兵团印发《兵团关于改革国有企业工资决定机制的实施意见》的通知

(2018年12月25日 新兵发〔2018〕45号)

各师市、院(校),兵团机关各部门、各直属机构:

《兵团关于改革国有企业工资决定机制的实施意见》已经兵团同意,现印发给你们,请结合实际认真贯彻落实。

兵团关于改革国有企业工资决定机制的实施意见

为增强兵团国有企业活力,完善国有企业现代企业制度,规范兵团国有企业工资收入分配秩序,充分调动国有企业职工积极性、主动性和创造性,根据《国务院关于改革国有企业工资决定机制的意见》(国发〔2018〕16号),结合兵团实际,现就兵团改革国有企业工资决定机制提出如下实施意见。

一、总体要求

(一)指导思想

以习近平新时代中国特色社会主义思想为指导,深入贯彻党的十九大和十九届二中、三中全会精神,贯彻落实习近平总书记关于新疆工作特别是兵团工作的重要讲话和重要指示批示精神,贯彻落实以习近平同志为核心的党中央治疆方略和对兵团的定位要求,认真落实党中央、国务院和兵团党委决策部署,聚焦兵团职责使命,统筹推进"五位一体"总体布局和协调推进"四个全面"战略布局,坚持以人民为中心的发展思想,牢固树立和贯彻落实新发展理念,全面推进兵团深化改革和向南发展，按照兵团党委深化国有企业改革、完善国有资产管理体制和坚持按劳分配原则、完善按要素分配体制机制的要求，以增强国有企业活力、提升国有企业效率为中心，建立健全与劳动力市场基本适应、与国有企业经济效益和劳动生产率挂钩的工资决定和正常增长机制，完善国有企业工资分配监管体制，充分调动国有企业职工的积极性、主动性、创造性，进一步激发国有企业创造力和提高市场竞争力，推动国有资本做强做优做大，促进收入分配更合理、更有序。

（二）基本原则

——坚持建立中国特色现代国有企业制度改革方向。坚持所有权和经营权相分离，进一步确立国有企业的市场主体地位，发挥企业党委领导作用，依法落实董事会的工资分配管理权，完善既符合企业一般规律又体现国有企业特点的工资分配机制，促进国有企业持续健康发展。

——坚持效益导向与维护公平相统一。国有企业工资分配要切实做到既有激励又有约束、既讲效率又讲公平。坚持按劳分配原则，健全国有企业职工工资与经济效益同向联动、能增能减的机制，在经济效益增长和劳动生产率提高的同时实现劳动报酬同步提高。统筹处理好不同行业、不同企业和企业内部不同职工之间的工资分配关系，调节过高收入。

——坚持市场决定与行政监管相结合。充分发挥市场在国有企业工资分配中的决定性作用，实现职工工资水平与劳动力市场价位相适应、与增强企业市场竞争力相匹配。更好发挥兵团、师市对国有企业工资分配的宏观指导和调控作用，改进和加强事前引导和事后监督，规范工资分配秩序。

——坚持分类分级管理。根据不同国有企业功能性质定位、行业特点和法人治理结构完善程度，实行工资总额分类管理。按照企业国有资产产权隶属关系，健全工资分配分级监管体制，落实兵团、师市职能部门和履行出资人职责机构（或其他企业主管部门，下同）的分级监管责任。

（三）适用范围

本实施意见适用于兵团、师市代表国家履行出资人职责的国有独资及国有控股企业。履行出资人职责机构包括代表兵团履行出资人职责的国资监管机构和兵团、师市授权的履行出资人职责的部门（机构）；国有独资及国有控股企业企业本部及其所出资的各级全资、控股的企业；兵师党委、兵团及师市各有关部门、人民团体、事业单位所管理的国有独资及国有控股企业，依照本意见执行；兵团、各师市有关部门或机构作为实际控制人的企业和集体企业，参照本意见执行。

二、改革工资总额决定机制

（四）改革工资总额确定办法。按照国家、自治区和兵团工资收入分配宏观政策要求，根据企业发展战略和薪酬策略、年度生产经营目标和经济效益，综合考虑劳动生产率提高和人工成本投入产出率、职工工资水平市场对标以及生态文明建设、坚守安全生产红线等情况，结合兵团人力资源和社会保障部门发布的工资指导线，合理确定年度工资总额。

本实施意见所称工资总额，是指由企业在一个会计年度内直接支付给与本企业建立劳动关系的全部职工劳动报酬总额，包括工资、奖金、津贴、补贴、加班加点工资、特殊情况下支付的工资等，不包括因使用劳务派遣工而产生的各项人工成本费用、股权期权激励、分红激励收入等。

（五）分类确定工资效益联动指标。履行出资人职责机构根据企业功能性质定位、行业特点等因素，选取反映企业生产经营特点、体现职工劳动直接贡献的业绩考核指标作为工资效益联动指标，包括主要经济效益和社会效益等指标，一般不超过5个。其中经济效益指标是工资效益联动机制的核心指标，原则上不超过2个。经济效益目标值确定应体现改善向好的要求，参考历史业绩水平、行业水平等，剔除不可比因素后综合确定，应具有挑战性和市场竞争力。

1. 主业处于充分竞争行业和领域的商业类国有企业，效益联动指标主要选取利润总额（或净利润）、经济增加值（或增加值）、净资产收益率、劳动生产率、人工成本投入产出率等指标。其中：确定经济增加值指标的资本成本率要以行业平均水平为基础，依据资本市场对标结果确定。劳动生产率指标主要选取人均利润、人均经济增加值（或人均增加值）等指标。人工成本投入产出率指标选取人工成本利润率指标。

2. 主业处于关系国家安全、国民经济命脉的重要行业和关键领域、主要承担重大专项任务的商业类国有企业，效益联动指标在主要选取利润总额（或净利润）、营业收入、劳动生产率、任务完成率、人工成本投入产出率等反映经济效益、经营效率指标的同时，可根据实际情况增加服务兵团发展战略、保障国家安全和国民经济运行、发展前瞻性战略性产业以及完成兵团重大决策部署等特殊任务情况的指标。劳动生产率指标主要选取人均利润、人均工作量等指标。人工成本投入产出率指标主要选取人工成本利润率、人事费用率等指标。

3. 主业以保障民生、服务社会、提供公共产品和服务为主的公益类国有企业，联动指标应主要选取营业收入或主营业务工作量、成本费用总额占营业收入比重、劳动生产率、人工成本投入产出率、利润总额等反映成本控制、营运效率以及产品服务质量、保障能力等情况的指标，兼顾体现经济效益指标。劳动生产率指标主要选取人均营业收入、人均主营业务工作量等指标；人工成本投入产出率指标主要选取人工成本利润率、人事费用率等指标。

4. 金融类国有企业，属于开发性、政策性的，应主要选取服务国家战略和风险控制的指标，兼顾营业性收入、利润总额（或净利润）、案件风险率、不良贷款率等反映经济效益的指标；属于商业性的，应主要选取利润总额（或净利润）、净资产收益率、资本充足率、拨备覆盖率、不良贷款率、劳动生产率、人工成本投入产出率等反映经济效益、资产质量和偿付能力的指标。劳动生产率指标选取人均利润指标；人工成本投入产出率指标选取人工成本利润率指标。

5. 文化类国有企业，联动指标应选取营业收入、利润总额、任务完成率、人事费用率、劳动生产率、人工成本投入产出率等反映经济效益指标的同时，坚持社会效益优先原则，突出政治导向，结合属性将文化创作和服务、受众反应、社会影响、内部制度和队伍建设等纳入联动指标体系。劳动生产率指标一般主要选取人均利润、人均营业收入、人均工作量等指标。人工成本投入产出率指标选取人工成本利润率、人事费用率等指标。

（六）完善工资与效益联动机制。企业工资总额按照工资与效益同向联动机制确定，效益增工资增，效益降工资降，工资能增能减，并遵照以下原则：

1. 企业工资总额增长幅度确定原则。企业经济效益增长的，当年工资总额增长幅度可在不超过经济效益增长幅度范围内确定。其中，当年劳动生产率未提高、上年度人工成本投入产出率低于行业平均水平或者上年度职工平均工资为全国城镇单位就业人员平均工资 2.5 倍以上的，当年工资总额增长幅度应低于同期经济效益增长幅度；对主业不处于充分竞争行业和领域的企业，职工平均工资增长幅度不得超过师市人力资源社会保障部门规定的工资增长调控目标（兵直企业按兵团人力资源和社会保障局规定的工资增长调控目标执行）。

2. 企业工资总额下降幅度确定原则。企业经济效益下降的，除受政策调整等非经营性因素影响外，当年工资总额原则上相应下降。下降幅度原则上与经济效益增长时工资总额增长幅度相对应，一次性下降幅度一般不超过15%。其中，当年劳动生产率未下降、上年人工成本投入产出率优于全国行业平均水平30%以上或者上年职工平均工资未达到全国城镇单位就业人员平均工资70%的，当年工资总额可适当少降。

3. 几种特殊情形下企业工资总额调整规定。剔除受政策调整等非经营性因素影响，企业未实现国有资产保值增值的，或发生群体性事件或造成重特大环境污染事件、重特大生产安全事故的，工资总额不得增长，或者适度下降。其中，国有资产保值增值率应按照以扣除客观因素影响后的期末国有资本与期初国有资本相比较计算。国有资产减值幅度大于等于10%的，当年工资总额降幅不低于5%。

4. 企业按照工资与效益联动机制确定工资总额，原则上增人不增工资总额、减人不减工资总额，但发生兼并重组、新设企业或机构，可以合理增加或者减少工资总额。

三、改革工资总额管理方式

（七）全面实行工资总额预算管理。工资总额预算方案由企业以上一年度经履行出资人职责机构核准或备案的工资总额执行结果为基础自主编制，按规定履行内部决策程序后，根据企业功能性质定位、行业特点并结合法人治理结构完善程度，分别报履行出资人职责机构（或企业主管部门，以下统称履行出资人职责机构）备案或核准后执行。

对主业处于充分竞争行业和领域的商业类国有企业，工资总额预算原则上实行备案制。其中，未建立规范董事会、法人治理结构不完善、内控机制不健全、近三年企业工资分配存在超提超发等违纪违规行为的企业，发生恶性群体性事件、重特大生产安全事故以及造成重特大环境污染负有责任的企业，经履行出资人职责机构认定，其工资总额预算应实行核准制。

对其他国有企业，工资总额预算原则上实行核准制。其中，已建立规范董事会、法人治理结构完善、内控机制健全、收入分配管理规范等具备条件的企业，经履行出资人职责机构同意，其工资总额预算可实行备案制。

无论实行备案制或核准制的国有企业，应在每年五月底前向履行出资人职责机构备案或申请核准工资总额预算方案。

（八）合理确定工资总额预算指标基数。工资总额预算管理指标由工资总额预算指标和与工资总额联动的效益预算指标构成。工资总额预算指标由工资总额预算基数和预算增减两部分组成。预算增减包括因效益变动增减工资总额、因新设企业等非效益因素增加的工资总额。

工资总额初始预算基数按照以下办法确定：已经实行工资总额预算管理的企业，工资总额预算基数以履行出资人职责机构核准或备案的上年度工资总额预算执行结果为基数；未实行工资总额预算管理的企业，初始工资总额预算基数原则上以上年度企业实发工资总额或前三年工资总额的平均数为基数；新组建企业，可按照同类同规模国有企业职工平均工资和经济效益情况，结合同行业劳动力市场价位水平，合理确定工资总额预算基数。

效益指标按照以下办法确定：与工资总额联动的初始效益预算指标基数原则上以上年度财务决算表反映的效益指标完成值为基数；效益预算指标目标值要按照效益持续改善向好且具有一定挑战性和行业可比性的价值导向，结合履行出资人职责机构约定的主要效益指标值合理确定。

（九）合理确定工资总额预算周期。国有企业工资总额预算一般按年度进行管理。对行业周期性特征明显、经济效益年度间波动较大或存在其他特殊情况，也可以经履行出资人职责机构同意，工资总额预算按周期进行管理，周期最长不超过三年，并符合工资与效益联动的要求。

（十）强化工资总额预算执行。国有企业应严格执行经备案或核准的工资总额预算方案。执行过程中，因企业外部环境或自身生产经营等编制预算时所依据的情况发生重大变化，需要调整工资总额预算方案的，应按规定程序进行备案或核准。

履行出资人职责机构应加强对所监管企业执行工资总额预算情况的动态监控和指导，并在每年六月底前对所监管企业上年度工资总额预算执行结果进行清算。

四、完善企业内部工资分配管理

（十一）完善企业内部工资总额管理制度。国有企业在经备案或核准的工资总额预算内，依法依规自主决定内部工资分配。企业应建立健全内部工资总额管理办法，根据所属企业功能性质定位、行业特点、生产经营和发展阶段等情况，科学编制工资总额预算方案，逐级落实预算执行责任，建立预算执行情况动态监控机制，确保实现工资总额预算目标。企业集团应合理确定总部工资总额预算，其职工平均工资增长幅度原则上应低于本企业全部职工平均工资增长幅度。

（十二）深化企业内部分配制度改革。国有企业应建立健全以岗位工资为主的基本工资制度，以岗位价值为依据，以业绩为导向，参照劳动力市场工资价位并结合企业经济效益，通过集体协商等形式合理确定不同岗位的工资水平，向关键岗位、生产一线岗位和紧缺急需的高层次、高技能人才倾斜，拉开工资分配差距，调整不合理过高收入。高科技研发人才、高技能人才、营销人员、生产一线岗位人员和优秀管理者的平均工资增幅原则上高于本企业职工平均工资增幅。加强全员绩效考核，合理评价劳动、技术、管理等要素的价值贡献，使职工工资收入与其工作业绩、实际贡献紧密挂钩，切实做到能增能减。

深化企业内部管理人员能上能下、员工能进能出、收入能增能减的制度改革。健全反映劳动力市场供求关系和企业经济效益的工资决定及正常调整机制，规范企业内部分配行为，建立健全以工资总额管理为核心的人工成本调控管理体系，严格控制人工成本不合理增长。

（十三）规范企业工资列支渠道。国有企业应调整优化工资收入结构，逐步实现职工收入工资化、工资货币化、发放透明化。严格清理规范工资外收入，将所有工资性收入一律纳入工资总额管理，不得在工资总额之外以其他形式列支任何工资性支出。

五、健全工资分配监管体制机制

（十四）加强和改进兵团对国有企业工资分配的宏观指导和调控。

兵团人力资源和社会保障局会同兵团财政、国资监管等部门完善工资指导线制度，定期制定和发布工资指导线、非竞争类国有企业职工平均工资调控水平和工资增长调控目标。

（十五）落实履行出资人职责机构的国有企业工资分配监管职责。履行出资人职责机构负责做好所监管企业工资总额预算方案的备案或核准工作，加强对监管企业工资总额预算执行情况的动态监控和执行结果的清算，并在每年六月底前将所监管企业工资总额预算执行情况报同级人力资源社会保障部门，由人力资源社会保障部门汇总报同级行政。

（十六）完善国有企业工资分配内部监督机制。国有企业应发挥企业党组织领导作用，完善法人治理结构，健全内控机制，规范董事会、监事会运行。国有企业董事会应依照法定程序决定工资分配事项，加强对工资分配决议执行情况的监督。落实企业监事会和工会对工资分配的监督责任。将企业职工工资收入分配情况作为厂务公开的重要内容，定期向职工公开，接受职工监督。

（十七）建立国有企业工资分配信息公开制度。履行出资人职责机构、国有企业应在每年六月底前将企业上年度工资总额和职工平均工资水平等相关信息，通过机构、企业官方网站等形式向社会披露，接受社会公众监督。

（十八）健全国有企业工资内外收入监督检查制度。人力资源社会保障部门会同财政、国资监管等部门，定期对国有企业执行国家和兵团工资收入分配政策情况进行监督检查，及时查处违规发放工资、滥发工资外收入等行为。加强与出资人监管、审计、税务、纪检监察、巡视等监督力量的协同，建立工作会商和资源共享机制，形成监管合力，提高监督效能。

对企业存在超提、超发工资总额及其他违规行为的，核减下年度工资总额，并视违规情形对企业主要负责人员和相关责任人员依照有关规定给予经济处罚和纪律处分。具体扣减办法为：企业超发工资总额超过履行出资人职责机构清算确定的工资总额的5%、不超过10%的,扣减违规行为发生年度企业领导班子成员绩效年薪的10%;超发工资总额超过履行出资人职责机构清算确定的工资总额的10%以上的,按超发额实际比例扣减企业领导班子成员绩效年薪。构成犯罪的,由司法机关依法追究刑事责任。

六、做好组织实施工作

(十九)加强组织领导,形成工作合力。国有企业工资决定机制改革是一项涉及面广、政策性强的工作,各师市、各有关单位要统一思想认识,以高度的政治责任感和历史使命感,切实加强对改革工作的领导,做好统筹协调,细化目标任务,明确责任分工,强化督促检查,及时研究解决改革中出现的问题,推动改革顺利进行。各师市要根据本实施意见,结合本单位实际认真抓好贯彻落实。履行出资人职责机构要抓紧制定所监管企业的具体改革实施办法,由同级人力资源社会保障部门会同财政部门审核后实施。各级人力资源社会保障、财政、国资监管等部门和工会要各司其职,密切配合,共同做好改革工作。

(二十)抓好宣传引导,确保政策落实。各师市各有关部门和单位要加强对国有企业工资决定机制改革政策的正面宣传引导和政策解读,凝聚各方共识,引导全社会正确理解和支持改革;广大国有企业要自觉树立大局观念、政策观念,认真执行国家和兵团有关改革规定,自觉营造良好社会环境,形成推进改革合力,确保改革政策落实到位。

(二十一)本实施意见自2019年1月1日起实施。现行国有企业工资总额管理规定,凡与本实施意见不一致的,按本实施意见执行。